麻辣新婆媳

DO YOU HAVE A CRAZY MOTHER IN LAW?

添水 著

江苏文艺出版社
JIANGSU LITERATURE AND ART PUBLISHING HOUSE

图书在版编目（CIP）数据

麻辣新婆媳 / 添水著. -- 南京 : 江苏文艺出版社,
2012.1

ISBN 978-7-5399-4477-7

Ⅰ. ①麻… Ⅱ. ①添… Ⅲ. ①长篇小说－中国－当代
Ⅳ. ①I247.5

中国版本图书馆 CIP 数据核字(2011)第 089553 号

书　　名	麻辣新婆媳
著　　者	添　水
责任编辑	丁小卉　江山华
装帧设计	Pundesign
出版发行	凤凰出版传媒集团 凤凰出版传媒股份有限公司 江苏文艺出版社
集团地址	南京市湖南路 1 号 A 楼，邮编：210009
集团网址	http://www.ppm.cn
出版社地址	南京市中央路 165 号，邮编：210009
出版社网址	http://www.jswenyi.com
经　　销	凤凰出版传媒股份有限公司
印　　刷	江苏凤凰新华印务有限公司
开　　本	718×1000 毫米　1/16
印　　张	18.5
字　　数	340 千字
版　　次	2012 年 1 月第 1 版　2012 年 1 月第 1 次印刷
标准书号	ISBN　978-7-5399-4477-7
定　　价	28.00 元

（江苏文艺版图书凡印刷、装订错误可随时向承印厂调换）

01

"我要去相亲了。"

程立影说这话的时候，正坐在公司餐厅吃中午饭。和她同桌的是她的两个死党：姜小白和杨箐。

姜小白用眼睛扫了一下杨箐，问："是一个什么样的男人？说来听听。"

杨箐连忙表示："不是我要相亲。"

"不是你相亲？你不是相亲大王吗？你不去相亲，人家相谁去？"姜小白不信。

"真的不是我。"杨箐举手再次表示清白。

姜小白把脸转向程立影，半信半疑地问："刚才是谁说要去相亲？千万别说是你。"

程立影做了一个哭丧的表情，说："很不幸，是我。"

姜小白两眼圆睁，比听了她家的宠物男猫生崽的消息还要诧异，问立影："你要去相亲？你丫不是独身主义者吗？独身四五年了，怎么又想起来相亲了？难道想趁2012年到来之前，来个最后的疯狂？"

程立影："都是我老妈逼的。不，应该是我老姐逼的。我老妈现在不逼我了，她逼我老姐。连坐制，你知道吗？我老妈现在就采取这个制度。如果今年我老姐不帮我找个可以嫁的男人，我老妈就要对我老姐不客气了。老妈现在天天电话轰炸我老姐。我老姐快被逼疯了。所以现在动员我姐夫给我疯狂搜索男人。现在只要有个男人愿意娶我，我估计我老姐宁愿倒贴一百万。"

姜小白和杨箐大笑："程立影，你丫也有今天啊。"

姜小白说："你可以考虑让杨箐女扮男装，把你丫娶了。这样一来可以解决你老妈的心病；二来解决大龄女青年杨箐的恨嫁问题；三来也可以弄点零花钱。一举三得，何乐而不为？"

下班之后，程立影按照约定去相亲。对于她来说，相亲还是头一回。立影在二十一岁那年结过一次婚，二十二岁时生子，二十三岁失去儿子，然后离婚。第一次婚姻让立影身心俱伤，从此发誓远离男人，之后，便有了四年的空窗期。

第一次结婚的那个男人，是和立影“自由恋爱”的，还可以说是“青梅竹马”。再准确一点呢，用立影老妈的话说，就是立影“贱”，自己上竿子巴结人家的。

往事不堪回首。立影至今不明白，那时候，自己被什么鬼迷住了心窍。怎么就跟抽风似的非要跟他？老妈打，老哥骂，她都不回头。哪怕那男人像对一坨狗屎一样对她，她还因为他对她这坨“狗屎”闻了闻而欣喜若狂。现在，就算把立影的脑袋放在门上像夹核桃一样，夹一回不烂再夹一回，立影也不会看上那个男人。难道真像老姐说的：恋爱中的女人智商为零？

立影后来就羡慕旧时的大家闺秀们了：她们就在家里待着，绣绣花，吟吟诗。婚姻之事全凭父母做主，媒妁之言，自己不用操心。再怎么着，父母总是为女儿好的，找的人家，总归是门当户对的。像立影前夫那样的男人，父母是绝对不会让立影见着的，更不会让立影嫁到他家的。那样就不会有伤心，挣扎，痛苦。不会对男人死心……

可立影老妈认为，单身的女人就如一片没有雨露滋润的树叶。女人还是应该趁着有些水分的时候找个男人来滋润，免得枯萎之后，落在地上无人问津，最后变为泥土。

立影今天要相的 这个男人，是姐夫给介绍的。据说是姐夫在生意场上认识的朋友，条件还算是不错：自己开了家公司，算是有点钱。姐夫说那个人善良本分，没有太多生意人的狡诈，是生意人里的老实人。

那个人四年前和前妻离婚，一直独身到现在。家里有一个儿子，还有他妈妈。他妈妈现在帮他照顾儿子。

这次见面，是姐夫帮着约的，下班后，在一个茶楼见面。

立影进了茶楼，没有见到要见的那个人，就有点后悔来早了。昨天老姐还曾经提醒过她，女方相亲的时候，要晚到五至十分钟，这样才显得矜持。自己这样急急忙忙地早到，像是赶着见领导似的，一点架子都不会摆。

立影正犹豫着是否找个桌子坐下来，这时候，有个人来到她面前：

“是程立影女士吗？”那人彬彬有礼。

“是。”立影矜持一笑，虽然不常有人称她女士，但是面子上还是不能露出不习惯的样子。

“你好，我是卢天成。”

姐夫说那人就叫这个名字，那么，就是他了。

那人又摆了一个姿势，说了声："您这边请。"

然后，带着立影去了他预订的座位。

往座位走过去的那几十秒的时间，立影已经完成了今天来的任务，就是看看这个人顺眼不顺眼。

立影虽然说过对男人不感兴趣，但是对男人还是有一定品位要求的。她早就对姐夫说了，如果这个男人不是她的那盘菜，她是没有耐心去应付他的。到时候别怪她不给面子。

老姐讽刺立影：也不看看你自己什么模样了。就是个天仙到你这把年纪也该人老色衰了，还有什么资格挑剔别人？

当然立影可以反驳老姐：要衰你先衰，你比我还大三岁呢。不过老姐家里有个姐夫，不管老姐怎么衰，姐夫看她的眼光永远是柔情似水。没办法，有男人宠着的女人，就是嚣张，由不得立影不眼红。

眼前，立影迅速拿出自己的欣赏尺寸量了量眼前的这个男人：当然不是什么国色天香，不过比自己想像中的好一大截。个子还算高，模样也不错，原来以为生意做到他这个分上的男人，大约应该是油光锃亮，头顶光光，大腹便便的样子。这个人还好，没有生意场上的油滑之气，文质彬彬，倒有几分书生气。难道他的生意还没做到那分上？最重要的是这个人顺眼，用立影的标准来衡量：他可以算得上是帅男。

这就意味着接下去，立影大概会有点兴趣和这个男人周旋一阵子。

立影从没相过亲。不知道相亲时该准备些什么话题。所以，当两人坐下，要了杯绿茶以后，立影很淑女地，以一种认真接受询问的态度等待着对方开口。

可是，没想到，对方好像和立影是一个级别的，也没有相亲的经验。

两个人居然冷场了。

好在这时，茶送来了。那个男人，把茶杯接过来，分别放在两人的前面，给这段冷场填补了一点空缺。

然后那个男人在继续沉默一秒钟之后，开了口："张中是你姐夫？"

"是。"立影中规中矩地回答。谈论两个人共同的熟人是一个好的话题。只要不背后说人坏话就算不得阴险。

"我和你姐夫认识的时间不长，不过两个人挺谈得来的。"男人似乎没话找话，努力想把这场刚开始的谈话继续下去。

"噢。"立影想自己总是以一个字来回答对方，好像显得有点冷淡，于是补充了一句，"我姐夫这个人很喜欢交朋友。"

"我也见过他夫人，也就是你姐姐几面。看上去他们夫妻感情很不错。"

立影刚想回应点什么，那人又接着加了一句："他们给我的感觉是一对幸福的夫妻。"

立影立马警觉起来：千万别拿老姐当尺寸量我。我和俺老姐之间的差距，是天上的一片云和地上的一团泥之间的差距差不多。

正在这时，立影的手机响了。立影一看是老姐家的电话。难道老姐还跟踪不成？

"对不起，我可以接一下电话吗？"立影温文尔雅地请示。

"你请便吧。"对方同样文质彬彬。

"喂。"电话接通。

"小姨，明天你可以送我去学芭蕾吗？"电话里传来的是老姐的女儿甜甜的声音。甜甜每星期四晚上都去学芭蕾。如果老姐轮着在医院上晚班，而姐夫又没空，那么这项任务就会落在立影的头上。甜甜今年五岁，是立影带大的。立影在失去自己的孩子以后，就把姐姐的女儿当亲生似的。老姐都说甜甜和小姨的关系比和她这个亲妈还好。听到甜甜的声音，立影脸上立即绽开了花一般的笑容，声音柔和了许多："可以啊，可以。明天小姨送你去。"

"妈妈，小姨答应了。"电话那边，可以听见甜甜和老姐说话。

"那你问问小姨现在在哪里？"老姐的声音传来。果然，从本质上来讲，这是老姐的盯梢电话。

甜甜在电话那头问："小姨，你现在在哪里？"

立影回答："小姨现在在公司加班呢。"

"妈妈，小姨在公司加班。"甜甜对她妈妈说道。

马上，电话里传来老姐严厉的追问："你怎么回事？怎么还在加班啊，你姐夫不是给你约好这时候和卢天成见面的吗？还不赶紧去？"

"关你P事。"立影对着电话恶狠狠地说道，然后挂了电话。

收了电话，立影才发现对面那个男人沉默不语地看着她，便有些窘，歉意地说："对不起。"是有些对不起，人家为自己付了茶钱，这段时间应该是属于他的。自己走私打电话，而且还在他面前撒谎，爆粗语，自然是该她道歉。

"没关系。"对方倒是宽宏大量。

"是我姐姐女儿的电话，她让我明天去送她学芭蕾。"立影解释了一下，又想起最后那句粗语，总不能让他以为自己对孩子爆粗语吧，又加了一句："后来和我姐姐也说了几句。我们在一起随便惯了。"说着更不好意思了

"她几岁了？"

"啊？"立影茫然，不知他问的是谁。

"我问你姐姐的孩子几岁了？"卢天成补充道。

"五岁，是个女孩。可娇气了。也特可爱。"提起这个侄女，立影脸上立即浮出了笑容。立影喜欢这个女孩，把她当做自己的小宝贝。

"我也有个孩子，男孩，已经满六岁了。今年九月准备让他上小学了。"卢天成说。

男孩，六岁，今年该上小学了。立影的心里刺痛了一下。如果她的孩子还在，也是男孩，也是六岁，也是今年该上小学了。

立影不知不觉收起了笑容。卢天成不知为何对方突然冷了下来，有些茫然，不知该说什么。

两人之间便有些尴尬的沉默。

这时，卢天成的手机响了。卢天成歉意地问："我可以接个电话吗？"

"可以，可以。"立影心想：我都接过电话了，哪能不让你接？

卢天成离开座位，走到走廊里去接电话。

立影一个人坐着，有些心意阑珊。不一会儿，卢天成进来，脸上带着歉意的微笑，立影立即觉悟：他这是要告别的笑容。

于是，立影装模作样的看了看手表，说："时间不早了，我该回去了？"

"真对不起。"卢天成搓了搓手，大概没想到立影会在他开口之前提出离开。

"没事，我晚上还有些别的事。"立影彬彬有礼地说道，然后告别。

回到自己家里，立影给自己煮了一碗泡面。刚吃完，老姐找上门来。一进门就急着问立影："你去见了卢天成，他怎么样？"

"一般般吧。"立影装作若无其事的样子。当然本来就无大事，只是一起喝了杯茶，各自接了一个电话，然后就分手了。

"什么叫一般般呀？"老姐的毛病就是爱八卦。尤其是关于男男女女的八卦，丝丝络络她决不放过，立影都是让她给带坏了。

"就是没感觉。"立影继续若无其事。

“那约下次见面了吗？”老姐急切地问。

“没有。”立影回答。

“他要了你的手机号码了吗？”老姐再问。

“没有。”立影答道。

“噢？”老姐立即如泄气的皮球一般，对立影非常失望。转眼，她又换了一副悲天悯人的样子安慰立影：“嗨，没事，你也别伤心，你姐夫一开始说要把卢天成介绍给你时，我就觉得有点不靠谱。卢天成条件那么好，要找没结婚的小姑娘那是手到擒来的事情，怎么可能看上你？可是你姐夫非要试试。说实话，我其实没太抱希望。你也别泄气。下次让你姐夫再给你找个合适的。”这就是老姐，时时刻刻不忘在立影的伤口上撒把盐。

“我说要找男人了吗？都是你和姐夫瞎掺和。下次少给我扯这个。”立影愤愤地说。

“切，你以为我要多事？要不是老妈天天跟催命鬼似的一天催八遍，恨不得让我把张中让给你，我才懒得管你这闲事。”说着老姐使劲吸了吸鼻子。“你屋子里有什么味道？泡面味？你自己回来吃得泡面？卢天成连饭都没请啊？他怎么这样，又不差一顿饭钱。也太小瞧人了。张中怎么会有这样的朋友？”老姐睁着一双水汪汪的大眼睛，仿佛见到了传说中的恐龙一般。立即，在老姐的心里，立影已经堕落到男人唯恐躲之不及的地步。

02

第二天一大早，立影刚上公司的交通车，姜小白和杨箐就围过来了，追问昨晚相亲的事情。立影没什么好交代的，几句话便搪塞过去了。

杨箐一副经验老道的样子，安慰立影："不用沮丧，相亲就是一个碰运气的事情。你不要抱希望值太高。只把它当做一个见识众生的机会。相亲会让你见识到各种你想像不到的人。"

"你丫就自得其乐吧。你把相亲当事业了？你准备相多少次亲？见识多少个人？"姜小白嘲笑杨箐。

杨箐信心十足地说："一百个，我给我自己规定的上限是相亲一百次。然后，我就写一本书，书名就叫《相亲一百次》，记录我所见识的形形色色的男人。一准大卖。"

"哟，你还蛮有远大志向的嘛。相亲相成你这种境界也不容易。"姜小白讥讽道。

想到昨天的相亲，立影也觉得好没意思，后悔自己多余去相了这次亲。上午上班的时候，立影有些闷闷不乐，无精打采。

到了十点多，立影接到了卢天成的电话：

"你今晚有空吗？一起吃顿饭？"卢天成问。

"噢，可能不行，我要送甜甜去学芭蕾。"立影本能地回答道。不过说完她就后悔了。想到老姐昨晚的嘴脸，今天有卢天成相约，不是对老姐最好的反击吗？立影立即补充了一句："要不中午怎么样？中午我有时间。"说完自己再次后悔，让老姐知道了准又要骂她三天：一副急不可耐的样子，怕自己没人要？

对方沉默，或者是在想有没有时间，或者在适应立影的迫不及待，然后答道："中午可以，我在你公司楼下等你。"

立影有些兴奋了，处于坐立不安的不稳定状态。一上午比平时多上了好几次厕所。越近中午，上得越频繁。在镜子前瞻前顾后，审视自己的面容。

到了午餐时间，姜小白约她一起去吃午餐，立影说："我今天约人了。"语气里居然有了几分得意。

"还是昨天那个男人。"

立影点点头。就算她不想结婚，也不愿显得对男人没有吸引力。若是见一次面就被人遗弃了，这也太没面子了。

立影来到公司前面的停车场。环视四周，没有那个人出现，正在失望中，那人从停着的一辆黑色轿车里出来了。

立影上了车。卢天成问："中午你有多长时间？"

"一个小时，不过不是那么严格。"立影是做财务的，月中没有那么忙。

"那么我们可以去稍远的地方。"

卢天城发动车。带着立影，到了一个餐厅。

坐下，点餐。

"你怎么知道我的电话号码的？"立影问。

"我找张中要的。"卢天成答。

噢，原来这样。

"昨晚很抱歉让你饿着肚子走了。"卢天成说。

"没关系的，月底加班的时候，都是饿着肚子的，习惯了。"立影说。

"你和你姐姐的关系挺好？"话题还是从共同的熟人开始。

"嗯。这些年，我姐姐、姐夫一直都很帮我。"

"除了你们姐妹，家里还有其他的兄弟姐妹吗？"

"还有个哥哥，是家里老大，在老家和父母住在一起。"

"老家远吗？"

"差不多一个半小时的车程。"

"我父亲早年去世，母亲现在和我住在一起，帮我照顾儿子。我还有个妹妹。她在我的公司上班。"卢天成说。

寒暄已结束，正式进入实质性谈判阶段。

"我老家是农村的。家里原来很穷……"卢天成开始自我介绍，"父亲在我十岁那年意外去世了。我妈妈一个人把我和妹妹拉扯大。在农村，一个寡母，带两个孩子不容易。我还有个同族的伯父。我父亲死后，伯父想要我家的家产，就逼我妈妈改嫁。其实，有什么家产？只不过一间半土房子。我妈不肯改嫁，硬是在那一间半土房子里把我和妹妹带大，吃了很多的苦。我上大学后，妹妹就没继续上学，在家里帮妈妈种地。等我大学毕业，挣了点钱，就把妈妈和妹妹都从老家接出来了。”

“我和前妻离婚以后，妈妈一直照顾我儿子。奶奶心疼孙子，所以我儿子被娇惯坏了。现在我妈年纪大了，身体也不太好，照顾孙子有些力不从心。噢，对了。我妹妹已经结婚了。没和我们住在一起。这就是我家的情况。”卢天成说完。平静地看着立影。好像交了作业的学生，等着老师的批语一样。

立影不知道说什么好。一切来得也太快了。这才第二次见面，立影甚至还没太看清他的模样，怎么就进入了这么严肃的阶段？他太迫不及待了。

“我是不是吓着你了？因为我家的情况比较复杂，我觉得最好一开始就说清楚。”卢天成说。

“你是不是吓着过很多女孩？”立影稍微缓过一点劲后，问他。

“没有，我原来没打算再结婚的，所以没有这样和别的女人说起过自己家里的事情。不过现在既然我们都是怀着结婚的目的交往，还是刚开始就说清楚比较好。”卢天成说。

“是这样啊，是不是万一我一不小心和你交往下去，你家里的那一老一小就该我照顾了。以后即使我后悔，也没有你的责任？因为你都交代了，是我自己非要挺身而出的对不对？”不知不觉，立影言语犀利起来，即使是开玩笑的口吻，也让人感觉到掩饰不住得锋芒。似乎是上次婚姻留下的后遗症，和人交往，立影总提防着，像个刺猬，一有风吹草动，刺就支棱起来。

“我不是这个意思。我主要是不想隐瞒什么。说句实话，我昨天看见你给你姐姐的孩子打电话时的表情，有些感动。你的脸上闪耀着母爱的光芒。看得出，你会是一个好母亲。我那时候就想到了我的儿子。虽然有他奶奶照顾他，但是他没有享受过母爱……”卢天成解释道。

“所以，就急着想给你儿子找个妈妈？”立影讥讽道。

“也不完全是这样。”卢天成辩解道。

“还有，要给你妈妈找个能侍候她的儿媳妇？”立影穷追猛打。

“……”卢天成不知如何回答。

“谢谢你这么信任我。不过我怎么觉得你不是想要找个老婆，而是急需一个保姆一个家庭教师啊。你该去职业介绍所，找保姆和家教。这样既可以解决两个人的就业问题和你家的问题，还不用出卖你妻子的头衔。”立影忍不住讥讽道。不因为鄙视这个人的太实际，而是鄙视自己还是太幼稚。经历了这么多，居然还接受不了这种实际。

"对不起，我想我刚才说得太急了，让你有些误会。"卢天成连忙解释。

"没什么。可以理解，到了我们这把年纪，就该实际一些。傻子才尽说虚的。"立影傲然地说。

所谓话不投机半句多。这时候，立影已无话可说。

闷闷地吃过饭，卢天成送立影回到公司。一进电梯，就遇到杨箐。杨箐故作神秘地问立影："刚才从谁的车上下来？"

要不是中午和卢天成不欢而散，这会儿立影没准还能小得瑟一把。可是现在，出于对卢天成的恶感，立影提起他的语气也是恶狠狠地："那人是找保姆的，我告诉他找错地方了。刚刚带他去保姆介绍所。"

"找保姆的怎么会找到你？"杨箐半信半疑。

"可能我长得像保姆吧。"立影愤愤地说。

"其实，当保姆也不错，当着当着没准就当成女主人了。"大龄女青年杨箐深深地叹了一口气。

晚上，带甜甜学完芭蕾，立影带她回到自己家。草草地做了点吃的。甜甜在看电视。立影自己坐在一边想心思。

这时，手机响了。立影一接，居然是卢天成的电话。

"对不起，打搅你了。你现在说话方便吗？"卢天成说。

"有什么事？你说吧。"立影的声音很冷淡。

"我只是想为中午的事情向你道歉。我没有想到会让你不开心了。"卢天成说。

"没关系，我已经忘了。"立影淡淡地说。

"那就好。我不打搅了。"卢天成收线。

过一会儿，老姐来接甜甜，问："立影，今天是不是卢天成给你打电话了？"

"是，你怎么知道。"立影不得不感叹一下老姐的间谍本领。

"你姐夫说他要你的手机号了。他约了什么时候再见面？"老姐兴致勃勃，好容易有了她八卦的话题。

"中午已经见过了。"立影说。

"这么快？卢天成还真把你当根葱了。这次见面谈得怎么样？"老姐的八卦兴致立即高涨。

"不怎么样。"立影把中午的事对老姐说了一遍。正好心中憋闷，向老姐发了一通牢骚："姐夫把什么破男人介绍给我。我是养不活自己吗？上竿子巴结男人给人家当保姆呀。”

“这个卢天成怎么是这样的人？ 我见过他的。 他看上去挺稳重的。 怎么找老婆像找保姆呀？ 你姐夫也是，都不了解清楚，就瞎给介绍。 我还琢磨呢，卢天成条件那么好，怎么不去找大姑娘？ 他看上你了，原来是着急给他儿子找后妈。”老姐给立影扎针的本领一流，任何时候都不会放过一个机会。

第二天晚上下班，老姐在公司门口堵住立影，让立影去她家吃饭。 立影反正无聊，就跟着老姐走了。

一路上，老姐说：“我去打听了。 卢天成的老妈是个很厉害的婆婆。 卢天成和他前妻本来关系特别好，就是因为婆媳关系搞不好，最后才离了婚。”八卦者就有八卦者的好处，只要想知道，就没有她知道不了的消息。

“你跟我说这些干什么？ 卢天成就似那天边的云彩，已经飘过了。 和我没有任何关系。”立影极不耐烦。

到了老姐家，姐夫和甜甜已经在家了。 甜甜一见立影，就把立影拉进她的房间，给立影试穿昨天立影给她买的芭蕾舞服。 姐夫本来在厨房里洗菜，老姐进了厨房，就把姐夫赶出来了。

立影经常来老姐家吃饭，从不当自己是客人，总是会进厨房给老姐帮忙。 不过今天，她没有心情。

“立影，心里还不舒服呢？”姐夫进来问候道。 姐夫平时对立影蛮好的。 立影的老哥不在跟前，就当姐夫是老哥了。

“也没什么。”立影不愿意表现得对这件事情多么在意。

“其实我和卢天成打过几次交道。 我们除了生意上往来，私下也交往过。 我觉得他说话做事很稳重的，所以才撮合你们。”姐夫解释道。

“没事，姐夫，我跟他没缘分吧。”立影反过来安慰姐夫。

“你姐昨晚把我一顿好骂。 说我把你当垃圾站了，介绍些垃圾给你。”

“也没那么严重。 卢天成人其实还可以。 我就是不喜欢他说那样的话。”

“我明白了，”老姐突然从厨房里窜出来，说，“我知道为什么卢天成昨天那样和你说？ 是因为他前妻和他老妈关系不好，让他吃了不少苦头。 他是一朝被蛇咬，三年怕井绳。 所以再找老婆，就先把家庭情况说清楚，免得以后处不好了惹麻烦。”

“有道理。 要是这样，也可以理解，毕竟妈妈和老婆都是他生命中最重要的人，若是以后相处不好，后患无穷。”姐夫点头同意。

吃过饭，姐夫开车送程立影回家。

立影进家门不久，卢天成又来了电话，问："你今天怎么样？"

"还行，刚从姐姐家回来。"立影无精打采地回答。

"你姐姐、姐夫他们还好吗？"卢天成显然没话找话。

"还好。"立影继续应付。

"他们该骂我了，我昨天说话太冒昧。"卢天成再表歉意。

"没事，都过去了。"

"那我明天能不能再见你？"卢天成问。

还见面干什么？ 立影想问，可是懒得问。

"就算我给你道歉吧。"卢天成像是读懂了立影的心思，解释道。

下午，姜小白看见卢天成开车来接立影。第二天，她问立影：他是不是相亲的那一位？两人确定关系了？说实话，立影自己也不知道他们俩的关系算什么。当初姐夫是把卢天成当男朋友介绍给她的。可现在，似乎两人走不到那一步。

不过，卢天成的样子不错，身份也不错，如果不是他家那一老一少，他应该算是标准的黄金王老五。当然有那一老一少，他的含金量也还蛮高的。有这么一个人和自己七牵八挂着，立影面子上也有了些光彩。所以，立影和卢天成后来又见了几面。事实证明，女人是虚荣的动物。

03

立影家兄妹三人。老哥程为杰比立影大七岁。除了读书，样样都行。老哥虽然没考上大学，但是聪明又肯干。高中毕业顶了老爸的职，进了当地一家国营工厂当司机学徒。然后当卡车司机跑长途给厂里运货，顺带捎点紧俏物资搞点小买卖。国营工厂后来衰败了，老哥自己开了家汽车修理厂。立影老爸有几十年的开车、修车的经验，正好派上大用场。后来，老哥又开了个租车公司，贷款买了几辆二手高级轿车，供年轻人结婚时接送新娘。出租的生意火爆，现在不仅车辆的档次更高了，还添了小型货车和小型面包车。所以哥哥在老家也是个富翁了。老哥不光是脑袋灵光，人脉还广，很讲义气，五湖四海都有他的朋友。立影第一次婚姻解体的时候，前夫耍赖，非要讹立影一笔钱，要不就不离婚。老哥知道后，给那人打了个电话。那人就乖乖地离婚了，并且，远走他乡。因为老哥说了：见他一次，让他身上少一个部件。那人知道老哥说到做到。

立影的嫂子和老哥是青梅竹马。在她十八岁时，老哥还是个工厂的学徒工的时候就和哥哥好上了。那时立影家里除了父亲的退休工资和哥哥的学徒工资外，就靠妈妈做点小买卖补贴家用。家里还有立薇，立影两个半大的妹妹，条件不是很好。而嫂子家就她一个独生女，要模样有模样，要人品有人品，还在百货公司做出纳员。满可以找个比老哥条件好的小伙子。嫂子妈妈死活不同意她和老哥好，非要介绍她和县里新分来的大学生认识。嫂子不愿意，自己卷了几件衣服跑到程立影的家里来了。

立影那时还是小学六年级的学生，就记得嫂子的妈随后到家里来闹，闹得四方街邻出来看热闹。嫂子躲在家里不出去。立影的老妈急得不知怎么办，自己出去和嫂子的妈妈说好话。没说两句，就让人家给骂得狗血喷头。立影妈其实嘴并不笨，不过看跟谁比，嫂子妈妈可是有名的刀子嘴，谁都不怵。还是老哥自己跑到外面戳到未来丈母娘面前说："您别骂我妈妈。我家穷不是错。您老有气朝我身上撒，是我去招惹您家闺女的。"

那老太太"啪啪"就给老哥几个耳刮子。老哥一动不动。还是嫂子看不下去了。

自己出去跟她妈说：回去可以，如果要和别人相亲，她就在自己脸上划一道。破了相，看谁还能相中她，自己在家里当老姑娘算了。

嫂子妈妈拧不过自己的女儿，最后还是同意两人好了。

哥嫂当时做这番惊天动地的事的时候，立影是看在眼里，羡慕在心里。那时的立影正好刚开始偷看老姐借的言情小说，把爱情看得既神圣，又高不可测。哥嫂的举动，无异于在立影眼前演出了一场惊天地，泣鬼神的言情剧，比小说里的更真实，比电视剧更亲切。老哥和嫂子就是立影的偶像。立影对他们顶礼膜拜。从那个时候开始，立影立下了要追求“山无棱，天地合，才敢与君绝”之伟大爱情的志向。以至于后来立影自己也模仿了嫂子演了一出“夜奔”。可惜的是，立影的“青梅竹马”根本不配合。当立影妈和老哥追到立影前婆婆的家里的时候，那位自己爬窗户偷偷地溜走了。立影自己负隅顽抗的结果是，自己挨了妈妈的两巴掌，然后让老哥给拽回家了。

老哥结婚后，老哥自己开了修车厂，家里的条件开始好转。老哥自然把岳父岳母安排得妥妥当当的。但是，老哥的丈母娘对老哥从来没有客气过。虽然不扇耳刮子了，但不顺眼了照样骂。那会儿，家家户户还在用煤气罐。丈母娘家里煤气罐空了，丈母娘就喊老哥去换。老哥那时已经是小老板了，指派厂里的工人去给丈母娘搬煤气罐。丈母娘连喊带叫跑到厂里来，不管老哥是在修车，还是人模狗样地谈生意，指着老哥的鼻子就骂：“程为杰，你这个混蛋。你还是不是我女婿？你是我女婿怎么不给我换煤气罐？你打发别人去干什么？他是我女婿吗？你要说他是我女婿我就让他换。”老哥没法，乖乖地去扛煤气罐。老哥是天不怕地不怕，要怕就怕丈母娘。立影和老姐跟老哥急了，就会拿他的丈母娘来吓唬他说：“你等着，让你老丈母娘来收拾你。”

立影的父母一直和哥嫂住在一起。嫂子的脾气好，哥哥自己开修车厂后就辞了百货公司出纳的工作，到哥哥的工厂帮着管账。生了儿子龙龙以后，嫂子干脆就回家和婆婆一起带孩子做家务。立影的爸爸虽然老了，也闲不住，每天在修车厂转悠。哥哥修汽车时遇到疑难的问题，爸爸也能给参谋参谋。一家人其乐融融。

说起老姐立薇，程立影嫉妒得无话可说。要说有什么人能顺风顺水，一辈子要风得风，要雨得雨，那就是立薇了。

老爸老妈生了老哥以后，打算再生一个女儿，落个儿女双全就不再生了。可是在为杰出生以后，老妈一连流产了两个。到了怀老二的时候，老妈的身体再也禁不住折腾，全天候保胎。所以老二在娘肚子里就比别人娇贵。老二一出生，正好是老爸老妈计划并盼望已久的女儿，并且生日正好是立春那天。父母给她取的名字叫立春。立春比老哥为杰小四岁。

老妈有话：傻小子糙点就糙点，女儿不能糙。女儿糙了，以后嫁不了好人家。家里再穷也不能穷女儿。一声令下，家里好吃的，好用的全尽着立春。立春也够争气。从小出落得水灵，人见人爱。嘴巴又甜，见人说人话，见鬼说鬼话。家里上上下下，邻里左左右右，让她糊弄得没有一个不喜欢她的。用老妈的话来说，她是个人尖子。

立春上学时成绩很好。老师喜欢，男同学也喜欢。到了上中学的时候，立春就觉得自己的名字太俗气。非闹着改名。爸爸妈妈犟不过她，居然同意了。立春就自己挑了个“薇”字。改名以后，立薇依旧成绩好，到处受人喜欢。然后顺顺利利考上医科大学，成了家里上三代，横八家的第一个大学生。本科毕业后又顺顺利利的考了研究生，研究生毕业了又顺顺当当地留在了医大的附属医院，好像什么都不用她操心，自然水到渠成。

到了该谈恋爱时，立薇有一个排的男生追她，高的、矮的、胖的、瘦的都有。有浪漫的，木讷的，有钱的，清贫的，清秀的，威猛的。没办法，人家漂亮。到了该结婚的时候，人家就结了。而且结婚对象是既不高也不矮，既不胖也不瘦，既不威猛也不清秀，看上去非常平凡的张中。姐夫对老姐很体贴，很爱护，很照顾，很心疼。那种体贴照顾爱护心疼，连老妈都感觉过分。结婚后，立薇一改过去那种十指不沾阳春水的做法，居然进厨房给老公烧菜了。人家不但烧，而且烧得好吃。然后就生了个和立薇一样水灵的女儿。

好像立薇有旺夫命，看上去中庸的张中，在某一天就发起来了。原来在公司也就是个不起眼的部门经理，没两年人家到总公司担任要职了。立薇自然也是夫旺妻旺的总经理太太，出入各种场合，丰姿绰约，风情万种。连老妈都说，立薇这孩子的命太好了。

和立薇相比，立影的命就太逊了。出生的时候就不受欢迎，属计划外产物。本来生了立薇之后，爹娘不准备再要孩子了。可是立影不请自到，还要老妈去医院把她请走。老妈准备去流产的那天早晨，立影的奶奶突然光临。听说老妈要去医院，顺口说了句：“遭那罪干什么，说不定就自己没了。”老妈一想到自己的流产史，就没去医院花那个钱。不想立影竟然赖在老妈的肚子里不下来。到了老妈认为实在不能再留的时候，奶奶又说了：“看来你命中注定就有三个孩子，留着吧，就是多一把米的事。费不了多少事。”

感谢奶奶的一句话，有了立影。立影比老姐小三岁，果真不费事。先说取名，姐姐叫立春，妹妹就叫立冬。虽然说妹妹出生在冬季，但是是在十二月底，立冬的节气早过了好些天了。立薇改名字的时候，立冬怯声怯气地说：“我也要改名字。”老妈看了看她。改就改吧，反正是要去一趟派出所。改两个名字比改一个名字合算。然后就给立冬改成了立影。立影名副其实地是姐姐的“影子”。从小就穿姐姐的旧衣服，跟着姐姐的后面当跟屁虫。立薇挺烦立影的。因为立影不漂亮，脾气还倔。立薇的同学都不相信立影是她妹妹，经常有人说："程立薇，她是你妹？怎么不像你呀。噢，还真是你妹，这衣服你几年前穿过。"

在没有人重视的情况下，立影长大了。长大了，知道维护自己的权益了。不肯再穿姐姐的旧衣服。立薇有新衣的时候，她也要。老妈就说："我前世欠了你的？跟讨债的一样。你以为家里是开银行的？要什么就有什么。"的确，那时家里很穷。哥哥的衣服一直是爸爸的旧衣服改的。等哥哥长到和爸爸一般高的时候，就穿爸爸的工作服。再等哥哥比爸爸高的时候，爸爸领工作服的时候就会领大一号的。谢谢爸爸的厂子，解决了爸爸和哥哥的衣服问题。妈妈从来也没有穿过新衣服。她的衣服都是好多年不变。破了的地方，会有个补丁。所以家里只有姐姐有新衣服。

立影的第一件新衣服是嫂子进门的时候给做的。那时嫂子给家里每一个人都做了件新衣服。从那以后，家里的情况好了些。老哥自己开了修车厂。爸爸退休后又在汽车修理厂帮忙，生意越来越好。买新衣服已经不再是奢侈的事了。

嫂子进门后，妈妈就宣布："在这个家里媳妇和女儿都一样，我不能让人家说我惯着女儿，使唤媳妇。"所以家务活，女儿和媳妇一起干。不过，那时立薇已经是高中生了，要准备高考。人家成绩好，很有可能会成为家里的第一个大学生，全家人都对她抱有殷切的希望，自然是重点保护对象，家务事是舍不得要她插手的。当然人家也没那个时间那个工夫。所以，女儿和媳妇平衡的事情就落在了还是初中生，成绩平平的立影身上了。嫂子倒不计较，家里有什么事，自己顺手就干了。但是老妈看不过去，嫂子一拿搓衣板，老妈就喊："妮儿，去帮你嫂子洗衣服去。"嫂子做了饭，老妈就要吩咐："妮儿，去洗菜去，一会儿你洗碗。"妮儿，是立影的乳名。立影不是没有怨言，觉得老妈对自己和立薇不公平。无奈，人家立薇就是争气，时不时拿个什么竞赛一等奖回来。程立影，你行吗？不行，那就乖乖地干活。嫂子的妈妈都说了："这两闺女，同娘不同命，一个是小姐的命，一个是丫环的命。人啊，不信命不行。"

用老妈的话说："欠人家的总是要还的。"因为从小到大，老妈没在立影身上花费太多心思，老妈说她欠了立影的。所以到了立影结婚生子的时候，没有一样不让老妈受累，操心。是三个孩子中最累人的。老妈常说：立影现在孤身一人，没个可心的人陪伴，是老天爷对她这个当娘的惩罚。老天爷故意折腾立影，让立影找她讨债。立影现在就是老妈的最大心病。老妈常常做噩梦，有时梦见立影破衣烂衫地站在荒郊野外，孤零零地哭泣；有时候又梦见立影奄奄一息躺在冰冷的房间里无人问津。每每被噩梦吓醒，老妈就会上火，大骂立影前夫之余，给立薇打电话，让立薇给立影介绍对象。

立薇不是不管立影，无奈的是立影对男人的心已经死了，对再婚不感兴趣。立薇也没办法，只好对老妈说："您要不放心，我把妮儿接到家里来，和我一起过？"老妈啐她一口："你跟你男人一起亲亲热热，从不避人，想让妮儿干看着呀？你那不是气她吗？"从那以后，再看到张中对立薇体贴，老妈居然也开始生气，认为立影之所以这么不幸和立薇也有脱不掉的干系。从小立薇就把立影的福气占光了。她自己顺风顺水样样都好，可立影呢？只落得孤零零一个人。立薇有时想开导老妈："妮儿是大人了，她自己会安排好自己的生活的，她自己会对自己负责。您就不要操心了。"老妈一听差点吐她一脸唾沫，骂她冷血，没人味。自己过好了，就不管自己的妹妹了。

所以，老姐最头疼回娘家了。

一个阳春三月的周末，姐夫一辆车把老姐家和立影一起拉到了老家。这种家庭聚会差不多两个月左右就有一次。

这一次，立薇好歹能够用卢天成来打发老妈了。只是不知道如果老妈知道卢天成要立影去当后妈还要侍候婆婆会怎么想？

一家人吃过团圆饭后，立影帮嫂子收拾碗筷。立薇，张中就和老爹，老妈，老哥一起说到了卢天成。老妈一听卢天成条件不错。来了精神。不过老姐不敢隐瞒卢天成老妈和孩子的事。

因为立影上次鬼迷心窍，找了个混蛋当老公，最后以离婚收场，受的伤害不小。一家人提起了就窝火。尤其是老哥，自己神通广大，却连小妹都没保护好。虽然，是立影那时要面子不告诉家人，但是毕竟自己当老哥的，居然没有明察秋毫。每次看见立影一个人孤单，就想找到那个混蛋把他暴打一顿。现在家里人一提起立影的再婚，都加着十二万分的小心，生怕再有什么差错，让立影受到伤害。

老姐把卢天成家里的事一说，老妈和老哥琢磨开了。老哥说："孩子不要紧，对妮儿没准还是个好事，就是怕婆婆不好对付。那是个寡妇婆婆，厉害是肯定的，不知道妮儿能不能应付。妮儿前面的婆婆老实巴交的，立影从没有受过婆婆的气。"

老妈说："婆婆倒不要紧，她再怎么也是个老人，总会懂点理。就是不懂理，给她吃给她喝，她也说不出什么。倒是那个孩子，跟妮儿自己的孩子一般大，又都是男孩子，怕妮儿看见他，想起自己的孩子伤心。再说后妈不好当，孩子有个长短，容易落下闲话。"

哎呀，事情总没有十全十美的。立影自己都是离过婚的，哪个完美的男人会看中她？只要人好，能养家就行。再说立影自己没有孩子，她又喜欢孩子，有个孩子是个寄托。

等立影帮着嫂子收拾完厨房，回到客厅，老妈，老哥和老姐已经基本达成一致意见了，那就是劝立影抓住卢天成这个人。立影一坐下，老妈的说服工作就开始了。立影白了老姐一眼，怪她多嘴。立薇一脸无辜：她只是在执行老妈的命令。她要不听话，被烦的就是她。

老妈的说服工作就是重复那些陈词滥调：就是立影要有个伴，头痛脑热地有个人端茶送水。

老哥在一旁帮腔：女人就是要相夫教子，侍候公婆。所以卢天成的妈和儿子应该不是问题。只要这个人好就行了。

就连一向在家庭事务上很少发言的老爹，这时也开口了："妮儿啊，要不你先和他处处？"

说到立影的老爹，如果不单独提一下他的话，会很容易把他忽略，因为这个家里的大事小事一直是老妈主持的。无论重要或是不重要的事情，从开始酝酿到最后做结论，都是老妈出面。或者老爹可能有过什么意见？什么建议？什么指示？但在立影姐妹面前从来没有表达过。大概早已在老妈那里被消化，或者被否决了。总之，从小到大，关键时刻，立影只要看老妈的眼色就行了。等到老哥大了以后，老哥开始履行家庭的"执行长官"的职责，老妈是顾问。老爹退居到无人问津的地步，似乎是隐行人，在一切事情面前，难得抛头露面。所以如果不单独提起，很容易让人忽视，好像家里没有这样一个人。

其实，在立影的记忆里，小的时候，老爹还是家里名副其实的顶梁柱。因为那时只有老爹一个人挣工资，并且那时还是有很多的体力活的，都是老爹干的。在立影的心里老爹虽然沉默寡言，却是一个顶天立地的男子汉。

那时家里的条件不好，所以父母亲常有口角。老妈是得理不饶人，无理搅三分，而老爹是个锯嘴的葫芦，三脚踢不出一个屁来。这样，父母的口角就变成了老妈一人的独角戏。老爹虽然寡言，但不等于老爹没有脾气。每次当老妈一气数落老爹到口干舌燥的时候，老爹已经自己躲在里屋或者院子里抽烟生闷气去了。老爹生闷气的结果就是不理老妈。吵闹之后，老妈已经发泄完了，像什么事情没有似的该说就说，该笑就笑，可无论老妈怎么找话茬和老爹搭话，老爹都不理她。这样，两个人之间就要有一个传声筒。比如，老妈把饭做好了，要喊老爹吃饭，就得有个人去传达老妈的意思。

老哥曾被老妈指使当过传声筒，但男孩子嘛，总是心不在焉，一句："爸，妈喊你吃饭。"然后不计后果。这样，老爹自然不买他的账。

老姐也被老妈指使当过传声筒，那时的立薇，正是自视清高，愤世嫉俗的时候，认为老爹老妈这样为鸡毛蒜皮的事吵来吵去"俗不可耐"，很是看不起。对老妈把她卷进这种俗事中更是万分不满。于是语气里就有些不耐烦："爸，吃饭了。"这样自然也达不到目的。

后来，立影被老妈指使当传声筒。那时的立影，也许是女儿对父亲的一种天然的亲切；也许因为两人在家里都是"人微言轻"的一类，就有些同病相怜。立影内心里自觉不自觉地就和老爹有一份同情和认同。当立影走到老爹面前的时候，她会轻声轻气地说："爸爸，要吃饭了。"然后，用一双天真无邪的眼睛，期待地看着老爹。老爹在立影的期待下，只好掐灭烟头，跟在小女儿的后面走向饭桌，从而也结束冷战。

从那以后，立影就一直充当着老妈和老爹的传声筒。立影和老爹之间也有着一种特别亲切的连接：

比如，小时候，立影想吃冰棍，从老妈那儿是要不来钱的，但是，老爹却会从他那可怜的烟费里挤出一角两角给立影。

比如，那时家里难得杀鸡，都是老爹操刀。每次老爹都会小心地收集一把好看的鸡毛给立影，让立影扎毽子用。

比如，立影的学习没有姐姐好，每学期期末把成绩单拿回家时，老妈不免要骂她几句，这个时候，老爹就把立影护在身后，为立影辩护："妮儿还小哪，妮儿还小哪。"

虽然老爹不善言词，也拿不出钱来给立影买好吃的好穿的，但是立影总能感觉到老爹对自己的那份与众不同的关爱。

立影记得，因为第一次婚姻，自己和老妈、老哥激烈对抗的时候，老妈急得要揍她。老哥扬言就是一辈子把立影当老姑娘养着，也决不让她进那家的门。立影在家不吃不喝，以绝食抗争。老爹守在立影的床头，端着一碗饭，轻轻地喊："妮儿啊，你吃点吧，不吃饿坏了咋办？乖，你吃点吃点。"老爹放下碗，又去劝老妈："你随了妮儿去吧，别管她了。"老妈气得直骂："你糊涂啊，你眼睁睁地看孩子往火坑里跳啊？""可是，妮儿饿坏了怎么办？"老爹嘟囔着。

后来，立影离婚了，带着满心的伤痕回到了娘家。虽然，是老妈和老哥把她接回来的，但老妈那张刀子嘴自然免不了唠叨："当初不听话，栽了跟头才知道父母是不会害你的吧。"

老爹忙说："你别说了，妮儿该难过了。回来就好，回来就好。"从那时起，立影就明白，如果这个世界上只要还一个人不会违背自己，不会伤害自己，永远宠爱自己，那个人就是老爹。

于是，立影在老妈、老哥的狂轰滥炸和老爹的恳请之下，终于开始认真考虑和卢天成交往的可行性了。

04

立影开始以结婚的目的和卢天成交往。卢天成的儿子在立影的心里占的比重自然是很大的。那个男孩子和自己夭折的儿子是一样大的年纪。如果说立影对婚姻还有一点点期盼，那么卢天成的儿子是绝对的影响因素。立影很想知道，如果自己的儿子还在，现在会是什么样子。看见卢天成的儿子，那不就知道了？

和立影交往了几次，卢天成对立影的兴趣越来越浓。这个牙尖嘴利的女人，身上所迸发出的那种率真的气质，让他有点着迷。当立影提出，想见见他儿子的时候，卢天成有一点点感动了。他知道，对一个想再婚的男人，前次婚姻的孩子多多少少都会是一个“障碍”。很多女人会在这个“障碍”前望而却步。而这个女人，却对自己的儿子有着浓厚的兴趣。爱孩子的女人，她一定是个善良的女人。

两人商定，在星期天，带着孩子一起去动物园。

那天的天气不错，好像老天爷也在帮忙。

在动物园的门口，立影见到了天成的儿子，翔。

那是一个看上去有些瘦弱的小男孩。有点腼腆，有点胆怯，拉着卢天成的手，躲在他的后面。

卢天成把翔叫到立影面前，告诉他：“喊阿姨。”

那个孩子的声音小到几乎听不见，低着头，不敢看立影。

立影的心就在这一刻融化了，开始怜惜这个孩子。

立影伸手去牵那孩子的手，孩子手小小的凉凉的。也许是立影的笑容温婉亲切，也许是立影的手温暖柔软。当立影的手牵着孩子的手，从那一刻起，那孩子再也没有离开过立影。

带着翔看了长颈鹿，斑马，骆驼，猩猩。翔渐渐放松了，脸上的笑容也越来越多，和立影的对话也多了。看见好玩的动物会迫不及待地和立影分享：“阿姨，你看长颈鹿的脖子怎么那么长？……”

到了狮虎山的时候，一大群人围在栏杆外，对着栏杆内懒样样的老虎发出各种各样的吼声，企图激起老虎的兽性。

翔拉着立影的手，着急地往人群里挤，怎么挤也挤不进去。立影就弯下腰，把翔抱了起来。立影的个子不是很高，抱起翔有些吃力，还尽力地踮起脚尖，想把翔抱得高一些，就越发费劲。这时卢天成过来，拍了拍立影的肩：“我来吧。”然后从立影的手中接过翔。

卢天成的个子很高，把孩子放在他的肩上，孩子越过众多的人头，可以把狮虎山里的动物看得清清楚楚。

“阿姨，有个老虎动了。”

“阿姨，狮子出来了。”

“……”

即使在卢天成肩上，翔的手也没有和立影的手分开。不时地、快乐地和立影分享着他看到的一切。他低头看不见立影时，就会惶恐地四下寻找。这时，立影连忙喊他：“翔，阿姨在这里哪。”

立影被孩子清脆的声音叫得心里酸酸的。说起来这个孩子家里不缺钱，但是孩子的穿着却有些寒酸。那些衣服都好像是从地摊上买来的，式样土气，质地不好。孩子虽然脸蛋干净，但是耳后面却有些脏。指甲很长了，指甲里藏着污垢。有一只手的手背上还有一条细长的划痕，好像是自己手指甲划的。种种迹象说明，这个孩子没有人细心照顾。

立影内心的母爱急剧增长，恨不得立刻把翔带回自己的家里，好好地照顾他一番。

第二天下午，下班以后，天成和立影见了一面。

“我问翔了，翔说他喜欢阿姨。你呢？觉得翔怎么样？”天成问。

立影笑了笑，沉吟片刻说：“如果我真的决定和你结婚，我想一多半的原因是因为翔。说实话，我觉得那个孩子太可怜了，挺让人心疼的。”

“什么意思？”天成有些不解。

“如果不是你带着他和我见面，我不会相信他是你的孩子。因为他的穿着打扮不像是一个公司老板的儿子，而像个民工的孩子。”立影说。

天成有些难堪：“我平时没有时间，翔是我妈妈照顾的，他的衣服是我妈妈和我妹妹给买的。她们贪便宜，所以买的衣服质量不太好。”

“你妈妈年纪大了，力不从心。你应该请个保姆照顾孩子，还可以帮你妈妈干干家务。”

“我请过保姆，但我妈不让。她原来穷怕了，所以特别省钱。她觉得家里就三个人，她能照顾翔，能做家务。请保姆就是在浪费钱。我原来请过两个保姆，都让我妈给赶走了。”

立影一听直叹气，看上去卢天成条件不错，但家里的日子好像过得并不好。

“你是不是和翔在一起的时间不太多啊？”立影又问。

“平常，我早出晚归。早晨走的时候他还在没起床，晚上回家的时候，他又睡了，加上我又经常出差。所以，和他在一起的时候不是很多。”

“昨天，我看出来了，翔和你并不亲近，在你的面前好像很局促。到了后来，他好像跟我比跟你还亲。”立影说。

“嗯。我也看出来了，孩子很敏感。他知道谁对他好。”卢天成说得有些无奈。

昨天，从进动物园开始，卢天成就一直跟在立影和翔的后面。他很少自己带孩子，所以单独面对孩子，也有些不知所措。但是立影和翔完全是无障碍交流，几乎从立影伸手牵翔的手开始，两人就开始亲近了。卢天成的心里非常感慨，不知道是立影天然的母性，还是她和翔前世的缘分，让他们俩一见面，就跟母子似的。立影对翔细心周到地照顾，尤其是看到立影奋力抱着翔的时候，卢天成心里暖融融的。他被立影不由自主所流露的母爱所感动，被翔对立影不知不觉中的依恋所感动。他知道他遇到了一个难得的好女人，这个女人会成为他儿子的好妈妈。

回家以后，卢天成问翔：“你喜欢今天带你去玩的阿姨吗？”

翔点头。

“如果要这个阿姨做你的妈妈，你愿意吗？”卢天成试探着问。

翔清脆地回答：“愿意。”

卢天成也愿意立影做翔的妈妈。

“其实我挺为你可惜的。虽然你工作忙，挣了钱，但是你忽略了孩子长大的过程，那是金钱也买不回来的。”立影感慨道。

天成无语。他对翔其实是很内疚的。翔没有妈妈，自己这个当爸爸的做得并不好，自己和儿子一起待的时间的确很少。忙当然是一个原因，其实也是个借口。只觉得儿子是一个闷闷的不爱说话，一生气就发脾气的孩子。天成不知道自己和他怎么相处。天成不知道儿子有什么特别的爱好，只知道儿子爱喝可乐，爱吃糖，爱吃零食。过年过节，或者出差，天成也给儿子买玩具。不知买什么好。一般是问售货员：像儿子那么大的男孩喜欢什么？然后捡最贵的买。好像给儿子花钱越多，就代表他越爱儿子。至于儿子的那些玩具，儿子喜欢不喜欢，天成就不知道了。

气氛从轻松走向低落。沉默一会儿，卢天成说："你和翔只见过一面，可是对翔比我考虑的还多。是女人的母爱天性，还是我太不称职？"

立影的眼帘立即垂下。半晌，她说："看着翔，让我想到了我自己的儿子。我的儿子如果还在的话，也有翔这么大了。"再抬起眼帘的时候，她的眼睛里已泛着泪花。

"对不起。"天成歉疚地说。他本来想变相地夸一下立影，却没想到勾起了她伤心的往事。关于她的过去，张中介绍过一些，知道她有个夭折的孩子。那一定是她心中最深的伤疤。"对不起，我没有想让你伤心。"天成再次道歉。

立影惨然一笑，说："没关系，最伤心的时候已经过去了。我现在已经好多了，偶尔会伤感一下。现在也不想了，都过去了。"

这是两人交往以来立影第一次提到过去的生活。

"你有没有和我结婚的想法？"卢天成突然问道。

立影一怔。就算她心疼翔，就算她身后有一票家人逼她，但是和卢天成仅仅交往三个月就想结婚似乎也有些太疯狂了。

"你妈妈知道你和我交往吗？"立影问道。

"知道，我对她提过你，你去见一下我母亲好吗？"

见卢天成母亲的事情，提上了日程。

又是一个周末，星期六一大早。上午十点左右，立影提着给天成母亲买的一些老年人用的营养品和给翔买的一套玩具，上了卢天成的车。立影的心里不是不紧张的。听老姐讲：天成的母亲是个很厉害的婆婆。天成的第一次婚姻的失败，她有不可推卸的责任。这次明知有个"恶"婆婆，立影还要上门，那就得需要点"明知山有虎，偏向虎山行"的勇气了。

天成好像比立影还要紧张。

天成的家坐落在一个号称这个城市的富贵花园的小区里。虽然房子的格局不像最近异军突起的其他富人区那样现代化，但是因为占地较早，小区的临近有"小西湖"之称的镜湖花园，小区内有草坪，有树木，假山，融镜湖的自然环境和人工环境于一体。小区内还有一个较大的空地，空地有些设施，供孩子们玩耍。公寓的外面看上去也非常豪华。立影隐约听天成曾经说过，原来想买一套复式结构的房子的，后来考虑到天成母亲年纪大了，关节不太好，上下楼不方便，所以选了公寓一层的房子。

立影进了家门，心一下子凉了半截。这套房子的外面和里面的反差实在太大了。

立影怎么也没有想到外表看着很豪华很现代化的房子里面却是另一套“风景”。一进门，一种令人不愉快的气味扑面而来，好像这屋子里的人喜欢吃某些刺激的东西，但是不喜欢开窗户透气，那种各种味道的混合在整个房间里根深蒂固了，让刚进门的人备受刺激。门厅边上有几双拖鞋不规则地散落在角落里。立影略微犹豫，还是挑了一双看着稍微干净一些的拖鞋换了。门厅的过道中间一条长长的，应该是被长时间污染，而成暗黑色的“小径”直通客厅。

客厅里无人，天成有些尴尬，请立影在沙发上坐下，然后说：“我妈可能在她自己的房间里，我去喊她。”

立影在沙发上坐下，继续打量着客厅。客厅昏暗，暗绿色的窗帘半拉半遮，两旁的挂钩宛如摆设。显示出拉窗帘的人的漫不经心。墙纸的质地不错，不过色泽已经陈旧，还有被蹭破的地方，个别的接缝和纸角已经张开。地板虽是硬木的，颜色却显得深一块，浅一块，毫无光泽。好像不经常清洁和保养，有的地方脏得已经擦不掉了，有的地方原来保护地板的那层油漆已经脱落。客厅里还有两个柜子，玻璃门的，应该是用来放装饰品的。不过现在里面随手放的好像是一些针头线脑，茶叶盒，饼干盒，还有喝了一半的可乐瓶子，凌乱而无章法。茶几和沙发好像临时收拾了一下，但收拾得粗枝大叶。抹布可能不太干净，茶几上被抹过的痕迹还在。可以看得出，这个房间和房间里的装修和家具原始状态是比较高档的，但因为没有人收拾，没有人爱护，已沦落到有些残破和肮脏的地步了。给人的感觉是，这个房间的主人虽然有钱，但是生活得不细致，没有激情，一副得过且过的心态。立影现在有点明白了，为什么卢天成急着想再婚了，因为他真的需要一个女人为他管理这个家庭。

天成进去的那房间应该是他妈妈的房间。天成进去了一阵子，没有出来。立影很尴尬。她还从来没有见过有这样的待客之道。是不是天成的母亲不知道立影要来？还是不欢迎立影？

立影正在犹豫是否要不辞而别的时候，那房间终于有动静了。先是天成出来说：“对不起，让你久等了。”

接着出来一个老太太。老太太高个，有点胖。不算太老，似乎还没有立影妈妈的年纪大。衣着看上去比较过时，廉价。老太太一脸不悦，看也没看程立影一眼。自己经过客厅上厕所去了。紧跟老太太后面出来一个中年妇女。和老太太的体型很相似，只是年轻了一些，穿着上和老太太有些类似，长得有些和天成像。立影心猜：可能是天成的妹妹。

果然天成介绍说：“这是我妹妹，天玉。”

天玉的眼光从立影身上飘过，不等立影打招呼，天玉已经把眼光挪走了，只顾对卢天成说话：“哥，你也真是，去那么长时间。妈的病刚才又犯了。”然后天玉用眼角的余光看了一眼立影。立影知道，这话是对自己说的。

立影立即起身：“既然你妈妈身体不好，我就不打扰了。”

“算了，都来了，我妈说就坐一会儿吧。”天玉说，说话的时候她仍然只是看着天成，不瞧立影一眼。

“坐吧。”天成对立影说，然后对天玉吩咐道，“你去泡杯茶。”

“还没有烧开水呢。”天玉说。

这一切太出乎意料了，怎么好像是立影在没有经过允许就强行进门似的？

这时候老太太从厕所出来，在沙发上坐下以后，才看了立影一眼：“你来了。”

“您好。”立影极力保持礼貌地问候一句。

“你和我们天成认识多久了？”老太太问。

“有三个月了。”立影答道。

“那也不算太久，怎么这么急着上门？”老太太一脸不屑地说。

立影愕然，完全不懂老太太什么意思。把眼光转向天成，天成低下头，回避立影。

“你的事，天成跟我说了。你离过婚？”老太太继续说。

“是。”立影已经在想，怎样结束这场不愉快的对话。

“为什么离的婚？”老太太问。

立影无语。

“我哥也是，干吗要找个离过婚的。其实有好多大姑娘都喜欢我哥，前一阵还有个刚毕业的女大学生非要跟我哥好。那姑娘又年轻，又漂亮。”天成的妹妹天玉插言道。

“那当然，你哥的条件这么好，谁见了不赶紧抓住啊？”老太太附和道。

“对不起，我不知道你们在说什么？我想你们一定误会了。我来这儿看朋友的，碰到卢天成，他让我顺便上来坐坐。我是不是打搅你们了？我该走了。”立影站了起来，看了看自己提来的礼物，果断地提了起来。勉强对老太太和天玉笑笑：“我去拜访朋友，就不打搅了。”

“怎么？你不是……”这下轮到老太太和天玉丈二和尚摸不着头脑了。

立影在门口换鞋的时候，听到老太太在问：“天成，这不是那个要嫁给你的寡妇吗？”

立影逃跑似的从那间公寓逃出来，没有回头。直接打了个出租，奔向老姐的家里。

05

立影如被人追杀的丧家之犬，抱头窜到老姐的家里。敲开门。家里只有立薇在。姐夫带着甜甜游泳去了。

“怎么回事，不是今天去卢天成家吗？这么快就回来了？没在他家吃午饭？”立薇问，看见立影提的礼品袋，又问：“你没去？改时间了？”

“什么也别问。先给我杯水喝。”立影惊魂未定。

“你到底怎么了？刚才去和黑社会火并了？有人还在追杀你？”立薇给立影递了一杯水，还看了看门口，好像要确定是否真的有人破门而入。

“差不多吧。我算是见识到杀手了。我惹不起，只好逃。”喝了口水，喘一口气，立影把在天成家发生的事情告诉了立薇。立影在天成家总共没待半个小时。和天成妈以及妹妹的对话没有几句。所以三言两语，立影就把事情说清楚了。

“这就完了？你就那样出来了？”立薇问。

“我不出来，待在那儿干什么？还让她们继续挖苦我？”立影委屈万分。

“你连礼物都拎出来了？”立薇继续问。

“当然，要不然，她们还以为我巴结她们。我干吗要讨好她们？”立影不解气地说道。

“你出来的时候，卢天成追出来了吗？”立薇问。

“不知道，我一出小区，正好有辆出租，我就坐车上你这儿来了。”

立薇想了想说：“卢天成的老娘果真名不虚传。我早就听说过她很厉害，卢天成又特别孝顺。他前妻就是受不了这个婆婆，最后和卢天成离婚的。我以为有了上次的教训，她会收敛一些，没想到还是老样子。”

“你没看见她那样，就跟老佛爷似的，恨不得要我跪着求她同意我进她家的门似的。他妹妹还说，有多少多少大姑娘喜欢他哥。好像卢天成是天下第一的黄金王老五，全世界的女的都哭着喊着要嫁给他。”立影气愤不已。

“哼，不奇怪。他妈和他妹从乡下来的，没见过世面。自以为卢天成有几个钱就了不起了。卢天成和她们乡下的那些人比，自然是大富翁了，却不知道，这世上比卢天成有钱的多了去了。更不知，这世上不是有钱就行了的。”立薇一脸鄙视。

“你是不知道，卢天成的那个家有多脏有多破，跟猪圈差不多。真是可惜了那个房子。”立影同样鄙视。

“怎么会？卢天成又不是没钱，家里怎么会那么脏？请个保姆都请不起？”立薇倒有些想不明白。

“卢天成说他妈不让。他请了保姆都让她妈给赶跑了。”立影说。

“这样啊，这我倒有点同情卢天成了。挣那么多钱，住的却是猪圈。难怪他着急找老婆了。”

姐夫带甜甜回来了。看见立影也有些惊奇。把甜甜打发去看动画片后，姐夫连忙问起情况来。立影说完，姐夫劝解道：“可能事情没有你想的那么糟。也许，天成的妈妈真的病了。人一有病，心情就不好，说起话来就不好听。”

“姐夫，你可别给她们找理由，我就不信她病了。要是真的病了，怎么早晨卢天成在家的时候还好好的？要是急性病，怎么上厕所的时候不要人扶一把？说话的时候中气十足？她人病了，脑子也坏了？不知道什么话好听，什么话难听？我猜，人家根本不愿意我去她家。我自己上门找没趣，还不兴我改正错误，赶快逃出来？”立影一口气说道。

“那你打算以后怎么办？”姐夫问。

“算了，这事就到此为止了。他家不稀罕我，我还不愿去惹这麻烦。我自己一个人过也挺好的。”立影说。

“其实卢天成这个人真不错。”姐夫有点可惜地说。

“是，卢天成不错，但是跟我无关。从今以后，对我来说，卢天成只是路人甲。”程立影决定了。

正在这时，立影的手机响了。立影一看，是“路人甲”的电话，不接。

“还是接吧，把事情说清楚。”姐夫劝解道。

“对，就是你要和他结束，也要说清楚。”姐姐也说。

立影接通电话：“喂。”

“立影，早上的事情，我很抱歉。你现在在哪里？我们可不可以见一面？”卢天成问。

“算了吧，你还是先照顾你妈吧。我们也没什么好说的，以后就当不认识就行了。”立影说完，挂断电话。

当手机的铃声再次响起来的时候，立影干脆把手机关了。

“要不我给卢天成打电话，让他来这儿，你们当面说说清楚？”姐夫提议。

“他要来，我就走。”立影正色道。

不是不伤心的。自从和卢天成交往以来，尤其是见了翔以后，在立影心里又悄悄做起了圆满家庭的美梦。立影以为，卢天成这人条件不错，脾气又好，还善待自己。翔那孩子也惹人疼爱。和卢天成结婚以后，大家就是一家人。凭着自己的爱心，自己的能干，凭着在娘家的耳濡目染，操持那么一大家子人不是一件难事，到时候，夫唱妇随，母贤子孝，美美满满一大家子谁不向往？

但是，现实总是现实。现实如不残酷，还叫现实吗？

卢天成坚持要和立影见面，解释那天出状况的原因。两人约好了在第一次见面的那个茶室见面。一反过去的轻松，立影有些生气，天成有一些尴尬。坐下之后，卢天成说：“那天真的很抱歉。我没想到会那样。对不起了。”

“我真的很怀疑，你有没有对你妈说过我那天要去你们家？我也很怀疑，你是怎么在你妈面前提到我的？你是不是说有个离了婚的女的，非要嫁给我。我也没办法，只好让她来家看看？”立影一肚子怨气，毫不客气的撒向天成。

“没有没有，我怎么会那样说？”天成辩解道。

“那我就很怀疑你们家的待客之道了。就是一个普通的朋友进了你家的门也不会那样吧。”立影质疑。

“我妈平时不那样。那天我妈对你有些误会。”天成试图解释。

“误会？我跟她头一次见面有什么误会？”立影疑惑。

“是这样的，我妈其实对我们那次带翔出去玩有点意见。”卢天成说。

“什么意见？”立影感到莫名其妙，“难道她觉得我们也应该带她去动物园玩？”

“你怎么这样说？”卢天成对立影语气里流露出的对他母亲的不敬有些不满，“我妈是觉得，按规矩，你应该先拜见长辈，然后再见翔。现在你先见了翔，她觉得不把她放在眼里。”

原来还有这么一档子事。是要给我一个下马威呀，立影冷笑着。在立影看来，取得卢天成儿子的好感，远远比取得未来婆婆的好感来得重要。因为翔是孩子，立影以后是要做翔的妈妈的，所以，立影必须首先获得翔的认同。这样以后在一个屋檐下，翔才不会对立影敌视。和翔沟通是否顺利，有很大一部分取决于彼此的第一印象，也就是说两人的缘分很重要。如果立影不是觉得自己和翔这么有缘，她是不会同意和卢天成结婚的。

而未来的婆婆，她毕竟是个成年人，是可以通过交流互相了解的。她是卢天成的妈妈。有哪个妈妈不希望儿子跟一个儿子喜欢的女人结婚成家？所以只要自己和卢天成沟通得好，她会有什么意见？

“真的对不起你妈了。在我心中，翔应该比你妈更优先考虑。一个好的妈妈会影响你儿子的一生，如果翔和我无缘，我是不敢进你家门的。而你妈妈只不过是需要一个人来侍候她，请个保姆就足够了。”立影一脸不屑。

“也不能这么说，我妈从年轻就开始守寡，一个人带大我和我妹。后来又帮我带翔。家里的事情都是她做主。”卢天成说。

“所以，你妈看上的女人，就可以当你老婆，也可以当翔的妈妈。你妈要看不上，就没戏了，对吗？你今天是不是就来告诉我，我没戏了？”立影讥讽道。

“我不是说你没戏了。我妈那人比较固执。只要你给她时间，慢慢地讨好她，她会改变想法的。所以我想劝你在我妈的面前服个软，说几句好听的话，讨好她，让她开心开心。”卢天成说。

“讨好她？我没兴趣。你是不是以为我自己挣不出买米的钱，要求着你妈恩赐，让我能嫁给你，有一碗饭吃？你错了，卢天成！我对你之所以感兴趣，是因为我喜欢翔，我疼爱他是个没娘的孩子。我想我要是做了他的妈妈，我会让他比现在幸福，比现在健康。不过要我去讨好你妈，我还没病得这么厉害。我自己有工作，有房子。我一个人可以过得好好的，不需要讨好任何人。”说着，立影站起来，说：“再见了，卢天成，以后，咱们还是各过各的，就当我不认识你。”说完扬长而去。

如果说在此之前，两人的交往过程中，卢天成自以为可以掌握主动。那么这次谈话，卢天成有点蒙。

卢天成知道母亲比起一般的婆婆来说，是厉害了一些，这也是她的生活经历所造成的。一个寡妇，在农村那样的环境，带着两个孩子，时刻提防着别人的不轨行为，反抗他人的欺负。不厉害行吗？何况这一次，他觉得母亲的想法也没有错，自己要是想结婚，结婚对象当然要母亲首先认可。不经母亲同意就把翔带去和立影见面的确是不尊重母亲。所以母亲才生气，才怠慢立影，才说了些不中听的话。立影作为晚辈应该理解长辈，应该为自己不尊重长辈的行为给母亲道歉。这过分吗？

没想到立影的想法和自己的想法南辕北辙，不仅不听他的解释，反而有自己的一套说法。甚至不等他把话说完，就甩袖子走了。这可怎么办？

放弃立影，让自己的生活回到原来的轨迹，那么家怎么办？孩子怎么办？

卢天成去过立影家。那是一个两室两厅的小套间，是立影离婚以后，她娘家给她掏首付买的。立影把家里布置得温馨，整洁。那也是他理想中的家。那样的家让一个男人有回家的欲望。卢天成自己也想有那样的家。要不然自己在外面累死累活，却连个如意的家也没有，多么可悲。卢天成的生活经验告诉自己，房子能用钱买到，但是家却是要用心来经营的。他需要程立影这样的女人来帮他经营家。他的这个愿望几乎快要实现了，但是现在，又要破灭了。

老妈说："不就是个女人吗？你这么好的条件，为什么要找个离过婚的。找个大姑娘多好。"

可是，女人虽多，她们会像立影这样合适自己，合适做翔的妈妈吗？

卢天成和立影陷入僵局。卢天成万般无奈，想到了找"媒人"这一招，把立影的姐夫张中约出去谈了两个小时。张中倒是沉稳，也不管他们之间谁是谁非，只是问卢天成究竟有什么打算？要是想和立影继续，姐姐、姐夫可以帮他想办法劝劝立影。立影脾气是倔，但不是不讲道理。但是有一个问题，作为姐姐、姐夫的不是没有考虑过：如果要立影嫁给卢天成，卢天成的妈妈又是那样一个有个性的人，两个人发生冲突也不是不可能的。到时候如果为了避免冲突，要立影忍着做卢家的小媳妇，立影怕是做不来。所以要是卢天成想要一个顺从的小媳妇，立影不是合适人选。

卢天成说："我也知道自己母亲比较严厉一些，只是自己的母亲，我又能怎么办？"

张中劝解道："母亲固然要尊重，但是作为一个男人，把女人娶进家门，总不是要她委屈一辈子的吧。如果自己妈妈有不合适的地方，作为男人，要多担当一些，避免两个女人冲突。如果男人以她是自己的妈妈为借口，就觉得老妈做什么都是无可厚非的，老婆就该忍受妈妈的个性，那么对老婆是不公平的。毕竟老婆嫁给你是想好好过日子的，而不是受气的。"张中说到这里，也不让卢天成表态，只是让他再多考虑考虑。矛盾出现了不是坏事，毕竟在婚前，还有考虑的余地。要是结婚了才发现问题，不是更麻烦？

周五的晚上，立影的父母，哥嫂带着老哥的儿子龙龙，来到立薇家里。老妈在电话里听立薇说，立影和卢天成的事情要黄了，就着急了，拉着立影的哥嫂过来说服立影，立影的老爹也自告奋勇地来了。一般来说，老爹是不爱进城的，家里其他人进城，他都是留在家守家的。立影兄妹三人的婚事，也都是老妈做主。老爹沉默寡言，和孩子们不善交谈，只是和老哥，姐夫在谈论车的时候，才会发言。对女儿，多是笑笑。偶尔会在老妈斥责女儿们不听话时会加上一句：“你妈又不害你们，就听她的吧。”这一次，他主动参与，可见对立影的事情有多么关注。

立薇和张中把情况又说了一边。虽然已经在电话里听过汇报，老妈还是边听边叹气，本来是个好姻缘的，都是妮儿的脾气太倔，才闹成这样。天成的妈妈是老一辈，她说什么，做什么，当小辈的忍忍就过去了，哪能这么讲情面？

立薇不以为然：“天成的妈妈也不是好惹的。卢天成第一次离婚就是他妈妈闹腾黄了的。所以呀，要是妮儿真要和卢天成结婚了，还真不能太软了，要不和他前妻一个下场。”

立薇还没说完，就让老妈给骂回去了：“都是你在这儿说的，这不是还没结婚吗？你以为妮儿是黄花大闺女，她年纪这么大了，又离过婚，找个像卢天成条件这么好的容易吗？”

“妮儿到底哪点不好了？您非要逼着她找男人，她现在不是过得挺好的吗？与其找个不合适的，还不如自己一个人过。”立薇分辩说。

“你是身在福中不知福。你哪知道一个家里没有男人多难……”

言语不合，老妈和老姐扛起来了，还是张中赶紧劝住立薇。老哥也说：“你们别吵了，还是看看有没有挽回的余地？张中，卢天成那边是什么态度？”

张中说，卢天成当然还愿意和立影继续下去。不过，天成老妈那儿的确也是个问题。不只是暂时的矛盾，就是以后两人真成了，立影肯定会和婆婆住在一起，到时候还是有可能有矛盾的。

“婆媳哪有没矛盾的？像咱家这样我妈和我媳妇比亲母女还亲的少。”老哥说，“新车还有磨合期，两个人从见面到熟了还没一个过程？还是要看卢天成这个人怎么样？要是这个人的人品没问题，性格也好，这个亲还是要结的。至于婆媳的问题，磨合期过后，总能解决。”

老哥说得有道理，这样一家人把重点转到卢天成这个人身上了。张中说：“既然爸爸妈妈和哥哥都来了，不如和卢天成见一面，他是什么人，大家都清楚了。”

立薇反对，既然卢天成和立影的关系现在处于搁浅状态，咱们家要见卢天成，不是有点上竿子吗？再说立影同不同意见面还两说。

老妈一听又急了：“这次还就不能听妮儿的。她的上次婚姻就是听她的了，结果成什么样了？这次就得父母为她做主。”

“父母做主？你做得了吗？日子还是立影在过……”

眼看立薇和老妈再次冲突，张中及时出面劝住立薇。

06

按老妈的话说：人和人是有缘的。缘分到了，一切顺其自然，而且老妈非常相信自己的第六感觉。立影大哥为杰谈恋爱时，虽然早恋，但是老妈就是看中了嫂子，认为嫂子和老哥很般配。所以无论嫂子的妈妈怎么闹，老妈都不生气。哥嫂结婚时，嫂子妈妈一会一个主意刁难立影家。老妈千方百计都要满足她。不为别的，就为嫂子这个人，果真，嫂子和哥哥过得好，和婆婆也处得好，婆媳俩比母女俩还亲。

立薇谈恋爱时，老妈也正式非正式地见过几个男孩，没有一个被老妈看上眼的。直到张中出现，老妈才对立薇发话了："你也玩够了，该定下来了。就这个男孩吧。"结果立薇和张中果然一帆风顺到如今。

立影的前夫，老妈自始至终地反对，哪怕他们结了婚，老妈也没看好过，果然最后以伤心离婚结局。

老妈认为这件事成不成，要看立影和天成有没有缘分。那么他们有没有缘分，就要看卢天成能不能过立影老妈这一关，所以老妈坚持要见一面卢天成再说，但是找什么借口才能见着卢天成？这要点技巧。

第二天是星期六，一家人兵分两路：立薇陪着妈妈嫂子逛商店，给家里置办点东西。张中和老哥带着孩子们去动物园，然后去公园划船。老爸跟张中他们一起走。

"要不要告诉妮儿，你们来了？"立薇问。

"先别告诉。"老妈决定见卢天成之前不要让她知道。要不，她一吵闹，什么事都办不了。

两路人马约好，下午四点半在庆丰酒楼见面，张中请客。

一天下来，女士们逛商店逛得尽兴。老妈逛商店时，自然少不了把立影的事情挂在嘴边，立薇有一句没一句的应付着老妈。时不时和老妈争吵几句，这时嫂子就在中间当和事佬。

另一路人马，孩子们玩得开心，不过立影和卢天成的事仍然是大人们谈论的中心话题。老爹也忍不住了，详细地询问张中和卢天成的交往过程。张中自然有问必答。

中午，张中抽空给卢天成打了一个电话，只说了一句："这个周末我岳父、岳母和大舅子一家在我这儿。"

卢天成在电话那边沉吟了几秒钟，问："那你可不可以安排我和他们见个面？"

张中说："下午四点半，我在庆丰酒楼请他们吃饭，你到时也来？"

卢天成答应："行。"

张中说："那我到时候再给你打电话。"

下午四点多一点，玩了一天的孩子们也累了，张中带他们及岳父、大舅子到了庆丰酒楼。他们在预订的雅间坐好没多久，张中接到立薇的电话，说她们也到了酒楼的门口，让张中出去一趟，把买的东西放在车里。

张中出去了，让立薇带着岳母和嫂子先进去。自己把东西放好后，给卢天成打了个电话。没过几分钟，卢天成开车过来了。张中在门口等着他。两人见面没多说什么，都明白这次见面是对卢天成的一次面试，卢天成能不能获得这一家庞大的亲友团的支持，成败在此一举。

张中把卢天成带进雅间的时候，着实把一大家子人吓了一跳。后来立薇埋怨：怎么不先说一声。

张中有张中的道理：这样突然袭击，没有事先准备，才显得出个人的本性。而且，张中觉得，在这一大家子面前，张中就是卢天成的朋友，如果把卢天成来的事早说了，大家有了准备，还不定怎么为难卢天成。丈母娘和大舅子可不是好糊弄的。

一阵寒暄之后，卢天成在张中和为杰之间坐下来。立影老妈在对面打量着卢天成，心里暗自骂着立影：这丫头疯了，这么好的男人不要，她还要什么样的人？立影老妈一眼就看中了卢天成，要是立影和卢天成真的不成的话，怕是她连这个女儿也不要了。

这顿饭，吃得很随和，谁也没提起立影，自然也没有提及立影和卢天成的事情。仿佛卢天成是张中在门口遇到的一个普通朋友，顺便拉过来和一家人吃了一顿饭。

卢天成原来以为立影也在。进门没看到她，还纳闷。后来想了一下也明白过来了，立影家里已经知道他和立影的矛盾。她家里的人对自己的基本情况已经认可，现在是背着立影对他进行面试。如果面试过关，他们就会全力成全这门亲事。卢天成明白过来以后，自然不动声色地打起精神，和张中、为杰随口聊着，有时也回答一下众位女眷的问题。

快吃完的时候，卢天成借口出去了一趟。过一会儿，来了一位服务员小姐，拿着两瓶五粮液进来了，后面跟着一个男服务员抱着一箱子饮料，对卢天成说："先生这是你要的东西。"大家还没明白怎么回事，服务员小姐又说了："大家慢用，这位先生已经结过账了如果还需要什么请您吩咐。"

"天成，你这是干什么？说好了我请客的。"张中首先不好意思。

"伯父伯母、大哥大嫂和我初次见面，理当我请的。这些酒和饮料你们拿回家喝吧。见面太匆忙了，不成敬意。"卢天成诚恳地说。

"你这孩子，这么客气。"立影老妈忙说道。

"我知道为了我和立影的事，让大家都很操心，以后还要请大家多多关照。"卢天成彬彬有礼。

"行，天成啊，什么时候和你妈妈一起去我们家玩玩吧，我们那个地方虽然比不上大城市繁华，可也是有山有水的地方，空气也好，去玩玩吧，啊？"立影老妈立即热情邀请。

卢天成满口答应。

这次见面大家对卢天成的印象非常好，尤其是立影老妈，已经把他看成自己的女婿了。一回到立薇家，老妈就吩咐立薇：

"给妮儿打电话，让她马上过来。"

"干吗？吃了卢天成一顿，等不及给他当说客了？"立薇打趣老妈。

"你这孩子，我跟你们说，一会儿妮儿来了，大家都要说服她跟卢天成好。"老妈吩咐众人，然后警告立薇："尤其是你，你要再说那些着三不着四的话，小心我揍你。"

姐夫开车把立影接过来了。

龙龙，甜甜一起去甜甜的房间玩去了。大人们聚在一起开会。

"妮儿，你就和天成结婚吧。"老妈开门见山地说。

"干吗？没头没脑的一句。"立影不明就里。

"结婚吧，"老妈说，"这么好的男人你都不要，你还要什么样的？我现在晚上老做噩梦，就梦到你一个人孤零零地躺在一间破屋子里，渴了没人端茶，冷了没人盖被。我一想到这个我就睡不着。你要是要我多活几年，就结吧。"

"你当我是下午六点钟自由市场扎堆卖的黄瓜啊。人家走过路过，你就拉着别人，忙不迭地把俺处理了。"立影气愤地说。

"你以为你还是顶花带刺，新鲜水灵的嫩黄瓜，人家会抢着要啊？"老妈极尽刻薄。

"结婚吧。"老哥说，"卢天成那人看上去不错。我们大家都相中了。你听家里人的没错。婆媳矛盾自古就有，可哪有因为怕婆媳有矛盾就不结婚的？车还有磨合期，何况人在一起？结吧。”

“结婚吧。”老姐说：“你再不结婚，老妈就要把你插根草标，拉到人市上去卖了。你要不想被随便一个老男人买走，就和卢天成结婚吧。”

“结婚吧。”嫂子说，“卢天成看上去挺好的。”

“妮儿，要不就结吧。”老爸说。

第二天，卢天成就来电话了。这次立影没有挂断，接通了，说：“你还挺有本事，居然绕过我，去贿赂我们家人。”立影没好气地说。经过这场风波，再和卢天成说话，居然不像以前那样矜持了，不知不觉中流露出女孩的骄横。

卢天成感觉到立影的变化，心里暗自高兴，女人这种细微的变化说明她在不知不觉中和你亲近了一步：“只是一个巧合。昨天你不在，要不要今天我单独请你？”

“今天没空。”立影回绝。

“那明天中午见个面行吗？”卢天成问。

“不知道明天会不会有空，到时候来电话吧。”立影故意摆个架子。

“就这么说定了，你父母亲走了吗？”

“……”

两个人随便聊着，算是关系又走上了正常化。

既然两个人都抱着结婚的目的交往，那么天成老妈这一关是躲不掉的。立影纳闷：怎么卢天成在我们家那么多人面前一下子就过关了，而我在他妈那儿就过不去？是卢天成比我强太多？还是我们家标准太低？明明这件事情是卢天成先求着我的，怎么到了他妈那儿就成了我上竿子要进他家的门，一次不行，还来第二次？百思不解。

上次给天成妈准备的礼物已让立影给自己妈妈了。这次进门还要准备礼物。卢天成让立影放心，礼物他准备，到时候立影提进去就行了。

“那怎么行？你不是请我家人吃饭了吗？还送了酒什么的，给你妈妈的礼物当然我掏钱。不过，你买礼物，我掏钱。好吗？这样你妈挑剔也不是我的错。”立影说。

“你怎么总把我妈想得那么厉害，其实我妈那人很好的。”卢天成分辩道。

立影一脸不以为然：“要是去你家，你妈还像上次那样，别怪我又走了。”

“不会，上次有误会，我都给我妈说好了。”

“那你妈因为先见翔再见她，要我给她道歉，我可不干。”

“不会不会，不过你也要乖巧一点，别好像去跟我妈吵架似的。”卢天成吩咐道。

大概卢天成做了不少工作，这次去卢天成的家总的来说比较顺利。卢天成的妹妹和妹夫，及他们的女儿圆圆都在，还有翔也在。家里稍微收拾了一下，虽然整洁程度不能和立影的家相比，但是比起上一次来，要好多了。大家都保持了相应的礼貌，整个交谈过程没有太出格的事情。

然后，立影代表老妈向卢家发出了邀请。

六月底的一个周末，立影的父母老哥出面请卢天成一家做客，让姐姐、姐夫作陪。

卢天成的妹夫那天值班。这样立薇一家，立影，卢天成家祖孙三个再加上天成的妹妹天玉和天玉的女儿圆圆，吃了早饭从市里出发，十点刚过就到了立影的娘家。

立影的父母和老哥一家住在一栋新建的两层西式小楼里。家里原来也是一栋两层楼。两年前，大哥往南方跑了一趟，回来就说家里的房子太土气了，一定要重新起楼，要建县城里独一无二的西式小楼。后来就有了这栋楼。楼下是两个客厅，餐厅，厨房，一个卫生间。楼上有五间卧室。父母一间，哥嫂一间，哥哥的儿子龙龙一间，还有两间留给立影两姐妹回家时住的。

后院，搭了一个凉棚，供人乘凉。只是时间还短，老爸种的树和搭的葡萄架还未成形。要不然会更阴凉。自从立影大哥盖了这个楼，这楼就成了县城的样板楼。有钱想盖新楼的，没钱想看热闹的都来参观。去年，县城里还真有人又盖了相似的楼。老哥说：让你们赶时髦。等你们盖完了，咱又把这楼卖了，再盖新的。看你们赶不赶得上。话刚出口，遭到全家反对。一向不大说话的父亲说了：“要盖你自己重新买地再盖。我就在这儿养老了。”

卢天成看着这楼稍微有点震惊。他原来以为，立影老哥也就是个小地方的暴发户，有几个小钱而已。现在看来，立影娘家的条件比自己想像中的还要好。

天成的妈妈和妹妹有些目瞪口呆了。在她们的心里，卢天成是全世界最有钱的人。卢天成让她们进了大城市，给她们全世界最好的生活条件，没有人比她们的条件更好了。可立影父母和哥嫂的家里的豪华，出乎她们的意料。在她们眼里，这楼简直就是金銮殿，皇帝住的也不过如此。

天成妈妈是今天的主客，陪客的任务自然是立影老妈的。大家见过面寒暄一阵后。立影的老哥要带卢天成去看看他的修车行和租车行。张中和立影的老爸作陪。

孩子们要跟着一起去玩。翔和圆圆有些认生，立影特地吩咐要龙龙和甜甜照顾好新来的弟弟妹妹。

这样男人们和孩子们都出门了。车行不远，走路也就十来分钟。

家里就剩下女人们了。立影的嫂子给每个人都泡了茶，然后去厨房忙去了。立影要去帮忙，老妈叫住她：“妮儿，你别去了。让你姐姐去。”然后转过身来对立薇说：“你去帮帮你嫂子。”立薇去了厨房。

“您让她们别忙了。大热天的。”天成妈说。

“也不忙。妮儿他哥原来打算中午去个好一点的饭馆一起吃一顿。她嫂子说，天热，这么多人，来来去去的不方便，还不如在自己家。房子还大，又有空调，舒服。所以请了个掌勺的大师傅和两个小工来帮忙。小地方也没什么好招待的，不过是些山里的特产，让你们尝个新鲜。她嫂子前两天就忙着准备了。别人买菜她不放心。都是她自己亲自去买的。”立影老妈说。

“您这是有福气，儿孙满堂啊。”天成妈说。

“什么福气，就是一大家热闹。好在儿子媳妇，女儿女婿都好，也不要我操什么心。”立影老妈满意地说。

这时，嫂子过来问立影老妈：“妈，一会儿酒席是开在餐厅里还是开在后院凉棚下？”

“就在餐厅吧，中午外面日头毒，凉棚下也不凉快。不如在屋子里，开着空调，凉凉快快的。”立影老妈说。

“好的。这么多人，孩子夹在一起太闹。还不如给孩子们单开一桌，大人说话方便些，孩子们自己吃也自在。”嫂子说。

“行，让师傅每样菜给孩子们分出来些。”立影老妈说。

嫂子又回厨房了。

“你这媳妇好贤惠呀。”天成妈说。

“是啊，这个媳妇和我特别投脾气，十几年了，咱娘俩没红过脸。说句实话，我也是有闺女的，可我对自己的闺女没对这个媳妇亲。妮儿在这儿，我也不怕她说我偏心，我要有点好东西，先想到的就是这个媳妇，有余下的才是闺女的。这媳妇对我也是，比对她亲妈还好。”立影老妈说。

几个人唠了一会儿闲话。老妈突然想起什么，喊立影嫂子：“娟儿，我才想起来，昨天见着你妈了，她听说妮儿他们今天回来，要过来看看。我让她和你爸中午一起过来的。”

“算了吧。今天人太多了。一会儿下午让我爸和我妈过来坐会儿就行了。”嫂子说。

“你这孩子怎么这么说话？就多他们两人了？你爸过来正好和你公公做个伴。”老妈责怪道。

“妈，要不我去请伯父伯母？”立影说。

“妮儿，你坐着别管，一会儿让你哥去。”嫂子说。

嫂子给哥挂通了电话，问：“你在哪儿？你先别回来，去我娘家一趟。妈说她叫了我爸我妈今天中午也过来。你去接他们一下，顺便让我妈把她做的酒糟鱼拿过来。再看看菜园子里有什么菜，多摘点过来，让妹妹们带回城里去。”

“东西多的话，让你哥开个车去接他们。”立影老妈在一边说道。

“没事，又不是多远的路。”嫂子说。然后对立影说，“我妈上次做糟鱼时我就让她多做了些，说你和立薇都爱吃。”

“对呀，对呀，伯母做的糟鱼特别好吃。”立影高兴了。

“我这个亲家，也是个爱热闹的人。家里就这么一个闺女。闺女出嫁了。家里就老两口了，没事也常来坐坐。”立影妈对天成妈解释道。

一会儿，男人们带着孩子回来了。孩子们特别高兴。甜甜急着对立影汇报：“小姨，舅舅又买了一个好漂亮的新车。”

“什么车？”立影问。

“就是卡地拉客。”龙龙说。

“什么拉客？”立影故意问。

“小姨，”甜甜急了，“你怎么什么都不懂，就是那种白色的特别长的车。”

“特别长的车？那就是火车。舅舅有白色的火车？”程立影故意逗甜甜。

“不是，不是。”

孩子们七嘴八舌的解释着：“是小轿车，就是电视里新娘子坐的那种。”

“噢。”立影装着恍然大悟，“那种车啊，你们坐上去了吗？”

“上去了。”孩子说。

“舅舅开车了吗？”

“开了。”孩子们高兴地嚷嚷。

“那你们都当新娘子了？让我看看，新娘子漂不漂亮。”孩子们哈哈地笑。

立影走到甜甜前面：“这个新娘子好漂亮，还有小酒窝。”

立影走到圆圆前面：“这个新娘子也漂亮，还是双眼皮。”

立影走到龙龙前面：“这个新娘子不漂亮，头发太短了。”

立影走到翔前面：“这是谁呀？小脸这么白净。”

“我是翔。”翔小声地回答。

“翔不是男孩子吗？ 怎么也当上了新娘子？”

孩子们笑作一团。

“我家妮儿特别喜欢孩子，自己也跟个孩子一样，老长不大。”立影老妈笑着对天成妈说。 天成妈和妹妹这会儿被立影家的人来人往闹的有点头晕，应接不暇。

正说笑着，立影嫂子的爸爸妈妈和立影老哥回来了，还带了两个腌菜坛子和两大包蔬菜。

嫂子的妈妈是大嗓门，一进门就嚷嚷：“说是家里来客人了，我来瞧瞧。”

“是啊，这位老姐姐是妮儿新处的男朋友的妈。 这位是妹妹。 那位就是天成，妮儿的男朋友。”立影老妈忙介绍。

“噢，让我瞧瞧。”嫂子的妈肆无忌惮地上下打量着天成，然后说：“还行，还能配得上咱妮儿。”

“我说亲家，人过来就行了，还带这么些东西。”立影老妈说。

“这两个坛子是给妮儿姐妹俩做的糟鱼。 娟儿让我给做的。 说她姐俩都喜欢，让她们姐俩带回去吃吧。 那些都是我菜园子里的菜。 让妮儿姐俩、还有老姐姐带回去。 自家菜园子里种的，尝个鲜，没用化肥和农药，是那个什么食品。”嫂子的妈思考着。

“是绿色食品。”老哥接茬。

“我知道是绿色的，难道黄瓜有红色的？”嫂子的妈说。

大家都笑了。

嫂子的妈接着说自己女婿：“就你能？ 对了刚刚忘说了，你丈母爹骑的那辆电动车好像不动了，你回头去看看。”

“行，我让人去看看。”立影的老哥答应。

“你别又让人让人的。 你是我女婿还是别人是我女婿？”嫂子的妈顺手拍了老哥一下。

“好好，我去我去。”老哥一副俯首听命的样子，回头对天成妈说，“伯母，您也当了丈母娘吧，您有我丈母娘神气吗？ 我就说了，我丈母娘是世界第一的丈母娘，我长这么大，我爸我妈没扇过我嘴巴子，就我丈母娘扇过。 不过天成，你别害怕，我丈母娘的勇猛是独一无二的。 我妈不是这样的丈母娘，不信你问张中。”

“你个混小子，别以为现在我就不扇你了。”老哥的丈母娘顺手又拍了他一下。

说笑中，到了吃饭的时候。

按照原来的安排，大人们进了餐厅，给孩子们在小客厅安排了一桌。 要是以往，照顾孩子们的事会落在立影的头上，不过今天立影是主要人物，照顾孩子们的任务就落在了立薇头上。爸爸妈妈，哥哥嫂子，姐姐姐夫，甚至嫂子的妈妈今天都特别照顾立影，好像她从来就是这个家的公主一样。

一顿好饭，大家把杯换盏，相尽余欢。

吃过饭，喝了杯茶。嫂子的爸爸妈妈告退。

嫂子看到天成妈有些倦怠，问："伯母，您要不要去楼上我的房间歇一会儿。"

"去我房间吧。"立影说。

"你还有房间？"天成的妹妹问。

"她们姐俩在家一人都有一间卧室。"立影嫂子解释说，"他哥可宝贝这两个妹妹。建这房子的时候就说好了，要给她们姐俩一人留一间。他舍不得让妹妹吃亏。妹妹要是吃亏了，他拼着命也要找回来。"

天成的妈和妹妹天玉在立影的房间里大床上躺着。

天玉问："妈，立影娘家看来挺有钱的，有这么大一栋房子。"

天成妈："是啊，这都赶上咱乡乡政府的房子了。"

天玉："比乡政府的房子可高级。你不见每个房间都有空调吗？"

然后天玉又问："刚刚立影的嫂子说，她哥哥看不得妹妹吃亏。是什么意思？是不是说要是立影受欺负了，他们娘家人不会不管啊？"

"肯定是。"天成的妈妈今天有些震撼，还有点惊魂不定，"别看她哥嘻嘻哈哈的，其实可能不太好惹。她妈也是个厉害角色。她家里的人看上去挺热闹，一个个都不是善茬。"

在乡下相亲，就是看亲家的场面。亲家要是厉害，媳妇过了门，婆家就没人敢欺负她。今天，天成妈和妹妹得到的印象就是：这一家子人不简单。难怪立影第一次登门，一点委屈都不愿受，说走就走。

"你说立影的嫂子妈妈和她大哥在那里说笑话似的说的那些话什么意思？是不是说给我哥听的？让我哥好好孝敬丈母娘？"天玉又问

"嗯。这家谁都不是吃素的……"

楼下，来帮忙的小工帮着嫂子把餐厅，厨房收拾好后，就走了。立影的父母和嫂子都去休息去了。孩子们在另一个客厅玩。老哥，老姐，张中和立影陪着卢天成聊天。自然就说到了卢天成和立影的事上了。

虽然两家已经开始走动了，但这不意味着这门亲事就定了。作为大哥，因为立影前一段婚姻不顺利，这一次他是希望有个好的结局的，所以就更加慎重。老哥说："天成，今天请你和你家里人来，咱可以当着亲戚来走，可以当着朋友来走。我这个人是一竿子插到底的性格，不会拐弯抹角。就想问你一句准话，你今天是来当亲戚的，还是来当朋友的？”

谁也没想到老哥会这样问，都愣住了。天成也没说话。

老哥解释道：“我的意思是，今天我们请你和你家里人过来做客，不是给你和妮儿订婚，你和妮儿的事还是你们自己做决定。你们要是不能成，我程为杰当你是朋友。这次家宴就当是我们朋友之间的相聚。如果你和妮儿的事还要继续，那咱们就当是亲戚之间的走动。”

天成略为思索了片刻说“我是真心希望能和立影组成一个家庭的。我家里的情况你也看到了。有一个儿子，儿子没有母亲，我又忙，都是奶奶带的。奶奶的年纪也大了，也照顾不过来。立影是个好女孩。她最让我动心的就是她的善良。”

大哥说：“你很坦白，这点我喜欢。你考虑的问题很实在。你想给儿子找个好妈妈，给你妈妈找个好媳妇，这点我能理解。但我这个妹妹命苦，原来遭了不少罪。我这个做大哥的挺心疼她的，希望她这一次能够找到个合适的人，能够平平安安，和和美美过一辈子的。所以有几句话，我要说在前头。”

卢天成：“大哥，您说。”

“如果妮儿和你结婚了，她不仅仅是你儿子的妈妈，你妈妈的儿媳妇，她还是你的老婆。就是说她是你们家的主人，而不是保姆。她必须得到应有的尊重和爱护。这一点你要明确。同时你妈妈也要明确。我这个人有话说在明处。没有哪个当哥哥的会愿意自己的妹妹到别人家当受气的小媳妇的。”

大哥接着说：“就说妮儿的嫂子吧，她是个好女人，这一大家子里里外外全是她在张罗。两个小姑子虽然不在身边，但是她能想到的她都想到，能照顾到的她都照顾到。反过来，这一大家子的人都很尊重她。我妈妈的脾气很急，急起来连自己的儿女都打，但是十几年来，没和儿媳妇红过脸。我在外面忙活了一天，下班回家喊自己的媳妇倒碗水，我妈都要骂我懒，说我欺负媳妇，不让我使唤自己的媳妇。两个妹妹更是尊重嫂子，回家了都抢着干活，不让嫂子一人劳累。就是因为这样，我们这一大家子才一直和和美美的走到今天。我和你说这些，不是教你怎么做，而是想告诉你，人家的闺女到我家做媳妇，我家是当做自己家的人爱护，比自己的亲闺女还亲。所以也希望我的妹妹到了婆家也被婆家的人爱护。你理解我的意思吗？”

“我理解。我会尊重立影，好好待立影的。”天成自然明白程为杰话里的意思，又加了一句，“我相信我妈也会的。”

“行，”老哥说，“我要的就是你这句话。张中在这儿也听见了，他做证人的。”

07

立影和卢天成的婚姻好像就这样定下来了。

既然打算结婚，总有一些实际的问题要谈。

首先，婚后住在那儿？

立影其实不喜欢搬到天成现在的家去。因为天成妈已经先入为主了，立影进去和她争夺女主人的位置，有点抢班夺权的意思。但是，要重新买一套房子显然不太合适。商量去商量来，两人决定，还是在现有的房子里安家，但是立影提出，房子要重新装修。部分家具要换。

天成妈对装修极力反对，认为立影是第二次结婚，还这么兴师动众，有些小题大做，有些“不要脸”。家里装修一次，不知道要花多少钱。这对惜钱如命的天成妈来说，比拿刀砍她还难受。

天成这次没有听自己母亲的。他早已厌倦了家里的陈旧和脏乱，自己也希望家有个家样，而不是现在这样“都市里的村庄”，“处在豪华住宅区的农家”（立影的话）。天成要一个真正的城市风格的，舒适温馨的家。

卢天成早就想把家改造一番了，只是每次一提重新装修，母亲就要反对，他只好作罢。这次他要借机会把家里全部翻新。

老太太口头抗议无效，只好采取实际行动表示抗议。那就是她的房间不让装修，似乎想用比照的方式让立影感到羞愧。哪里知道，天成受了那女人的指使（这是老太太猜想地），居然说：那就尊重老妈的意见，她的那间就不动了。

一计不成，再生一计。老太太坚持要住在家里，阻碍装修，但无奈家里搞的乱七八糟，根本无法住人。老太太坚持了一天，只好带着翔去天玉家里。

这样，立影去考察装修的时候不用和未来的婆婆见面，省了许多烦恼。

立影和天成一起去选购装修材料和家具。天成见过立影自己的房子，很喜欢里面的装饰和摆设的风格，所以对立影的眼光和品位都百分之百的相信。

女人对家的向往是无止境的。有止境的只是自己钱包的大小。即使没钱，女人们也愿意逛高档家具店，看高级家居用品。就算没能力搬回家，只是看着它们，做个豪华梦也是美的。但是，现在立影借天成的钱包把豪华梦变为现实，着实地过了一把奢华的瘾。

刚开始那几天，钱像流水一样的往外流，立影也有些担心，问：“花这么多钱，行吗？”毕竟没有这么大手笔过，心里有点发怵。

“没事，这么多年了，我总算是尝到了花钱的滋味。”天成开心地说。

是啊，在一般人眼里，天成也算是个有钱人，可是从来没有大方的花过钱。不是他小气，而是每当他花了老妈认为不该花的钱，老妈就会唠叨得让他想上吊。为了避免这种副作用，卢天成只好选择尽量少花钱。

装修工作因为没有天成老妈的干扰，进行得很顺利。

结婚前的另一件大事就是，卢天成建议立影结婚后辞职做家庭主妇。天成认为自己能养活一大家子，立影不需要这么辛苦出去挣钱，不如踏踏实实在家里，把一家子打理好，这样他在外面放心，立影也不至于忙里忙外。立影和立薇商量，立薇觉得，这一家子有老有小，如果立影不辞职，可能会很累人。天成那样的人，不太指望他会帮忙做家务。如果立影还上班，家里的事交给老太太，不太合适。再说从天成原来的生活品质来看，老太太的理家水平实在不怎么样。把家交给她，立影还真不放心。可如果立影里里外外都照顾，那么除非立影是铁人，否则，还真难应付得过来。更重要的是，立影和翔要开始建立新的母子关系，和婆婆的关系要理顺，这些都要费心费力的，所以立影决定：听从卢天成的建议，暂时辞职。

在立影决定递交辞职信的前一天，和天成做了一次长谈。

谈话是立影开始的：“一切都挺顺利的，家里在装修，翔的学校也联系好了，我也准备辞职了。咱俩结婚好像是顺理成章的事了。”

“是啊，我很感谢你能为我们的新家做出牺牲。”天成由衷地说。

“不过我有个问题还是不清楚。”立影问道。

“什么问题？”天成问。

“就是我进你家的门，是以一个保姆加家庭教师的身份进去的，还是以你妻子的身份进去的？”

“你这是什么话？当然是以我妻子的身份啊。”天成现在对立影说话口无遮拦已经不再惊奇，只是不明白为什么到了现在她还在说这种话。

“嗯，不是这么简单的。说起来容易，实际操作就不容易了。我的意思是如果你仅仅希望我照顾好你妈和你儿子，那么我就把自己放在一个保姆加家庭教师的地位上。除了让你妈吃好喝好，照顾好你儿子，其他的事我一概不过问。不过呢，作为保姆兼家教，我要求有应有的待遇，那就是你要给我开工资。因为，我是在你的要求下辞职去你家的，又是身兼数职，所以我要的工资不能太低，起码要比我现在的工资高，除了你给我的工资，你的其他家务和我一概无关。

“如果我是去当你妻子呢，那么我就要在这个家当女主人，以后对孩子的教育，对家里的一切事情，我要能做主。同时，我和你是一体的，我在家里为这个家做贡献，你在外面为这个家操劳，那么以后家里的一切责任我们要共同承担，所有的利益我们应该共同分享。所以在我们结婚之前，我要跟你去做婚前财产公证，婚前的财产你的是你的，我的是我的。婚后的，你挣的每一分钱里，都有我的一半。”

立影说这番话的时候，天成的表情阴晴不定。他大概没有想到立影会这么直率地提出这样的问题，好在他的涵养让他没有打断立影的话。

立影说完，天成沉默了片刻，问：“谁给你出的主意？你姐还是你哥？”

“我自己的主意，怎么了？我没有这个智商？”立影反问。

天成皱皱眉头，说：“我怎么觉得我们俩不是在谈结婚的事，好像是在谈两个股份公司合并？讲来讲去都是跟利益有关？”

“你是不是不能接受？”立影问。

“我可以理解你的顾虑，但是不能接受这种谈话的方式，让我觉得你我之间缺乏起码的信任，而且，你对我们的未来很不乐观。如果这样，你觉得像一家人吗？”天成反问立影。

立影不语，她知道自己说的过分了一点。倚仗着卢天成这几个月来对自己几乎是百依百顺，自己在他面前是有些肆无忌惮。

不过，立影的考虑不是没有道理的，家务事让人看不见摸不着，琐碎而无止境，因为没有金钱来衡量，让人觉得家务劳动很不值钱。家庭妇女没有休息，没有假日，没有劳动强度限制，不受《劳动法》保护的劳动者。自己放弃工作去当家庭妇女，在外人看来是被人养起来了，但实际上其中的辛苦，没有人知道。立影和天成的关系，好像还没有发展到自己心甘情愿做他背后的女人的程度。

立影另一个考虑就是，如天成所说，她对她和天成的未来没有安全感。这种不安全感很大部分来自天成的母亲，她未来的婆婆。她预感这位老太太不会轻易接受她。如果发生冲突，她必须给自己留一条后路。如果她给“赶出”那个家，她没有工作，没有钱，怎么办？所以立影虽知道自己的话有些过分，但还是说出来了，她和她老哥一样也是个“丑话说在前面”的人。

立影和天成的谈话陷入了僵局。

天成考虑良久说：“我知道，让你辞职回到家里，你做了很大的牺牲。我能理解，因为原来的经历，你有些不安全感。其实，在这之前，我也想过了，每个月往你的账户上转些钱，这些钱绝对会比你现在的收入高，作为对你的补偿，同时也为了让你安心。以前没说出这些想法是怕你觉得我和你太分彼此了。既然你这么坦率地说出了你的顾虑，那么就这么办吧。

“另外，我每月给你的钱不是像你说的给你的工资，我和你结婚，不是让你来当保姆和家庭教师的。我是让你当妻子，当这个家的女主人。我原来认为，结了婚，我的财产理所当然就是你的财产了，没有想过要去公证。但是你提出来婚前财产公证，也有道理。把各自的财产分清楚，会避免以后可能出现的一些矛盾。如果你要去做，我可以和你去做。但是我相信，到了最后，那只是一张废纸。我不希望，我们会有用上它的那一天。我娶你，就是要和你白头偕老的。”天成说完，微微一笑：“这下你该放心了？是不是你觉得计划很完美了？就没想到，我会转移财产？”

听了天成得话，立影松了一口气，这么复杂的问题就这样解决了，有些佩服和感谢天成的大度。不过听了天成后面的反问，立影不以为然地说：“要是你真的跟我来这一手，我无话可说，谁让我自己瞎了眼，找个烂人？”

后来立影把这番话讲给立薇听时说：“他还想转移财产？美的他，不知道我现在是专业会计师吗？在我面前做假账？休想！”

立薇十分鄙视立影：“立影，你不就是结个婚，怎么这么复杂？没结婚就为离婚做打算了，也亏得卢天成把你当那么根葱，这么将就你。你和他之间除了谈孩子，老人，财产，难道就不能谈一点点爱情吗？”

立影冷笑：“你以为我们是十七八岁、二十岁的小青年啊，还爱情呢？大家都是各取所需，以后能安分过下去就不错了。”

爱情？立影认为：这年头最不可靠的东西就是所谓“爱情”。既然老妈非逼着结婚，那还不如找个外表不错的，有经济势力的，人品也不错的。这三点卢天成都能满足。至于其他，就看自己的造化了。

立影在东方汽车零部件销售公司(东方公司)上班。这家公司负责给本地区百分之八十以上的汽车零部件零售商和修理厂供应汽车零部件。总部设在离市区高速公路进出口处不远的一个大型销售广场中，位于市区边缘地带。这个销售广场除了东方公司外，还有各种其他种类的零售批发中心。是附近几个省的各种材料，物资，产品的最大的聚散中心。

四年前，立影，姜小白和另外一位男同胞蓝君谦同一天进东方公司总部的。立影是通过张中托关系被招进东方公司的。那时候立影什么都不会，被安排在办公室打杂。姜小白从大学财务管理系毕业，进了东方公司的财务部。蓝君谦则是从分公司提拔上来，做销售部的经理助理。他们到公司报到的那天，接待他们，并给他们做公司介绍的就是人事部的杨箐。

四年过去了，立影忽然就辞职去嫁作商人妇了。立影在公司上班的最后一天，公司里的几个死党和她一起去酒吧，给她开欢送会。大家对立影顺利逃脱老板的魔掌举杯相庆，对立影即将到来的少奶奶生活艳羡不已。

杨箐问："立影，你丫运气真好，第一次相亲，就相到 Mr. Right 了。看来你姐夫速配的眼光不错。干脆让你姐夫开一个婚介所得了。我是他的第一个顾客。"

"你丫不把相亲当事业了，你不是要相一百个男人吗？我还等着买你的书找你签名呢。"姜小白讥讽杨箐。

"我如果能像立影，一结婚就当少奶奶，我就改变事业方向了。专攻如何当一个称职的少奶奶。我说立影妹妹，你要以后见着合适的，可别忘了你姐姐我。我要求不高，你家卢天成那样的就行……"杨箐说。

"少奶奶？屁，我就是一保姆。他就看中我是保姆的料，所以把我包下了，给他家当专职保姆了。以后俺虽不用再侍候老板了，可还有一家人等着我侍候呢。你们侍候老板不痛快了的话，还可以辞职。俺侍候那一家子可是无期徒刑啊。今天是服刑前的最后疯狂了，不醉不归……"

立影那时的确有些悲壮，不知道自己这样一头栽进卢家是福是祸？

姜小白却说："要是无期倒好了。就怕以后无期改成有期。过了三年五载，人家把你放出来了，你那时候都成黄脸婆了，就是想在他家继续劳动改造人家都不给机会，那可怎么办啊？"

杨箐说："你丫尽说丧气话。非得像你死磕蓝妖，就安全了？你丫想给蓝妖当保姆，还没那机会，人家蓝妖有花花姐，我劝你也改方向吧，天下又不是只有蓝妖一个男人。”

蓝妖，就是那个和立影，姜小白同一天进公司的那个销售部经理助理蓝君谦。从进公司的第一天起，姜小白就和蓝君谦有了一种说不清道不明的关系。四年过去了，姜小白仍然纠结着，但蓝妖却娶了一个被立影她们称为“花花姐”的女人。

立影劝姜小白：“姜妹妹，听姐姐一句话，这世界上的歪脖树不只一棵，你别守着一棵树挂绳子了。既然蓝妖那棵歪脖树上已经挂着花花姐了，你就再找别的树呗，哪棵树不是树啊……”

酒喝得多了，几个人就有点胡说八道了。喝到半夜，立影就有七分醉意了，也不知道自己是怎么回家的。

到了第二天早晨，卢天成开车来接立影时，立影的头还有点痛。立影草草地收拾了几件衣服，放进提包里。卢天成问：“你准备将这个房子出租吗？你要是打算把这房子租出去的话，我可以帮你找房客。”

立影叹了一声气：“算了，还是空着吧。”

卢天成故意逗她：“你不是挺会算计的吗？这房子要是租出去了，房租可以用来还贷款啊。”

立影还是摇了摇头，没有说什么，有些莫名的伤感。

然后，卢天成拎着立影的提包，立影锁上门，两人一起下楼了。

08

立影和卢天成都不是张扬的人。他们只在小范围内宣布结婚的消息。然后两家人在一起吃了一顿饭，算是为他们庆祝一下。

九月一日，程立影当家庭主妇的第一天。

早晨一起床，立影就开始履行她当家庭主妇的职责，给一家人准备早饭。立影用鸡蛋裹着面包，用油将面包两面煎成金黄色，看上去非常诱人。

立影去翔的房间看翔，发现翔在忙乱的穿衣服，找不到袖口了。婆婆在帮忙，看见立影，婆婆一脸不高兴：“要你进门不就是管孩子的吗？你怎么管的孩子？”这时立影才意识到：翔六岁了，自己还不会穿衣服。甜甜比他小一岁，穿衣服早已经不让人帮忙了。

立影没理婆婆，把翔拉过来三下两下帮他穿好衣服。帮翔洗漱之后，带着他来到餐厅，问他：“吃鸡蛋面包好吗？”

还没等翔回答，跟在后面的婆婆说了：“宝儿不吃那个。那有什么好吃的？”

立影看了一眼婆婆，问：“那翔平时早晨吃什么？”

翔突然生气地大声喊道：“我就吃面包，就吃。”

立影没提防，吓了一跳，连忙说：“那行，阿姨把炸面包片给你放在小盘子里好不好？”

翔点点头。

立影把翔安顿好了以后，回过头问婆婆：“妈，你也一起吃？”

“我不吃那个。”婆婆看都不看一眼。

“那您吃什么？”立影问。

“随便。”婆婆不耐烦地说。

“要不我给您下面条？”

“随便。”婆婆看也不看立影。

立影烧上水，天成进来了，立影问他：“你吃面包还是面条？”

“面包吧。”天成说。

一家老小吃完早饭，天成上班去了。立影要带翔去学校报到。临出门时，婆婆喊住立影，拿出十元钱递给她：“你顺便去把今天的菜买了吧。买根黄瓜，几个西红柿，再买点土豆，一块豆腐。”

“妈，您这是干什么？”立影不解。

“这是今天的菜钱。”婆婆交代。

“噢。”立影明白了。敢情老太太在给儿媳妇分派活。

立影带着翔出门。学校不太远，走路也就十分钟左右。翔是一年级新生，立影带着他找到班级。班主任是位年轻的女老师，姓曾，和立影年龄差不多。立影向她自我介绍：

“您好，曾老师，我是卢翔的继母。”

“继母？”曾老师一愣，心里想：还没见过有人这样介绍自己，一般人都会尽量掩盖后妈这个事实的。

“您好，不管亲母继母，管好孩子就是好母亲。”曾老师开玩笑地说。

“以后翔的事还要您多费心。”立影笑着说。

“那自然。卢翔以后有什么问题，我可以找你吗？”曾老师问。

“当然可以。”立影说。

简单的几句话，一下子把刚刚认识的立影和曾老师的关系拉近了。人和人真是奇怪，有的人认识一辈子，面和心不和。有的人见面只要说几句话，就像是多年未见的老朋友。何故?

因为翔是新生，立影给他报完到，已经接近中午了。立影并没有离开学校，在校门外等着翔。

翔放学后，出学校就找立影，见到她急急忙忙地就跑了过来。

“新学校好吗？”程立影问。

“好，”翔答道。

“你同桌的小姑娘叫什么名字？”

“田雅俐。”

带翔回到家里，婆婆已经有些不满了：“怎么去了这么久？”

“翔是新生，事挺多，就耽误了，所以我就在学校门口等着接他回来。”立影说。

“你没买菜？”婆婆问

“没呢，下午买。”立影回答道。

“噢，下午也行，五点钟以后，菜很便宜，西红柿一块钱一堆。”婆婆说。

简单地做了中午饭吃过，休息片刻，然后又送翔去学校。然后立影去买菜，这才想起还没和天成讨论生活费的问题。想到婆婆早晨掏出十元钱的举动，立影心想，难道天成把生活费给婆婆了？以后每天要从婆婆那儿领取生活费？婆婆给立影十元钱的架势，十足的一副吩咐童养媳的姿态，让立影就此天天毕恭毕敬地从婆婆手里接过生活费和“懿旨”，然后，按婆婆的吩咐操持全家，这也太搞笑了。以为是拍民国剧啊？再说了十元钱，四个人一天的菜金，只吃蔬菜？以为是在庙里？

立影先去银行办了一张卡，准备以后让天成把每月的生活费打进卡里，然后去市场买菜。她按照婆婆的吩咐买了黄瓜，西红柿，土豆和豆腐，又买了几根香蕉，一斤梨。然后去超市买了翔爱吃的巧克力派，旺旺饼。路过一家饭馆的时候，那家饭馆在门口摆着一个密封的电烤炉正在烤鸡。那鸡看上去不错，立影等了一会，新烤的鸡出炉后，买了个大个的烤鸡。

买了这些东西以后，立影的手里也提满了东西。

进门的时候，婆婆迎上来，看了看立影手里的东西，问：“买这么多东西？”

“噢，家里有这么多人。再说翔在学校一天了，回来要加强营养。”立影说。

婆婆没问买这么多东西十元钱够不够。反正立影愿意掏自己的钱就让她掏呗，只要不找她要钱就行。

立影把梨和蔬菜收进了冰箱，香蕉和零食收进了餐厅里的食品柜，那只烤鸡就放在厨房的桌子上。

然后看看时间差不多了，就去接翔了。

翔放学后一进门，婆婆就从她的房间出来了。立即接过翔的书包，用手中的扇子给翔扇着风：“宝儿啊，外面热吧，上学累吧，肚子饿吧，奶奶这儿有香蕉还有饼干。奶奶给你拿。”说着把翔拉进了她的房间。

立影打开食品柜，里面空空。立影立即明白了婆婆把所有吃的都收进了她的房间。用我买的东西收买孩子做好人？哼！立影不屑地冷笑了一下，冲着婆婆的房间大声喊道：“翔，我去买冰淇淋，你去不去？”

“我去。”翔匆匆从奶奶房间出来，随手把香蕉扔了。

奶奶急忙追出来：“宝儿啊，你吃香蕉。”等她站稳一看，已人去楼空。

立影带着翔买了冰淇淋，又在外面玩了一会儿，然后回到家里，奶奶还想给翔其他零食，翔已经不感兴趣了。

立影去做饭，凉拌了黄瓜，炒了土豆丝，做了个虾仁豆腐再加上烤鸡。

做饭的工夫，天成回来了。

立影陆续把菜放在餐桌上，翔洗了手过来坐好准备吃饭。

餐桌是长方形的。天成坐在顶头，翔和奶奶坐一边，立影坐在另一边。

立影最后一个上的是烤鸡。

“今天还有烤鸡啊。”天成说。

“是啊，是啊。”婆婆接口道，好像烤鸡是她买的。接着婆婆伸手撕了一只鸡腿，给翔：“宝儿啊，多吃点。”然后又撕了另一只鸡腿，给天成：“你也多吃点，干了一天的活。累了。”

立影对婆婆的行为有些惊奇。虽然说立影不去争那口吃的，不过婆婆做得也太明显了。天成显然对婆婆的做法熟视无睹了，很自然的享受着那只鸡腿。

立影自己动手撕了一个鸡翅。婆婆盯着立影说：“男人在外面辛苦，要吃好的补补身子，咱们女人在家闲了一天，怎么还好意思和男人抢吃的？”

立影说：“没事，这鸡天天都有卖的，一只不够咱买两只。两只不够咱一人买一只。你儿子挣的钱，不能让你天天吃山珍海味，吃只鸡还是吃得起的，保证可以让您吃到倒胃口，见到鸡就想起鸡屎的味道。”

卢天成正咬了一口鸡，听见立影说到鸡屎，厌恶地恨不得把嘴里的那口鸡吐出来。再看看自己的老妈，被立影噎得说不出话来，赌气不看烤鸡，只吃面前的那两盘素菜。卢天成看不过去，动手撕了另一个鸡翅膀放在了老妈的碗里。

吃了饭，立影在厨房里收拾，把剩下的一点鸡皮，鸡骨架，倒进垃圾桶，婆婆正好进来，又不满了：“这不是还能吃吗？怎么又倒掉了？”

立影笑了：“您别心疼了，那烤鸡不是用您的钱买的。您给的十元钱，我不是都买了您要的蔬菜了吗？这鸡是我自己掏钱买的。算我请你们吧。扔就扔了吧，我都不心疼，您心疼什么？”

“什么十元钱？”卢天成正好进来听见婆媳在说话，便问。

“妈早晨给了我十元钱生活费，管咱们全家一天。咱家人真好养活，一天十元，一个月三百就够了。说实话，这点钱我从牙缝里都能剔出来。卢天成！你天天出去挣那么多钱干啥？干脆你回家歇着，让我来养你吧。三百元一月，我在家坐着，养你们全家三年五载也没问题。”立影半开玩笑地说。

卢天成不语。婆婆不明白立影说啥，无语。两人都走了。

立影去照顾翔洗澡，卢天成被婆婆拉进了她的房间密谈。

等立影忙完，回到卧室的时候，天成正坐在房间的椅子上生闷气。第一天，好像家庭气氛就不对，两个女人明枪暗箭的，处处都有杀机。见立影进来，卢天成没好气地说："你说话怎么那么难听？一点都不懂尊重我妈？"

"难听吗？我觉得还好啊，我一直都这样啊，你难道不知道？你妈不习惯，习惯就好了。"

"有好吃的先让老人，这点都不懂吗？你吃烧鸡的时候，怎么自己就先吃上了，都不说让妈先吃。"卢天成接着抱怨。

"是吗？我怎么看见的是你最先吃啊？你妈把一只鸡腿放在你的碗里的时候，你好像很享受啊。难道你有优先权啊？"程立影反唇相讥。

卢天成一愣，刚才，在老妈房里，老妈就是这样指责立影的："只顾自己吃，都不知道让婆婆先吃，眼里还有没有我这个当婆婆的。"他觉得老妈说得没错，所以才把老妈的抱怨转达给立影，却没有意识到自己的行为有什么不对。在他的潜意识里，女人就应该是最后享受的那个人。当初翔的妈妈在的时候，就是把好的先让给天成、婆婆和小姑子。就这样，母亲对她还颇有微言。所以天成下意识地认为，立影也应该是谦让的那一个。

天成答不上话来，只好转移话题："妈说下午放学的时候，她在给翔拿香蕉，你不让翔吃，非要带他去买冰淇淋。"

"天热，翔爱吃冰淇淋就让他吃呗。难道你让他冬天吃？"立影故意有理歪说。

天成不知如何是好，母亲对他抱怨了一大堆立影的不是，他听着都觉得立影很过分，怎么把母亲的抱怨放在立影面前，一点战斗力都没有？

天成无话，立影却对卢天成伸出手来："把钱拿来。"

"什么钱？"卢天成问

"这月生活费。"立影说。

"生活费？我已经给我妈了。"天成说。

"那行，以后这个家，你妈来当吧，我什么都不管了！"立影突然发怒了。

"你什么意思？"卢天成问。

"我什么意思？当初你怎么说的？我进了这个家是来当女主人的不是当保姆的。现在连生活费你都不给我，我当个狗屁女主人。"立影咄咄逼人地说道。

"原来一直是把生活费给我妈的。"卢天成自知理亏，小声分辩。

"原来你还没老婆呢。你有你妈给你当家，干吗还要娶老婆？"立影没有好气。

“你怎么说话？”卢天成也生气了。

“行了，不说了，我怕我越说越难听。”立影躺在床上不做声了。

过了一会儿，卢天成说话了：“你说，一个月要多少钱？”

立影没说话。

“你怎么不说了，要多少钱？”卢天成又追问了一句。

立影说：“我现在不想说这个事，你给我的感觉是，我在向你要钱，我是乞丐，你是施舍者。”

一夜无话，早晨，吃过早饭，立影准备出门送翔上学。回自己房间拿包时，看见床头柜上放了一千元钱。立影明白，那是卢天成留下来的。

立影收好钱出来，婆婆在客厅，又拿出十元钱来给立影：“你今天去买点茄子……”

还没等婆婆说完，立影打断道：“妈，您不用给钱了，天成已经把这个月的生活费给我了。这钱您自己留着花吧。”

婆婆愣着了，没反应过来，立影带着翔门了。

到了晚上，立影和卢天成再次商量家里的日常费用问题。立影把银行卡拿出来说：“你每月在卡里打两千二，我再打八百。先试一个月，看够不够，不够的话，咱们再各自加点。”

“干吗你还出钱？”天成不解地问。

“我自己能养活自己，不用你出钱，你养你妈和你儿子就行。”立影说。

“你哪里来的钱？”卢天成问。

“不是你给我发工资吗？我就用我的工资。”立影调侃道。

“行了，你的那点钱，交了房贷，还剩下几个？还是自己留着吧。”卢天成不以为然。

“那不行，我自己可以养活自己为什么要靠你？”立影依旧故作姿态。

“你怎么着，和我分得这么清，不想当我老婆，只想当保姆了？”卢天成这下可逮着立影的把柄了。立影只好低头不语，听从他的。每个月由他出生活费，心里却偷着乐。

“不过头几个月，可能还要多花些钱。好几个窗帘要换，还要买些装饰物。翔的衣服要全部重换。还有，厨房用具要全换，家里的那些旧锅，外面全被烟熏黑了，看着就让人没食欲。”立影乘胜追击。

“你也别跟我算那么清，好像真的是保姆似的。每个月我给你五千，不够再说。”卢天成说道。

09

立影的家庭主妇的日子就这样开始了。

送完翔回到家，立影就开始收拾家里，先是把昨天一家人换下来的脏衣服洗了。婆婆看立影用洗衣机就过来说：“就几件衣服，手搓搓就行了，用洗衣机，洗不干净，还浪费水浪费电，那都是钱啊。”

用手洗衣服？那是老早以前的事了。立影娘家一有钱，第一个买的电器就是洗衣机，从那以后，就再没有用手洗过衣服了。立影想起来买这台新洗衣机之前，这个家里原来有一台洗衣机。洗衣机的外表看起来很新，当时立影还以为洗衣机就不用换了。可打开洗衣机的盖子一看，里面全发霉了，黑色霉迹擦都擦不掉，都是长时间不用所致。立影才决定以旧换新，淘汰了那台其实没怎么用的洗衣机。

“那衣服，还没穿破，全是机器搅破的……”婆婆还在唠叨，不过立影已经把洗衣机开动了。

立影接着清理的是厕所。立影至今还记得当时来这家时，那厕所的异味。当时还奇怪，怎么自己家里会把厕所搞得这么脏？现在明白了。婆婆上厕所从来不冲水。她有一个桶放在厕所里，专门装洗脸洗手还有洗衣服的水。拉了大便，就用那水冲，小便就不冲了。立影进来以后，已经开始提醒翔上完厕所之后要冲水洗手，但老太太还是固执的用她的老一套。立影委婉地提醒了几次也不管用。立影索性每次等婆婆用完厕所以后，就进去把厕所冲了。这引起了婆婆的不满：“这么浪费水，不是你的钱你不心疼啊？”

立影才不管她，继续我行我素。

进门过道里，原来有一条长长的黑印迹，是当初进门不换鞋积攒的印迹。装修以后，地板全换了。立影给家里每个人都买了家穿的便鞋，让大家进门就换鞋。大家都换了，但是婆婆不换。婆婆虽不常出门，但她只要从外面一进门，立影就拿着拖布侍候着了，她走到哪儿，立影就跟着拖到哪儿。这又引起了婆婆的不满：“你这么老跟着我，让我晕，你是不是不让我在自己家里走动？”

“没事，你想怎么走，就怎么走。我就是看不得地上太脏，见脏印子顺手就擦掉了，要不时间长了，地板上的脏印子擦不掉，要换新地板，还得花钱。”立影十分好脾气地说。

花钱，是婆婆的软肋，婆婆开始换鞋了。其实换了鞋她才发现，在家里穿便鞋真的很舒服。

立影做饭的时候，婆婆照例要来视察，然后指导。婆婆的菜谱非常简单，就是土豆、西红柿、黄瓜等等。无非是些大众菜，所有的菜都是放点油，用水一煮。所以，看到立影买虾，买鱿鱼回来，把鱿鱼切出花样来的时候，婆婆一脸不屑：“你就是会花钱，是不是现在有天成给你钱，你就使劲的花啊？把原来没吃过的全要吃到？”

“你是不是以为全世界只有卢天成有钱？我要原来没吃过，怎么会做？您要不爱吃没关系，您想吃什么，我单独给您做。”立影笑着问婆婆。

立影炒菜时用抽油烟机，也是婆婆唠叨的一个把柄：“你把窗户打开就行了。搞个机器在这儿轰轰响，让人头痛。”

“那您出去吧，这儿不要人帮忙。”立影劝道。

“那还是费电啊？”婆婆说

“可是厨房干净啊，少好多油烟啊。脏了很难擦洗。”立影解释。

“你啊，就不能将就一点？”婆婆依旧不满。

立影是下午送翔上学之后去市场，买菜，买水果。

立影一般买好几种水果，每种不多。回家以后做一大碗水果沙拉，用保鲜薄膜封好放进冰箱，在放进冰箱之前她会告诉婆婆：“妈，水果都放在冰箱里，还有我做的水果沙拉，您想吃自己拿。”

“我知道。我自己的家还要你告诉。”婆婆说。

“噢，那行，本来就是，买回来的东西就是大家吃的。”立影不温不火地说。

给翔买的零食依旧放在食品柜里，立影依然告诉婆婆：“妈，您要是想吃了自己拿。”

“我不吃，我没那么馋。”

“我又没说您馋，我是告诉您东西放在这儿，大家都能拿着。”程立影话中有话。

“你这是什么意思？好像我吃独食了。”婆婆尖刻地说。

“我没这个意思。我怕到处乱放，别人想吃的时候找不到。”立影依旧软中有硬的对付着婆婆。

每天放学，翔一进门就有水果沙拉吃，立影在水果沙拉上面放一大勺冰淇淋，翔吃得兴高采烈。

婆婆第一次发现她房间的水果没有人吃。香蕉的皮已经发黑了，梨皮发皱。婆婆悄不声的拿出来放在茶几上。立影收拾屋子的时候就给扔了。

婆婆问：“放在茶几上的香蕉呢？”

“我扔了。”

“怎么扔了？还能吃。”

“皮都黑了，要吃冰箱里有新鲜的。”

婆婆生气。立影哪里是扔水果，分明是对她的嘲笑。

立影就在婆婆的唠叨下操持着家务。不过婆婆说婆婆的，立影做立影的。这样婆婆非常郁闷，这个媳妇一点也不把自己放在眼里，哪里还有个小辈的样子？

每天，只要卢天成按时下班回家，吃完晚饭，婆婆就会把他叫到她的房间，关上门，开始告立影的状。无外乎是，这一天立影怎么对婆婆的话置若罔闻？怎么蔑视婆婆？怎么话里有话地骂婆婆？怎么浪费？婆婆告状是个高手，非常知道哪些该说哪些不该说，然后断章取义地把立影的话学给卢天成听。在卢天成听来，这一天，立影在家没干别的，就是和婆婆作对了，并且是诚心想把婆婆气死。

立影这个时候和翔在一起，让他做作业，然后一起做会儿游戏。洗澡，刷牙洗脸睡觉。

等翔睡觉了，婆婆的状也告完了。卢天成郁闷地等着立影，要好好说说她。

立影一进自己的房间，看见卢天成郁闷的样子就笑了：“怎么着，我的批斗会开完了？”

“你也是，怎么老惹妈生气？”卢天成瞪着眼说。

“无非就是你妈告状说我不听她的话呗？你觉得我该听吗？”立影反问。

卢天成不知如何回答。如果他说要听，那立影一定是不答应的。肯定会拿出她进门就要当家做主那一套说辞来，让卢天成无可辩驳。如果说不听，他指责立影就毫无意义。

卢天成被问住了，想了想说：“她毕竟是老人，你就不能尊重她吗？”

“你觉得要怎么尊重她？按她的话去做？”立影一笑，“我一开始就建议你找个保姆侍候你妈，找个家教管你儿子。可你不听，非要结婚。怎么样自找苦吃吧？不过就算是你请了保姆，又有几个保姆受得了你妈？”立影一脸幸灾乐祸的表情。

“行了。你能不能让我回来安静一会儿，每天回来就是你们之间鸡毛蒜皮的事。”卢天成很生气。

“是我跟你唠叨鸡毛蒜皮的事吗？是你妈拉着你唠叨的吧。要烦也是你妈烦你啊。”立影笑道，“卢天成，你这样说，我可就要批评你了。你妈因为管不住你自作主张找的媳妇心情郁闷，找你发发牢骚，你就这么不耐烦了？ 我在家干活，你妈在我面前唠唠叨叨了一天。 要是依我的脾气，早就让她闭嘴了。 可我看在她是你妈的面子上都容忍了。 你还是孝子呢，还不如我。 你妈在你这儿把牢骚发完了，不郁闷在心里，就不会得病。 所以你听你妈发牢骚，也是一种尽孝。 你明白吗？”

卢天成一愣，愣没想明白，怎么到头来成了他的不是？ 立影比他还孝顺？ 立影笑着接着说：“你抱着尽孝的态度去听你妈发牢骚，听听就算了，立即就忘掉，别当回事在我面前再说，免得我听了又跟你翻脸，你不是两头受气？ 跟你交个底吧，你妈那套在我这里行不通。 你如果还想听你妈的话，继续过原来的‘脏乱差’的日子，我立即走人。 我嫁给你不是为了跟着你过那种没品位的日子的。 你如果还留我在这家里一天，这家就要按我的方式过。 你妈唠叨，我当她是更年期，忽视！ 你如果想说服我听你妈的，趁早死了这心。”

立影暗自摇头，卢天成在别的事上挺明白一个人，怎么一牵扯到他妈就拎不清了？好像他媳妇就要无条件服从他妈？ 立影懒得跟卢天成废话，只是告诉卢天成别做梦想着要自己做一个俯首帖耳的小媳妇了。 不可能。

卢天成这才意识到婚后生活不如他所想。 原来他预料：立影进门以后，老妈会有所刁难，这是老妈的秉性所致。 他对此无能为力，谁让那是自己的妈？ 他以为立影多多少少会受一些委屈。 不过立影能干，性格也开朗，她娘家人处世有方，立影也差不到哪里去，应该会找到和婆婆的相处之道。 不会像前妻那样被老妈欺负得没有一点反抗的余地。 哪知道，立影居然如此强硬，面对老妈一点也不退让。 婆媳在一起，婆婆总归是长辈，媳妇要恭敬一些，怎么立影一点都没把自己的母亲放在眼里？ 现在受气的不是老婆，而是自己。 自己夹在两个强悍的女人中间，当了夹心饼干。

中秋节到了，立影和天成商量，中秋节那天，把天玉一家请来，大家一起过个团圆节。 然后第二天正好是周末，再带着孩子，一起去娘家。

中秋前，天成公司的关系户给天成陆陆续续送了不少礼品，立影挑了几样看上去比较精细的，留着回娘家的时候带着，也免得再花钱买了。

中秋节那天，天玉一家来吃了团圆饭，晚上回家前，婆婆拿出一包东西给天玉：“这是人家送给你哥哥的，你拿回去给圆圆吃吧。”

立影定睛一看，那包东西，正是她收好了第二天准备带回娘家的东西。

立影也不说话。

第二天一大早，吃过早饭。 立影就出去了，过一会儿，大包小包地拎了回来。 进门的时候，婆婆照例要问：“又买这么多东西干啥？”

“带回娘家。”立影平静地答道。

“又乱花钱，家里这么多东西，随便拿几样就行了。”婆婆不满。

“那怎么行，这是天成第一次到我们家过节，总不能太寒酸了，让我姐夫给比下去。”说着，立影就把买的东西拿出来给婆婆看：“猜，这盒月饼多少钱？ 六百六十六元，真不知道里面包的什么？ 这么贵？ 我挺好奇的，所以买回来看看。 五粮液，上次天成送我爸两瓶，我爸挺喜欢的，所以又买了两瓶。 还给我妈买了点补品，这个听说对老年人好，妈，我也给你买了一份。”立影顺手将一个精装的礼盒递给婆婆。

婆婆已经出离愤怒了：“我不要，我没你妈那么金贵。”

“妈，您这就说错了。 人是平等的，谁也不比谁高贵。”立影笑着答道。

卢天成从房间出来了，看到立影买的东西问：“买这么多东西干什么？”

“回娘家啊。”立影答道。

“你前几天不是收了几样吗？”卢天成问。

“那包东西让妈给天玉了。”立影说。

婆婆又说了：“家里这么多东西，偏要出去烧钱，以为钱来得容易啊。”

卢天成立即明白是怎么回事了，有些闷闷不乐，女人啊，就是事多，过个节，也要生出些是非来。 老妈比较狭隘，觉得立影都嫁给他了，就不应该再惦记娘家了。 所以听说他们要回立影家过节就不高兴了。 对立影把家里的东西拿回娘家更是不乐意，可是老妈就不想想，天玉不也是嫁出去的女儿吗？ 她怎么能回哥哥家来过节？ 卢天成知道他妈一向在女儿和媳妇之间搞双重标准，但是她年纪大了，让她改也改不掉了。 立影作为一个晚辈，就不能让让？ 非要针锋相对？ 幸亏家里还有点钱，要没钱，这事又如何摆平？

立影去招呼翔，准备出门。

“翔也去啊，不就是乡下吗？ 有什么好去的？”婆婆说。

立影没理婆婆，回头问翔：“翔今天想不想去外婆家？ 就是上次你去过的，还有个大哥哥，还有好多车的家？”

“我想去。”翔说。

婆婆不甘心，接着说：“翔，咱不去，咱在家，奶奶给你吃好吃的。”

“我就要去，就要去。”翔直着脖子和奶奶嚷嚷。

眼看翔就要发脾气，立影连忙把翔哄开了。

立影她们和老姐一家是前后脚进的娘家们。 这是卢天成婚后第一次回立影娘家，还有些拘束，好在有张中在，可以陪着他。

立影带的豪华礼物把娘家人也吓了一跳。 这太不符合立影治家的风格了。 立影的娘家不大讲究这些虚头巴脑的东西。 互相送礼讲的是合适。 比如：立影和立薇看见嫂子的手皮肤干燥，送给她一管手霜，比送给她一件时髦的衣服，更让嫂子开心。 有时，市里出了什么新鲜的食物，家里人没尝过，姐妹俩就会带回来让大家尝个鲜。有什么顺手好用的家具用品，姐妹俩也会买回来方便大家，像立影这样用钱来撑场面，这是第一次。

所以，立影把带回家的东西一拿出来，首先发言的就是立薇：“呵，看来真是嫁了有钱人，出手就是不一样。”

老妈一看，就开始责怪立影：“你有钱烧的？买这些中看不中用的东西？”

“不是不是，这是天成的心意，也是我婆婆的心意。”立影调侃道。

“一家人玩这些虚架子干什么？”老妈继续责备。

“就这一次，就这一次。”立影笑嘻嘻地说。

等到只有老妈，老姐和嫂子在一起聊天的时候，立影才把买礼物的真正原因说出来：“我明明收好了一包，当着婆婆和天成的面说是带回娘家的，可婆婆却非要给小姑子，怕我把好东西搬到娘家？还是以为我没那包东西就不回娘家了？难道商店都关门了？我呀，就是故意花钱买贵的东西，还把买的东西的价钱告诉她。就要她明白，别跟我玩花样，越玩我就越花钱。她最心疼钱。这点东西，够她心疼半个月的。”

“你婆婆是故意的吗？她可能没听清那东西是你要带回娘家的吧。”嫂子没有遇到过恶婆婆，不相信世界上还有恶婆婆一说。

“你也是，回娘家也多出这么多事，带不带东西有什么要紧，你婆婆是老人，你得让着点她。”老妈对立影不满。

“哈哈，她那婆婆可不是省油的灯，你让着她，回头她爬到你头上去了。”立薇说道。

“那怎么着，你还让妮儿和婆婆对着干啊，为难的是天成。”老妈斥责立薇。

立影陆陆续续把这一个月家里发生的事说出来，嫂子像是在听天方夜谭，一个劲地说：“怎么会这样，怎么会这样？”

立薇说：“要不这样就不是她婆婆了。现在啊，幸亏立影厉害，幸亏天成有点钱。要不然啊，立影的日子就不是那么好过了。”立薇医院里有个同事，和天成的前妻是老乡，多多少少知道一些天成前妻和婆婆的往事。立薇和她聊过，自然明白立影的婆婆是什么人。

老妈有不同意见：“妮儿啊，你别一天到晚跟个乌眼鸡似的和你婆婆做对。你婆婆一个寡妇人家带大两个孩子，一辈子不容易。没人帮着，在乡下那样的环境，她不厉害一点，还不被人欺负死啊。”

“可是我又没欺负她，干吗跟我过不去？”立影辩解道。

“她也不是欺负你，她就是老思想，一是穷怕了。习惯穷日子了，你想想你婆婆一辈子也没见过什么世面，也不知道别人的日子是怎么过的。她心里的好日子怕就是有吃有喝不愁没钱就行了。所以看你花钱买那些东西就心疼了。那是她儿子的钱，她不心疼儿子心疼谁？再者呢，你进门之前，那家里大大小小的事情都是她说了算。你一进门，什么事都要做主，也不和婆婆商量着来，一照面就是要和婆婆对着干的劲头，婆婆怎么会对你好。你说要是你嫂子一进门就和我对着干，咱家有那么好吗？”老妈接着说。

“妈，你不知道。您和天成他妈不一样。您信的是‘人心换人心’，你敬我一尺，我敬你一丈，所以咱们家总是和和气气的。天成他妈信的是‘人善被人欺，马善被人骑’，我一进门，她就想压我一头，让我乖乖听她的话。你说我能让她压住？”立影继续分辩。

“反正啊，不看僧面，看佛面。你婆婆年纪大了，你敬她应该的。你要老和婆婆这么斗下去，让天成多难受啊。”

娘儿几个就这么聊着，立影老妈突然说：“妮儿啊，前几天我和你嫂子在市场碰见你婆婆了。手里捏着点小白菜，叶子都黄了，看来日子还是过得艰难。”

立影愣了一下，婆婆？

嫂子立即碰了碰老妈：“妈，你别再对立影一口一个你婆婆你婆婆的，回头让天成听到了不好。”

“你瞧我，说顺嘴了。就是阿斌他娘。”老妈连忙解释。

阿斌，立影的前夫。一个快要被立影遗忘的人。

“阿斌他娘也知道你又结婚了，还问了问天成是什么样的人。她还想着你呢，一提起你就眼泪汪汪的。那老太太是个好人啊，就是命不好。”老妈叹息。

“我好久没见她了，她还好吗？”立影问。

“人瘦得厉害，像是风都能吹着走。”老妈说。

“要不我去看看她？”立影说。

“算了，天成在这里，你就别惹事了。中秋节前，我让你嫂子给她送了盒月饼，说是你还想着她。”

想起前婆婆，立影的心里有些酸。她是一个善良而懦弱的女人，对立影比对亲闺女还亲，是立影前一段婚姻中唯一让她留恋的人。

“你也别想多了，本来不想告诉你的，就怕你伤心。可是你们俩婆媳一场，处得那么好，也是缘分啊。”老妈劝解道。

在娘家吃了晚饭，立影她们就要返家了。这是立影第一次回娘家没有过夜，走的时候心里酸酸的。老妈自然也舍不得，不过嘴里还是说：“走吧，走吧，我也不留你了。你婆婆一人在家，大过节的，没人陪着，也怪孤单的，回去好好过日子。不许和婆婆做对啊。”说着嫂子拿出一个大包来，立影妈接过来递给卢天成，说是给立影婆婆的礼物。

10

立影和婆婆的日子就这么明争暗斗地过着。立影做事的时候，婆婆总是要斥责、反对、挑剔。立影也懒得理她，心里的不悦总是有的。婆婆对立影没有影响力，加上翔越来越不听她的话，只听立影的话，心里越发憋气，这个家，这个孙子，怎么不经意间她就做不了主了呢？

婆婆的牢骚只好跟儿子发。卢天成每天回家，都不得安宁，老妈照例要把他叫到房间去控诉一番媳妇，照例是媳妇今天又买了什么浪费钱了，又怎么对她不恭敬了，又教唆翔不听她的话了……卢天成无奈，想劝立影别和老妈对着干，让自己回家能清静一下，可立影说了：不是她不让他清静，是老太太让他不清静。老太太要说话，只能和儿子说，那么你这个当儿子的只能洗耳恭听了，“他是你娘啊，听她说会儿话不行吗？大孝子。”立影调侃道。

卢天成烦躁的时候也想：是不是不该结婚，原来那样虽然无趣，倒也清静。不过眼看着立影进门以后，家里有了明显的变化。每天回家，有可口的饭菜，家里干干净净，整整洁洁，越来越像家了。立影今天墙上挂幅画，明天买个室内植物，这个家渐渐的就有了生气，也有了格调。更可喜的是儿子有了一些变化，比以前爱说爱笑了，活泼了，也越来越强壮了，不怎么发脾气了。这不正是他希望的吗？

可是一看老妈落寞的样子，又有些于心不忍。心里暗恨立影过于尖刻厉害，才进门一个多月，就让婆婆如此黯然神伤。但是让卢天成去指责立影，他又做不到。主要是只要一张口，理好像都在立影那儿，自己总处于下风，这让卢天成在开口之前不得不三思。三思的结果就是还是不说的好。

一边是曾经在这个家操心劳作、独权大揽，如今丢盔卸甲、一败涂地的老母亲；一边是神态自若、抢班夺权的新妻，卢天成的同情心渐渐向老妈靠拢。但是他能做什么？这个老婆是他娶回来的。当初人家三番两次地拒绝，自己两次三番的恳求，这才把她请进了家门。他当初预料到立影进门后家里会出现一些麻烦的，但是现实比他预计的显然要猛烈多了。主要是他没有预计到立影是这么固执，强悍的一个人。卢天成的心里对母亲很是愧疚，因为是自己让母亲失去了往日的威风。

于是当立影把饭做好后，卢天成亲自去老妈的房间请她吃饭，在饭桌上对老妈格外殷勤照顾，一举一动体现了一个孝子的歉疚。在这个时候天成的妈的脸上就会恢复些神采，一种"身后有人撑腰"的得意，一种打不垮的勇气。这时候她婆婆的风采再度出现，趾高气扬地对媳妇呼来唤去。

日子就在婆婆这种沉沉浮浮的情绪中流走。婆婆不断挑起是非，立影回击于无形中，让婆婆像一拳打在棉花上，浑身不得劲。

周末，立影带着翔来到少年宫。新学期开学了，少年宫的各种训练班开始招收新的学生。立影带着翔来报名。翔是个内向的孩子，不太会表达自己的想法。而立影也不知道翔到底喜欢什么。所以，只好带着翔一个教室一个教室地看过来。有学唱歌的，学乐器的，学武术的，学围棋的，学京剧的，学画画的。因为是刚开始，有的班为了招收新生，教室是半公开的。有兴趣的小朋友，可以自己进去上课，如果喜欢的话，下课了就可以报名。经过每一个班的时候，立影都要问翔："想不想进去看看？"翔总是胆怯地摇摇头。到了画画班的教室，翔停住了，立影又问翔："想不想进去看看？"翔还是摇头，但不急于走。立影就带着他站住了。这时，教画画的年轻漂亮的女老师过来了问翔："小朋友，喜欢画画吗。"

翔羞答答地躲在立影的身后。

立影把翔拉到前面，笑着说："翔告诉老师，说你喜欢。"

"喜欢画画呀，那进来吧。"老师拉着翔的手就进了教室。翔边进去边回头看立影，立影给他做了个伸大拇指的动作鼓励说："阿姨在这儿等着你。"

翔坐在教室里，刚开始的时候还有点心神不定，总是看看窗户外面立影还在不在，立影每次和翔对视的时候，总是对他笑。这样翔渐渐安心了，开始注意画画了。翔果然对画画有兴趣，画得也不错，得到了年轻漂亮的女老师的赞扬。翔既高兴又害羞。一堂课下来，翔完成了他的一幅作品。画上面有棵树，有两个奇形怪状的东西在决斗。课后立影问翔画的什么，翔说画的是一个叫吉米的怪物和一个叫沃夫的怪物在森林里打架。

立影问："那是什么故事里的人物？"

翔解释："是我自己讲的故事里的怪兽。"立影有点明白：翔自己一个人玩的时候，就爱自己给自己讲故事。他喜欢把他的玩具排列起来，给每个玩具都起个名字，然后一手拿着一个玩具，让不同的玩具互相打架，而且嘴里还发出些奇怪的声音，这些故事可能是电视里学来的，也可能是一时的灵感。翔后来就把这些故事讲给立影听。虽然立影从来没有听明白过，但是她从来没有打击过翔讲故事的兴致。现在翔就是想把他的故事用笔画出来。

教画画的老师过来，问立影："这个孩子以前学过画画吗？"

"没有。"立影回答。立影从来没听天成提到过翔学画画的事。

"那他还真是有些画画的天赋。你看他今天画得真不错，很有想像力。让这孩子来学画画吧。下星期来好吗？"最后一句是对翔说的。翔羞涩地笑了。

回到家里，翔依旧兴致勃勃。立影就鼓励翔把他画的画拿给卢天成看。天成和翔很少交流，这会儿，看见翔这么高兴，天成也很开心。便问翔下午去哪里了？喜不喜欢少年宫？立影就把下午老师夸翔的话学给卢天成听。

三个人正兴致勃勃，婆婆被冷落了，就不高兴了，嘟囔着："一下午哪里去了？翔身体那么弱，上学本来就累，你还大周末的也不让翔歇着，想折腾死他啊？"

"现在的孩子除了上学，都要培养点兴趣爱好。我就是带着翔去少年宫看了看。翔挺喜欢画画的。老师也夸他画得好。我和天成商量是不是每个周末送翔去少年宫学画画。"立影耐心地解释道。

"你也别弄这些花里胡哨的事情，还不是瞎折腾孩子。你平常把孩子管好，我就谢天谢地了。"婆婆并不懂立影说的那些事，只觉得立影是在哗众取宠。

立影听了婆婆的话就不高兴了，问："您说这话什么意思？我哪点亏待翔了？"

"你还好意思问，早晨翔起床，他自己穿衣服穿不好，你也不管他。吃饭的时候，逼着翔吃青菜，不给他肉吃。翔要喝口饮料，你也不给。他又不靠你养活，他花他爹的钱，你对一个孩子都这么抠，你还不恶毒？"婆婆厉声声讨立影。

"妈，您说这个我就要说清楚了，翔都六七岁了，该自己穿衣服了，天天早晨翔本来自己穿得好好的，您非要去添乱。一会让他多穿，一会儿让他少穿。您选的衣服，翔不喜欢，搞得翔不好好穿衣服，翔这么大了不会自己穿衣服，您再一掺和，他就发脾气。不就更乱套了。"

"我为什么要翔多吃蔬菜，您知道他几天拉一次屎？"立影转过头对天成说："他三天有时四天才拉一次，拉得屎硬得像石头，把他屁眼都胀裂了，都出血了，你知道吗？我让他多吃点粗纤维的蔬菜是希望他拉屎能痛快点。为什么不让他多喝饮料？是因为饮料喝多了影响食欲，翔为什么这么瘦，那是因为他吃得不好，你看他每天才吃多大一口饭，劝他多吃点饭，比让他喝药还难。”

“行了，你就是一张嘴会说，难道我这个当奶奶的还不如你这个后妈？翔是我一手带大的。没你这个后妈他也长这么大了。你不就是看中了天成有钱吗，假模假式地对翔，这才刚开始，以后不定怎么样。当后妈的，没一个好东西。”婆婆叫道。

“我对翔好是假模假式。那行，我干脆对翔狠一点、恶一点，就如了你的愿是不是？”立影针锋相对。

天成就糊涂了。刚才不是好好的吗，怎么一转眼，又变成了两个女人的战争？

翔是引起两个女人冲突的另一个话题。天成妈认为翔是自己带大的，劳苦功高，不想立影插手翔的事情，怕立影把翔笼络了。但是，又力不从心，不得不依赖立影照顾翔。所以总是不甘心，对立影挑三拣四。而立影根本看不上婆婆的那一套，更不容婆婆指手画脚。

终于冲突升级了。

还是在早晨，立影到翔的房间里，去喊翔起床。婆婆随后进来，拦着立影：“你让他多睡一会儿。”

每天早晨都是如此，立影再不把她当回事，也总有忍不住的时候。这天早晨，立影就没好气。回了婆婆一句：“妈，您出去。你别在这里添乱了。翔再不起床，上学就要迟到了。”

婆婆一听，愣了一下，以前这个媳妇再不把自己放在眼里，只是忽视自己，并没有对自己这样厉声恶气。于是大声骂道：“你个小×妇，你还让我出去？我出去了你好折腾他。”

立影没想到婆婆会骂得那么难听，厉声吼道：“你再骂一个？”

婆婆见立影发威了，也不示弱：“你个坏心肝的小×妇，整天折腾这娃，你不让他睡觉，不让他吃肉，不让他喝甜水，你就想把他折腾死了，自己再生一个。都说后妈不是好东西，你真是坏了心肝……”

立影听到婆婆的指责，更火了：“我这个后妈坏，那你把他亲妈找来。你去找啊？你把他亲妈逼走了，现在又看不得我在这里。你再把我逼走，还让不让这孩子活？”

婆婆暴跳：“谁把他亲妈逼走了，是那个小骚货不要自己的亲儿子了，那个婊子，你和她是一路货，都是看中了我儿子的钱，都是狐狸精，你们都不得好死……”

婆婆越骂越难听，翔就在这吵闹声中迷迷糊糊地起床了。立影没时间和婆婆纠缠。

不想让婆婆的骂声影响到翔。就要把翔拉到外面去帮他穿衣服。可婆婆不依不饶，拦着门口，还在破口大骂。

立影一下子火了，大声吼道："你要再不让开，信不信我一脚踹了你。"

其实在人高马大的婆婆面前，立影显得非常瘦小。真要对抗起来，立影不见得是对手，但是立影吼得很有气势，在婆婆眼里，便化成了立影老哥的影子。自从上次到过立影的娘家，婆婆就已经把立影娘家的分量仔细掂量过了。媳妇虽然厉害，但不可怕。大不了动手教训她。在他们乡下有一句话：打出来的媳妇，揉出来的面。面不揉不顺，媳妇不打不服。但问题是，若是真动起手来，立影能被打服吗？她娘家又能坐视不管吗？在乡下，如果媳妇的娘家厉害，媳妇被婆婆打了，娘家人会来把婆婆家全给砸了。还要婆婆上娘家打躬作揖，赔礼道歉，并且婆婆从此在媳妇面前低头。所以，天成妈虽然对立影不满，但也不敢造次。一想到媳妇的娘家，就先胆怯了几分。上次去立影娘家，婆婆已经看出，虽然立影娘家人那天表现得热情，但是个个都是狠角色。她哥，她娘，她姐，甚至她那不爱说话的爹哪一个都不好对付。这时，被立影一吼，婆婆就有几分胆怯了，本能地让出道来。不过，嘴里还在不停地骂。立影懒得理她，给翔洗漱完了，拉着他就出门了，两人吃了早饭，立影就送翔去上学了。

送翔去了学校，立影也懒得回家面对婆婆，就上街闲逛。立影非常郁闷，大把的好时光都耗在天天在家和这个老太婆斗来斗去上，实在是无趣。自己现在也越来越像一个小泼妇了。现在想想，这个婚结得也没什么意思。

立影在街上四处漫游。这时，手机响了，天成的电话打过来了。

"立影，你在哪儿？"天成问。

"在外面。"立影答。

"你怎么搞的？怎么把我妈赶出家门了。还要踹我妈？你到底要干什么？"天成的声音里带着愤怒和责备。

立影一怔，婆婆离家出走了？

"你在哪里？现在马上去天玉家把妈接回来。"卢天成命令道。

立影一言不发，等天成说完，她把手机挂断了。天成再打过来，立影干脆把手机的电源给关了。

立影在外面游荡到中午时分，才去学校接放学的翔。在这里，她意外地遇到了卢天成。

卢天成大概在这儿已经等了一会儿了，看到立影从车上下来，问："你去哪儿了？

我回家，家里没人。打你手机你又不开。早晨到底发生什么了？”卢天成今天上午要到市里开一个会，所以出门比较早，不知道家里发生什么事了。等他开完会回到公司，天玉就跟他大喊大叫。说他媳妇要打他妈，他妈现在已经躲到天玉家去了。卢天成不明真相，所以才找立影。

卢天成问：“早晨究竟发生什么了？”

“你妈不是告诉你了吗？我要踹你妈。”立影没好气地说。立影越这么说，天成越是不信了，追着问：“到底怎么回事？”

立影冷笑：“问你句话，‘你个杀千刀，剁八块，千人×，万人×的小×妇……’是什么意思？你们的家乡话吗？”

卢天成一听，疑惑不解，这是老妈当年撒泼骂街的话啊，立影怎么知道？难道老妈又撒泼了？

“行了，一会儿翔就要出来了。你要不想翔受影响，最好现在什么也别说。”立影已经不耐烦了。

卢天成果然闭嘴。

孩子们放学了，陆续地走出校门。

翔出来了。他是个慢性子的孩子，向来放学不着急，总是在最后。看见立影，也只是笑笑，加快了点脚步，走到立影的边上，把身子靠近立影的怀里，让立影轻轻的拍了拍头，然后才转过身看看爸爸，也没说话，不过显得很高兴。立影带着翔坐进卢天成的车的后排座。立影问翔学校的事情，翔一一回答。因为今天有天成接他，翔比平时显得兴奋，话也多了一些。

因为翔，立影暂时忘记了心中的不快，卢天成似乎也被立影和翔之间的那种亲密所感染，脸色也渐渐柔和，也加入了和翔的对话。

三人在外面吃完中饭，送翔回学校。立影和卢天成这才回到家里。立影问卢天成：“你今天不上班吗？”

“还上什么班？我妹那人一点不注意影响。家里的事情拿到公司乱讲，闹得我烦死了。要不你去把妈妈接回来？别让天玉这么闹下去了。”卢天成的语气里已经开始带着乞求。

天玉在天成的公司当办事员。

立影一听，一脸鄙视地看着天成，摇摇头：“公司里到底你是老板还是天玉是老板？她居然敢在公司和你吼？”

“还不是你惹的祸。你进这家门才几天？就把家里就搞成这样。”天成埋怨道。

“要不我带翔回我的房子里去住？你跟你妈住这里？你要不放心翔的话，我就自己回去住？这样你家里就安静了。”立影问。

她的意思是分开？卢天成明白了立影的意思。这不是他所要的。他要的只是和平，不是分裂。

“你为什么不能和我妈好好相处，非要吵来吵去的？”天成烦躁地说。

“这话你要问你妈，为什么不能和我好好相处，非得要闹来闹去。我也觉得奇怪。我娘家的妈妈和我嫂子在一起都十多年了，从来没吵过架。相反我妈对嫂子比对我们这些女儿还亲。我的前次婚姻，男人虽然是个混蛋，但是我和前婆婆处得跟亲娘儿俩一样。怎么到你这儿就成老大难的问题了。”立影淡淡地说。

卢天成听出程立影的话里有话了，就耐着性子解释道：“我知道我妈的性子是急了点，但她不是坏人。她原来吃过很多苦，受过很多累，她年轻的时候受外人欺负。现在我不能让她年纪大了还受媳妇的气。她就我这么个儿子，她就指望着我了。”

“你的意思是因为你妈年轻的时候受过苦，受过累，受过别人的欺负，所以她就有资本控制儿媳，欺负儿媳。你娶老婆就是让老婆给你妈当门槛让她踩来踩去的？”立影反问。

天成说：“我不是这个意思，我是说，她是长辈，你就不能让让她？再说我妈已经比原来好多了。她原来的脾气还要急，就那样，翔的妈妈还不是都忍了？”

翔的妈妈？那就是他前妻，立影心里一动：他现在把自己和前妻开始比较了。

立影说：“我不知道你、你妈和翔的妈妈之间发生过什么？不过按你刚才说的话，我很同情翔的妈妈。看起来她所受的委屈不是一星半点，你觉得作为一个丈夫，你让你的妻子在自己家里这么委屈，这么受你妈妈的气，你合格吗？”

“……”天成无语。

“不说我了，说翔的妈妈吧。我想，她和你结婚，是因为爱你。是不是因为她爱你，她就得活该倒霉做你妈妈的出气筒，让你妈妈把年轻时受的苦在她身上都发泄出来？

“你这么孝顺，你就不该结婚，更不应该有孩子。你就该全心全意的侍候你妈，回报你妈，何苦让你的妻子，你的孩子都跟着受累？或者你就该让你妈帮你找个她称心如意的儿媳妇，这样，你妈肯定比现在要高兴。你干吗要自己找媳妇？”立影有些出离愤怒了。

“看来我真的是不该结婚，我就活该一辈子打光棍，何苦让其他人跟着受累？”天成绝望地自语道。夹在两个强硬女人中间，这滋味太不好受了。这个时候，他怀念起他原来那个软弱善良的前妻了，起码她不会这样不体谅自己。

缓了一会儿，立影问：“你妈现在是不是在天玉家？”

“是。上午我刚回公司，天玉就在办公室里跟我大喊大叫，说我娶了媳妇忘了娘。”天成无可奈何地说。

“你妈去自己女儿家，算什么离家出走？你妹妹家又不是地狱，在那里住几天就住几天，有什么好担心的？我是不会请她回来的，要请你自己去请。”立影说得非常干脆。

“你以为我没去呀，我上午去我妹妹家了，我妈不回来，她说要你去请她她才回来。”天成期望的看着立影。

“是这样啊，那就让她在那儿住着吧，等我想明白了再去请她。”立影不以为然。

“那么要多久？”卢天成一听说有希望，急切的问。

“说不准。也许半个月，也许半年，也许两年，三年？看我的心情吧。”

“立影，你怎么这样？你刚进门一个多月，就把婆婆赶出门了。你不怕别人说你。”卢天成又生气了。

“我不在乎，就当个恶媳妇好了。”立影居然笑了。

“你不在乎我在乎，我不能让人说我娶了媳妇忘了娘。”卢天成越发生气。

“那你就去接你娘回来，她要不回来，你就去你妹妹家孝顺她，你放心，我带着翔保证过得很好。”立影坚定地说。

卢天成无可奈何，不知再说什么。

立影看卢天成的模样，有些可怜他了，于是换了口气，认真地问：“你妈原来是不是也离家出走过？”

往事不堪回首啊。卢天成和前妻结婚不久，就把妈妈和妹妹从乡下接到了城里。那时候，他们并不富裕，他在创业初期，一家人都靠前妻的工资生活，挤在租来的房子里，房子有一大一小两个卧室。他让妈妈和妹妹睡大卧室，自己和妻子挤在那间小卧室的单人床上。母亲那时很以他这个儿子为傲，言语行动中对天成的前妻非常不客气。前妻忍气吞声，不能露出半点委屈。只要她的言语中有一丁点让母亲不满的，母亲就闹着要回老家。而每到这时，天成就拉着妻子给母亲赔礼道歉，苦苦哀求母亲留下……

“我妈倒是没走。每次她要走，都让我留下了。”卢天成小声说道。

“是你留她？ 还是翔的妈妈出面求的？”立影问。

“我让翔的妈妈去求的。”天成悲哀地说。

“然后呢，你妈就经常用离家出走这招来要挟你？”立影接着问。

“反正她一不顺，就闹着要走。”天成说。

“然后你就只好一次次委屈翔的妈妈？”

“……”

“你和翔的妈妈离婚是因为你妈妈吗？”立影问。

卢天成低头，说：“可以这么说吧。”

“是你妈妈把她赶走的还是她自己受不了主动离开你的？”

“在翔差不多一岁的时候，她突然离家出走了。 那时候，我正在外面出差。 回来以后，到处也没找到她。 两个月以后，她又出现了，要求离婚。 那时候，我母亲也逼着我离婚，所以就离了。”

立影明白过来，这就是早晨提到翔的亲妈时，为什么婆婆说是翔的妈妈不要翔了。立影自己有过孩子，知道母亲对孩子不舍的那份心。 立影说：“翔的妈妈连翔都不顾了就那样走了，可以想像，她当时受了多大的委屈。 你难道也想我们的婚姻也是那样结局？”

卢天成无语，他当然不想。 他知道这个世界上没有几个女人能像前妻那样容忍自己的母亲。 这就是为什么这么多年他不想再婚的原因。 如果不是为了翔，他不会再婚的。

“如果你要我像翔的妈妈那样委屈，我做不到。”立影说，“你妈妈大概制服不了我，所以故伎重演，拿离家出走来要挟你，让你逼我就范。 所以说，我不会去请你妈妈回来。 如果你不愿意你妈以后不动不动就用离家出走这招来要挟你，就不要急着去请她回来。”

“那你要我怎么办？ 就让她在天玉家待着？ 那天玉不知道怎么骂我。”

立影知道卢天成犯难，让他背叛他几十年所坚持的东西是不容易。 她建议：“如果你为难，你就袖手旁观好了。 只要你相信我不是一个狠毒的女人，不会把你妈怎么着，那么一切交给我，我来搞定。 我只要求你不要干涉。”

“那你去把妈请回来？”卢天成像黑暗中见着光明了一样。

“不。 你今天去天玉家看看你妈，告诉她，你有急事要出差，时间长短未定。 然后你把公司的事交代一下，找个地方躲起来吧。”立影说。

“然后呢？”

“然后你就不要出面了，其他就由我来办啊。”立影说，“如果天玉不在你公司里做事，你还可以假装出差，白天去上班，晚上去我的房子里住，可现在你只能真的出差了。”

卢天成想了想，无计可施。两边他都搞不定，自己逃避也不失为一个主意。最起码可以躲过这场风波的风头。等过几天大家都平静下来，事情就会有缓和了。

于是卢天成决定——出差去。

卢天成果然出差去了。家里就只剩下立影和翔，好像一下子安静了好多，立影也轻松了。

立影做的第一件事就是约见翔的班主任。已经开学一个多月了，该了解一下翔在学校的情况了。

放学以后，立影带着翔去了书店，让翔自己选两本自己喜欢的书。又让翔在外面和其他小朋友玩了一会儿。

回到家里立影做饭，让翔先写作业。等吃完饭，立影和翔一起看书，立影又拿出拼版给翔玩，许诺他：如果他自己能完成那个拼版，就奖励他一袋巧克力豆。

因为没有奶奶时不时的干扰，翔和立影的交流更加畅快。翔的话越来越多，性格也越来越活泼。

立影自由自在干的第二件事就是完成家里的装饰。新窗帘早订做好了，现在把它们挂出来了。厨房的用具全部换了新的，旧的让程立影打包给了小区里做卫生的刘嫂。

客厅里，立影挂了两幅风景画，和几张她和天成带翔第一次去动物园玩时照的合影，看上去一家人其乐融融。

立影和天成的房间里，挂的是一张合成照片。立影原想找一张她和天成在一起的照片当结婚照的，等找的时候才发现，他们居然连一张单独的合影都没有。立影的心里有些悲哀。就像老姐说的那样，婚前他们把什么都考虑到了，唯一没有考虑的就是他们两人之间的感情。

翔的房间里挂了几张他从小到大的照片。

在天成出差的第五天中午，立影送翔上学后回家发现，家里有人来过了。从地下的一串脚印可以判断，来的是小姑子天玉。

到了下午，立影接翔回家。发现婆婆的房间门是虚掩着的。知道婆婆已经回来了。

婆婆听到有动静，从她的屋里出来了，对立影说：“你这个女人，好狠心啊，你想把我逼走啊，我偏不走，死也要死在这里。”虽然口气依然恶劣，但明显缺少底气。

这就意味着，婆婆的离家出走的把戏以婆婆主动回归而结束，而且不会重演。

这场斗争以婆婆完败告终。婆婆不免有些泄气：自从这个媳妇进门，就没把我这老太婆放在眼里。事事都要依着她的，老太婆的话她一句都不听。更可气得是：儿子天成也拿这个媳妇没办法。不仅没有办法，还得事事听老婆的。孙子也让她给糊弄住了，不跟自己亲了。自己年纪一大把，按说斗争经验很丰富了，居然治不了这个媳妇。想来想去，这个媳妇也太过厉害。一来能干。事事她都亲历亲为，我这老太婆只能看着；二来是个驴脾气。想干什么就干什么，固执得要命；三来也是个软硬不吃的主。自己招招过去，人家不但破招，并且还反戈一击。自己一次都没落下好。

老太太心中一片凄凉，她的时代过去了，这个家现在让这个厉害的媳妇占了上风。

卢天成第二天回到家里。一进门，婆婆就在她的房间里哭喊上了。天成连包也没放，直接进了老妈的房间。良久，从老妈房间出来，脸阴沉着，问立影："你到底做什么了。妈说你要赶她出这个家门？"

立影简直懒得答理这个弱智的男人，没好气地问："她是不是说她死也不会走的？"

"是。"

"那不就行了？以后她再也不会用离家出走来威胁你了。"

等到晚上，立影才有耐心给卢天成解释："你妈本来想用离家出走这一招来威胁你，通过你来制服我。没想到你在这个时候出差走了，她在天玉家待了几天，发现我根本不答理她，又不知道你什么时候才回来，在天玉家待不住了，让天玉来家里打听情况。天玉来了一看，窗帘也换了，厨房用具也换了，每个房间都有照片，家里谁的照片都有，就是没有你妈的照片，这不是明摆着不把你妈当自己家人，要趁机把你妈赶出家门吗？天玉回去告诉你妈。你妈一想：好啊，我不在家，你们过得更自在，是不是希望老太婆永远不回家？离家出走这一招不但没有奏效，反而中了媳妇的调虎离山计。老太太一赌气就自己回来了。以后呢，也不会离家出走了。就这么简单。"

是啊，就这么简单，男人们怎么都想不明白？

11

婆婆在认识到不可能改变立影在这个家当家做主的事实，作了几番最后挣扎以后，终于偃旗息鼓。不再费力在立影面前指手画脚，立影在干家务的时候，终于没有婆婆的唠叨了。婆婆退出战事，让这个家有了短暂的安宁，也给了立影短暂的轻松。

不过，婆婆虽然暂时战略退却，但毕竟不甘心，只要有机会，她仍然不放过机会攻击立影。

卢天成最近心情不错。星期天中午午休的时候，和立影过了一次夫妻生活。事毕，立影小寐了一会儿，因惦记翔，就起床了。卢天成还在睡觉。

立影进客厅的时候，婆婆正用一种怪异的眼光看着立影。立影以为自己匆忙间衣服没有穿好，低头检查了一下，没发现有什么不对。

婆婆阴阳怪气地说：“你再想要男人，也要心疼一下他啊，他就在家休息一天，你也不放过他。你可以天天在家养着。可他还要在外面挣钱的，身体垮了怎么办啊？”

立影没想到婆婆会这么关心他们的私生活，并且说得这么露骨，不由得厌恶加恶心。反讥道：“结婚前我就对天成说了，这个家需要的是保姆，而不是他老婆。可他偏要娶老婆。他娶了老婆，当然行丈夫之事。他要是没这个金刚钻，干吗要揽瓷器活？”

婆婆一听觉得立影的话里有话，好像在讥讽自己的儿子不行。不过又说得不明白。婆婆张了张口，没接上话岔。

立影回到卧室，卢天成正好醒了，隐约听见婆媳在客厅说话，没听真切，就问立影：“你们在说什么？”

立影冷冷一笑：“你妈守寡的时间可能太长了。”

卢天成听立影说得不像话，立即生气了：“你胡说什么？”

“别问我，问你妈去。”立影坐在梳妆台前梳头，不再理会卢天成。

像这种口舌之争时时都在不经意间发生。以婆婆的功力，在立影面前讨不到半点便宜。但她屡战屡败，屡败屡战。不亦乐乎。

而立影已经厌烦了。

一个屋檐下生活，住着这么一个处处和你作对的人。虽然不是对手，但像个不定时的炸弹，说不定什么时候就会给你来一下，这实在不是一件愉快的事情。

说是一家人，各人之间不说互相体贴，互相关心，却要时时做这种无谓的口角之争，即使口头上占了便宜，又能怎样？

婆婆在短暂的失意之后，终于在家里找到了新的角色，那就是“太上皇”。

婆婆看出来了，立影虽然泼辣，但不是不讲理。这些天，天天和婆婆吵吵闹闹，但对婆婆吃的穿的，她并没有亏待。立影也不是没有软肋，她到底还是传统家庭熏陶出来的女人，对婆婆再有意见，但也不会慢待婆婆。

一旦明白这点，婆婆就开始可劲地使唤立影了。

婆婆上完厕所照例不冲水，等着立影冲；

婆婆吃过的果皮，随手扔在茶几上，等着立影拣；

立影刚拖过地，婆婆会随意把垃圾扔在地上；

婆婆吐痰的时候不注意吐在垃圾桶的边上；

立影在擦地板的时候，她会喊：“立影，给我倒杯水。”等立影把水送上去，她又会嫌冷嫌热；

……

婆婆现在真的摆起了婆婆的架子，把立影当成了小媳妇使唤。她每折腾一次立影，就会有一丝报复的快感，而立影呢，又多了一份郁闷。

天玉最近往立影家跑得挺勤的。

天玉比天成小二岁。小学毕业以后就没再上学，不上学的原因是她不喜欢学习。同时她老家那儿有重男轻女的风俗，女的反正是要嫁人的。休学以后，就在家做农活。

等天成大学毕业以后不久，就把妹妹和老妈从乡下接到城里来了。天成原打算进城以后，让天玉重新上学，学个文凭之后，找一份自食其力的工作，但是天玉不是读书的料。天成浪费了若干学费以后，只好作罢。天成托关系给天玉找工作，每个工作她都干不到三个星期。原因复杂，总体来说是：高不成，低不就。在城市混了若干年，天玉自以为是城市人以后，她认识了她现在的老公：一个比她小两岁，外表不难看的，来城里打工的农村青年。天玉最吸引男青年的地方是有个能干的哥哥。果然，这个哥哥帮他们买房成家，又投资让他们做小生意，希望他们能养活自己。若干投资失败以后，天成终于认清他们实在不是做生意的人。最后下决心，把天玉招进自己的公司，给妹夫找了个保安的工作。

天成把天玉招进自己的公司以后，带来的负效应就不必细说了。总的来说是：天玉自以为是老板的妹妹，是个人物，但公司里没人把她当个人物。这种局面居然是天成默许的。

天玉有了自己的家以后，除了找哥哥帮忙，要钱，不常来哥哥家。主要是一来就被老妈拉着做这做那，做不好还要挨老妈骂。

不过自从立影进家门以后，天玉来的次数渐渐多了。

说来也是，天玉和她妈进城也有近十年了，她们自以为她们是城里人了。可是因为生活圈子太小，没交到城里的朋友，所以没有见识过真正的城里人过日子。无论是原来天成妈主持的天成的家，还是现在天玉的家，都沿袭她们原来在乡下的生活习惯，所以其实她们是在城里过着乡下的生活。

立影进门，无疑是为她们打开了一扇展示城市生活的窗户。立影对这个家的改造，把各种她们原来见过却不知道干什么，或者是干脆没见过的新鲜东西买进这个家。把这个家从"城市里的农舍"彻底转变为了"城市里的豪宅"。在婆婆看来是烧钱，在天玉看来就是新鲜。所以每次来家里，天玉都要把每个房间转一边，把每一样她没见过的东西都拿在手里试试，然后在走的时候带走几样。

立影经常会发现某样东西在天玉来过之后，就不翼而飞了。一问婆婆，得到的回答总是："天玉拿走了。"婆婆倒不掩饰，她认为：妹妹拿哥哥家的东西天经地义。

立影在发现自己放在床头柜里的一个胸花不见以后，就开始给自己房间和书房的重要的柜子都上了锁。立影上锁的举动引起了婆婆和天成的不满，认为她把家里人当贼了。立影懒得争辩，只是照样上锁，婆婆和天成在抗议几次以后，知道强不过立影，不再提此事。

但是立影不可能把所有的东西都上锁。天玉就这样从厨房里顺走了小到刮土豆皮的刮刀，罐头起子，大到食品加工机，榨汁机等各样她感兴趣的物品。

天玉愿意来立影家的另一个原因就是：现在家里有立影了，老妈不用她干活了。立影把家里收拾得干干净净，舒舒服服的，天玉来了就不想走。因为有了立影这个"敌人"，老妈和自己的女儿更加亲近了，她们有了更多的共同语言，可以一起聊聊天了，聊天的主要内容当然是数落立影。老妈一高兴，从冰箱、食品柜里拿出好多好吃的，有好些东西是天玉以前没吃过的，这样就有了天玉愿意来的第三个理由，可以吃到好东西。

经常的是立影中午接孩子回家，天玉就在家里等着了。客厅的茶几上，地板上到处散落着果皮垃圾。天玉一边吃着，一边高谈阔论："还是嫂子舒服，有我哥养着，在家里不用上班。哪像我啊，上班这么累。"

婆婆在一边添油加醋："你也别说，你哥那儿离了你还真不行，有谁像自己家人这么实心实意的，谁不想占你哥的便宜？所以你还是要帮你哥盯紧些。"

"是啊是啊，我一天到晚都累死了。"天玉接着顺竿爬。

立影知道她们是在讽刺她，不过已经对她们麻木了。不屑与她们计较。麻木地侍候孩子，等婆婆还有小姑子吃完午饭，送小孩子上学。

立影和老姐一起喝茶时，就把自己心里的烦闷告诉了老姐。立薇对她虽然满心同情，不过说出的话却一如既往的尖刻："人家卢天成一见面就把他家的情况说了，人家没有隐瞒，你最后答应结婚，那是你自己的决定，所以你有什么好抱怨的？"

立影恨得牙痒痒："都是你们逼的，好像我不结婚就成了社会公害似的。现在你倒站在一边说上风凉话了。"

老姐说："我可没逼你，是老妈逼你。结婚前，你不是都算计好了吗？甚至连以后离婚都考虑到了。现在那个家不是你做主吗？你婆婆再强，也强不过你呀。你想买针就买针，你想买线就买线，你还要要求什么？"

是啊，立影也在问自己，你一进那家门就要当家做主，现在你做到了。为什么还不开心？

"不过呢，我早说了，你算来算去，唯一没有考虑的就是你和天成有没有感情？可惜你不听。"立薇接着说，"翔的亲妈当初为什么能忍受婆婆的虐待，那她是爱着卢天成，怕卢天成为难，所以她宁愿自己委屈。你呢？你为什么觉得累？为什么觉得郁闷，就是因为你的婚姻里没有爱情。你不爱卢天成，所以凡事就不为他考虑。想和婆婆对着干就对着干，这倒是痛快，卢天成和你婆婆拿你都没招。不过呢，也是因为没有爱情，所以你一不顺心就觉得委屈。所谓有情饮水饱，你现在没情，吃什么都不香。"

老姐的话虽然有理，不过立影听着不爽，就对老姐恶狠狠地说："就你一天到晚酸不拉叽的情啊爱的。好像离了爱情就活不了，我们这些俗人要什么爱情？"

老姐倒也不恼，笑着说："再提醒你一下，你别一天到晚跟抱着炸药包似的，一点就炸。你这个样子，又有哪个男人敢对你温柔？"

立影想：是不是自己这辈子和男人无缘啊，怎么两次婚姻都这么不顺？上次是自己不懂事，太把"爱情"当回事，结果呢？头破血流。这一次结婚前考虑得够周密了，怎么还是这么窝囊？

回家再看着卢天成，她就自问：我爱他吗？他爱我吗？他是我老公吗？他到底是把我当成老婆还是当成保姆？他好像一点也不在乎我。

和烦恼着的立影相反，卢天成最近越来越轻松。立影以她不顾一切，横冲直撞的个性和简单明了的办法，轻而易举地解决了在卢天成看来不可能解决的问题，这个问题就是卢天成的妈妈。

卢天成从小是在妈妈的淫威下长大的。作为长子，他和母亲曾经一起经历过那些受尽贫困和欺辱的日子。没有母亲的强悍也许就没有他的今天。他同情母亲，心疼母亲。

他最基本的人生目标就是：让母亲不再过那种贫穷而受人欺负的生活。同时，他也见过母亲太多次为了达到个人目的，不顾体面地撒泼打滚，像泼妇一样和人抗争。内心对母亲有一种本能的恐惧，下意识地认定：母亲就像一个易燃，易爆，易碎的物品，要特别小心对待，稍不如她的意，后果将不堪设想。所以无论任何时候，他都绝对服从母亲的意志，而且也是这样要求前妻的。即使是母亲不讲道理，也不能忤逆母亲，否则，就有可能是一场旷日持久的，地动山摇的超级海啸。那冲击波不仅能导致四周所能涉及的物体和人类都可能遭受毁灭性的打击，更重要的是母亲的暴戾将越发不能控制。卢天成对母亲的恐惧也会成倍地增长。

前一次婚姻让卢天成意识到：母亲基本上不太可能和别人好好相处，尤其是不可能和作为他妻子的那个女人和平共处于一个屋檐下。无论那个女人是谁，母亲都会把她当成天敌。前妻那样善良懦弱的女人都忍受不了母亲，最后宁愿抛弃孩子而逃离他，他还指望谁能忍受母亲？

这次婚姻，卢天成娶了和前妻截然不同的女人。立影比他想像中要强悍多了，对母亲根本没有丝毫的顾及，甚至连起码的温良恭俭让都没有。这让卢天成惊慌失措，家庭里有一个强悍的女人，他已经怕了。有两个？世界大战为期不远了！但是事实却出乎卢天成的预料，母亲虽然和立影抗争过，但是却失败了。失败以后，她似乎也甘拜下风了。母亲既没有被立影打击到失去控制的地步，也没有产生任何毁灭性的影响。母亲不败的神话就这样让立影不经意间就打碎了，立影居然能让母亲甘心认输，这让卢天成不可思议，卢天成不得不佩服立影。她在对付他母亲方面，显然比他和他前妻都要智慧得多。

虽然，每天回家以后，母亲还像以前那样对卢天成唠叨，然而，就像立影所讲的那样，其实母亲所需要的仅仅是一个唠叨的对象。卢天成现在把母亲的唠叨就当做尽孝的一个方式，而不是当做母亲对他的要求。当卢天成不再在乎母亲说了什么以后，生活比原来要畅快多了。

所以，卢天成最近的心情比较愉快。这个家经过短暂的混乱，磨合期已经过去了，老妈和老婆似乎已经找到了共处的方式。家庭新的秩序已经建立，翔的进步一天比一天明显，活泼开朗多了，也不像以前那样爱发脾气了。现在看来，这个家一切都在向好的方面发展，已经有了温暖的气息，看来这个婚没有结错。

卢天成因为心情愉快，回家后就显得很轻松。和立影的关系也比以前亲密，夫妻生活也过得越来越频繁。

倒是立影看着轻松愉快的卢天成，心里越来越不平衡：这个人到底把我看做什么了？保姆？家庭教师？是不是他看我把保姆和家庭教师的功能发挥得很好，现在又要开发我的新“功能”，当他床伴了？他的生活越来越惬意，可是他在意过我的感觉吗？

12

转眼，冬天来了。

那天下午放学后，立影在学校接到翔时，发现翔有些萎靡。摸了摸翔的头，有些温度。回到家里，立影给翔喝了些温水，让他躺在床上休息。然后给立薇挂了个电话。立薇问了问症状，劝立影别着急。让翔多休息，多喝水。如果温度不是很高，就不用去医院，孩子自身的免疫力能抵抗住病毒的。翔一病，立影就有些慌乱，婆婆这时候似乎又找到了立影的茬了，唠唠叨叨地说着立影的不是，好像翔得病是立影虐待的结果。立影没有心思理婆婆，一颗心全在翔的身上。这天，卢天成正好在外地出差。到了晚上，立影就让翔和自己一起睡，半夜起来给翔量了几次体温，翔依然发着低烧。

早晨，立影决定带翔去医院看病。打电话给翔的学校请了假。给翔穿戴好以后，准备带翔出门时，发现婆婆坐在沙发上无精打采。立影问她怎么了，婆婆说头晕。前几天，婆婆也弄了这么一回，立影要带她去医院检查一下。婆婆却说什么也不去。现在看婆婆的精神似乎又不济了，立影就说："我要带翔去医院，你也一起去吧。找个大夫看看。"婆婆还是不肯。到了这时候，她还不忘摆摆婆婆的架子，等着立影低三下四地哄她去医院。立影就有些不耐烦："你就是自己不看病，也要跟着去医院。一会儿我要挂号，交费，拿药。不能带着翔去排队，你得帮着看着点翔。"婆婆还要腻味，立影就发火了，说："你还是不是当奶奶的，陪着孙子去医院还这么多毛病？"婆婆不敢再和立影拗下去，只好跟着一起出门了。

立影在出租车上又给立薇打了个电话，告诉她自己已经带着婆婆和翔在去医院的路上。立薇说："你也别去儿科了，直接去内科，我帮你找个医生给他们俩一起看看。"

到了医院，立影带着婆婆和翔就去了内科。立薇自己在住院部值班，走不开，但是已经跟内科门诊的护士和医生都说好了。立影不用去挂号，直接带着婆婆和翔去看了医生。

医生先给翔看了看，又听了听翔的胸部，说是无大碍，发烧是因为感冒引起咽喉有些发炎。等炎症消了，温度就会下去。然后给开了点儿童退烧药和消炎的药。

然后，又给婆婆看病。

现在，立影才明白婆婆为什么不愿意来医院。别看她在家里总是要摆她婆婆的威风。一出家门，她就厌了，战战兢兢地，连医生问她的话也不敢回答。

医生让婆婆把一只衣袖撸下来，好给她量血压，婆婆不肯。还是立影催了她，她才勉强顺着医生的话去做。

医生告诉立影，婆婆的血压很高，头晕可能是血压高引起的。问立影：婆婆有没有高血压的历史？立影哪里知道？问婆婆，婆婆自己也糊里糊涂。只是说一到冬天就头晕。医生对立影说："这样吧，你去买一个电子测血压仪表，每天给你婆婆测两次血压，早晚各一次。两个星期以后，你拿着结果，再带你婆婆来见我。你婆婆这个样子，很可能有高血压。今天你先带她去做一个心电图，看看心脏有没有问题，回去以后少吃点盐，吃清淡一些。"

立影谢过医生，带着婆婆和翔出了诊室。让婆婆看着翔，自己先去交了钱，给翔拿了药。然后带着婆婆去三楼做心电图。

在心电图室的外面等了一会儿，很快就轮到婆婆了。婆婆说什么也不敢自己进去。立影也为难，婆婆自己进去她也不放心。可是翔在身边也要有人照看。她更不放心把翔一个人留在这里。

正在这时候，一个小护士路过。立影一看认识她，是和立薇一个科的小高。立影连忙喊着她："小高。"

小高一看是立影，连忙也打招呼："立影姐，你在这里干吗？"

"小高，你现在有空没？帮姐一个忙，带我婆婆去做一下心电图，我这里有孩子脱不开身。"立影求道。

小高忙说："没问题，让你婆婆跟我来吧。"

立影忙对婆婆说："这是高护士，你跟着她去，她要你干啥你就干啥。"

打发走了婆婆，立影回头看看翔，孩子还是有点发蔫。立影就搂着他，让他靠在自己的怀里。

这时，立影也累了。昨晚，因为担心翔，一夜没有睡好。今早起床后就急着带翔和婆婆来医院，自己没顾上打扮，现在蓬头垢面的，显得萎靡不振。

这时，立影就听到有人叫她："小程？程立影？"

立影抬头一看，脸色唰地一下就变了。

“真的是你啊，小程。”那人倒是一脸平静。

立影慌乱地回应：“你好。好久不见了。”

“好久不见了，你来医院干什么？”那人问。

“孩子有点发烧，带他来看看。”立影回道。

“这是你儿子？”那人指着翔问。

立影惴惴不安地点点头。

“他几岁了？”

“六岁多了。”

婆婆从心电图室出来的时候，正好看见立影在和一个男人说话。那男人穿着白大褂，个子很高，肩很宽。方脸，粗眉毛，大眼睛，大鼻子，大嘴巴。猛一看，长得像过去在乡下过年时，家家户户的门口上贴的“门神”差不多。一向伶俐尖刻的立影，在他面前显得惶恐不安。

婆婆带着疑问走向他们，还没等她走到跟前，那”门神”却一转身走了。

婆婆问立影：“刚才和你说话那人是谁啊？”

“大夫。”

“他长得那么难看，跟门神一样，谁会找他看病啊？”婆婆疑惑地问。

“你管那么多干什么？”立影没好气地说。

婆婆这次没和立影较劲，而是带着满脑袋的疑问，冷冷地看着立影。

那天下午，小姑子天玉带着女儿圆圆来了。一进门，圆圆去找翔玩。天玉自己一头扎进了自己妈妈的房间。

立影那会儿正准备做晚饭。看小姑子带着女儿这时候上门，知道今天妹夫值晚班，天玉带孩子来蹭饭的。

吃晚饭的时候，天玉问：“嫂子，你今天在医院遇到谁了？”

立影知道肯定是婆婆跟小姑子又嚼舌头了，懒懒地说：“大夫，护士，病人，家属，你说医院里能遇到谁？”

“那个跟你说话的人是谁？”

“和我说话的人多了，大夫？护士？收费的？药房的？问路的……”

“我不是问那些人，我是说那个长得像门神一样的那人是谁？”

“门神长什么样？你画个给我看看。”

“嫂子，你别打岔啊，不是有什么秘密吧？”天玉似乎抓到立影什么把柄似的，紧紧追问。

“废话，你知道是秘密你还问？我和你有那么好吗？连秘密都会告诉你？对了，问你一件事，你是不是把家里榨汁机给偷走了？”

家里的东西现在经常失踪，立影要用的时候总也找不到。一问婆婆，婆婆就说天玉喜欢，给拿走了。

天玉一看立影脸沉下了，连忙说：“嫂子，我拿的时候跟妈说过。”

立影说：“那是妈买的？还是妈在用？你偷走的哪样东西是妈的？家里的东西买一样丢一样，一到要用的时候就没了。再一问：就是你拿了。我告诉你，天玉，我现在已经条件反射了。只要家里有东西找不到，我就认为是你拿了。以后家里万一丢了钱。我就怀疑你，我就告诉警察，你是嫌疑犯。”

小姑子吓得大叫起来：“嫂子你怎么这样说？”

“立影你也太混了，你居然说天玉是小偷。”婆婆也大喊起来。

立影蛮横道：“她不是吗？要不现在找个警察去她家看看？她偷走的东西的发票我全留着，看警察是不是都能在她家找到？”

婆婆对立影今天在医院遇到的那个“门神”十分好奇。自从认识立影以来，婆婆从没见过她那么慌张过，所以婆婆认定，那个“门神”和立影一定有什么不可告人的关系。婆婆自己已经不是立影的对手了，本来想借天玉之力问个水落石出的，没想到让立影杀了个回马枪，被打得措手不及。

婆婆现在只能帮天玉反击了：“你还是嫂子呢？哪有嫂子把小姑子当贼的？你家嫂子是这么对你的？”

立影冷笑一声：“别提我嫂子，你家就不配有我嫂子那样的嫂子。也不看看你们是怎样当婆婆小姑子的？像她这样又懒又馋还和嫂子顶嘴的小姑子，放我妈那儿，不打得她乌眼青才怪。”

小姑子和婆婆一听，哑了，也不敢再问门神的事了。

13

卢天成出差回来了。那天他到家已经很晚了。一进门就被婆婆拉到她房间嘀嘀咕咕去了。立影用脚后跟想都知道：婆婆肯定要跟他提“门神”的事情。立影就等着卢天成从婆婆房里出来，跟自己发难。

可是，卢天成回房间以后什么也没说，只是问了问翔和婆婆的病情，并感谢立影带他们去看了病。

到了第二天吃晚饭的时候，婆婆又开始抱怨，说立影做的饭菜无味。立影在照顾翔吃饭，懒得理她。倒是卢天成劝婆婆：“立影不是说你有高血压吗？那就不能吃得太咸，立影是为你好。”

婆婆一听卢天成在为媳妇说话，越发恼了，叫道：“谁说我血压高？这么多年我都没有高血压，她一进门我就高血压了。谁知道她怎么害我？她是巴不得我早死。”

这时，翔已经吃完饭了，立影让他回自己房间玩。然后，转身去拿了个盘子，把每样菜都往盘子里夹了一点，然后在上面撒了盐，放在婆婆前面：“你吃吧，想吃多咸都行，别到时候高血压犯了，再闹个脑溢血，半身不遂了没人会侍候你。”

婆婆仗着卢天成在，也跟立影发起威来：“你个小×妇，你想害死我啊？你把我害死了，就没人看见你跟野男人在一起了？”

天成昨天晚上没有质问立影，感觉不对劲的不仅只有立影，还有婆婆，婆婆很恼火。现在儿子越来越顺着这媳妇了，这么大的事，连问都不敢问。刚才居然还帮着媳妇说话。这事都憋了好几天了，婆婆现在偏要把这事挑开了说。

立影反唇相讥：“你是不是看你儿子头上光着难受？非要给他找顶绿帽子戴着？”

卢天成看两人说得不像话了，才出言劝阻两人。

到了夜晚，快睡觉的时候，两人才回到房间。卢天成似乎没有意思接着饭桌上的话题再问立影，倒是立影沉不住气了，问道：“你妈没让你问问我，我带翔去医院看病时遇到什么人了？”

“哦，我妈是说过这么回事。”卢天成答道。

“那你怎么没问啊？”

“不是你说的吗？我妈就是发发牢骚，让我别当真，也别拿到你面前说，免得你不高兴还朝我发火，我可不想受夹板气。”卢天成看上去十分轻松。昨晚，老妈反复提到那个“门神”一样的男人时，卢天成并没有当一回事，他知道老妈的秉性。原先，前妻和卖菜的多说几句，老妈也会质疑前妻的品性的。所以卢天成自动把老妈的话忽略了，根本没有想到要去质问立影，倒是今天立影的表现让卢天成有了新的想法。立影在老妈面前一向有“谈笑间，樯橹灰飞烟灭”的气概，不大把老妈当回事的。今天她倒是有些沉不住气了，自己挑起来说。这说明，老妈的某些质疑不完全是空穴来风。只不过，立影不主动说出来那人是谁，卢天成是不会主动问的。每个人都有自己的秘密，何况他们俩以前的历史都不是那么单纯。

立影没想到卢天成拿自己的话来堵自己的嘴，一时语塞。没错，她的确对卢天成说过这话，现在有点拿起石头砸自己脚的意思。心里不免生气，于是撅着嘴说：“反正你也不在乎我，你只要你儿子吃好喝好，你妈吃好喝好，你什么时候在乎过我啊。”

“你这就不讲道理了吧。我要是拿我妈的话来问你，你肯定会怨我，说只听我妈的话，不信任你。我现在不问，你又怨我不在乎你。你到底让我怎么办？”卢天成说这话的时候倒没有生气，而是有点给立影出难题的意味。

立影这次让卢天成抓住理了，自觉理亏。不过嘴上还是不肯认输的：“什么呀，要是你妈告诉你，我欺负她了，你保证第一时间来找我算账了。现在不关你妈的事，是不是我在外面有个男人你也不在乎？”

“既然你这么说，要不我就问问，关心关心你？那男人是谁？”卢天成说。立影这才发现，如果话题里不牵涉到他娘，这个男人的脑袋瓜子也挺好使的，一点也不像被门夹过的。立影这次是自己把自己绕进去了，又没有认输的习惯，所以抵死耍赖：“还以为你真的宽宏大度呢，你跟你妈一样小心眼。”

卢天成被立影的逻辑逗乐了，不和她闹了。本来他已经上床，靠在床头看报纸。这时候又下了床，到衣柜的下层取出他出差时用的行李箱。从里面拿出一个大的盒子，说：“这个是给你准备的生日礼物，本来打算过几天你生日的时候再送给你。为了证明我还是关心你的，我还是现在就拿出来吧。”

立影看见那盒子华丽的包装，眼睛立马就直了。

FLEU啊？听说，FLEU在中国只在上海和香港有专卖店。前一阵和立薇聊天，立薇拿出时尚杂志对立影说：“今年冬天什么都不想要了，只想要一件FLEU的CHSHMERE的大衣，但不知何时才能如愿以偿。”

立影像恶虎扑食一般扑向FLEU，打开盒子一看，一件酒红色纯羊绒大衣呈现在眼前，和在时尚杂志上看到的一模一样。

“你到哪里买的水货？”立影下意识地问道。可是当立影触摸到那件衣服的时候，马上就觉得自己问得唐突了。这手感，这质地，这做工，哪有这样质感优良，精心制作的水货啊？

“你又没去香港了，怎么买到FLEU了？”立影又问了一句，算是为刚才的唐突找个借口。

“这次路过上海，在那里待了一晚上。”卢天成显然很满意这件大衣在立影面前产生的震惊效果，小有得意地欣赏着立影的表现。

立影顾不得卢天成的眼光，看了看价码，心里一抽：这个败家子，真TAM敢花钱。一万多元，就这么件衣服，要不是FLEU的牌子，一半价钱都不要就可以买件差不多的。

立影必须承认，她一开始对卢天成看走眼了。她原来以为：他只会挣钱，不会花钱。其实她错了，卢天成才是真会花钱的人。第一次立影来到他家的时候就注意到了，家里的家具，装修原来的质地都非常好。那都是他亲自选定的。后来因为他母亲生活太不讲究，又不会保养那些家具。让他对这个家心灰意冷，不再在意，由着他母亲把这个家变成了“农舍”，所以才给立影一个印象他是不会花钱的人，他的生活品质很低劣。

真正的和卢天成生活在一起，立影才知道卢天成在生活上其实是很讲究的。只是他母亲的限制，他不能如他所愿地在家享受高品质的生活，但是他在给自己的衣着和给翔买玩具上还是非常舍得花钱的。因为这两件事情，他母亲都插不上手来管，而且他母亲又不了解行情。卢天成的衣服鞋袜质地都非常好，全是名牌。他不告诉母亲衣服的价格，在他母亲的眼里，那些名牌西服和她在路边地摊上看见的化纤西服没什么两样。如果她知道天成的一双皮鞋就是农村一家人一年的收成，不知会有何感想？

立影自己原来只不过就是个小小的财务工作者。一个月挣三千多元。虽然一直追求品质生活，但是她挣的那点钱在每月还完贷款以后，还需要精心计划，才能满足她的品质生活的需要。一切奢华的愿望，都只能指望年终时公司发的红包了，而每年的红包，都只能满足一两个小小“愿望”。如果没有外界帮助的话，立影心里的那些小小

“愿望”，已经把五年后的红包都派上了。去年，立影拿到会计证以后，调整了职位，收入比原来增加了，但是随之而来的是，生活要求也要提高了。化妆品的档次高了，去美容美发的次数多了，还要去健身房，偶尔还要去酒吧体会一下华丽而颓废的小资生活……所以，在遇到卢天成之前，她的生活仍然处于计划经济阶段的准小康水平。

立影后来想起进这个家第一天，自己对卢天成所说的话：“我来养你吧。”真是贻笑大方。立影自己一个月挣的那点小钱，可能也只够给卢天成买一条裤子。

卢天成才是真正地追求品质生活的主。这件奢华的大衣，按立影的生活标准，就算是花卢天成的钱，她也舍不得用五位数去买它。立影觉得三千元左右的一件羊绒大衣就很不错了。超过三千元的，都是在烧钱。而这个男人刚刚拿出这件衣服的架势，居然好像是拿出一件下班顺道帮她买的一条围裙，一点都没有当一回事。真 TMD 败家。

立影把大衣穿在身上，在镜子前左顾右盼。衣服居然很合身，穿在身上显得立影俏丽中透着典雅，很合乎立影的气质。

“你怎么买得这么合适啊？”立影问。她指得不光只是衣服的尺寸。

“哦，买的时候，我给导购小姐说了一下你的身高，”卢天成说着在下巴这里比画了一下。立影个子不高，在天成面前，差不多只到他的下巴。“导购小姐找了一个和你个子差不多的女士试穿了一下。我看效果不错，就买了。”卢天成只解释了尺寸合适的问题。

立影心里美滋滋的。起码，他不像她想像的那样不把她放在心里，还知道在上海停留的时候给我买件大衣，而且还买得这么称心。

立影看了看镜子里的自己，踮着脚尖，想像着穿上小靴子，穿这件衣服会是什么样子。

“嗯，配一双棕色的矮帮的小羊皮靴就完美了。”立影自言自语。其实她已经在市中心的专卖鞋店看中了一双，要八百多元。用立影的标准衡量，八百元还是太贵了，立影准备减价的时候再去看看。不过现在她改变主意了，决定明天就去把它买回来。

“哦？要不你自己先去买一双，钱不够了我再给你点。”卢天成接口说道。他说的“钱”是每月给立影的生活费。他的意思是让立影用那个钱去买小靴子。

“哦，我没说要你买，我自己有钱。”立影连忙拒绝，她不能再要他买靴子了。那样她也太贪婪了。

“你确定不要我出钱？”卢天成意味深长地问。

立影想了几秒，忽然明白过来：他是我老公，为什么不要他掏钱？于是说：“要不，就算你提前给我送了圣诞礼物。”

卢天成被立影逗乐了。他真是闹不懂这个小女人的脑袋里有多少奇怪的想法。刚结婚的时候，他的确有点后悔。这个小女人太彪悍了，对什么都不管不顾，一点也不通情达理。非要当这个家的女王才善罢甘休。所以，卢天成那时内心里对她是有些反感的。到了后来，才渐渐明白过来。其实她也就是色厉内荏，别看她外表嚣张，内心里对这个家庭并没有安全感。所以她才要拼命地“抢夺”那个当家做主的权力。再后来，他更明白了：她表面对母亲虽然凶悍，但是实际上对母亲的关照比他这个当儿子的还细心。母亲有个头疼脑热的都是她第一个发现的，所以他不再担心她对母亲有什么威胁。而她对翔的那份疼爱，更是没有话说，就算是翔的亲妈在，做得也不会比她再好。所以，卢天成后来就不再对她在家里的任何举动发表异议了，反而很放心地把家里的一切都交给了她。

她是个率性的小女人，她的开心和不满都写在脸上。她总是口口声声责怪他只把她当做保姆，其实这些责怪声中正反映了她对他们之间的感情的不信任，内心渴望着他对她的认同。而她却又不敢理直气壮地开口向他索要她应得的那份情感，所以她只能抱怨。而且她总是要和他在钱上面算得清清楚楚，似乎时时刻刻准备和他分开，为自己准备一条退路。她的这样的率真，反而让卢天成感到轻松。起码她不是个处心积虑的女人，不需要他用心去提防她。

卢天成不是那种对女人很细心，很体贴的男人。这么多年来的生活里，从来没有人教他去体谅女人。相反，他周围的环境教给他的都是女人应该以男人为天。母亲再彪悍，对他却是百般呵护，前妻更是事事为他考虑，他没有为女人考虑的习惯。只有立影出现在他生活中以后，接触到她那样的家庭，才让他意识到，体贴女人其实是男人的责任，也是男人的一种享受。立影的总是抱怨他不在意她，这样的抱怨让他意识到自己的不足，所以他想弥补。就像给翔买玩具是他表现父爱的唯一方式一样，他所能表现对她在意的方式就是给她准备一份礼物。礼物越厚重，越能表达他的心意。他真心地给立影准备了这个生日礼物，并不是想用礼物来感谢她对这个家庭的付出，也不是想向她表达什么感情。单纯的，只是想告诉她，他是在意她的。然后期望看到这个小女人惊喜而满足的笑容。这一切，他看到了。刚才立影那样的情不自禁地扑向礼物的那一刹那，他感到了一种从未有过的愉悦和成就感。

卢天成后来提醒立影：“妈要是问起来，你就说这衣服是你哥买给你的。”

“为什么？”立影明知故问。

天成皱了皱眉，知道立影是故意的，不过还是解释：“别让她念叨了，我的耳朵都要出茧子了。再说天玉知道了也会要我买给她，她不合适穿这个。”

“好吧。”看在大衣的份上，立影不让他为难了。

卢天成送大衣给立影的时候，虽然没有说一个带有感情色彩的字眼，但是立影还是能感觉到他是想借此表达对自己的某种情感的。他不说出口，倒让立影感到比较舒服。如果他感恩戴德地说这件大衣是对她照顾他儿子和母亲的回报的话，立影会对他陌生，会觉得他依然把自己定位在一个外人的位置上。如果他酸不溜秋地说“爱”的话，立影又会觉得他假模假式，他们之间远远还谈不到一个“爱”字。他什么也不说，才让立影觉得自然，觉得他对他们之间的关系有共同的认知。有那种一切尽在不言中的默契，让她有点老夫老妻的感觉。婚后第一次，立影居然对这个男人有了点心动的感觉。

而且卢天成后来对他母亲的那句无可奈何的抱怨，也让立影欣慰。第一次，他不再在她的面前极力维护他母亲，维持他孝子的形象。而是自然而然地流露出对母亲的无奈。这起码说明，他开始认同她了。

虽然说是这场婚姻中没有爱情，虽然说立影不再对男人抱有期望，可是在觉察出自己和卢天成之间有那么点“东西”以后，立影还是有些涟漪了。于是，在这种隐匿的情愫地驱使下，立影在家里表现的比以前更温婉柔和，不再那么风风火火了。婆婆觉察到立影的这种改变，不免诧异，便趁势找茬挑战立影，似乎想收回失去的领地。立影一笑置之，居然没有唇枪舌剑和婆婆对着干。婆婆慑于立影的余威，不明白立影温和的背后是不是有更大的反扑，所以也不敢太过分。这样家里有了些和平而温馨的气氛。

14

立影很快就有显摆卢天成送大衣的机会了。春节前，立影原来工作过的东方公司财务组的组长，也就是立影原来的顶头小上司打电话给她，请她参加公司的春节聚餐。

东方公司这几年随着私人汽车的普及，效益越来越好。老板乐得做好人，每年春节前都要举行聚餐，和大家联络感情。总部工作人员都可以带家属参加聚餐。老板要在聚餐中感谢大家一年辛苦，聚餐后再每人发一个大红包，让大家欢欢喜喜地过大年。立影本来已经辞职了，但公司有规定，在过去的一年中在公司待满了六个月以上的前职工都会被邀请参加聚餐，而且会给发一个相应的红包。所以，立影也接到了邀请。说到底，还是老总会收买人心。请这些前职工回去吃一顿，发个红包，多花不了多少钱。但是却保住了彼此关系，以及这些社会关系外延所带来的社会关系。谁知道以后会不会在“道上”相遇？多个朋友多条路。

每年聚餐，是立影最开心的时候，因为会有红包，但又是最发愁的时候，因为没有家属可带。其实，立影原来已经不打算结婚了，对有没有男朋友本是无所谓的。但关键是大家都有“家属”陪同，自己只影孤单就显得有些可怜。好在总有几个死党和她一样孤独，大家可以惺惺相惜，抱团取暖。

今年，如果立影要去参加聚餐，倒是不用发愁”家属”了，因为她有卢天成了。无论从哪方面看来，卢天成都拿得出手，可以让她在旧同事，旧朋友面前炫耀一把。立影的问题是：到底带不带卢天成去参加聚餐？

立影还没有来得及想这个问题，杨箐就打来电话：“程立影，今年公司的聚餐你来不来参加？”

“当然来，小老板已经给我发邀请了。”立影回答。

“你带不带你家金主来？”自从立影把卢天成当成“找保姆的”介绍给她的那班死党，并且宣布自己就是那个入选“保姆”以后，卢天成就被死党们称作立影的“金主”。

“我还没想好呢。”立影回答。

“别带了，就你自己来。”杨箐断然下令。

立影明白，一定是杨箐今年没有找到男伴，所以要立影给她做伴去。

“为啥？我现在已经是良家妇女了。我可不想再跟你们这帮孤魂野鬼混在一起了。”立影故意逗杨箐。

“你要是把你金主带来，信不信我把他勾到我床上去？”杨箐咬牙切齿道。

“哈哈，难道你勾男人上床的本领见长？要不我派我家金主去试试？”

“你敢？死东西，他要来了，我找把刀把他砍了，你信不信？”

“我信，不过我家金主是练家子，空手夺白刃是他的拿手好戏，莫非你想配合他表演一场？”

“靠，你去死吧！他若敢来，我一定让他站着进来，躺着出去。”

“你为啥老跟我家金主过不去？他跟你前世有仇啊？”

“他横刀夺爱，霸占了你就是跟我有仇！害得我如今孤苦伶仃。”

“滚你的，你干脆去当拉拉好了……”

“我 TM 要拉就拉你。”

“拉我干吗？姜小白不是正闲着的吗？你两一刚一柔，刚柔相济多和谐。”

“靠，别提她了，她现在哪还闲得住啊？”

“什么情况？”立影一听似乎有新闻，连忙打听。唉，家庭妇女当久了，当真两耳不闻窗外事了。

“见面再说，再次警告，就你一人过来，其他人，杀无赦。”杨箐在电话那边恶狠狠地说，似乎都能看到她手起刀落的动作。

立影本来也没有下决心带卢天成去参加聚餐。虽然和卢天成结婚几个月了，但实际上卢天成对她并不了解。立影原来生活中的那些狐朋狗友，对卢天成来说就像是天外来客，根本不是一路人。杨箐这么一说，立影就完全打消了带卢天成去参加聚餐的念头。

立影原来在公司有几个死党，都是单身女子，号称“剩女斗士”。

立影就不说了，反正当时是无心嫁人，一心一意当剩女。

人事部的杨箐，倒是着急嫁人，但是嫁不出去。相亲相了不少，但一个没成。

姜小白，也是财务部的。不过和立影不在一个办公室。姜小白本身条件很好，本来可以早早找个合适的人嫁了。无奈她死心眼，暗恋某人多年无果。又对其他男人没有兴趣，所以自动被拖入“剩女斗士”行列。

这三个人是“剩女斗士”的基本成员。其他还有流动成员若干。基本上是有了男朋友后，连招呼也不打一个就销声匿迹。等和男朋友分手以后，又自动回归组织。

自从洗手做羹汤以后，立影和当初的那些死党已经隔离很久了。刚刚和杨箐插科打诨胡侃半天，又勾起了她一颗蠢蠢欲动的心。

离聚餐会还有几天，立影早早开始做准备，主要是准备出席聚餐会的服装。

公司里，平时上班，大家都穿得很职业，规规矩矩，没有什么让人兴奋的。每年一度的聚餐会便不同了，那是唯一一个让女士们争奇斗艳的场合。平日里在上司面前低眉顺眼的小职员，就靠这天晚上博得上司和同事的眼睛一亮了。所以大家都使出浑身解数，博得眼球。也就是说，在这晚，不论职务高低，谁打扮的光华绚丽，谁就最受人欢迎。

立影上班挣小钱的时候，开完上一年的聚餐会后，就必须为下一年聚餐会的着装做准备了。因为钱包羞怯，不可能为一晚上的风头破坏自己的计划经济。只好平日时时关注物美价廉的货色，以期找到既满足虚荣，又不用太心疼钱包的礼服。

今年有卢天成的钱包撑腰，立影不用这么委屈自己了。早早就看中一件玫瑰红底色上起黑、银两色大花的抹胸紧身的短礼服，外加一件粉色短外套。色彩特别炫目。如果再配上一双同色系的长袜，一双棕色的小羊皮矮帮靴，去参加聚餐，一定震飞全场。聚餐会的前几天，立影已经陆陆续续把准备在聚餐会上穿的礼服、首饰都买齐了，放到自己原来的房子里。

头一天，立影问卢天成："明天晚上我要去参加原来公司的年终聚餐会，你明天下午可不可以早点回来去学校接翔？"

立影参加聚餐的事，卢天成早听立影说过，所以不是什么新闻了，只是没想到还要他来接翔放学，于是问："你们的聚餐不是在晚上吗？怎么去那么早？"

见卢天成有些推脱的意思，立影就有些不高兴了。不过这次她没有直率地反击他，而是扭捏了一下："给你个机会和翔联络感情还不好？你去接翔，翔一定特高兴。"

"哦，没问题。"卢天成也觉得刚才自己问得有些唐突。女人的事情，他不太懂。立影嫁进来以后，和原来的生活基本脱离了关系，这次想借机早点出门开心一下也不为过。

立影见卢天成这么配合，非常开心，于是越发温柔："我明天出门之前会把晚饭给你们准备好的，你回来用微波炉热一下就行了。"

"哦，晚饭你就不要操心了，我到时带妈和翔去外面吃。"卢天成好人做到底。

聚餐会在周五，下午把翔送到学校以后，立影先去美发厅把头发护理了一下，然后又去了美容院，做了个全套美容。当家庭妇女几个月以来，也没有心思做这些。人显得灰头灰脑的。现在一套美容程序做完，整个人都像变了一样，一下子振作起来。

立影回到她自己的那套房子里，便开始着装打扮，为了配合她炫目的礼服，立影给自己化了个烟熏妆。浓妆艳抹的，便有几分妖艳。齐肩的直发又显出几分淡雅，再套上卢天成给她买的羊绒外套，真配得上那句话：外表典雅，内心狂热。

公司的聚餐会在市中心的一个五星级酒店举行。立影的心思没有白费，一进餐厅，立即就有人惊呼：“是程立影吗？怎么变了个人似的，这么漂亮啊。”立影的虚荣心立即得到了极大的满足。

立影嫁给卢天成，在东方公司也算是小小轰动了一把。卢天成虽然不是这个城市的顶级富翁，也不是什么一言九鼎的人物，但终究是有家业，自己当老板的人物。比起他们这些打工仔来，也算是有钱人了。而程立影，只不过是个小小的会计，也没有什么惊人的容貌，能嫁进富贵花园，也算是麻雀变凤凰了。

杨箐立即扑了过来：“靠，你TMD真的是阔太太了，这大衣是什么牌子的？”

“FLEU的。”立影就是要这个效果，所以进餐厅时，服务员要接她的大衣她都没让。

“FLEU的？”杨箐和立影原来的收入差不多，也是属于计划经济一类的，对这类高级名牌只能望洋兴叹。“靠，你真TMD会烧钱，连FLEU你都敢买。”

“我哪舍得买这么贵的，是他去上海时给买的，都没告诉我。我一开始也吓了一跳。”立影十分矫情地说。

“你个死东西，就臭显摆吧，你不就是去给人家当保姆去了吗，还当成公主了？”杨箐大声骂着。

立影得意，好吧，她承认，她今天就是来显摆的。

立影脱了大衣，让服务员拿去挂好，又显出那套炫目的晚礼服了。

“呀，HUGE的礼服，我也看上这套了，没舍得买。”说话的是人事部的另一个美眉。

“哦，我也觉得太贵了，舍不得。不过太喜欢了，犹豫了好几天还是决定买了。”立影其实说的是实情。最初看中的时候，她是没舍得买，后来受卢天成的那件大衣鼓励，才下狠心买的。不过她现在这么一说便显得特装模作样。

“你丫不装13会死啊，有你家金主给你撑腰，买件破礼服你还犹豫？”杨箐的大嗓门继续咆哮。

人事部和财务部在一层楼上办公，大家都比较熟，就坐在一起。

这时，姜小白来了，看见立影，抿嘴一笑：“哟，你家金主今天让你出来放风来了。”结婚前，立影称自己和卢天成结婚是给判了无期徒刑。结婚后立影很少和这帮狐朋狗友联系，所以姜小白现在讽刺她。

“听说你比孟姜女还厉害，孟姜女还只是把长城哭垮，你硬是把你家范郎哭回头了。”立影反唇相讥。

姜小白斜了杨箐一眼：“你丫不说大白话会死啊！”

杨箐一脸无辜：“我丫说啥了？ 我丫啥都没说。 你丫才 TMD 装大头蒜呢，今天蓝妖身边没人，你咋还不去填空呢？”

立影听了杨箐的话，赶紧在人群中找那个被杨箐称做蓝妖的人，一看他果真单身只影，连忙问：“花花姐没来？ 出什么事了？”

别看立影刚才用话讥讽姜小白，其实是“诈和”。 全凭着那天杨箐一句“靠，别提她（姜小白）了，她现在哪还闲得住啊”便推测这里面一定有什么新故事，其实并不知道其中原委。

“花花姐和蓝妖离婚了。”杨箐一脸神秘，好像在释放一颗原子弹。 不过这原子弹只对立影产生效果，其他几位显然早已被轰炸过了，并无反应。

但是对立影来说，这的确是一颗原子弹，立影的兴趣马上提了起来：“蓝妖终于把花花姐给甩了？”

“错，是花花姐把蓝妖给甩了。”杨箐纠正。

“怎么会，花花姐怎么会舍得甩蓝妖？”立影大吃一惊。

“这可是秘密，也就我知道。”杨箐万分得意。 同桌的其他几位都被吸引过来了。

“杨姐，到底是怎么回事？”人事部的美眉催问道。

“这事我不能说，这关系到蓝妖的个人隐私。”杨箐故作姿态地说。

“你 TMD 拉屎拉一半，另一半你还想塞回你肚子里去呀？”立影急不可耐，端起手里的酒杯作势要泼杨箐。

杨箐这才说：“听说蓝妖那玩意儿不好使。”

这可真是原子弹。 连姜小白也忍不住了：“杨箐，你丫缺德不缺德，连这种谣言你都造。”

“根本不是我造谣，是花花姐告诉我的。”杨箐分辩。

“花花姐说啥你信啥啊？ 你傻啊，连这种话你都信？”姜小白指责道。

“我不信花花姐信你啊？ 蓝妖那玩意你用过？”杨箐回道。

“我 CAO NI MA。”姜小白拿起桌上的汤勺就扔了过来。

所谓“蓝妖”，大名蓝君谦，现任东方公司销售部经理。

当年，立影，姜小白和蓝君谦是同一天进东方公司总部的。 立影第一次见到蓝君谦，着实地惊了一下。哪有这么精致的男人啊：纤瘦的身材，白皙的皮肤，细长的眼睛，挺直的鼻梁，薄薄的嘴唇，还有那长长的刘海，遮住了他大半个额头和他的右眼。让他显得隐隐约约，若即若离，有一种病态的中性的美丽。杨箐带着新人在公司各部门转悠。蓝君谦问了许多问题。杨箐在他迷离朦胧眼光的笼罩下，夹着嗓子回应他柔和动听的问话。到了下班时，杨箐已经接近虚脱。杨箐后来说：那天，她把牙都咬碎了，才抑制住要把蓝君谦按在墙上索吻的冲动。

蓝君谦一进公司，就引起了不小的骚动。当天下班就有人围着杨箐打听蓝君谦的个人状况。

杨箐那时已开始恨嫁，公司若有单身男子加盟，她总是要近水楼台，先勾引一番。勾搭不上才会转介绍给他人。不过对蓝君谦，杨箐没敢动心思。杨箐说："他哪里是男人啊？整个一妖孽。我 TM 恨不得扒光他，看看他是不是个人妖。"后来蓝君谦的名字就被蓝妖所代替。

杨箐主动放过蓝妖，但是那天同样和蓝妖一起转了一天的姜小白，却迷上了蓝妖，从此不能自拔。

姜小白心思要比杨箐细密多了。到了第二天，姜小白以同是新人，共同进步的借口，勾搭上了蓝妖。早上在公司的交通车上，姜小白主动和蓝妖坐在一起。中午吃午饭时，两人坐在一张桌子上，下午下班再一起坐班车。姜小白那点心思，任谁都看得出：蓝妖是我的人了，谁也别再打他主意了。

但是，没等姜小白正式下手，横空出来一个花花姐。据说花花姐是蓝妖青梅竹马的女友，从蓝妖原来所在的分公司追到总部来了。花花姐其实不叫花花，只因为她对蓝妖的花痴行为叹为观止，立影她们后来就集体尊称她为花花姐，连她的真实名字也忘了。

看见花花姐后，杨箐大呼后悔。杨箐放过蓝妖一个很重要的原因就是蓝妖过于精致，不可亵玩。蓝妖中等身材，而且纤细瘦削。杨箐自己人高马大，若穿着高跟鞋，和蓝妖站在一起，不相上下。男细女粗，很不相称，但是花花姐比杨箐更要高出半头，从背面看，花花姐的宽度是蓝妖的一点五倍。杨箐说："要知道蓝妖好这一口，我 TMD 当时就该试试。我起码比花花姐脸上的肉少一点啊。"

花花姐是辞了原来的工作追到这里来的。初始几天，花花姐没找到工作，每天午饭时间，准时拎着饭盒出现在蓝妖的办公室，和蓝妖一起共进午餐。然后守在公司门口等蓝妖下班。蓝妖忙着推销汽车零配件，花花姐忙着推销她和蓝妖的罗曼史，然后一起坐班车下班。不到几天，连整个销售广场都知道了花花姐和她的妖孽男友不得不说的故事。

过了一阵子，花花姐在东方公司隔壁的建材销售中心找到了工作。每天更是和蓝妖同来同往了，恨不得上厕所的工夫也要来东方公司晃一圈。中午吃饭，更是弃建材销售中心的食堂于不顾，天天来这边为东方公司的食堂捧场。

花花姐的出现，让东方公司的人的眼镜片碎落一地。原先对蓝妖有兴趣的女士们立即退避三舍，只有姜小白坚守不退。姜小白坚信：蓝妖现在是迫于花花姐的穷追猛打，无可奈何地和她在一起。终有一天，他会厌烦花花姐，将自己对女性的欣赏能力回归到正常状态，那么姜小白就有机会了。

可是，姜小白苦等了三年，等来的是蓝妖和花花姐结婚的消息。蓝妖和花花姐是去年结婚的。接到他们的结婚请帖，杨箐语重心长地安慰姜小白：“现在证明，蓝妖的确是妖。对女人的恶趣味非比寻常，你我都应该为没被他看上而感到庆幸。”

姜小白那时的确有些心灰意冷了，只不过她对男人的欣赏能力已经被蓝妖给扭曲了，需要一段时间才能恢复正常。现在，估计恢复得差不多了，却传来蓝妖和花花姐离婚的消息，你说愁人不愁人？

姜小白一汤勺扔向杨箐，杨箐闪了，那汤勺正好打在路过的服务员身上。服务员正在给各桌上菜，被意外打击了一下，一盘宫保虾球差点倒在杨箐身上。幸好服务员训练有素，危急关头，硬是挺住了。

立影没有理会她们。这帮人荷尔蒙分泌旺盛，无处发泄，只能互相之间斗得天翻地覆。要不怎么是剩女斗士？立影现在好歹也是良家妇女了，不能再和她们一般见识。

其实，除了同一天进公司，立影和蓝妖后来并无交集。唯一一次和他打交道是立影后来到了财务部，负责给人报销时对单据，有一次，蓝妖来报销，立影说他有一张发票不合规定，不予报销。后来蓝妖闹到立影的上司那里去了。从那以后，蓝妖再报销单据，只要看见立影，立即转身。

立影对蓝妖的信息全来自于杨箐和姜小白。杨箐是八卦大师，不知怎的和花花姐交上了朋友。每每从花花姐那里弄些蓝妖的闺房隐私来说给大家听。而姜小白暗恋蓝妖多年，每每愁肠百结时，便把她们一帮死党拉出来当垃圾桶。

以往几年的聚餐会上，花花姐和蓝妖形影不离。她的那些死皮赖脸缠着蓝妖的招术，日后可以当着笑话让公司的人消遣小半年。今年花花姐没来，说明她和蓝妖真的分手了。但是，花花姐怎么舍得和蓝妖分手啊？莫非真的是蓝妖不行？

蓝妖这会儿正好坐在立影对面的那张桌子上，侧面对着立影。他穿着黑色西服。里面是件粉色衬衫和一个白色领结。一手端着红葡萄酒，懒懒地靠在椅背上，有一种说不出的妖艳和妩媚。

“喂，你们说蓝妖是不是gay啊？”立影忽然语出惊人。

“立影姐，你也有这个感觉？”人事部美眉仿佛找到知音了似的，兴奋地说道，“我和我同学有一次在酒吧看见蓝妖。我同学就说蓝妖肯定是gay，而且是哀怨人妻受。”

“蓝妖是gay？那他干吗还结婚？”杨箐问。

“遮人耳目啊，现在的gay都这样，找个女人结婚，然后找个男人当小三。”人事部美眉一副非常知情的样子。

杨箐恍然大悟地说：“难怪花花姐说他的玩意不好使。原来人家根本不用那玩意。姜小白，我说你还是算了吧，就算是蓝妖上了你的钩，那他也只是个摆设。要了没用。”

姜小白刚刚发了一下威，现在又沉默了，一心一意地注视着蓝妖。听杨箐这么一说，白了她一眼：“这事你就不用操心了。”

“什么意思？难道你真的和他……”

姜小白不再理杨箐，眼睛继续追随蓝妖，一副沉溺的样子。

杨箐说：“蓝妖今晚没人陪，你还不赶快去。小心花花姐改变主意，回头又把蓝妖抢回去。”

立影用手指头捅了姜小白说：“去吧，去吧。”

酒过三巡，公司大老板到各桌敬酒，感谢大家一年的辛苦。老板后面跟着一帮公司的大小头目。蓝妖也在巡回敬酒的行列之中。来到立影这桌，蓝妖正好站在立影边上。蓝妖看了一眼立影，忽然问道：“卢天成今天没来？”

立影一惊，一来和杨箐她们混了一晚上，早忘了自己已婚的身份；二来不知道蓝妖会认识卢天成；三来以前从来没有和蓝妖私下说过话，没提防他这一问，连忙回答：“他在家看孩子呢。”

“哦，你结婚后越来越漂亮了。”蓝妖又说。

“化妆的效果。我现在其实是黄脸婆了。不化妆见不得人。”立影尴尬一笑。

蓝妖细长的眼睛微微眯了眯，上下打量了一边立影，然后邪魅一笑：“到底是嫁了人了，不同以往了。”说着，随着敬酒的那群人到下一桌去了。

立影就觉得边上寒光一闪，回头一看，果然姜小白正用冷冽而幽怨的目光盯着自己。

立影说：“你该给蓝妖脑门上盖个章，凡与蓝妖擅自说话的女性，杀无赦！”

15

下午四点的时候，卢天成接到立影的一个短信：“别忘了接儿子。”看到短信，卢天成莞尔一笑，他没忘这事。早晨上班前，立影已千叮咛，万嘱咐过。卢天成也怕自己忘了，又在手机上设了一个提醒。卢天成笑的是立影对翔是真够上心的，即使人在外面，也还不放心。

放学的时候，卢天成在校门口等翔。放学了，翔和他的小同学一起出来。小同学找到了自己的妈妈。翔环顾四周，还在寻找立影。

“翔。”卢天成叫了声翔。

翔看见卢天成，跑了过来，然后，又四处看看，问：“妈妈呢？”

卢天成说：“妈妈今天有事，不能来接翔，要爸爸来接你。妈妈没告诉你吗？”

翔点点头：“告诉了。”但是似乎还不死心。

不知道从什么时候起，翔把对立影的称呼从“阿姨”改为“妈妈”了。

卢天成带着翔一进家门，母亲就迎上来了，埋怨道：“立影也不知道去哪里了？一下午也不见人。”

卢天成解释：“她原来工作过的公司今天聚餐，请她去参加。”

其实母亲早已知道这事，只不过不甘心，所以还要抱怨。

“她不是都不上班了吗？还有什么好去的。”母亲不满地说。

“她结婚以后，就没和原来的朋友联系过。今天就让她去散散心吧。”卢天成解释道。

“结了婚的人还那么贪玩，连家都不管了，那今天晚上吃什么？她倒是有吃的，就不管我们了？”母亲问。

“立影本来要给准备的，我没让她做。一会儿我带你和翔出去吃。”

“在外面吃，要花多少钱啊？”母亲嘀咕道。

母亲不愿意出门。卢天成只好带着翔去吃了麦当劳，回来的时候，在小饭店里给母亲买了一个盒饭。

平时，吃完晚饭，立影会安排翔写作业，她自己收拾餐厅，厨房。收拾完以后，就去检查翔的作业，然后和翔一起玩一会儿。而卢天成会和母亲说一会儿话，主要是听母亲发一会儿牢骚。然后进书房，在电脑上看看新闻，处理一下电子邮件。翔睡觉以后，立影会在客厅看会儿电视，卢天成忙得差不多了，也会加入她，两人边看电视边说会儿话，然后进屋睡觉。一切都是平平淡淡，不过让人感觉踏实。

今天，卢天成自己看了会儿网上新闻，就去母亲的房间。

母亲一见他，问："立影回来了？"

卢天成说："还没有。"

"她怎么去那么久？"

"您找她有事？"

"哦，没事，这么晚她怎么还不回来？"

"她和原来的同事在一起，都是老朋友了，可能要玩得比较晚一些。"

平时这时候，母亲总是在喋喋不休地挑剔，指责立影。每天相同的话翻来覆去说。卢天成听腻了，基本上是一个耳朵进，一个耳朵出。母亲一天在家，少有人和她说话，就当是给母亲一个说话的机会。而今天母亲除了问立影是否回来，其他的一个字都没有说。是因为立影半天不在家，没有什么好说的？还是因为对手的缺席失去了斗志？母亲不唠叨，卢天成觉得缺点什么，宽慰了母亲几句，从母亲的房间退了出来。

翔像只无头的苍蝇在屋子里窜来窜去，不知到底想干什么。见到卢天成便问："妈妈什么时候回来？"

卢天成苦笑，怎么两个人都问一样的问题？回道："妈妈今天要回来很晚，你要不要爸爸陪你玩一会儿？"

"好吧。"翔拿来一副扑克牌，问，"玩什么？"

"你说呢？"卢天成小时候并没有玩过扑克牌，不知道翔这么大的孩子会玩什么？

"我们玩拖拉机吧。"

翔说的拖拉机就是两人手里各拿半副牌，然后一人摆一张，摆出一长列。如果谁新出的一张和摆出的某张数字相同的话，谁就可以得到两张相同牌中间的所有牌。到最后，谁手中收的牌最多，谁就算赢了。卢天成以前见翔和立影玩过，两人围着长茶几，在上面摆一长溜。如果谁得了牌，谁就会欢呼，而另外一个人就会假装懊恼，往沙发上一倒。有时两个人还会数一数，谁手里的牌多。两人总是开心得不得了。

卢天成和翔玩了一会儿，却发现这是一个无趣到极点的游戏。一人出一张，机械而乏味。真是不知道立影怎么会从中找到乐趣的。翔似乎玩的也心不在焉，有时该他收牌的时候他也没收，还得卢天成提醒他。一盘没玩完，翔就不想玩了，提议结束。卢天成也松了口气，放下手里的牌，又问翔："你还想玩什么？爸爸陪你。"

翔又拿了副拼板来，要卢天成一起玩。卢天成耐着性子陪着翔。翔拼了一半，又说："我不想玩了。我想和妈妈一起拼。"卢天成有点尴尬，知道孩子也嫌他无趣了，讪讪地问："要不爸爸给你洗澡，洗完澡了睡觉，明天早晨起来，妈妈就回来了。"

翔蔫头蔫脑地答应："好吧。"

卢天成在浴盆里放了热水，喊翔过来。

翔进来一看，埋怨道："爸爸，怎么没有泡泡？"

"泡泡？"卢天成不明白。

翔指着一个红塑料瓶说："那个是泡泡。"

"那我们现在放？"卢天成提议。

"已经晚了。妈妈都是放热水的时候就放泡泡，那样才会有泡泡出来，现在放就没有泡泡了。"

卢天成拿起那个红瓶子一看，上面果然写的是泡泡浴液应该在放水时倒一些在水龙头下。

大概是因为没有泡泡，翔洗澡时并不开心。卢天成草草地给他把身上用水抹了一遍，就要把他从水里捞出来。翔说："爸爸，你还没给我洗头。"

"洗头？平时你怎么洗头？"卢天成问。

"妈妈拿着水龙头，往我头上淋。"

"你不害怕吗？"天成记得原来母亲给翔洗头的时候，总是会惹得翔大喊大叫，不愿意洗。

"妈妈说男孩子不怕淋水，我闭着眼睛就不怕了。"

给翔洗澡，卢天成累得跟打了一仗似的，翔还总在说：

"爸爸，我不用那个洗头，我用小猫洗头液。"

"爸爸，你把我的毛巾搞错了。"

"爸爸，妈妈不是这样弄的。"

"……"

卢天成被他弄得头昏脑涨，最后只能强行说："今天是爸爸给你洗澡，就听爸爸的。妈妈给你洗澡时，再听妈妈的话，好吗？"

给翔洗完澡，卢天成看看自己身上的衣服也给湿了一半，索性自己也冲了个澡。等洗完，发现翔还在客厅里，问他："你不是说要睡觉了吗？怎么还不睡？"

"我今天还没有吃水果。妈妈说每天都要吃水果，身体就会很好。"

又是妈妈说的！那好吧，卢天成问翔："妈妈还说了什么？"

"妈妈说，每天都要刷牙，牙里面才没有虫虫。今天我还没有刷牙。"

"还有呢？"

"妈妈每天还要给我讲故事。"

"什么故事？"

"书上的故事。"

"书在哪里？你去找来，我给你讲。"

好不容易把翔哄到床上，卢天成才有空坐在沙发上歇会儿。刚打开电视，母亲又出来了。卢天成忽然记起立影提醒过，母亲每天要在睡前吃一片降血压的药。于是问母亲："妈，你吃药了吗？"

母亲手里拿着几个药瓶子说："你帮我看看，该吃哪个？"

卢天成依次看了看药瓶上的标签，指出一个："是这个吗？"他已经被翔弄得很没有信心了。虽然从药瓶上的标签可以断定那个是降血压的药，但是还是问了一下母亲。母亲说："你说是就是，每天是立影给我拿药。她给什么我吃什么。"

母亲吃完药以后，又说："你帮我量一下血压吧。立影说两天量一次，今天该量了。"

卢天成随母亲进了她的房间，按母亲的指点，找到血压仪。看了看说明书，按照说明，给母亲量了血压。母亲说："抽屉里有个小本子，立影把结果写在那个本子上。"

卢天成拿出那个小本子，发现自从那次看过大夫以后，立影一直坚持给母亲量血压。最开始是一天两次，现在是两天一次。日期，收缩压（高压），舒张压（低压）记得清清楚楚。

已经习惯立影在家的日子，似乎哪里都有她的影子。她总是不显山不露水地就把这些琐事干完了，家里安排的熨熨帖帖，卢天成一点也不用操心。翔总是粘着立影，一会儿的工夫不见立影，就能听到他喊妈妈的声音。立影忙完家务以后，也总是和翔待在一起。两人有说有笑，无论干什么都那么兴致勃勃。卢天成虽然自己在忙自己的，但是也习惯了他们的声音，听到他们开怀大笑的声音，自己也心情舒畅。立影会时不时地派翔问他要不要喝茶？给他送个水果，或者往他嘴里塞个巧克力什么的。那会儿，卢天成的心里就会暖暖的，温馨而满足。母亲虽然总是满腹牢骚，却显得中气十足，在家里出出进进，增加人气。

今天立影不在家，家里显得冷冷清清。大家都像失了魂似的，干什么都没有兴致。翔郁闷着，玩什么都不开心。母亲也不说话了，显得萎靡不振。卢天成自己也非常失落，拿着遥控器不停地换转电视，却找不到要看的。想找人说句话，身边也没有。卢天成心里空空荡荡。立影若是在家，哪怕她尖酸刻薄，冷嘲热讽，家里总不会这么寂寞。看了看表，十点半了，立影也没打个电话来。也不知道她什么时候回来。卢天成又不敢打电话，怕立影到时候怪他控制她。磨蹭到了十一点了，卢天成再也忍不住，便拨了立影的手机。

卢天成给立影打电话的时候，东方公司的聚餐已经结束了。立影她们转移到酒吧去了，公司的年轻人三五成群地聚在一起。因为是立影婚后第一次和死党们再聚，她主动先给大家买了一轮酒。

立影这会儿正在开导财务部的一个叫佳西的小姑娘。这小姑娘和男朋友谈了好几年的异地恋爱。前一阵，男友劈腿了，小姑娘又哭又闹，才把男友的心挽回来。小姑娘怕又出意外，就想辞了职，去男朋友那里去和他结婚。

立影这时喝得有点多了，有点控制不了自己，话就特别多。立影劝那小姑娘："佳西啊，听姐姐一句，你们两现在就有这么多问题，结婚以后怎么办？靠婚姻去挽救一段恋情，这段婚姻最后肯定是个悲剧。你辞了职，去个人生地不熟的地方，又没工作。到时候，人家嫌弃你了，你怎么办？你要给自己留条后路啊，傻丫头。他要是一心一意地对你好，你能踏踏实实地跟他过日子，你为他抛弃工作，离开父母也算值了。可现在这样，你不在他跟前他就跟别的女人鬼混，他对你是一心一意吗？这样的男人，他能踏踏实实和你过？姐姐我是从那条路上走过来的，知道以后的下场有多惨。我那时候，没有我家里人，我就死了。要是以后不想你父母为你伤心，就把自己的后路留好。行吗？姐姐求你了。"

姜小白在一旁说："看你急得跟什么似的，好像佳西真要跳火坑。你怎么知道那就是火坑？人家好歹也是相恋这么多年。"姜小白自己暗恋蓝妖无果，所以特别羡慕那些能修成正果的恋人。佳西这对，虽不那么如愿，好歹也谈婚论嫁了。

"屁，那叫相恋啊？谈恋爱有这么谈的吗？"立影反驳。

“谁还没有个小打小闹啊？当初你说卢天成其实就是想找个保姆，你不也嫁了？”

“那能一样啊？那能一样？卢天成要找保姆不假，人家说在明处。我跟他开门见山，坐地还价。他现在每月付我的钱比原来的两倍还多，我亏了吗？”

“就是，人家卢天成还给立影买FLEU的大衣了。谁家金主给保姆买FLEU啊。”杨箐在一旁帮腔。

就在这时候，卢天成来接立影来了。

立影平常在家里素面朝天，偶尔化妆也只是淡妆，头发用一个发卡扎在后面，穿得也素净，一副良家妇女的打扮。而现在，一身色彩斑斓的短礼服，一脸浓妆，醉意蒙眬。在一群红男绿女中，便显得有些艳俗，和平时在家看见的样子大不一样。卢天成进了酒吧，没认出立影在哪里？还是蓝君谦看见他，上来招呼他，然后，引到立影那桌前。

立影看见卢天成，摇摇晃晃地站了起来。她刚刚骂完佳西的那个极品臭男人，现在看见卢天成，觉得他跟天仙似的，怎么看怎么顺眼。于是涎媚地给卢天成抛了个媚眼，嗲嗲地说：“老公，你来了。”

卢天成从来没有见过立影这样，不习惯，也不是很喜欢，本能地皱了皱眉头。立影过来挽着卢天成的胳膊，说：“咱回家吧。”然后向她那些死党招招手：“拜拜。”

背后就传来杨箐的骂声：“程立影，你个重色轻友的家伙。”

立影依偎着卢天成得意地笑着。

出了酒吧，一阵凉风吹来，立影打了一个嗝，酒味立即冲出来了。卢天成眉头不由得又皱了起来，问：“你今天喝了多少啊？”语气里就带着责备。

立影喘了口气说：“都是TM杨箐和姜小白使坏，她们使劲灌我。佳西那个傻妞，那么个烂男人她也上竿子去嫁。姜小白还说我都嫁给你给你家当保姆了，佳西有什么不能嫁的？哪能一样吗？那男人自己一个月才挣两千元，一百年他也买不起FLUE……”

立影带着酒意胡说八道。

卢天成的眉头越发拧紧了。刚才还存有的对立影的一点念想和温情立即消失得无影无踪。虽然他心里非常明白：他和立影的结合是各取所需。立影如果不是个合适给翔当母亲的女人，他不会娶她。他如果没有现在的经济条件，立影和她家也不会选择他。但是，听立影把话说得这么露骨，实在不是一件令人愉快的事情。就像一个男人对一个女人说“你要不是处女，我就不会娶你”一样令人厌恶。

难道我们俩之间除了“各取所需”真的没有什么别的了？卢天成在心里问。

16

转眼，立影迎来了她结婚后的第一个春节。

立影的娘家有一个规矩：嫁出去的女儿是不能在娘家过年的，说是怕女儿挡了娘家兄弟来年的运程。立影第一次结婚以后，就再也没有回娘家过过春节了。虽然说立影离婚后，没有婆家了。每年过春节，老妈老爸老哥和嫂子都要她回去过年。可是立影知道老妈的忌讳，不愿意给她心里带来阴影，就从来没有回去过年。刚离婚的那个春节，姐姐因为孩子小，在她自己家过年，立影是和姐姐一家过的。后来姐姐一家要回姐姐的婆家过年，立影就在自己的房子里一个人过年三十。立影自己孤独过年，是老妈心里的一块心病。每年过年自然要念叨许多遍，大家心里也怪不是滋味的。

今年不一样了，立影自己有家了。可以和自己的家人一起过了，大家心里的那块石头总算搬开了。

卢天成家没有那么多讲究，天玉一家从年三十就过来了。这家人原来年夜饭是天玉和老妈操持的，也就比平时多了碗有肉的菜。后来天成看到实在不成样子，才每年在饭馆里订几个菜。老妈怕浪费，还不敢订多了，所以这个家里春节过得一向马虎。

今年不一样了，有了立影，立影准备了好几天，三十的年夜饭上做了十六个菜。让一家人叹为观止。立影还准备了红酒，让大家都喝一点。又动员翔和圆圆给大家唱歌跳舞，家里的气氛一下子就活跃起来，有了节日的气像。

吃过年夜饭，立影收拾厨房。天玉平日让立影训得不敢偷懒，也在厨房给立影帮忙。

立影又准备了些水果，茶点。

孩子们知道是过年了，格外高兴，也不回自己的房间了，在客厅里窜来窜去。

等天玉收拾好了厨房，立影给大人们泡好了茶，孩子每个人都有零食在手。一家人团聚在客厅里，立影从房间里拿出了给大家准备的礼物。

给婆婆的是一件暗红色的羽绒服。婆婆一看连忙摆手：“这么红，我穿不了。”

“这红什么，就是给老年人的，你穿穿试试。”立影劝道。

立影和天玉俩连拉带拽把婆婆从沙发上拉起来。把衣服套在身上，大家一看，挺不错的。

妹夫第一个说话：“还是嫂子会买东西，妈穿这件衣服，像变了一个人。”

天玉也说：“真的不错，妈，你自己照镜子看看。”

婆婆对着镜子一看，也觉得好，不说话了。

立影接着给孩子们一人一套衣服，小姑子和妹夫一人一件羊毛衫。

每个人都欢天喜地。

婆婆这时说话了：“你嫂子还挺会做人的，拿你哥的钱做人情。”

婆婆的话音刚落，天成，天玉和妹夫的眼光都落在立影的身上，生怕她要炸锅。

立影好像没听见似的，喊道：“小朋友们，去试试新衣服。”然后带着孩子们进房间试衣服去了。

立影刚离开，天玉就埋怨老妈说：“妈，你刚才说什么呢？不怕嫂子听见？”

“我又没说错，她是拿你哥的钱在做人情。”婆婆辩解道。

“那也不能这么说，我刚刚生怕嫂子翻脸。大过年的，你别再惹嫂子了。”天玉现在对立影有几分惧怕。

那晚，天玉一家没回去。

圆圆和天成的老妈一起睡。

小姑子两口子把书房的沙发床打开，睡在书房。

一家人都歇息后，立影回到自己的房间。

“老婆，辛苦了。”天成由衷地说，“你把家打点得比我想像的还好。”

然后天成从自己的提包里拿出一个盒子：“这是我买的新年礼物，给我们俩的。”

立影打开一看，是一对手表，立影虽然不懂手表的牌子，但是一看那包装，就知道那表便宜不了。再一看是情侣表，心里又增添了几分甜蜜。

“你戴上看看。”卢天成说着拿起那款女表，给立影戴上，自己再戴上男表。把两只手表放在一起，说：“嗯，还真相配。”

立影被他说得不好意思，连忙缩回自己的手，心里甜滋滋的。

天成又说：“刚才妈妈说得那句话真的有点过分，你别跟她计较。”

立影明知故问：“妈刚才说什么了？”

天成："你真没听见啊？"

两人相视一笑，立影拿出给天成买的领带。"人人都有礼物，这是你的。"然后又强调了一句："是我用自己的钱给你买的。"

初一，一大早。孩子们起床后换上新衣服，给大人们拜年。

立影给孩子发压岁钱。

奶奶也拿出了红包给翔和圆圆。

小姑子据说是破天荒第一次给了翔压岁钱，还不好意思地说："我没嫂子给得多，就是个意思。"

立影并不计较，只要她有这个心就好。

孩子们拿到红包自然高兴，翔把所有的钱都塞到立影手里，说："妈妈，我也给你压岁钱。"

立影激动地一把把翔搂到怀里："乖儿子，你是小孩，过年应该大人给小孩压岁钱的。等你长大了自己挣了钱，再给妈妈钱。好吗？"

圆圆一看，也把手里的钱递给立影："舅妈，我也给你压岁钱。"

立影又一把把她搂了过来。这小丫头特别喜欢这个舅妈，因为这个舅妈会给她扎好看的小辫子，会给她涂红指甲，会给她买新衣服，还会给她做好吃的。圆圆每次一来就不想走。

天玉在一旁看着心里就发酸："圆圆这么喜欢舅妈啊，要不给舅妈当女儿算了。"

立影说："你要舍得，那我就真要了，我还就差个女儿。"

天玉于是说了："要不我把圆圆的户口转过来吧，明年圆圆要上小学了，让她和翔上一个学校吧。"

婆婆说："这个主意倒是不错，不过你们家隔这么远，她以后上学放学也不容易。"

天玉："就让圆圆住你们家呗，我周末来看看她。反正嫂子天天要接翔，就顺便接一下圆圆。"

立影一看天玉要说真格的了，自己也半真半假地说："我倒是不在乎多接个孩子。不过你以后可别说我抢了你的女儿。"

"怎么会呢？圆圆难道还不认我这个妈了？"天玉不信。

"要不试试？先说好，你丢了女儿可别闹啊。"立影笑了。

婆婆忙说："你还别说，你嫂子哄孩子的本领是一流的。你看翔，就见她几次，翔就服她了。现在翔粘她粘得紧着呢，喊妈喊得可亲热了。我把翔带这么大，翔对我可没对你嫂子亲。你家圆圆比翔还小呢，又是女孩，现在就喜欢你嫂子。真要让她认你嫂子当妈，她还没准就认了。”

翔第一次脱口喊她“妈妈”是在学校门口。每天放学，立影去学校接孩子，认识了翔的同座田雅莉的妈妈，等孩子时，两人就站在一起。翔和田雅莉非常要好，每天放学，两个人都牵着手一起出来。田雅莉见到妈妈总是兴高采烈地喊着“妈妈”，跑过来扑向自己的妈妈。翔呢，一开始有些腼腆，只是羞涩地看着立影笑笑，然后走近立影。有一天，两个孩子同时从学校出来，看见妈妈，田雅莉像往常一样喊着妈妈，扑过去。一向羞涩的翔，突然学着田雅莉的样子，喊着“妈妈”跑过来了。那一刻，立影不是不激动的，不过她没有大惊小怪，只是高兴地接受了这个事实。从那以后，翔就开始喊立影妈妈了。

天玉听自己老妈这么一说，不敢坚持让立影帮着带圆圆了，不过还是有些不服，便说：“嫂子这么喜欢孩子，干吗不自己生一个，生个女儿呗。不过，要是嫂子有自己的孩子了，就不见得还这么和翔亲热。这人啊，隔了层肚皮，怎么着也不一样。”

立影听了天玉的话，脸色“唰”地就变了。天成一见，忙呵斥天玉：“你说什么呢？大过年的不会说点好听的？”

本来，初二是女儿回娘家的日子。因为立影的老妈要回立影外婆家。立影嫂子和老哥要回嫂子的娘家。所以立影家里就定下正月初三是立薇，立影姐妹回娘家的日子。这样初三这天，实际上是立影家里的大团圆。

初三那天，一大早，立影就准备回娘家。

出发的时候，婆婆有点不快：“翔也去呀？”

立影：“当然，您别担心，我跟天玉说了，她们一家人住这儿陪您。冰箱里有菜，让她做给你们吃。”

因为和老姐约定了出发的时间，所以到娘家的时间也差不多。

娘家人早已等的不耐烦了，还在路上的时候，就打手机问到哪里了。一到家，妈妈和哥嫂都迎出来了。

立影和卢天成给父母，哥嫂，姐姐姐夫拜年，给孩子们发红包之后，立影的老妈拿出红包，给孩子分完之后，也给了天成一个大红包，把天成闹了个大红脸。

“拿着吧，你是新女婿，第一年要得红包的，这是咱家的老规矩，张中也得过。”老姐说。

翔就问立影：“妈妈，你不是说小孩才得压岁钱的吗？怎么爸爸也有？”

"因为爸爸在外婆面前还是孩子啊。"立影解释道。

卢天成在自己家因为是唯一的男人，老妈和老妹一家都依赖自己。他已经习惯于出钱出力照顾别人，从来没有期望得到回报，到立影娘家以后，立影的老妈总把他当孩子看待。又因为立影是家里最小的孩子，老哥老姐也顺便对他十分关照，所以他反而变成了被照顾的人了。他已经很久没有体会到可以被照顾的感觉了，所以既温暖，又不习惯。

过年了，一家人才有机会一起平平静静，从从容容地聊聊天。妈妈，嫂子，姐姐拉着立影问长问短。

"这个年过得热闹吗？"妈妈问。

"还行，小姑子一家也在，从三十就住进来了，今天还在。"立影回答。

"你小姑子过年还在娘家呀？怎么这么不懂事？你婆婆也不管？"老妈想起了她的那个忌讳。

"他们家不讲究，这么多年一直这样。天成不也好好的，也没谁挡了他的财路啊。"立影解释道。

"那倒也是，这么多人在一起过年，够你累的。"妈说。

立影："还行，小姑子也给帮忙了。"

"你小姑子也转性了，还知道帮忙？"

"没少骂她，就这还不长记性。"立影说。

自打立影进了卢家的门，天玉没少往家跑。一开始以为立影是个好欺负的，每次一来就摆她姑奶奶的架子。对立影指手画脚的，等着立影来侍候她。立影可没惯着她，没给她好脸色看过："你还真以为自己是小姐啊？你要当小姐，自己就该争点气，投生到大户人家家里，打一出世，你爹你妈就会把奶妈、丫环都给你配齐。爱怎么耍小姐脾气怎么耍。要不就嫁个好丈夫啊，让你丈夫给你找几个保姆侍候着。早上一个，中午一个，晚上还有一个。你爱怎么摆威风就怎么摆。你要这辈子没这个命，就老老实实地当你小户人家的女人，别跑到这儿，拿你嫂子当丫环使。说实话，你还不配。"立影的话说得难听，含沙射影地骂了天玉的娘家和老公的无能。婆婆，小姑子自然听着不顺耳。本想反驳，可是又知道立影的厉害。要搭上话茬，立影说不定会把卢家的祖宗八代都数落个遍，只好罢了。再以后，天玉就小心了些。进门以后先看立影的脸色。要留下吃饭的话也知道给立影搭把手了。

立影老妈知道立影的尖牙利齿的厉害，直劝立影得饶人处且饶人。

这时，立薇看到了立影戴的新手表，惊叫了一声：“劳力士！ 新买的？”

今天刚见面时，见到立影穿的FLUE的大衣，立薇已经尖叫了一回。

“天成买的，他买了一对。”立影说。

“不错呀，情侣表。 我和张中都还没有戴过情侣表。”立薇说话的语气里就有了点醋意。

立影得意地一笑，索性把手腕抬起来，又把袖子往上撸了撸，让大家把手表看得更清楚。 一直以来，都是立薇在她面前显摆夫妻恩爱，炫耀名牌衣物。 立影只有看着咽口水的份，今天角色终于换过来了。

老妈说：“你没有就不兴妮儿有啊？ 我早看出来了，天成这孩子不错，有情有义的。”看着小女儿幸福的样子，老妈心里的一块大石头终于落地了。 现在，老妈看卢天成就真的应了那句话：“丈母娘看女婿，越看越有趣。”卢天成现在已经取代张中成了这个家里的最佳女婿。

说说笑笑就到了中午。 嫂子去准备午饭，立影要去帮忙。 妈妈拉着她：“你别去了，让你姐去。 你在婆家侍候一大家子，回娘家好好歇着，吃顿现成的饭吧。”

“立薇你也别动。”嫂子说，“今天你们都是客，中午饭我都准备得差不多了。 你们陪妈妈说会儿话。”

吃过中午饭，又说笑了一阵。 立影想到时间不早了，该回家了。

老哥一听立影要走就急了：“不行不行，哪能当天来当天走？ 起码要住一晚上。 今天晚上我在酒楼订好了一桌席，一家人要好好吃一顿的，谁也不许走。”

“是啊是啊，你哥年前就把酒席订好了的。”老妈也说。

“翔他奶奶自己一人在家，我不放心。”立影其实是怕卢天成担心婆婆，两边为难。 不知不觉，她开始为卢天成着想了。

“你婆婆不是还有你小姑子照顾吗？”老哥说道，然后转过脸问天成：“天成，我不听妮儿的，我听你的。 你说走还是不走？ 你要想走，我决不留你们。”

“我给我妈打个电话，告诉她我们今天不回去了。”天成说。

卢天成走到一旁去打电话，过了一会儿，回来对立影说：“已经给妈说好了，今天我们就留在这里不回去了。”

“天玉她们还在吗？”立影不无担心地问。

“这你就不用操心了。”卢天成说。

晚上，一家人在酒楼聚餐。 在立影家里看来，这一次是老程家真正的大团圆。 三个儿女的家庭都幸福圆满，再没有让人揪心的事了。

男人们一高兴都喝得有点多，开不了车。嫂子打电话请车行的一个师傅开个面包车才把一家子拉回去。

第二天上午，吃过早饭，立影他们准备动身。妈妈和嫂子拿出几块腊肉，几挂香肠和一些年货，对立影和卢天成说："这都是自己做的，比买的放心。拿回去给你婆婆尝尝。"

老姐一家则要在娘家待到假期满才回市里。

离开的时候，立影心里还是有些恋恋不舍。每年过年回家后，她都会和姐姐一样多待几天。可是现在，身不由己啊。

回到自己家里，天玉一家不在。婆婆一脸不满。

"妈，天玉呢？"立影问。

"走了。"婆婆不满。

立影："什么时候走的？"

婆婆："昨天，你们走没多久，她就走了。"

立影："她怎么这样？不是跟她说好了，让他们陪您的，她答应得好好的。"

"你别说她，你自己比她跑得还快。自己不照顾老人，让别人帮你照顾，还好意思说。"婆婆不满地说道。

立影一听就火了，冲口就要说：我回娘家怎么了？难道结婚了过年连娘家也不能回？你女儿过年都住在娘家怎么不说？天玉不是你女儿啊，怎么就不能照顾你了？照顾你就成了我一个人的事情了？

天成拉了拉立影，制止了她。

两人回到房间，立影疑惑地问："你昨天下午给妈打电话的时候，是不是就知道天玉她们已经走了，妈一个人在家？"

天成："嗯，本来那时候妈就让我们赶回来。"

立影："那你怎么不说？"

天成："我说了多扫大家的兴啊。咱们好不容易回去一趟，你家一大家子人好不容易团圆。我那时候说走，那也太自私了。再说也就一晚上，妈自己一个人应该没问题。她就是没人围着她，就想不开。"

立影："你妈没骂你'娶了媳妇忘了娘'啊？"

"骂了，昨天打电话时，我一说不回来，她就骂了。我早已经让她给骂疲了，不怕了。”天成挠挠头，“也怪，原来我妈和我妹一骂我‘娶了媳妇忘了娘’。我就特紧张，特觉得对不起她们。怎么现在不怕了？我脸皮厚了？”

立影心里一暖，笑道：“你的抗打击能力增强了。”

如果昨天天成打完电话就提议要回来，立影是断然不肯的。现在卢天成为她着想，立影又有些心疼他被骂了。

婆婆的脸色依然难看，立影视而不见。这就是立影练出的本事：选择性的失明失聪。

正是学校的寒假期间，立影的生活也就围着翔转了。除了让他学习外，立影大部分时间都和他一起玩。一个假期，她教会了翔打争上游，下五子棋，下军棋。

天成在家的时候，也会加入他们。天成和翔玩军棋，立影当裁判。立影暗中帮着翔，让翔的炸弹把天成的司令给炸死了。天成故意做一个中弹身亡的动作，倒在沙发上，翔乐得哈哈直笑。

上次立影去聚餐，天成带了翔一个晚上。第二天翔向立影投诉说：“爸爸最没有意思，什么都不会玩。”卢天成就被立影嘲笑：“卢天成同志，我不在家一个晚上，翔就投诉你。你经常出差不在家，翔居然从来没有怀念过你，你认为这是什么性质的问题？”

卢天成苦思几秒钟说：“在这个家，你比我重要。”

“如果你依然像原来一样和翔保持着距离，把自己仅仅当做这个家的挣钱机器的话，你在这个家里将沦落为可有可无的人物。当然你挣的钱我们是从来不会拒绝的。”立影说。

卢天成虚心接受立影的批评，回到家里尽可能和翔待一起。

后来，天成有些不可思议地问：“我原来觉得和小孩子玩是一件最无聊的事情，他什么都不懂。怎么有你在，就特别有乐趣了？”

立影狠狠地鄙视了一眼天成：“你以为真是在玩游戏？那是欣赏孩子长大的过程。那是什么都不能比的乐趣。”

婆婆感到被冷落了，立影她们的游戏，她加入不进去，也不屑于加入，所以她不满。当听见他们嬉笑的时候，婆婆心中的无名火就平空而起。于是她就开始找事：

“立影，你给我倒杯水。”

“立影，你帮我找件衣服。”

“立影，你别玩了，去看看家里还有没有菜？”

立影每次都用最快的速度满足婆婆，然后回到游戏中。于是婆婆更加不满，索性对立影吼道：“你这么大的人了正经事不做，老想着玩。天成在外面忙得要死，你就这么享福？”

立影知道，这个家就像大海一样注定不会平静。无论如何风平浪静，平静的表面下依旧波涛汹涌。

有人说了：选择丈夫就是选择一种生活方式。

立影选择天成这个丈夫，是不是注定和婆婆暗战到永远？

小姑子自从初三那天离开立影家，直到正月十五快到中午的时候才在立影家露面。

元宵节那天正好是翔开学第一天。早晨，立影煮了元宵给一家人吃，然后送翔去报到。

回到家时，收拾了一下屋子，刚准备做午饭。天玉就带着圆圆来了。天玉一进门就问：“嫂子，今天吃汤圆了吗？”

“早上吃了。”立影不冷不热。

“我们还没吃。”小姑子说。

“那让你嫂子给你们煮。立影，你去煮点汤圆去。”婆婆见到小姑子，如久旱遇甘露一般，顿时腰杆挺直了许多，说话底气也足了。

“家里的吃完了。只有早晨剩的，吃不吃？”立影说。

“那你去买点。正好回来让天玉和圆圆当午饭，”婆婆吩咐道。

翔中午快放学了。立影正好借机离开了家，去学校接了翔，和翔在外面吃了午餐，又送翔回学校。自己去逛了会儿商店，给老姐打了一个电话。老姐今天上正常班，说是下午5点下班。立影：“那一会儿我带翔去你家吃晚饭了，完了一起去逛灯会。”老姐一听就明白：“你婆婆又闹出什么事了？”立影只说：“也没什么，就是懒得搭理她。”到了翔下午放学的时候，立影接了翔，去了姐姐家。

然后给天成打电话：“喂，你今天晚上有事吗？”

天成：“没有，一会儿就回来。”

立影：“那你买点外卖回家和你妈一块吃，我带翔去我姐家了。”

天成：“怎么了？”

立影：“没事，今天是元宵节。我和我姐约好带孩子一起去看灯。”

天成：“你自己怎么行？那么多人，你带翔绝对不行。”

“没事，我跟我姐，还有姐夫一起，你放心。”

立影和姐姐，姐夫一起带着翔和甜甜去观花灯，花灯的节目很丰富。有的花灯上面画的画是讲古代神话或传说的故事，立影就把故事讲给翔听，翔特别高兴。

看了一会儿花灯，立影给翔买了一个小花灯，然后带翔和姐姐一家告别回家了。

一进家门，不出所料，家里充满了火药味。

婆婆，天玉和天成坐在沙发上，虎视眈眈地看着立影。立影一进门，婆婆就吼过来了：“立影，你……”

立影立即说道：“有什么话一会儿再说，翔要睡觉了。”家里人都知道：立影的原则是翔第一，有什么事情不准当着翔的面吵。

“你还知道他要睡觉了？”婆婆压住怒火嘟囔着。

立影帮着翔洗了脸，洗了脚。完全无视那三个在客厅里怒火中烧的人。等翔换好睡衣，躺在床上后，立影向他道了晚安，熄了灯，关好门。然后回到客厅，在沙发上坐下：“说吧，什么事？”

“你买的元宵呢？”婆婆首先发难。

“什么元宵？早晨不是吃了吗？”立影佯作不解。

婆婆：“你别假装糊涂，你不是说去给天玉买元宵去了吗？”

立影：“我说了吗？天玉要吃元宵为什么不自己买？”

婆婆：“你是嫂子，当然你要买。”

立影：“谁说了嫂子要给小姑子买元宵了？谁规定的？”

婆婆：“立影，都说长嫂如母，你这个嫂子怎么当的？”

立影：“长嫂如母？谁又愿意当她的母亲了？就她这样的，连自己的亲妈都不照顾，把亲妈一个人扔下不管的女儿，谁愿当她的妈妈？我要有这么个女儿，我早一耳光扇她个七荤八素了，还给她元宵吃？”

小姑子：“嫂子，我初三那天有事。”

立影：“你别给我废话，我和你哥回娘家前，给你说过没有，让你们陪妈妈，等我们回来，你答应了吗？”

小姑子：“那天是你妹夫单位有点事。”

立影：“妹夫有事怎么了，你有什么事？要是你嫂子我在家侍候你们吃侍候你们喝，要你住二十年你也不会有事。”

婆婆：“你别说她，她是嫁出去的，她管不了娘家的事。”

立影：“嫁出去的女，泼出去的水，对不对？那你还觍着脸回娘家吃香的喝辣的干什么？那你一有事，就找你哥干什么？那你没钱了还找你哥要？你都被泼出去了，就少来娘家揩油。”

“我……”天玉无话可说。

婆婆和小姑子饿了一中午等立影买元宵回来，没等着，已经满腔怒火了。下午一看立影还不回家做饭，让天成用外卖来打发她们，更加气愤。整个晚上都在天成的面前告立影的状，从进这个家门起就一无是处。强横无礼，不尊重老人，不把婆婆放在眼里，不爱护小姑子，让婆婆和小姑子受尽委屈，说得天成也受了感染，觉得立影的确过分。三个人义愤填膺地等着立影回来和她算账。

怎么立影一开口，就又成了常有理了？反而又给天玉和婆婆添了许多不是。

天成后来想了半天也没明白这个道理。问立影：“怎么回事？你回来之前，我觉得我妈和我妹挺有理的。怎么你一说话，理就到你这边了？”

立影扑哧一笑：“我进门看你那样子就知道你要犯傻了，你那样好像恨不得一口吃了我。”

“你没回来时我真的挺生气的，不过一开始我可没为我妈和我妹的事生气。我知道你是因为初三那天，天玉不管我妈的事生她的气。我生气的是你自己说带翔走就走，一点也不顾及我，好像翔是你一个人的。本来今天我也打算早点下班回家，晚上咱们一起去逛灯会的。可我一回来，见不着你们，觉得心里空落落的。加上妈和天玉在一边唠叨，心里更烦了，你进门的时候，我都真想吼你了。下次不准这样了，不准你自己带翔出去玩，要去一起去。还有不许挂我的电话，不许关手机，不许让我找不到你们。”

“你是不是觉得我很厉害？”立影问。

天成说：“是，伶牙俐齿，得理不饶人。和她们比起来，你太强悍。你在这个城市里如鱼得水，而她们在这里除了我，没有第二个可以依靠的人了。看见你讽刺她们、挖苦她们，虽然你有理，但是我还是不知不觉地同情她们，可怜她们，想保护她们。唉，你不知道，我有时也很无奈啊。”

像以往一样，闹过一次就会平静一阵子，婆婆和立影说话的时候和颜悦色。立影该怎样就怎样。小姑子不常来，来了也对立影察言观色的。要是一家子过来吃饭，小姑子会主动问立影：“嫂子，要我做什么？”

天成看在眼里，喜在心头，对立影说：“看来，我妈和我妹现在已经真的接受你了。我就希望我家的婆媳姑嫂关系像你家那样。”

立影撇嘴一笑：“怎么会呢？各人的生长背景不一样，决定了为人的态度不是容易改变的。你妈和你妹只是斗不过我，又无法挑剔我，所以暂时休战了。”

17

日子流水一样地过去了。比起刚进这家门的时候，立影的生活轻松多了。家里就是一老一小。婆婆毕竟是穷苦出身，原来生活简朴惯了，没有太高的生活标准。立影把她侍候得比她原来的生活好了许多，就是要挑毛病也挑不到哪里去，也就是嘴上唠叨了一些。只要不触及到立影的底线，立影就随她去了。把立影唠叨烦了，立影横眉竖眼地威风一把，她也能老实几天。说实话，对这个婆婆，立影是没有什么感情的。自从进了这个门，婆婆就把她当对立面，认为立影一进门抢权（一进门就当家做主，不听她的还不行），抢钱（花钱如流水，一点都不知道省钱），抢人（现在卢天成和翔都被她糊弄过去了），所以从一开始就和立影做对，从不和她亲近。立影呢，她不是圣母，向来信奉的是“你敬我一尺，我敬你一丈”，“你不仁，我就不义”。绝对做不到你打我一耳光，我还把另一边脸送上去给你再打一下。也没什么耐心去感化老太太。立影自己有爹，有妈，有哥，有姐，也不指望老太太的那点亲情。也就是看在卢天成的面子上，让她吃好喝好身体好就行了。有时候看见老太太太寂寞了，也陪她聊会儿天，但老太太属于那种得寸进尺的主，立影稍微对她有好脸色，她就蹬鼻子上脸。所以立影即使是接近老太太，也保持着一定的距离和威严，让老太太不能得意忘形。

对于翔，就不一样了，翔现在和她亲得不得了。立影对他自然也是掏心掏肺。毫无保留地把自己的那份母爱都给了他。外面人看，谁也看不出他们是没有血缘关系的母子。

现在立影没有什么烦心的事了。送翔上学以后，她便上上街，美美容，和立薇一起喝杯茶什么的，真正地过上了悠闲的家庭主妇的日子。

最近一段时间，立影和卢天成商量，想让翔开始学钢琴。虽然不指望翔以后当个钢琴家什么的，但是咱有这个条件，还是该让孩子有点特长，有点音乐修养。翔马上就七岁了，现在开始似乎还不算晚。卢天成当然百分之百同意，翔的事情，他想不到的立影全帮他想得周周到到，卢天成非常欣慰。

正好老姐家的甜甜也准备开始学钢琴了。老姐说她有个病人认识一个非常好的钢琴启蒙老师。这几天姐妹俩正商量，什么时候带着孩子去拜见一下那个老师。

这天晚上，老姐来电话，却告诉立影一个惊人的消息："立影，阿斌的妈妈快死了。"

阿斌，是立影的前夫。

"老妈今天打电话来说的。说是阿斌的妈妈是肝癌晚期，拖了好几个月了，已经没救了。今天又进医院了，让医生给打杜冷丁止疼，等着死呢。今天，阿斌的舅舅去找咱家老妈了。说阿斌的妈妈一直惦记着你，问你能不能在阿斌他妈死前去看看她。老妈当时没答应，说要问问你。"

立影被这个消息完全打败了。傻傻地握着电话，不知道说什么好。

那个曾经是自己婆婆的女人，是一个苦命的女人。长年愁容满面，一辈子没有舒展过。她有一个酒鬼丈夫，喝完酒就打她撒气。立影小时候对她的最初记忆，就是自己放学时，看到一个女人被她的酒鬼丈夫追得在小巷子里抱头鼠窜，发出鬼哭狼嚎般的叫声。后来，那个酒鬼丈夫在醉酒的时候被车撞死了。留下一个十几岁的儿子。儿子长大以后，继承了他父亲游手好闲，好逸恶劳，混吃骗喝的品性，从未让她省心过。儿子长这么大干的唯一一件让她称心的事就是找了个好媳妇。只有和立影一起住的那几年里，她的脸上还有过笑的模样。

那时候，阿斌成天不着家，说说是在外面"跑生意"，但从未拿回来一分钱，反而经常回家要钱。婆婆靠给人家糊火柴盒，挣点钱糊口。立影进门以后，立影就和婆婆相依为命。婆婆和立影所求的只是：只要阿斌不闹事，不回家要钱，能安安心心过几天小日子。婆婆那时候把她全部的母爱都放在了立影身上，立影那时候已经怀孕了。婆婆舍不得她做一点家务。立影下班回家的时候，婆婆早已在门口等着了，一见立影，她的老脸上就露出了慈祥的笑容，帮立影拿拖鞋，端凳子，端茶送水，然后进厨房，把做好的饭菜端上，嘴里还念叨：

"你张婶家的香椿发芽了，我找她要了一把，给你做了香椿炒鸡蛋。我知道你喜欢这个。"

"今天去市场，看见新出的毛豆。回来煮了，你尝尝。"

"今天看见有栗子了，本来想买点的，一看不怎么好了，明天我赶早去看看，给你买些回来。你说咱们做栗子烧鸡还是烧肉？"

似乎婆婆每天的生活期盼就是等着立影下班回家，和她唠会儿家常。婆婆把饭菜拿上来，自己也不着急吃，笑眯眯地看着立影，立影喊她一块吃，她总是说："你先吃，你先吃，你年轻，肚子里有孩子，你要多吃点。"等立影吃得差不多了，她才匆匆地吃点儿。

立影生下孩子以后，婆婆的苦瓜脸上成天挂着笑容。立影的月子是在婆婆家坐的。婆婆一天到晚忙得不停手，不是抱着孩子，就是洗洗刷刷，要不就是忙着给立影做吃的。这边立影刚给孩子换下尿片，不等放下，婆婆就接过去洗了。立影刚吃完上顿，婆婆又忙着问："妮儿，你还想吃点什么？"孩子一哭，婆婆就忙着过来哄。怕立影累着，总是说："妮儿啊，你回床上躺着，别累着。这女人坐月子是一辈子的事情，落下病根可不是闹着玩的。"

立影老妈和嫂子也会每天过来给立影送汤送饭。有时立影吃不了，让婆婆也吃点。可婆婆怎么也不吃，老是催着立影多吃，如果第二天立影的娘家来人的时候，立影还没把昨天送来的饭菜吃完，婆婆就会诚惶诚恐，好像是她的过错。

坐完月子，按照当地的习俗，立影要挪"骚窝"回娘家住一段时间。回娘家第一天的晚上，婆婆就来了，站在门口，有些不好意思：说是就想看一眼妮儿和孙子。立影老妈让她进了屋，她真的就看了看孙子，没有抱。好像在亲家家里抱孩子也要亲家允许一样。婆婆和立影说了几句话，看见盆里积攒的尿布，赶快拿去洗了。立影的老妈拦都拦不住。

就这样，每天傍晚的时候，她就过来，看看儿媳妇，抱抱孙子。只要一看见尿布或者立影换下的衣服就抢着去洗，洗完了才满足的离开。后来，立影的老妈和嫂子就赶在她来之前，把该洗的洗了。她来了找不着活干，就坐立不安。

可惜这样的日子，她没有享受多久，儿子不争气，孙子死了，立影离婚了……

现在，这样一个勤劳，善良而懦弱的女人，终于要走完她卑微的一生，临终之前，她最想见的居然是已经和她儿子离婚了好几年的儿媳妇。

立影失神的坐着，她已经很久不去想那个女人了。那个女人的一生是不快乐的一生，想着她，对她的同情会压得立影喘不过气。想到她，就会想到阿斌，那个曾经走入过立影生活，给立影带来了不堪回首的屈辱和伤害的人，就会想到自己早逝的孩子。他们全都是立影永远也不愿意回忆的往事。

第二天下午，刚送翔去学校回来，立影的老妈来了电话。老妈说，她去医院看了阿斌的妈妈。用老妈的话说：那个女人只剩下半口气了，看见立影的老妈，伸出手抓住老妈的手，嘴里一直念叨：妮儿，妮儿……

“唉，”妈妈在电话那边叹气，“你婆婆真是命苦，一辈子没松快过。她老头子在的时候除了打她，也没给她什么好日子过过。儿子也不争气，跑到外面去好几年也不去管她。她就一个人熬着日子，病了也就忍着，上次见她就觉得她瘦得不成样，还劝她去医院看看。她还说：贱命一条，不花那个钱了。没想到，就病成这个样子了。要不是阿斌的舅舅，她怕就疼死在家里了。阿斌也回来了，在到处打听你的下落。还去了嫂子的娘家，好在你嫂子的妈妈不知道你的电话。你嫂子对她妈说了，让她别在外面乱说你的事。今天阿斌就到家里来找你了，让你哥把他赶跑了，他说他还要来。”

老妈接着说：“你哥本来不让我把这事情告诉你，怕你难过。可我知道你跟你婆婆处的好，感情挺深的。要是瞒着你，你以后知道了，会怪我们的。可这事情也太难办了，说起来，应该满足快要死了的老人的心愿。可是你现在又结婚了。在天成那里怎么说啊？再说阿斌那个样子，还真是不能让他见到你，要不然他不定会惹出什么是非来。你说这事怎么办啊？”

立影说：“这件事，姐姐昨天晚上已经打电话告诉我了。我也不知道怎么办？说实话，我想见她一面，可是一想起原来那些事，就……。”

老妈：“是啊是啊，你哥就怕你想起原来的事情伤心。你哥说，就是不让你见阿斌他妈，也怪不着我们。谁要阿斌当初做那些缺德事的。”

和妈妈通完电话，立影无心做事，回房间躺着去了。迷迷糊糊地，不知过了多久，还是婆婆推门进来问：“你今天怎么了，这么安静？”

立影说：“没事，头有点痛。”

婆婆：“那你去不去接翔了？”

立影：“到时间了？”

立影赶紧起来去学校。

整个晚上，立影无精打采。家里因为立影的失神儿显得没有生气。卢天成难得早回来一点，原以为可以好好享受一下一家人在一起的时光，可是却发现立影居然一点也不配合。

晚上，老姐又来电话了，跟着一起伤神：“这事真的难办。让去吧，怕阿斌缠着你。不去吧，你姐夫说，就怕以后想起来心不安。要是阿斌的妈妈是个恶人咱也不管她了，可她偏又是个好人，原来对你那么好。现在就这么一个心愿了，不满足她于心不忍呀。”老姐唠叨了一阵，也没帮立影拿个主意。

立影自己坐在那儿发愣。

也不知愣了多久，卢天成到了她身边都没发现。

天成："你怎么了？ 有什么心事吗？"

立影："没事。"立影并不愿意卢天成知道这事。

天成："没事？ 你怎么一晚上都魂不附体的？"

立影："我老妈家有一点事？"

天成："什么事？ 不能告诉我？"

立影："告诉你，你也帮不上忙，还是别跟着烦心了。"

卢天成也就不再问下去了。

又一天过去，老妈的电话，老哥的电话，老姐的电话接连不断。 就连婆婆也起了疑心，问立影是不是出什么事了？ 立影没告诉她实情。

立影的老妈有些倾向让立影去见面，但是老哥坚决反对。 立影的心里七上八下，不知怎么是好。

晚上，立影依旧无精打采。 卢天成回来的时候，翔和婆婆都睡了，只有立影坐着发呆。

"你心里有什么事情，不愿跟我说吗？"卢天成在立影的旁边坐下。

立影有些烦："你别问了，我心里烦着呢。"

卢天成说："那你还把我当你的丈夫吗？ 这么大的事，你都不让我知道？"

立影一愣，问："你知道了？"

卢天成说："我刚从你姐姐家过来，你姐姐和张中把事情都告诉我了。"

立影立即就蔫了，叹息道："知道就知道了，又不是什么光彩的事。"

卢天成说："可是你这样做，让我感觉到我就是一个外人。 你有事情，我作为丈夫应该是第一个为你分担的人。 现在倒好，你娘家的所有人都在为你担心，为你分忧解难出主意，而你却瞒着我，什么都不让我知道。"

立影已经不耐烦了："好了，你就别烦我了。 说真的，我最不愿意告诉的人就是你。 让你知道我以前过的什么日子，我前夫是个什么样的混蛋，我脸上很光彩，是吗？"

卢天成坚持："那都已经过去了，谁年轻时没犯过错误？ 谁又会因为你年轻时遇人不淑而对你另眼相看？ 在你心里，我难道是这样一个不知好歹的人吗？"

立影无语。

沉默片刻，卢天成说：“好了，别再动气了，咱们俩好好谈谈。你到底是怎么想的？”

立影：“乱，我脑子里现在乱得一塌糊涂。老妈觉得我应该去看看她，老哥不让我去，我自己也拿不定主意。我本想去看我前婆婆最后一眼，让她安心地走，但是又不愿意见那个混蛋。”

天成：“我今天晚上和你姐姐姐夫讨论了一下。我的意见是，你应该去见见那位老人。”

立影转过头疑惑地看着卢天成，问：“你真的这么想？你不介意吗？”

卢天成问：“我介意什么？就因为她是你前夫的母亲？别说她曾经那样关心过你，就算她是一个普通的老人，去满足她的最后心愿也不是什么坏事，我为什么要介意。去吧，去了结一个将死老人的心愿，也没有辜负当年她对你的一片心。大哥不让你回去，是怕被你前夫缠上，我们可以想办法不让他见着你，你说呢？”

立影想了想，说：“嗯，听上去是个不错的主意，只是……”

要重新接近以前的生活，立影心里充满了恐惧。卢天成从来没有见过一向无所畏惧的立影这样惶恐不安过，他拍了拍立影的背，安慰她道：“你别怕，我陪你一起去。”

几经商量，最后决定：某一天下午，立影回老家。由老妈陪着立影去见前婆婆。老哥带几个朋友一起缠着阿斌，让阿斌没有机会见到立影。其实立影的娘家人原来计划是让姐夫开车送立影回去的。因为这是立影前次婚姻的事情，不好叫卢天成出面。不过卢天成坚持，由他陪立影回去。他说，在这个时候，他应该在立影的身边。

那天准备中午饭的时候，立影就把婆婆和翔的晚饭给预备好。交代婆婆到时候用微波炉热一下就行了。

“你娘家到底发生什么事了？要你急急忙忙地回去？”婆婆问。

立影原来没打算告诉婆婆，怕婆婆生出是非来。她现在实在没有精力再对付她了。但是现在婆婆问了，也不好编谎话骗她，就告诉了她实情：“是我原来的婆婆快不行了，要见我一面。”说着，立影便把前婆婆的一生简要地给婆婆说了一遍。

这一次婆婆居然没有反对，反而说：“那是得去看看，你原来那个婆婆也够命苦的。”

“是啊，没嫁个好丈夫，又没养个好儿子。”

“唉，女人一辈子不容易。”大概是同病相怜，婆婆不禁感叹道：“我前半辈子也是命苦啊。天成他爸死的早，我拉扯天成天玉他俩也不容易啊，吃了多少苦，受了多少气啊。还好天成有出息，可是前一个媳妇不怎么样。我老了老了还要拉扯孙子，也就你进门后才歇了口气。”

然后，婆婆又问：“天成下午也跟你一起去？”

立影：“嗯，本来我姐夫说开车送我回去的，天成说还是他去。”

婆婆：“立影，还是你有福气，看天成对你多好。”

中午，天成把翔从学校接回来，简单吃了午饭，又送翔去了学校，然后他们就出发了。快到老家的时候，立影给老哥打了个电话。老哥让他们直接去医院，他和老妈去医院停车场等他们。

在停车场，立影和卢天成很顺利的见到了老妈和老哥。

老哥对卢天成说：“辛苦了，天成。”

卢天成：“没事。”

老哥说：“妮儿，老妈陪你进去。我和天成在这儿等你。”

在去病房的路上，老妈告诉立影，阿斌这一会儿让他舅舅拉着去给他妈妈选墓地去了。公墓离县城有半个小时的车程，是老哥的一个朋友帮忙开车送他们去的。老哥已经给那个朋友交代了，不接到老哥的电话不准带他们回来。所以，立影不用担心会和阿斌见面。

虽然，立影有充足的思想准备，但是见到原来的婆婆时，还是心惊了：她从来没有想到一个人会衰老、瘦弱成这样。若她不是还有一层皮包着，就是一具骷髅啊。

“她是不是死了？”立影心想，本能地退了一步，似乎被死亡吓着了。

“是妮儿啊？”坐在病床边，陪同病人的是阿斌的舅妈，她开口向立影打了招呼。

“是啊，妮儿来看看她婆婆。”老妈替立影回答道。

阿斌舅妈站起身来，轻轻地拍了拍躺在床上的阿斌妈妈，说：“你家妮儿来看你来了。”

“妮儿，妮儿。”那具“尸体”忽然就有了活力，那双枯枝般的手，在空中乱抓。

立影慢慢地向病床移过去。看见立影后，阿斌妈妈的那双浑浊的老眼里渐渐就有了亮光。立影的手被她死死地抓住了，就在抓住的那一瞬间，立影立即感觉到她手心的柔软和温热，让她一下子想起了这个曾经当过她婆婆的女人对她的好来。立影那忐忑的心一下子静下来，紧紧地握着前婆婆的手，轻轻地问候了一句：“妈，您还好吧。”

“妮儿，妮儿……”阿斌妈妈的嘴里含糊不清地念叨这个名字，她其实已经不能说话了，只能用这种简单的发音来表达她内心的激动。

“妈。”立影又大声地叫了她一句。

“妮儿，妮儿……”

立影分明看到一行浑浊的眼泪从阿斌妈妈的眼里流了下来。

“亲家，这下子你心里该踏实了，妮儿来看你了。”立影的老妈对病人说。

“啊，啊。”阿斌娘只能发出这个声音来回答。

立影的老妈拿出五百元钱，给舅妈：“这钱你收好，她要还能吃，就买点她想吃的，余下的就给她交住院费吧。”

“亲家，你是好人，妮儿也是好人，你家里都是大好人啊。”阿斌舅妈说。

“你也是好人。她也亏得有个弟弟和你这个弟媳妇了，要不然谁来管她？”立影老妈说着，从随身的提包里拿出件婴儿的衣服，对舅妈说：“这是原来小豆子穿过的。她走的时候放在她边上，陪她一起上路，也让她有个念想。”

然后，立影老妈对病人说：“亲家，你要是到了那边，就找找咱家的小豆子，你们祖孙俩也做个伴，互相有个照应，小豆子就交给你了。”

“啊，啊。”阿斌妈妈像是答应了。

小豆子，就是立影那天折了的孩子的乳名。立影听到老妈提到这个名字，再也忍不住了，眼泪涌了出来……

立影和老妈回到停车场，见到天成和老哥时，立影还是满眼泪水。

“怎么了？”老哥问。

“唉，我刚刚提到小豆子了，戳了她的伤心处了。”老妈的眼圈也是红的。

天成这时过来，把立影轻轻搂进怀里。

老妈：“咱回家去吧，天成开了这么久的车，连一口水都还没喝。”

立影他们回到哥哥家，歇了一会儿，嫂子给立影，天成每人做了碗炒年糕。吃完后，他们上路回市里。

立影一路无语，前婆婆那张憔悴，虚弱的脸在她眼前挥之不去，她开始回忆起那个女人的一生，再想想病床上的她，这样一个卑微的女人，好像是为了受苦才来到这个世界上的。不知道是什么支撑着她走过了她苦难的一生？这样的走了，对她来说是不是一个解脱？

后来，老妈告诉立影：那天阿斌从墓地回来后，知道立影来过后，马上跑到立影家里来要见立影。好在老哥已经有了防范，早给一个当警察的朋友通了气。不一会儿，来了几个警察，把阿斌给赶走了。还警告他，要是再来闹，就把他抓起来。

立影的前婆婆在立影去看她后的第二天就去世了。

看前婆婆回来的那天晚上，一个久违的噩梦又回来了。立影梦见自己带着小豆子站在熙熙攘攘的人群里，有人向她跑过来，然后自己也跑起来了，忽然发现小豆子离自己越来越远。她再回头，总有什么东西拦在她面前，让她抓不住小豆子，她急得左冲右突，她拼命地往跑，脚像灌了铅一样沉重。忽然自己就到了悬崖边上了，环顾四周无人，立影急得大喊："小豆子，小豆子，你在哪里？"立影想喊，嗓子眼塞得满满的，喊不出来。

立影从梦中惊醒，发现自己浑身是汗。立影一片茫然，不知道自己身在何处。

以前，立影每次被这个梦吓醒之后，看着漆漆的黑夜，心里总有一种莫名的恐惧和孤独。那时候，立影会胡思乱想，想到最多的就是她的前次婚姻，她的前夫，她的前婆婆，她的孩子。如果自己不走出那个婚姻，自己的命运会是怎样？也许像那个懦弱无助的女人一样，没有人关爱，没有人分担忧愁，一个人苦苦挣扎在这世上，凄凉无望地过一辈子……

这个已经很久没有光顾立影的梦，今天怎么又回来了？难道和去见了前婆婆有关？立影在黑暗里睁大眼睛，使劲地辨别身在何处？身边的卢天成依旧沉睡，听着他均匀的呼吸声，立影的心里渐渐踏实了。

立影的动静惊醒了天成，朦胧中天成问："你怎么还不睡啊？"

"做了个噩梦，吓醒了。"立影回答

天成伸出胳膊，揽过程立影："是不是受白天的事情的影响？别想那么多了。过去的事情就让它过去吧，咱们现在好好过就行了。"

立影侧卧着身子，黑暗中看着天成，问："你从来没有在乎过我原来是一个什么样的女人吗？"

"我只在乎你现在是什么样的女人。"

立影又问："难道你不想知道我的过去？比如我前夫是什么样的人，我儿子是怎么死的？"

18

立影第一次和阿斌说话，是在她十六岁那年，她上高中一年级。

寒假前的最后一天，立影和同学一起走出校门，看见阿斌站在那里。

在那之前，立影就已经知道阿斌了。知道他是立薇的高中同班同学。知道他是学校远近闻名的帅哥。知道有很多女生都喜欢他，暗恋着他或者试图接近他。那时候的阿斌身形挺拔，有一张几乎完美俊朗的脸，微微一笑中还有一些羞涩纯真，是立影心目中完美的阳光男孩。丑小鸭一样自卑的立影，只能远远地仰望他那动人的笑容，从不奢望能走近他半步。

而那天，他却走向了她，问："你是程立薇的妹妹吗？请问程立薇放假回家了吗？"

立影被阿斌突如其来接近吓了一跳，她没有想到这个被众多女孩子仰慕的帅哥，居然会主动和自己说话。于是，立影懵懵懂懂地点点头。

立薇在前一年的夏天考入了省医学院。在阿斌和立影说话的前一天刚从学校回家过她的第一个寒假。

阿斌拿出一个小布包对立影说："可以请你帮忙把这个转交给你姐姐吗？"

立影接过小布包，使劲地点点头。

"谢谢你了。"阿斌的笑容如冬日的阳光，让立影感觉温暖，立影的那颗春芽初萌的心就这样被打动了。

这时，立影的同班同学围了过来，七嘴八舌地问道：

"程立影，你怎么会认识阿斌哥的？"

"阿斌哥给你什么了？"

"阿斌哥长的真帅。"

立影满脑子里装着阿斌冬日一样温暖的笑容和春风一样和煦的声音，如痴如醉地回到了家里，把阿斌的纸包递给了立薇。

立薇那时是第一次以大学生的身份回到家里。和家人分别久了，刚刚开始享受家里人对她的宠爱，便有些娇气凌人。看见立影给她的纸包，便问：“什么呀？谁给的？”

“是阿斌让我转给你的？”立影恭敬地说，这份恭敬不是给立薇的，而是给阿斌交给她的那个小布包的。

“他的？不要，退回去。”立薇连看也没看一眼，干脆地说。

“你怎么这样，你连是什么都不知道，就要退回去，多不礼貌？”立影立即对立薇表示抗议。

“有什么好知道的？我和他根本没有任何关系。”立薇不屑地说。

“你干吗这么瞧不起人啊？就因为你考上大学了，他没考上？没考上又怎么了？又不是只有上大学的才会有出息。人家比尔·盖茨还不是大学没毕业，照样是世界首富。”立影不满地说道。

“哟，你还知道比尔·盖茨啊？人家比尔·盖茨是考上哈佛了的，只不过没空去上学了。和他连大学都考不上是两回事。”立薇讥讽道。

后来立影才知道，上高中时阿斌和立薇是班上的俊男美女，很受同学们的青睐。那时候立薇的学习成绩很好，心高气傲，一心要考上大学远走高飞。虽然追她的男生不少，但她根本没有把他们放在眼里。偏偏阿斌对立薇很有感觉，总是有意无意地在别人面前显得对立薇情深款款的样子。久而久之，同学中就相传他们俩是金童玉女，天生一对。阿斌实际上是一个绣花枕头，外表虽然好，却不学无术。虽然很受一般女生的追崇，但立薇却是十足地瞧不起他，看见他含情脉脉的样子只觉得恶心，从来没有正眼看过他。

立薇上了大学以后，对阿斌更是没有兴趣了。可是阿斌却非要扮演情圣，做出一副“千年等一回”的样子。立薇刚刚回家就急着表示爱意，让立薇更觉得恶心。

可那时立影对阿斌满脑子崇拜，便很看不上立薇的傲气，一心想在立薇面前给阿斌说好话。

立薇却烦了，说：“你怎么回事？怎么帮他说起话来了？你怎么会认识他的？是不是他回学校复读了？你在学校离他远一点，他不是什么好东西。”

老妈听到她们姐妹差点吵了起来，过来问情况，看见那个纸包，就问：“这是什么东西？”

“妮儿拿回来的，说是阿斌给的。”立薇有些恼了。

“你拿人家东西干什么？赶紧退回去。别理那小子，他不是什么好玩意，跟他爸爸差不多，都是游手好闲的家伙。”老妈对立影呵斥道。

立影只好把纸包收了回来，心里对老妈和老姐对阿斌的态度极其不满，觉得他们就是势利眼，因为阿斌没上大学，就小瞧阿斌。

第二天傍晚的时候，立影在离家不远的胡同口看见阿斌在那里徘徊。阿斌见到她，忙问："我给你姐姐的东西，你给她没有？"

立影就觉得有些对不起阿斌，好像没有让立薇收下阿斌的东西，是自己没有尽到责任。立影不好意思地实话实说："我姐姐她不要，你在这里等着，我去把它拿来还给你。"

阿斌有些怅然，说："我就知道她瞧不起我。我没考上大学，配不上她了。"

立影同情地望着他，不知如何安慰这个"情深意长"的男人，绞尽脑汁地想了一会儿，突然想起来了，说："我姐姐问你是不是回学校复读了？她让你好好复习，今年再考一次，你一定能考上。"

阿斌惨然一笑，摇摇头说："我没有复读，我家穷，我没有钱去复读。"其实实际情况是，就算他家有钱他也不会去复读，因为他根本不是块读书的料。

立影看见他一脸失落，对他的同情更深，搜肠刮肚地安慰他："其实上不了大学也不要紧，好多成功人士都没有上过大学。我相信你以后也会成功的。"

阿斌毅然点点头，挥动着他握紧的拳头说："谢谢你的鼓励。请你转告你姐姐，我阿斌一定不会放弃的。为了你姐我一定努力，我一定要混出个人样来。等我赚了大钱，我会开着宝马来你家接你姐姐的。"

然后，他露出他迷人的微笑，又说："我给你姐姐的礼物你就不用还给我了，就送给你吧。"

那时的阿斌把立影深深迷住了。在立影的心目中，他就是一个不甘贫穷，在逆境中奋发图强的勇敢的美少年。

立影回到家里，拆开了阿斌送给立薇的小布包，那里面有一条粉红色的纱巾，有一首诗：

是　否

是否　你已把我遗忘
不然为何　杳无音信
　天各一方

是否　你已把我珍藏
不然为何　微笑总在装饰我的梦

留下绮丽的幻想

是否　我们有缘
只是源头水尾
难以相见
是否　我们无缘
岁月留给我的将是
愁绪萦怀　寸断肝肠

还有一张电影票，当天晚上七点的电影。阿斌那天在立影家附近徘徊，就是等立薇一起去看电影的。

立影当时被那首诗感动得一塌糊涂，觉得阿斌就是世界上最深情，最缠绵，最伟大的情人了。虽然那首诗不是写给她的，但是她依然把它珍藏了起来，连同那条纱巾。

后来才知道，那首诗不是阿斌的原创。而是阿斌抄自一本很多年前流行的一本诗集《汪国真抒情诗选》，而且，后来立影还发现过阿斌从那本诗集中，抄过情诗给其他的女人。

从那以后，在立影的整个高中时期，这个阳光男孩的形象都占据着立影的心。立影有时会在放学的路上看见阿斌在路边和人一起打台球。他依然俊朗帅气。斜叼着烟，弯着腰，眯着一只眼打台球的样子，在立影眼里平添了一份桀骜不驯的魅力。

每次立影放学，从那个台球桌边经过的时候，都会偷偷地寻找阿斌的身影，每次见到他，立影的心就激动得不由自主地怦怦乱跳。

立影高中毕业以后，没有考上大学，也不愿意再复读了。那时候老哥已经开起了汽车修理厂。老爸在厂里帮忙。老哥的人缘广，顾客多，厂里生意不错。立影的嫂子那时刚生了孩子，偶尔去厂里帮着管账。老哥就打算让立影在厂里帮着嫂子管账。但是立影嫌修理厂环境肮脏嘈杂，工人粗鲁，坚决不干。于是老哥就帮她在县城最好的宾馆里找了一份服务员的差事。

一天，立影上班的时候，阿斌来到宾馆找人，看见立影一愣，问："你是程立薇的妹妹吧，你在这里干啊。"

那时的立影比起两年多以前已经发育成熟了，但是她个子不高，又是一个圆脸，还显得有些稚嫩。不似立薇那样明艳端庄，貌婉心娴。阿斌居然还记得她，立影顿时觉得受宠若惊。

从那以后，阿斌就经常来宾馆。立影偷着给阿斌和他的朋友们打开空着的房间，让他们在房间里聚会，打麻将。阿斌总说他们是在麻将桌上谈生意。立影进房间帮他们倒开水的时候，看见他们麻将桌上放的全是一百一百的大票。立影闲着的时候，阿斌偶尔也会让立影替他打几把麻将，说是换换手气。如果立影输了，阿斌很豪爽地替立影付账。如果立影赢了，阿斌就会让立影把赢来的钱装进她的口袋。他的一掷千金，慷慨大方的气派让立影十分着迷。

渐渐地，立影就成了阿斌他们那一伙人中间的一个。立影下班以后，就会和阿斌那一伙人混在一起，不是聚在一起喝酒打麻将，就是一起去歌厅K歌。每一次立影就像一个小跟班似的跟在阿斌身边，形影不离。

再以后，立影就把自己的第一次给了阿斌。

因为把自己给了阿斌，立影就认为自己是阿斌的人了。同时也固执地认为，阿斌也是她的人了。

但是，阿斌不只她这么一个女人。甚至在阿斌心目中，立影根本不是他的女人。只不过是拿来玩一玩的女人。但在立影的心中，阿斌就是她的太阳，她的空气，是她生活的全部，是她生命的意义所在。

从那以后的两年里立影如中了邪似的，她做的所有事情都只是一个目标：把阿斌抓到手里。

那时候，老哥的汽车修理厂已经赚了些钱。立影是家里最小的，家里在经济上对她非常宽松。立影自己的工资都留着她自己零花，而且，老哥还会经常给她钱花。为了讨好阿斌，只要阿斌喜欢的，比如新款手机，游戏机，高档旅游鞋等等，立影都会满足他。立影自己的钱不够了，就会撒谎找家里人要，先找老哥要，再找嫂子要，然后是老爸。老爸的钱最好骗，几乎不要找借口。只有在老妈的面前，立影会谨慎一些。立影自知在外表上她不足以和阿斌的其他女人抗衡，但是比别的女人更宽容阿斌，从来不和他闹，不给他添麻烦。相反，总是为他着想：他有别的女人喜欢，那不是他的错，因为他长得太帅，太招女人喜欢了，所以才被那些女人缠住。立影要做的就是：保护阿斌，不能让别的女人把阿斌抢走。还要让阿斌知道，她是这个世界上最爱阿斌的女人。

阿斌并不经常来找立影玩。只要他来一多半就是缺钱花了，或者需要什么东西了。不管怎样，只要阿斌来找她，立影就会欣喜若狂，而且格外温顺，尽量满足他的需要。而当阿斌不需要立影的时候，会很长时间没有音讯。这时的立影急得像只鹰犬一样，到处打听阿斌的消息，然后跟踪。无论阿斌在干什么，只要他身边有女人，立影就会冲上前去，对那个女人破口大骂，往那个女人脸上泼酒，泼汤，泼菜，然后大打出手，和那个女人互相拽头发，打耳光，扭成一团。而这个时候阿斌总在一旁作壁上观，似乎很享受两个女人像两头母狮子一样，为争夺他这头“雄狮”做殊死决斗。

有一天，立影的一家人在吃晚饭。

老哥说：“阿斌那小子不学好，今天到我的厂子来找我谈生意，说有一批走私的车，让我帮着改装一下，赚的钱和我四六开。我一打听，哪是什么走私的车啊，肯定是这小子和盗车团伙混在一起了，不知道哪里偷的车，弄到我这里来，要我帮助改头换面一下，又拿出去卖。”

老妈一听，忙说：“这种事，咱可不能干，咱赚钱就赚点辛苦钱，那种犯法的事情连沾都别沾。”

老哥说：“这我知道。我当场就回绝了阿斌。只是说阿斌这孩子不学好，以后要出大事。”

老妈叹息了一声：“阿斌啊，和他老爹年轻的时候一模一样，空有一副好皮囊，到处混吃混喝，到头来就是个游手好闲的混混。老了以后就是个酒鬼。你看他家过的什么日子？那两间房子都快倒了都没有人给收拾一下。可惜了阿斌妈那么好的女人，嫁了这么个男人，一辈子没舒展过。这以后，不知谁家倒霉的丫头会嫁给阿斌，那日子怕是比阿斌他妈还要惨。要是我是那丫头的妈，我就是打断她的腿，养她一辈子，也不能让自己闺女嫁给那个祸害。”

立影一听急了。她觉得老妈和老哥太小瞧阿斌了。阿斌现在虽然不像老哥那样当了老板，也不像老姐那样上了大学，可他现在不是混得挺好的吗？一天到晚都和一些看上去有钱的人打交道，而且也挺慷慨大方的。立影为阿斌辩解道：“你们怎么这么小瞧人，阿斌哪点不好了？他不是也在努力吗？凭什么就说他是偷车贼？也没准他说的就是走私的车。”

“就算是走私车那也是违法的。”老哥说。

“不是偷的车，你非说成是偷的车，那就是污蔑阿斌。”立影继续争辩道。

“你这小丫头怎么回事？走私车有一辆一辆走私的吗？人家都是把汽车大卸八块，装进集装箱里，一个集装箱就可以装好多辆车。到了这边的岸上再组装成整车，然后再卖出去。那像他说的今天一辆雅阁，明天一辆佳美的？”

“那也许人家就是一次走私一辆？或者阿斌只让你一次改装一辆呢？”立影还在争辩。

“妮儿，你怎么回事？干吗这么维护阿斌那小子？我可听你嫂子的妈妈说过，她看见你和阿斌他们混在一起了。我警告你：离那小子远一点，别再跟他一起混。下次让我知道你还在和他在一起，小心我打断你的腿。”老妈厉声呵斥道。

立影那时候不知道哪里冒出来的傻劲，和老妈对着吼了一句：“我反对你们狗眼看人低，你们有什么了不起的？凭什么看不起阿斌？我就觉得他挺好！我就要和他一起混，怎么了？我以后还要和他结婚。”

那天晚上，立影和家里闹得天翻地覆。老妈气得高血压都要犯了，到处找棍子，要打断立影的腿。老哥在一边不停地骂阿斌，老爸和嫂子一个拉着老妈，一个劝说立影。立影瞅了个空子从家里跑了出来，直奔阿斌的家。

阿斌正好在家。立影一进门就说：“阿斌，我家里人不让我和你在一起。我和他们闹翻了，从家里跑了出来。”

阿斌有点懵，不明白怎么回事，结结巴巴地问：“怎怎怎么了？怎怎怎么了？你跟你家里人好好的，有什么好闹的？”

“我家里人瞧不起你，说你偷车，还不让我和你好。我偏不，我就要和你好，还要和你结婚。”立影骄傲而坚定地说。

两人正说着，立影的老妈和老哥追来了。

老妈在外面喊道：“妮儿，你赶快给我出来！回家去！你丢脸不丢脸啊？”

老哥叫到：“阿斌，你个臭小子，居然敢动我妹妹。有种的你出来，看我怎么收拾你。”

立影站在窗口，对他们喊：“我已经长大了，我有恋爱的自由。你们管不了我。我就不回去。”

等立影一回头，阿斌早就爬后窗户溜走了。只剩下阿斌妈不知就里，畏畏缩缩地说：“妮儿啊，有话和你妈好好说，别跟你妈闹。”

阿斌妈把门打开，把立影的老妈和老哥让进来。老妈一进门就给了立影两个大耳光：“你这个不要脸的东西。”

老哥屋里屋外找了一圈，没找到阿斌。就和老妈一起连拉带拽地把立影弄回家去了。

回到家里，老妈就对立影实行了禁闭，不让立影出门，不让她有机会再见到阿斌。立影更绝，干脆绝食。一开始老妈还嘴硬：“你不吃更好，还给我省下粮食了。看到时候是你饿死还是我饿死。”

哪知立影更绝，硬是连一口水都不喝。三天以后，还是老妈先软了：“罢了，罢了。这是你自己往火坑里跳，以后你过得好赖，都别怨家里人。”

立影从家里放出来以后，立即去找阿斌，却看到阿斌和别的女人在一起。这一次，立影对阿斌有些怒了。她那么千辛万苦地与家里人抗争，他却一点也不在乎她。不过，立影的怒只能在心里。那时候她早就觉得自己是阿斌的人了，把自己给了阿斌，而且在两年中，已经偷偷地流了三次产。她想像不出，如果她以后不和阿斌结婚，还会有什么别的路子可走。现在为了这份所谓“爱情”，她已经和家里人闹翻了。她已经对家里人发过誓：她一定会和阿斌过得很好，让他们的预言全部落空。所以，无论怎么辛苦，她都要维护这份爱情。抢阿斌的臭女人太多了，要最后得到阿斌，就像打一场战争一样，她必须赢得这场战争。

从那以后，立影对阿斌跟踪得更紧了。阿斌开始烦她了，先是躲着她，后来见到她就对她恶语相向。但是，阿斌又不完全离开立影。当他没有女人收留的时候，就会回到立影的身边。这时，立影就对他格外的好，恨不得把自己的心肝都掏出来给阿斌。更是从家里把老哥的好烟，好酒，真皮皮包，手机偷出来讨好阿斌。然后让阿斌发誓：等他赚到钱以后，一定要娶她。

就这样，立影以她的无知，愚蠢，鲁莽，不自爱，没有自尊和撞了南墙也不回头的孤勇，坚定不移地走向了和阿斌结婚的终点，从而也把自己送上了濒于毁灭的边缘。

立影和阿斌的结婚起因源于立影的一次自杀行为。

那时候，不管家里人如何苦口婆心，还是老妈忍不住动手抽打，都制止不了立影要嫁给阿斌的决心。由此，立影对阿斌的跟踪已经到了丧心病狂的地步，阿斌终于彻底烦了。有一次，阿斌带着另外一个女人和朋友聚会，把酒言欢之际，立影跟踪而至。照样立影和那个女人厮打起来。阿斌火了，当场给了立影几个耳光，然后当着那个女人和朋友的面对立影破口大骂，让她“滚蛋”，“从我眼前消失”，“永远不要出现在我的眼里”。立影一气之下，到宾馆找到一瓶老鼠药，回到阿斌的面前，当着他的面喝了下去。阿斌吓得马上把她送到医院，及时抢救过来。也就是在这个时候，大夫检查出立影又怀孕了，已经两个月了。这是她两年之内第四次怀孕。前几次都是阿斌带她去一家私人诊所做了流产。而这一次，连私人诊所的大夫也不敢给她做流产了。

于是，立影只好把怀孕的事情告诉了家里。老妈知道后欲哭无泪。虽然她早料到立影终究有此一劫。但是当劫难真的来到的时候，老妈还是接受不了。

在一个大家都熟知彼此，还有些传统的小县城里。立影未婚先孕已经让娘家人丢尽了脸面，自然不能容忍她把孩子生下来，但是当知道再次流产将有可能导致立影终身不孕时，结婚的事情就无可奈何地提到了议事日程上来。

阿斌其实不想结婚，更不想和立影结婚，但是他把立影害成那样，立影的家里又怎么能放过他？只能“逼”婚。阿斌便给出了结婚的条件：要立影家给他买一辆货车作为嫁妆。因为他决定以后开车跑运输来养活老婆、孩子。

和阿斌“谈判”回来，老妈气得一巴掌拍到立影的背上：“要你当人你不当，非要去当鬼。这县城里哪家的女孩出嫁的时候，不是男方给买房子，出彩礼，买首饰，体体面面地等着男方来求亲啊？你TM贱卖自己就算了，还要老娘倒贴。我把你养这么大就是要把你倒贴给那个臭男人的啊？”

立薇那时候已经是医学院的研究生了，专门从学校回来反对这门亲事。立薇指责老妈：“你这样逼着阿斌娶妮儿，是对妮儿的不负责任。你这样做，是把妮儿逼向火坑。”

老妈说：“我早就知道那是个火坑，可是拦不住她要往下跳啊。她现在这个样子以后还指望那个男人要她啊？再说现在你不让她结婚，你看你拦不拦得住她？”

于是立薇对立影说：“你们在恋爱时就有那么多问题了，说明你们不合适。明知道两人不合适还要结婚，这本身就是错误。想用婚姻来解决恋爱中的问题，这个婚姻难逃悲剧的命运。”

立影那时候一看和阿斌结婚有了眉目，满心欢喜。哪里是立薇那几句文艺腔能劝的住的？

就这样，立影带着四个月的身孕，和一辆老哥花八万元买来的二手的小型货车嫁给了阿斌。

立影快出嫁那几天，立影的老妈偷偷地大哭了好几场。

阿斌家住在老城区的平房里，是几十年前的旧房子。家里就两间房，加一个厨房。家里破旧不堪。大概有一二十年都没有添过新家具了，厕所还是公用的。

立影家虽然不是什么高官达人，但是那时已经比较殷实，三层楼才盖了两年，是县城里最新式样。最下面一层是客厅，餐厅，厨房。立影和父母一起住在第二层，立影的老哥一家住在第三层。立影的房间里，家具，电器都是按她的要求买的，当时她要什么老哥就给她买什么，比哥嫂的房子装修的还豪华。比起阿斌家的房子那更是一个天上宫殿，一个寒窑破洞啊。可是立影她不住宫殿，非要去住寒窑。老妈虽然恨立影“太贱”，但是还是舍不得她去阿斌家受苦啊，可是没办法，拦不住啊。

立影那时候却十分兴奋，她的爱情终于圆满了。那时候，在她的心里，她就是戏里面寒窑苦守十八年的王宝钏，是天上下凡的七仙女，她要和她的阿斌演绎她的爱情故事，一起过上“寒窑虽破能避风寒，夫妻恩爱苦也甜”的幸福生活了。

立影像追捕猎物的猎手，终于把阿斌这个猎物追到手了。但是当立影开始享受到手的“猎物”的时候，才发现，自己花了那么大的精力，牺牲了自己的青春，健康，梦想和亲情，所捕捞到的原来不是一只青蛙王子，而只是一只“癞蛤蟆”。她眼里的阳光男孩，实际上并不像电视，电影和言情小说里看到的那些俊美的男人一样气质高雅，柔情无限。相反，他在家里乱扔东西，臭袜子随处乱放，坐下来动不动就挖鼻孔，不刷牙洗脚就上床，睡觉时磨牙打呼噜……

在他们结婚后最初的几天里，这个男人还能搂着立影叫几句“亲亲小老婆”，摸着立影的肚子和立影一起憧憬一下未来。几天以后，这个男人在家里待不住了。便以朋友给介绍了一单生意为名，开着立影的嫁妆出门了。从此以后，阿斌在家里就是神龙见首不见尾。

但是立影已经没有机会后悔了。对于还未满二十二岁的她来说，谈恋爱那一章已经翻过去了。现在她的人生已经走到下一步了，那就是该为孩子的出生考虑了。好在婆婆善良，她从婆婆那里得到了些许的安慰和帮助，而她自己却不得不走向把自己磨成黄脸婆的历程。

接下来的两年时间，是立影生命中最黑暗的日子。

结婚五个半月以后，立影的儿子出生。孩子出生的时候又瘦又小，就像一棵小豆子一样，所以，就给他取了乳名小豆子。

小豆子的出生，给立影带来了生活的新希望，但同时也给立影带来了新的坏消息。

大夫告诉她：她已经感染衣原体有一段时间了。这是一种性病，因为没有特殊症状，所以立影并没有察觉。所幸的是，立影怀孕的时候没有引起流产和异位妊娠。孩子出生以后看上去也很正常，但是因为病菌潜伏的时间太长，病菌对立影的子宫伤害已经形成，立影以后将不可能再怀孕了。

听到立影不可能再怀孕的消息，立影的老妈仿佛被雷击了一般。她不知道这个小女儿到底会把自己糟蹋成什么样子了。厄运罩在她的头上似乎永无终日，她还会给自己带来什么打击？

这个消息同时给立影一个沉重的打击。性病显然是阿斌传给她的，这无疑是阿斌和外面的女人鬼混时染上的。沉默了之后，她又一想：反正现在只让生一个。有了小豆子，她也不打算再要别的孩子了。以后不能怀孕，还免去了流产之苦。

愚蠢之极。

小豆子在半岁之前一直还算正常，但是六个月以后，开始哭闹异常。立影在孩子的嘴里发现白点，像是口腔溃疡。便带孩子去县医院看大夫，大夫诊断为鹅口疮，是小儿常见病，让立影不要惊慌。大夫给开了些抗生素，小豆子吃了以后，病情有所好转，但是过了两天，小豆子又开始哭闹，立影在孩子的牙龈，舌头和颚部又发现了溃疡。于是再去看大夫，再用药，再在孩子口中其他的部位发现溃疡……如此反复几次都一个多月了，没有好转的迹象。孩子因为嘴痛，不能吸奶，越来越瘦弱。

那时立薇研究生刚毕业，分到第一人民医院。毕业以后，她和张中结了婚。立薇回娘家时，老妈告诉她小豆子生病的事情。立薇就去立影家看小豆子。问了病情以后，立薇认为：这可能不是一般的小儿口腔疾病，可能是孩子自身的免疫力出了问题。立薇建议立影马上带着小豆子去她工作的省级医院看免疫科专家。

小豆子的病的症状看似平常，实际上却不同一般。在做了各种检查，化验以后，儿科，口腔科和免疫科的大夫共同会诊。大家一致同意立薇的判断：小豆子得的不是一般的口腔疾病，而是自身的免疫功能失常。但是，以前在医院里没有出现过类似的病情。医生的治疗也没有旧例可循，只能一步一步地摸索。

小豆子住进了免疫科病房。小豆子的主治医生姓郭，叫郭正安。郭正安那时已经从医学院博士毕业一年了，专门从事免疫病理研究。在以后长达七个月的时间里，立影每天都和这位郭大夫见面，每一天都希望从郭大夫的那里得到好消息，但是每一次立影都失望了。

小豆子的病情每况愈下，溃疡从孩子的嘴里发展到食道。孩子完全不能吃东西，只能靠点滴营养药水维持生命。孩子瘦得皮包骨头，连哭的力气都没有了。额头上，手臂上布满了针眼。因为怕孩子动，所以孩子的手脚只能被绑着。立影看着孩子的惨样痛不欲生。无数次冲进郭大夫的办公室里，求他救救孩子。

五个多月以后，小豆子终于不治，结束了他年仅十四个月的生命。

小豆子死了，立影崩溃了。才二十三岁的她已经失去了生育能力，又失去了她唯一的孩子。她的丈夫在看见孩子没有治愈的希望以后，早就让立影放弃治疗了。因为立影不放弃，所以阿斌拒绝负担小豆子的医药费。立影自己一无所有，近十万的医疗费用全是娘家父母哥姐给凑的。

立影的娘家人不能把立影再留在阿斌家了。如果不把她带回家，她会死在那里。在立影的老哥主持下，立影和阿斌离婚了。离婚时，阿斌无耻地要求立影付他一笔赔偿金，否则他就不在离婚协议上签字。阿斌认为小豆子的死是立影造成的，立影那次喝药自杀，对已经怀上的小豆子有着致命的伤害，所以立影要赔偿他家丢掉了一个孙子。立影的老哥怒不可遏，带人把阿斌狠揍了一顿，胁迫他离婚，然后把他赶出了县城。

立影那时候万念俱灰，小豆子的死，无论是她怀孕时喝药造成的，还是性病病菌造成的，都是她造的孽。她的愚蠢，无知，无耻不仅断送了她的青春，她的爱情，她的生育能力，更断送了她孩子的生命，所以她罪不可赦。

离婚后，立影被带回到娘家，老妈和嫂子天天形影不离地守在她床前，生怕她寻了短见。立影不吃不喝，老妈一把鼻涕一把泪地苦苦哀求：“妮儿，你可不能想不开啊，你要是不好起来，你妈我也不活了……”

又过了三个月，那时候立薇已经七个月的身孕了。回到娘家，看见立影不死不活的样子，怒不可遏，冲着立影咆哮道：“你这个样子给谁看？这个家谁欠你的了？你还嫌给家里添乱添得不够吗？你说你给咱爸咱妈咱哥咱嫂添了多大的麻烦？别的不说，你让咱妈哭了多少回，你让咱嫂子给你守了多少夜？你不说内疚，现在还做出这种死样子，给人填堵。你想死，想解脱，可你想想爸咱妈怎么办？他们把你养大，就是让你死在他们前面给你买花圈送葬啊？”

立薇破口大骂，家里人都傻了，这几个月，大家都在立影面前特别小心，捧着她哄着她，生怕刺激了她，她想不开。老妈连忙制止她，立薇根本不管，接着说：“你要死也可以，先把欠我的钱还回来。你结婚时，我送了五千的礼，那是我上学的时候实习挣的。你家小豆子住院我出了三万，那是我和张中准备孩子出生后请保姆的钱。一共三万五。我马上要生孩子了，我现在没钱请保姆了，你去给我家当保姆。现在市里的保姆费是一月八百。你要给我当三年八个月的保姆才能连本带利息还完。然后你还要哥嫂父母的钱。当初你结婚，老哥掏了八万给你办嫁妆。小豆子住院时他们给了六万六，一共十四万六。你从给我还完钱以后回来就去哥哥的汽修厂打工抵债。你也没什么技术，只能当小工，一个月算你一千。你自己算算你要打多久的工才能还完？欠债还钱，天经地义。亲兄弟也要明算账。凭什么我们辛辛苦苦挣来的钱就给你糟蹋了，还没个感谢？我的钱就是丢水里了也不愿意给你这个没出息的东西。等你还完钱，你要死要活自便。你要是背着债，就是死了后面也要跟着讨债鬼。”

立薇大骂立影以后，就把立影带回市里自己家里。立影在她家当了“保姆”。立薇对立影真是没有客气，一副刻薄雇主的样子。立薇自己本来就聪明能干，做事精细，加上对立影故意刁难。让立影感到十分委屈，渐渐地就把一肚子心事转到和立薇争气斗勇上来了，也没有时间想那些伤心的事情了。不知不觉，跟着立薇学到不少新的生活方式，自己做家务的本事也提高了。然后立薇的女儿甜甜出生，立影一直在立薇身边照顾，对甜甜更是视如己出。

立影在立薇家住了一年多。立薇慢慢地开导立影。立影在家的时候，父母兄嫂都读书不多，人很善良，却很少和她谈心开导她。而立薇却不一样，她是学医的，学过心理学，又知道这个妹妹的性格。会对症下药。这样，立影的心结慢慢地解开了，同时，在和姐姐姐夫相处的日子里，见证了姐姐姐夫的夫妻相处模式，渐渐明白什么才是真正的爱情。立影越来越后悔以前自己的作为，但是后悔也没有用了。虽然说谁年轻的时候没有错过，但是有的错误最好还是不要发生，错过了连改正的机会都没有了。

19

“你是不是有一种上当受骗的感觉？”当立影回忆完她的前尘往事，看着有些发愣的卢天成，问他：“张中把我介绍给你的时候，你是不是以为我跟我姐一样，是个知书达理，秀外慧中的女人。没想到，我曾经就是一个无知的小太妹？张中把你骗了。”

卢天成皱了皱眉，也不能说张中骗了他。当初给他介绍立影时，关于她的第一次婚姻，张中说过：她原来有个孩子，孩子在一岁多的时候病死了。孩子死了以后，两人就离婚了。因为一些原因，她以后不能再生孩子了。但是她非常喜欢孩子，所以如果两人有缘结婚的话，以后也不会有其他的孩子，立影一定会善待他的儿子的。关于她自己，张中说：她没上过大学。她在离婚后，就来到市里，上了几年夜校，考了会计证。现在在东方公司当会计。

说实话，当初听了张中的介绍，卢天成还以为立影是一个内向的，本分的，一脸愁容的，被生活折磨得没有激情，看上去比她实际年龄要大一些的女人。但是第一眼看见立影的时候，立影却是年轻，时尚，举止得体，温婉贤淑。很难把她和离婚，失去孩子，失去生育能力这些悲惨的事情联系起来，所以卢天成渐渐地就把这些都忽视了。越到后来，卢天成越能感觉到立影与其他女人的不同。她的直白坦率，咄咄逼人。她在婚前的谈判中的斤斤计较，寸土不让，让卢天成很不习惯，但是都容忍了。现在看来，那是因为立影对婚姻极没有安全感。也许第一次婚姻义无反顾地付出，收获的却是伤害，所以，她在这次婚姻中不得不小心。她不再相信虚无缥缈的爱情，觉得还是钱最实惠。所以要把报酬在婚前敲定。不过也可以看出，她不是一个贪心的女人。她所提出的“价码”，在一个双方都能接受的合理的范围内，而且她婚后提供的“服务”，也可以说是优质的。

婚后，立影的泼辣，固执才显现出来，和婆婆对抗时毫不留情。卢天成那时就意识到了，她是一个和前妻完全不一样的女人，和她姐姐立薇也不一样。她们都是所谓的知识女性，多多少少都有些清高，顾全大局。即使和他母亲有冲突，多半也是一副“你没有文化，我不跟你计较”的架势，把事情控制到不伤面子的界面上。但是立影却不一样，她勇往直前，一副不达目的绝不罢休的架势，最后让一辈子逞强的母亲都退避三舍了，可以想像她当初“追捕”前夫的时候是多么地孤勇。

很难说，如果是在认识立影之前，就知道了这么多立影的前尘往事，卢天成会不会考虑和立影结婚。毕竟听起来，立影的经历实在是有些太彪悍了。卢天成接触的都是良家妇女，很难想像他会娶一个小太妹当老婆。他怕自己掌控不了她，然后让她把家里搅得天翻地覆。

可是到了现在，他倒有些暗自庆幸，幸亏娶了立影，也只有她才能“降服”母亲，让这个家走上正轨。而且，她这样一个执著的女人，一旦爱上了这个家，她就把她的全部爱心和热情都投入到这个家里来了，让这个家越来越温馨，越来越红火。

卢天成并没有回答立影的那句“你是不是有受骗上当的感觉”的问话，而是转移了话题，责备立影：“你那个时候也太不懂事了。幸亏我们没有女儿，要是我们的女儿像你当时那样，我都要伤心死了。”

卢天成的话，让立影感觉温暖，他的责备里有一种亲昵，好像他已经把她当做自家的人一般。

“要是翔是个女孩子，我就不和你结婚了。我怕我以后把女儿教成我那样。”立影说。

“你那时候也太疯狂了。到底是哪根筋搭错了？”卢天成伸手揉了揉立影的头发。

“我自己也不知道啊。后来我老妈说我一定是中了邪了，那个时候要早知道就应该找个神婆来给我烧张纸，然后把纸灰和着水喝了就可以去邪了。我倒是真希望有这样灵验的东西，让我把原来全忘了就好了。”事过多年，立影终于能冷静地回忆那段往事了。其实心里还是有痛，有悔。只是现在已经明白，心再痛也回不去了，只能把那段往事埋葬。

然后立影问卢天成：“你知道上次我带翔和你妈妈去医院看病时，遇到的那个大夫，就是你妈妈说长得像门神的那个男人，是谁吗？”

“他是谁？”卢天成问。

“他就是郭正安，郭大夫，原来小豆子的主治医生。他也是我的梦魇，因为原来每次见到他，他告诉我的全是坏消息。所以那天我带着翔看见他时，我心里不由自主地就哆嗦起来。”

卢天成有些心疼这个女人的，表面看上去那样争强好胜，其实内心还是有她的脆弱。那些事情过去那么多年了，她心中还藏有如此的恐惧。今天也就是回去看了一眼她的前婆婆，就能让她从噩梦中惊醒。这些噩梦将要困扰她到什么时候啊？卢天成伸出胳膊，揽过立影，安慰她道：“把那些事情都忘了吧，我们以后好好过日子。”

这时，立影忽然用手支起上身，用纯真的眼光看着卢天成，脱口问出了一个非常傻的问题：“你爱我吗？”

这的确是个傻问题。立影怎么会期望卢天成去爱她？他们的婚姻不是因为爱情，而且在上次婚姻破灭以后，她不再对男人抱有幻想了。她怎么会这个时候问出这样的傻问题？

卢天成被立影的这个傻问题惊着了：难道立影的脑袋被回忆过去刺激坏了？卢天成睁着大眼睛看着立影："你没事吧？"然后摸摸立影的头："没发烧啊？不是胡话啊？难道你偷偷喝酒了，在说醉话？"

本来立影问出那个问题以后，就后悔得无地自容了。也就是这几天发生了这么多事情，卢天成一直在她身边支持她，让她心里有了依靠，所以不由自主地有了些小小的幻想。现在一看卢天成大惊小怪，立影反而又固执起来，问："是个女人都想知道自己的老公爱不爱自己，难道我就不能问？"

卢天成："的确出乎意料，我原以为像你这样风风火火，事事不输于人的大女子是不会问这种小女人才问的问题的。"

立影有些不好意思了，躺下身子说："我姐说我们俩的结合不是因为爱情，而是因为需要。我就想知道，其实你的条件不错，要找个女人结婚不成问题。为什么那时候要盯着我？搞得我跟孙悟空似的再怎么跳，也没跳出你这个如来佛的魔爪。"

"让我想想，我好像都忘了，这都是什么时候的事啊……"天成仰望天花板，苦思冥想，好像在回忆已经久远的事情："好像第一次见你，是和你一起喝茶。你接了甜甜给你打的电话，当时觉得你跟甜甜说话的声音很好听，脸上的笑容特别好看。我就心想，这个女人一定很温柔，很贤惠，会是个好母亲，所以就想再见你。再说那次咱们没有一起吃饭你就走了，我觉得欠你一顿似的，这样就有了第二次。"

"第二次见你，咱们一起吃饭，提到我母亲和翔，你就发飙了。说了一些奇怪的话，什么要我找家庭老师和保姆，还有可以解决两个人的就业问题……"

立影笑了。第二次见面，卢天成唐突地提出家里还有小儿和老母需要照顾时，立影冲口说道："谢谢你这么信任我。不过我怎么觉得你不是想要个老婆，而是急需一个保姆一个家庭教师啊。你该去职业介绍所，找个保姆和家教。既解决了两个人的就业问题和你家的问题，还不用出卖你妻子的头衔。"

天成还在继续讲："当时的确让我吃惊不小，说真的，要想找个女人结婚，对我来说不是很难。以前也见过几个，那些女人对我都是温文尔雅，小心翼翼，毕恭毕敬的。只有你对我那么直率，甚至不留情面。我所接触到的人中间，极少像你这样的，他们即使不同意我的意见，也会保持面子上的礼貌，而你好像心无城府，有什么说什么，这样倒给了我耳目一新的感觉。"

立影也想起了他们的第二次见面，第一次冲突。其实那时立影已经修炼的很不错了。早已抛弃了当年和别的女人抢男人时那种小太妹的冲动和鲁莽了。在别人面前，程立影也是一温文尔雅的淑女，毕竟当了这么多年的小白领，察言观色，什么话该说，什么话不该说她还是懂的。怎么那天就那么放肆？看来还是本性难移啊。

“其实，我决定和你结婚，百分之七十的原因是因为翔。第一次见到他，我就喜欢他，就像是见到我自己的儿子一样。那时候，我心里就想：我来当他的妈妈吧，我一定好好地爱他。”立影回忆道。离婚很多年，她从来没有动过再婚的念头，但是看到翔，她动心了。

“我下决心要把你娶到手，也是在你和翔第一次见面以后。我总是记得，你小小的个子，抱着六岁的翔，奋力挤进人群的样子。我相信你对翔的爱不是伪装出来故意讨好我的，那是不由自主地流露。从那以后，即使有我母亲惹出的那些事，你不再理我，我都没打算和你分手。”

是啊，那时候，立影对天成抱有偏见，对天成的妈妈抱有偏见，后来真的是不愿意再惹这个麻烦了。所以对天成说话时总是肆无忌惮，以刺激他为目的。可是无论立影说话再难听，提出的条件再苛刻，天成总能消化掉，从来没有对立影放手。现在想来，那何尝不是天成的宽容？没有天成的宽容，就没有他们的婚姻。孙悟空跳不出如来的手掌，不是孙悟空跳得不高不远，而是如来的手掌太大。

立影问：“那你后来后悔过和我结婚吗？”

卢天成：“说实话，刚开始的时候，你和我妈发生矛盾的时候，还真有点后悔。觉得你太厉害，对我妈一点也不宽容，对我也不体谅。不过后来一看，你是对的。我妈那样的婆婆大概还真的只有你这样的媳妇才能对付。我妈是有点欺软怕硬的，你比她厉害，她才服你。应该说，在处理家务上面，你比我有智慧。如果你当时听我的，现在家里可能还是一团糟。我很感激你当时的坚持，也非常庆幸，娶了你当老婆。你聪明但不耍心机，尖锐但不刻薄，你的真诚和坦率都是我喜欢的。你呢，后悔过吗？”

立影：“也有后悔的时候，不过自从你给我买了羊绒大衣以后，我就不后悔了。”

立影别出心裁地回答，出乎卢天成的意料，卢天成不由得紧盯着立影。

立影看出他的疑惑，连忙说：“我说的是实话，从那件大衣我可以看出，你在乎我，把我放在心上了。要不，你在上海仅仅停留一个晚上，不会想到给我买东西的。而且你买的是FLEU耶，连立薇都没有。你不知道我穿着那件大衣去参加公司的聚餐会的时候，有多出风头吗？连姜小白都嫉妒了……”

无意中，立影的虚荣本色再现。

卢天成笑了：她真的是容易满足啊。他自己已经被生活磨得圆滑，老练，不动声色了。早已失去了这样的坦率，天真。立影经历了那么多，她还能保持着这份率真和对生活的热情，太不容易了，这是立影最让卢天成着迷的地方。

自从去看了前婆婆回来，又加上和卢天成有了一夜深谈，立影觉得她和卢天成的关系有了一些微妙的变化。再看卢天成，卢天成也不仅仅是“金主”了，立影的眼里就有了些柔情了。她说不清这种变化是不是在向正常的夫妻关系转化。

立影虽然是第二次结婚，但是因为两次婚姻的起因都是非常态的，所以她对夫妻关系的认识也是非常态的。第一次婚姻存续了差不多两年的时间。立影先是处于怀孕状态，然后是孩子出生、得病，夭折。立影和和阿斌基本上没有过夫妻生活，也没有以正常的夫妻关系相处过，就这么稀里糊涂地结束了第一次婚姻。

之后，有差不多四年半的时间，立影独处，和男人没有深入接触过。再之后，就有了卢天成。最初，立影把她和卢天成的关系定义为“雇佣”关系，甚至包括他们的夫妻生活都是模式化的，好像是“雇佣”关系的一部分。立影恪守职责，但是她的职责是什么？老婆也算是份职业吗？渐渐地，立影不满了，她希望他们是名副其实的夫妻。虽然她不奢望卢天成对她像张中对立薇那样体贴入微，心心相印什么的，但是夫妻总有夫妻的样吧。起码要有个比一般“工作”关系更亲近一点的样子，立影说不上来卢天成哪里做的不好。家里人都喜欢他，觉得他是个好女婿，好妹夫。但是立影心里总觉得卢天成和她隔了一层，总是一副公事公办的样子。偶尔，立影也能觉察到他有愿意和她亲昵的意向，但总是稍纵即逝，让立影捉摸不定。立影郁闷的时候，她会想一个问题：卢天成和他的前妻是怎么相处的？他们应该是因为爱情而结婚的。那么他们在相恋的时候，卢天成是否也是这样不动声色，温吞水一般？

立影自己是一个黑白分明的性格。她受不了这种不明不白的关系，弄得她都不知道该怎么和卢天成相处。对他像员工对老板那样小心谨慎。可是两人在一个屋檐下，在一张床上躺着，干的是私密的事情。若是对他亲昵一些，又怕他来一个敬而远之，立影左右为难。

经过那一夜，那一场坦诚地对话让立影的心里踏实了，原来，他还是喜欢她的。明白这一点后，立影在卢天成面前就随意亲密多了。那种亲密，不只是在床上。日常的生活中，立影随意地用卢天成的杯子喝水；坐在沙发上的时候，两人的距离不超过一个拳头的宽度；时常地她会动手去动动卢天成的头发，摸摸他的衣袖什么的，和卢天成说话时也是温言软语，不再像以前那样唇枪舌剑的。

天成的老妈最近和立影相处的方式也在改变。自从知道立影前婆婆的身世以后，天成的老妈有了同病相怜的感觉。后来经常在立影面前提到她，同时欷歔自己的命运，婆媳俩第一次有了共同话题。立影从内心里同情前婆婆可怜的身世，同时也特别怀念前婆婆对自己的好。所以在天成的老妈面前经常怀念和前婆婆相处的日子，天成的老妈现在发现立影虽然厉害，但内心其实很善良。她能对前婆婆那么好，那么以后对她这个现任婆婆也一定不会差。当然天成的老妈知道，要想立影对自己好，那么就不能得罪立影。明白了这一点以后，天成的老妈对立影不再随便挑剔。反而在立影面前小心谨慎了一些。

立影的日子终于平静了，她很喜欢现在的生活。

20

卢天成有个朋友的母亲要过七十大寿，邀请了卢天成偕夫人参加寿宴。因为是生意场上的朋友，所以就要讲究一些，卢天成让立影准备一份寿礼。

这是立影第一次参加卢天成的社交活动，对礼物的轻重，心里没有底。卢天成想了想说："今天我的事情不忙，要不上午你送翔去学校以后，去我公司找我，我们一起去商店看看。"

去年年底，卢天成公司聚餐的时候，曾经邀请立影一起参加，但是立影拒绝了。那个时候，她内心里对老板娘这个身份还没有接受，总觉得自己名不副实。

但是现在，立影很乐意出现在天成的公司里。

天成开了间小型的贸易公司，是做化工原材料生意的，公司设在市中心的写字楼里。这是立影第一次出现在天成的公司里。天成陪着立影在公司走了一圈，公司的职员见到老板娘自然是唯唯诺诺，毕恭毕敬的。立影心中爽呆了，想当年自己当小职员的时候，见到老板娘的时候也是这么点头哈腰的。现在风水轮流转，终于转到我程立影扬眉吐气。回头再看看天成，一副意气风发，风流倜傥，胸有成竹，运筹帷幄，气壮山河的气派。和在家里那种漫不经心，懒懒散散；在他老妈面前唯唯诺诺；经常让立影驳得哑口无言的小男人的样子大相径庭。立影对天成彻底刮目相看，顺便春心荡漾了一下。立影心里暗骂天玉有眼无珠，天天看见天成在公司这么拽，却不晓得建议他把相亲安排在公司。女人看见他这么神气，别说他家里就一老娘和小儿，就是再加两只母老虎，也要打破头嫁给他啊。

在天成公司转了一圈以后，两个人就一同去了市中心的商店。先是在礼品店选中了一幅湘绣的《百福图》作为寿礼，然后，卢天成对立影说："去给你买几件衣服吧。"

这是卢天成第一次带立影买衣服。自从接受了天成买的那件羊绒大衣，立影就知道这个家伙的眼界要比自己的高出一大截子，所以也不敢建议他去原来自己和杨箐她们一起爱逛的那些时尚店，乖乖地跟着他进了家高档品牌的服装店。

这家店的品位果然不是一般的高，价码更是令人咋舌。 立影习惯地在挂着打折牌的那排衣服里巡视了一番，看中一套淡黄色的短衣短裙的套装，正好还有自己的尺码。 就拿起那套裙装问卢天成：“这套怎么样？”

卢天成看了看，摇摇头。

立影把裙装放回架子上，然后又挑中了一件天蓝色和黑色混花的短式连衣裙，又问卢天成：“这条裙子怎么样？”

卢天成再次摇头。

连续被卢天成否定了两次，立影就心虚了，反问卢天成：“那你说哪件好？”

卢天成说：“你干吗老要把自己打扮得跟花蝴蝶似的？ 别看打折的了。 看看这边新上架的。”

立影心里暗骂：“你 TMD 又开始装大瓣蒜，有钱了不起啊？”上次从公司聚餐回来。 立影穿的那套色彩斑斓的短礼服被卢天成有意无意地贬了一通，说是跟花蝴蝶似的。 本来那天立影还挺出风头的，让卢天成一贬，立即心虚了。 回家以后，就把那套礼服藏了起来生怕再让卢天成看见，又惹出闲话来。

卢天成挑了件像牙白七分袖真丝连衣裙：“你试试这件。”

立影一看，那裙子的样式虽然简洁，但是婉约飘逸，看上去确实比立影自己选的要优雅许多。

不过，这时候立影的心里已经有一点点不爽了，好像被卢天成轻视了一样。 于是挑剔道：“颜色这么浅，多容易脏啊。”

“又不是让你穿着做饭。”卢天成回了一句。

立影一听心里更加恼了：“我就是做饭的，这裙子不合适我，留着给公主们穿吧。”

“你穿上它，也就变成公主了。”卢天成不知死活地添了一句。

立影彻底恼了：“我穿上它也变不成公主。”说着就冲出了服装店。

立影冲出店，走了一段路，回头一看，卢天成居然没有跟上来，立影又气又急。 一看表，到了中午接翔的时间了，干脆要了个出租车，直接去了学校。

今天本来兴致挺好的，这么一弄，立影觉得挺没趣的。 最可恨的是卢天成居然哄都不哄一下立影，到现在连个电话也没有。 立影便想着要给他个厉害瞧瞧。

下午，送翔上学以后，立影懒得回家，就跑到立薇家去了。 立薇正好休白班。 立影一进门就把上午的事给立薇说了，然后狠狠地说：“他怎么这样？ 连老婆都不会哄啊？”

立薇不以为然，说：“你以为他还是毛头小伙子啊，哪里还有心思跟你玩年轻人的把戏。”

“那我就白生气了？”立影问。

“谁要你生气的？”立薇反问。

“那谁要他瞧不起人的？”

“他到底说什么了？你就说他瞧不起你。”

“他说我是花蝴蝶。”

“他没说错啊。你的那些衣服啊，你单身的时候穿穿没有问题，可以显得你青春靓丽。可是现在你结婚了，就要分场合了。你还不明白卢天成的意思吗？他这次是想借机把你介绍给他的那些朋友们的。你穿得那么花哨，合适吗？”

立影听立薇这么一说，好像是自己无理取闹了。可就这么偃旗息鼓，又不甘心，还在和立薇唧唧歪歪。立薇不耐烦了，说：“怎么着，为这么点事，你还想来个离家出走啊？老妈说了，结婚后再怎么和老公吵架，都不准跑回娘家来。走吧，我这儿可不收留你。”

立影刚要走，立薇忽然想起一件事来，又叫住立影：“妮儿，你是不是前一阵见过郭正安啊？”

郭正安？立影一开始没有想起这个人来。

“就是当初小豆子的主治医生。”立薇提醒道。

立影这才想起来，还是去年冬天，带翔看病的时候偶然遇见过他。天成的妈把他叫作“门神”。

立薇说：“郭正安还向我打听你来着，说想请你帮他一个忙。”

立影就有点摸不着头脑了？自己和他一点关系都没有，他会找自己有什么事？

立薇提议：“哪天你要有空，去医院一趟，见一下郭大夫，我让他自己对你讲。”

立影告别立薇，回到了自己家里。卢天成似乎回来过，床上摆了几件他给立影买的衣服。除了那件真丝裙以外，还有件小洋装，一件休闲装。

立影忍不住了，把卢天成买的衣服一件件穿在身上试了试。果然像卢天成说的：穿上这些衣服，连烧火丫头都变成了千金小姐，有钱真TMD好。

立影穿着衣服对着镜子正臭美，就觉得背后有什么动静。回头一看，卢天成正双手抱胸，一副悠然自得的样子看着她。立影先不好意思了，但是又不想认输，顺手抓起椅垫子朝卢天成扔去，嘴里还喊道：“谁要你笑话我的？”

卢天成边笑边接住椅垫，反问道：“谁笑话你了？ 是你自己要小孩子脾气。”

和立影相处时间久了，卢天成就知道了，立影其实是挺简单的一个人。 虽然喜欢较真，爱争强好胜，有些小脾气，但是，脾气来得快去得也快。 人又爽快，有什么说什么，不藏着掖着。 心眼好，热心实在，和她相处起来其实很容易，不需要耍心眼。 就是偶尔有些孩子脾气，其实是个很容易满足的人。 就像现在这种生活，她好像就过得挺开心的。

到了周末，立影给立薇打电话，立薇正好在医院值班，立影便去找她。 在立薇的办公室，立影见到了郭正安。

六年前，立影自己的儿子小豆子得病住院的时候，郭正安是小豆子的主治大夫。 那时，立影和他打交道比较多。 但是后来，立影和他再无任何交际。 这是他们六年来第二次见面。 虽然现在立影生活得风生水起，好不得意，但是见到郭正安，她还是有些惶恐。 毕竟，这个人唤起了对那段最绝望的日子的回忆。

立薇在立影和郭正安之间充当了一个介绍人的身份。 当立影和郭正安彼此问候之后，立薇便说：“我现在在值班，就不奉陪了。 郭大夫你有事找立影，就直接和她说吧。”

立薇要撤退，郭正安和立影两人都觉得有些别扭，把两个现在差不多已经算陌生人的人留下，可想而知，气氛会有多尴尬。

郭正安把立影领到医院附近的一个茶厅，找了一张靠窗的桌子上，立影和郭正安相向而坐。

服务员上了茶水，又拿来两碟郭正安点的小点心。

然后，两人都沉默了。 立影虽然嚣张，伶牙俐齿，但是在不熟悉的人面前却并不善言语。 并且，立影对郭正安至今还有些许敬畏，这种敬畏源于六年前。 那时候，一个是风华正茂，才华横溢的年轻的博士。 一个是六神无主，失魂落魄的小女人。 立影眼看着儿子一天天衰弱，自己无能为力，只能把一切希望寄托在郭正安的身上。 郭正安在立影心里无异于救苦救难的菩萨那样神圣。 立影把他所有的话都当做圣旨一般，期望能从他嘴里听到“孩子已经好了”这句话。 到了后来，小豆子没有救过来，立影和这个人再也没有交际。 现在坐在他的对面，心里却依旧能回味起当时的凄凉无助。

郭正安似乎也不是那种会无话找话，活跃气氛的人。 片刻沉默以后，郭正安终于开言了：“其实，前些时候，我就想找你的。”

“你找我有什么事？”立影问。

“哦，是这样的。就是关于你儿子的病的事情。你儿子的名字叫小豆子吧……”郭正安说到这里就停了下来看了看立影，似乎想等待立影的反应。

立影一听“小豆子”这三个字，脸一下子就沉了下去，心像是被针狠狠地扎了一下的疼。郭正安的话提醒了她那些她极力想忘记的往事。

郭正安停顿了一下，继续说：“关于小豆子的病，当时几位专家会诊的结果认为是自身的免疫功能失常引起的一种疾病，这种病在医院是首次发现。当时治疗的时候，没有旧例可循，所以只能摸索着治疗。很不幸的是，最后孩子还是夭折了。

“后来，我到美国的一所大学的医学院做了三年的博士后。我和我的老板布朗教授一起讨论过小豆子的病例。布郎教授是一位非常著名的免疫学专家。他说：小豆子患的可能是一种非常罕见的免疫不全症，这种病大概全世界只有几千个病例。大都发生在半岁到三岁的婴幼儿身上，目前并没有治愈的先例。布朗教授自己也曾经接受过一个类似的患儿，那个患儿在发病八个月后不治而亡。所以布朗教授一直致力于收集类似病患儿的资料，希望能够研究出发病机理和治疗的方法。

“免疫不全症又分为先天性与后天性的。先天性的免疫不全症可能是从父亲或母亲或两者得到异常基因遗传所致；而后天性的有可能细菌、病毒感染、环境污染、饮食营养的不当及不明原因等……”

“你到底要我干什么吧？”立影听到郭正安提到前尘往事，已经有些不快了。现在更不耐烦再听他讲这些医学上原理，干脆直接发问。

“是这样的，我从美国回来以后，和布朗教授一直有联系。布朗教授在研究了一些患儿的病例以后发现：有一些患儿的母亲在怀孕期间，曾经感染过某种病原体。布朗教授认为这种母体感染的病原体及其毒性产物有可能经胎盘侵犯了胎儿，干扰了胎儿正常发育，阻碍或者破坏了胎儿的免疫系统的发育。这可能是引起这种病的原因之一。

“前不久，布朗教授又接触到一个类似的患儿。这个患儿的母亲的病史比较复杂。在这个孩子发病期间，这个母亲自己也病死了。研究这个母亲的病历后，布朗教授发现，这个母亲在怀孕的时候有过吸毒行为而且感染了多种病毒……”

还没等郭正安把话说完，立影已经明白他找她的意图了，血一下子涌上脑门。那段耻辱的婚姻，自己在怀着小豆子时所经历的一切，立影现在想都不愿意想。而这个人，现在不但要她提起那段耻辱，而且要把它拿去研究。

“你觉得这样揭别人的伤疤有意思吗？”立影愤愤然。

“我没有别的意思，只是因为研究的需要，所以要找你了解一下……”郭正安还在解释。

“你那狗屁研究关我什么事啊？我有义务让你研究吗？你想研究，研究你自己去吧。”说着立影站起身来，把手中团成一团的纸巾扔在桌子上。不等郭正安再说什么，拂袖而去。

最近一段时间，立影本来心情很舒畅，觉得自己时来运转，终于轮到自己过上好日子了。但是现在郭正安又来旧事重提，让立影又沮丧起来，那段经历就像是刺在她脸上的刺青一样，时时提醒着她，她是一个有过不寻常经历的女人。立影颓废到了极点，好像自己再怎么努力也逃不过失败的人生。

到了晚上，立薇打电话来问：“你和郭正安谈的怎么样？”

立影对立薇也很恼火。她明知道郭正安找她的意图，却不阻止郭正安。真是TMD不地道，所以，立影对立薇也没好气：“谈什么谈？有什么好谈的？”

“我就猜是这个结果，他早就找过我。找了我好多趟，非要找你谈谈。我劝过郭正安，他不死心。我没办法，只好让他在你面前碰一鼻子灰。”

“他这人怎么这么不地道啊，专戳别人的痛处。这对他有什么好处？”立影还在生郭正安的气。

“他也不是故意要提那些事情的，他就是有点书呆子气，搞研究的人都这样。你家小豆子的病情特殊，所以他才要下工夫研究。所有有关的信息对他都特别重要。所以，他才要找你。他做研究也是为了积累经验，万一以后再碰到类似的病例，不再一无所知。”立薇帮郭正安解释道。

“研究个P，他要研究早研究啊，现在人死这么多年了，他又想起研究了。”立影并不能理解郭正安研究的重要性。

21

转眼，暑假到了。

立影对卢天成说：她想带着翔回娘家住一阵子，卢天成同意了。

只是婆婆怎么办？ 还有天成回家吃饭怎么办。

天成说：我妈要是不愿意自己在家，就让她去天玉家。 天成自己倒没什么，大不了在外面吃。

婆婆虽然有点意见，不过没有阻拦。 大概已经习惯了立影“我行我素”的性格了。

翔放假以后，天成就开车送立影和翔回立影的娘家了。 那天，正好老姐和姐夫也送女儿甜甜回去。 娘家人难得的团圆，自然又热闹一番。

立薇免不了要调侃立影几句：“你在家当太太，还真上瘾了？ 真不去上班了？”

立影说：“前一阵还和天成说这事来着，天成说，等翔的暑假结束以后，就帮我去找个半日的工作。”

“工作什么呀，把家里照顾好，是正经。 男人回来舒舒服服的，他才有劲出去挣钱。”老妈有不同意见。

“女人还是要自立的，靠男人养着，万一男人靠不住怎么办？”立薇反对。

“那你这么说，我和你嫂子都是男人养着，就不行了？”老妈反问。

“你和嫂子是一种生活方式，妮儿是另一种。 再说，妮儿走到今天容易吗？”立薇反驳老妈。

“什么容易不容易，现在妮儿一家人和和美美，就是最好的。”老妈坚持自己的观点。

老妈和老姐的争论还在继续，立影连忙打断：“天成也说了，让我完全放弃工作回家当家庭主妇好像也不太好，他也希望我上班。”

“天成还真是不错，什么都为你着想。”说到天成，老妈自然又是夸声不断。

“是啊，妮儿也算是走了狗屎运了。 这么好的黄金王老五让你给捡到了。 去年还摆架子，一不嫁，二不嫁的……”立薇一脸嘲笑。

“是啊是啊，我说天成这孩子不错吧。”老妈满意地说。立影的老妈现在看着天成就打心眼里高兴。老妈实在是太喜欢这个女婿了：人长得精神，会挣钱，脾气还好。虽然不大爱说话，可办事总是那么中规中矩，立影终归还是有福气的。

天成当天就回市里了。第二天，立薇和张中也走了，立影留了下来。

立影老妈虽然高兴立影在娘家住一段时间，不过又觉得把女婿一个人“扔”在一边不忍心。

立影的老爸喜欢钓鱼。每天早晨，老头起得很早，自己骑个小电动车，去护城河边钓上一阵子。翔居然也对钓鱼感兴趣了，立影的老爸就给翔准备了一个小钓鱼竿，每天早晨，立影老爸用电动自行车驮着翔，一老一小一起出门。日上三竿了两人才回来。不管那天钓鱼的战绩如何，翔总是兴致勃勃的。立影老爸呢，看着翔也是笑得合不拢嘴。看得出，立影老爸对这个外孙子是喜欢到心里去了。说也奇怪，就像立影和老爹有一种天然的亲切感一样，翔和外公，虽然没有血缘，但是比起其他孩子似乎感情更深一些。早晨出去钓鱼，其实是一个辛苦而枯燥的活儿。早起不说，还需要耐心。可能枯坐了一个早晨，一无所获。立影老哥的儿子龙龙，去过一个早晨以后，再也不去了。甜甜是女孩子，压根对钓鱼不感兴趣。只有翔乐此不疲，立影的老妈看见翔和外公同进同出，便说：这爷儿俩，大概前世有缘。

立影现在是前所未有的轻松。每天就是和嫂子，老妈一起逛逛市场，做做饭。老哥说：“妮儿，你现在没事，还不如开始学开车，我来教你，保管你一星期之内上路。”

这倒是个不错的主意。

吃过晚饭，老哥开着车，带着立影去了附近的一个驾校的练车场。

没半个小时，就回来了。两个人一个撅嘴，一个摇头。

“怎么就练这么一小会儿？”老妈问。

“别说了，妈，你怎么生这么一个笨女儿？眼看着电线杆子，她硬要往上撞。”老哥说。

“还说呢，你一会让人往左，一会儿让人往右。一会儿让人踩左脚，一会儿让人踩右脚，谁知道要干什么。”立影争辩。

“我不是告诉你了吗？刹车时脚刹和离合器都要踩。拐弯之前，先把速度降下来。你倒好，直接撞马路牙子。”老哥边说边学立影手忙脚乱的样子。

“你根本没说清楚……”立影急得就要打老哥。

兄妹俩吵了起来。

嫂子出来打圆场：“为杰，你都开了几十年的车，自然觉得开车简单。妮儿刚开始学开车，当然觉得难，你就不能好好说？”

“我都说了，可她硬是不明白，还是笨。”老哥说。

“反正不是老师笨，就是学生笨。你们俩商量商量，到底谁笨？”老妈不紧不慢地说。

老爸笑眯眯地说话了：“就为杰那个教法，再聪明的人也学不会。妮儿啊，明天爸爸教你。”

老爸是个老司机了。在退休前带过的徒弟有一个排了，那些徒弟现在过年还来给老师傅拜年。那会儿还没驾校，新司机都是老司机带出来的，老爸是个非常好的老师傅。

第二天吃过晚饭，老爸开车带着立影出去了。

再过两天，立影就能慢悠悠地把车开到家门口了。

“怎么样？”立影向老哥示威。

老哥一看，夸道：“妮儿不错嘛，有点家传的司机血统。”

“那你还骂人家笨？”嫂子白了老哥一眼。

“她那天的确是真笨……”老哥说。

“得了吧，你那天根本没说清楚……”立影又争辩道。

又是一轮争吵，这是小时候的家常便饭。

老爸笑眯眯地看着立影。

立影在娘家过得悠闲，有些“乐不思蜀”的感觉。不过心里还是有些挂念在市里的卢天成和婆婆，所以隔三差五的去个电话。卢天成出了一趟差，婆婆就去天玉家了。过了几天卢天成出差回来后，就给立影打了一个电话，报了平安。

老妈就说：“妮儿啊，你回来也十来天了。要不回自己家去看看？天成出差刚回来，家里没有女人多凄凉。再说你老把婆婆放在小姑子家也不好。你把翔留在这儿，自己回去看看吧。你婆婆要愿意，带她过来住几天。咱这地方比起市里还是要凉快一些，地方也大一些，可以透透新鲜空气。”

立影还是有点不放心翔，去问翔：愿不愿意留在外婆家，翔点点头。

老妈说：“你放心吧，我和你嫂子会照顾他的。翔和龙龙还有甜甜都玩熟了，不会嫌闷，他早上跟你爸还是一个伴。你姐明天轮班休息，你姐夫出差了。你姐说回家住两天，有事她也可以打个招呼。”

第二天，老哥有朋友要开车去市里办事，立影决定搭便车回去看看。

就在立影在娘家乐不思蜀的时候，在市第一人民医院类风湿科住院部上班的程立薇主治大夫却如坐针毡，不知如何是好。

生存还是死亡？

这个几百年前的丹麦王子曾经思考过的哲学问题，在立薇这儿变成了：告诉还是不告诉立影？

大约三天前的一个早晨，立薇去住院部上班，发现她管的病房里新收了一个病人。市第一人民医院类风湿科在全省是顶尖的。省内外许多病人都慕名而来。住院部的床位一直非常紧张。每个医生的手里都有几个病人等着住院。住院部一有空床，医生之间往往要相互斟酌一下，才确定收谁来住院。这个新进来的病人，却并没有排在名单上。

立薇猜想，这个病人要么来头不小，要么和医院某人的关系很密切，于是问值班的护士长："这个新收的病人是谁的关系？"

护士长回答："是内科的周大夫介绍的。昨天您不在，就您的病房刚空出一个床位。张大夫看了一下病人的情况的确很严重，所以就收下了。"张大夫是昨天的值班医生。

立薇把那个病人的病历拿出来看了一下。病人名叫余文，三十四岁，是从另外一个省转过来的。病人的病史已经有六七年了。从以往的化验结果和照片来看，病人患的是类风湿关节炎，病情已经很严重了。如果再不治疗，病人有瘫痪的可能。

看完病历，立薇去病房看病人。病人是一个苍白瘦弱的女子，看上去比她的年龄要苍老，非常憔悴。立薇知道病人得了这种病，全身关节疼痛难忍。立薇仔细检查了一下病人的各个关节，发现病人的手、脚各个关节僵硬，手上的指关节已经开始变形。

立薇询问了一些问题，然后回到医生办公室问护士长："昨晚病人有什么表现？"

护士长说："病人说膝盖、肘部、腕部和手指各个关节都非常疼痛，病人似乎对止痛药已经有抗体了，所以张大夫开的止痛药对她没有效果。昨天晚上，她妹妹来护士站好几次，说病人痛得睡不着觉。后来张大夫让打了一针止痛针才管用。"

"她妹妹？"立薇有些好奇。

"因为病人现在完全不能自理，所以，就让她妹妹留下来陪床。"

立薇看了看病人带来的旧病历，然后告诉护士长，准备给病人做X射线检查。

到了下午探视病人的时候，立薇意外地见到了卢天成。确切地说，是卢天成来办公室找的她。

"你怎么来了？来看谁啊？"立薇问。

"我是来求你帮忙的。"看上去卢天成这几天休息得不好，有些疲倦。

"什么事？"立薇问。

"有个病人，昨天刚进来的，住在你的病房里。"卢天成说。

"病人是叫余文吗？你认识她？"立薇立即有一种不好的预感。

"她是我送进来的，昨天本来是找你的，但是你不当班。我就去内科找了周医生。"卢天成说。

“她好像是从外地来的，你怎么认识她？”立薇追问道。

“她是翔的妈妈。”天成疲惫而无奈地说。

立薇怔住了：翔的妈妈？ 那么就是天成的前妻？ 难怪，她是通过内科的周医生住进医院的，周大夫和卢天成的前妻是老乡。 当初，立薇从周医生那里打听了不少卢天成前一次婚姻的情况。

卢天成和他前妻一直还有联系？ 立薇疑惑地看着天成，希望从他那儿得到更多的消息，或者说解释。

“前几天我告诉立影说我出差去了。 实际上，我是去余文那里了。 余文的妹妹打电话找到我，说余文情况很不好。 我去了以后，发现她已经瘫痪在床上了。 我带她去当地的医院，那里的医生说他们无能为力了，介绍了你们医院，说你们医院的类风湿科是这个地区最好的，所以我就带她到这里来了。 我想知道她的病现在到底严重到什么地步了？”卢天成简单地介绍了事情的经过，然后问。

“挺严重的，我看了一下她带过来的病历，她得这个病已经好几年了。 这几年来并没有得到好好的保养和治疗。 从她的关节变形情况来看，她的病介于三级和四级之间。如果再不治疗的话，会有可能瘫痪。”

“那现在能治好吗？”卢天成急切地问。

“类风湿这种病，目前没有根除的办法，也是不可逆的。 医院现在所能做的就是控制病情，不让病情再恶化。”

“那你的意思是说，她永远都站不起来了，还有她的手，永远都那样扭曲着？”卢天成显然被立薇的话震惊了。

“病人以后能不能站起来，现在还很难说。 现在她的X射线检查结果还没有出来，还要给她做类风湿因子和血清检查，等检查结果出来才能确定治疗方案。 一般来说，这种病最有效的办法是用几种强药联合治疗，如果有效果，再把组合的药物逐渐分别停用，再用一种副作用小的药物维持。 她的已经变形了的指关节可以用外科手术校正，但是因为这种病是自身免疫性疾病，发病机理还没有完全确定，所以现阶段并不可能完全根治。”

“那么，她一辈子都要受这个苦了？”天成失望地叹道。

天成对病人的关切心疼，让立薇暗暗为立影不平衡。 她问天成：“立影知道余文来这里治病吗？”

“不知道，我没告诉她，也请你暂时不要告诉她。”卢天成黯然摇头。

“那你准备瞒到什么时候？ 你又准备以后怎么安排余文？”

“我不知道，我现在还没想好，我不知道余文的病到底有多严重，要治疗多久。 所以，在我理清头绪之前，请你先不要告诉立影好吗？”

“余文知道你已经再婚了吗？”

“知道。”

“她知道我是你大姨子吗？”

“不知道。”

立薇虽然答应天成暂时不告诉程立影。不过从感情上和血缘上来说，立薇不可能瞒立影太久。立薇心理上是很为立影不平的。天成前妻的出现，无疑会对立影好不容易平静下来的生活带来巨大的冲击，对天成的感情也是一种考验。不告诉立影，让立影蒙在鼓里，等待天成在这里犹豫摇摆不定，最后再做决定，这不是立影为鱼肉，天成为刀俎吗？这对立影也太不公平了。

可是，如果告诉了立影，将会发生什么事情？以立影的性格，绝对不会有耐心坐等卢天成把一切都想明白，更不会静心听从天成的安排。她也许会大闹一场，然后拂袖而去。也许要锣对锣，鼓对鼓和余文闹个天翻地覆。到时候，即使卢天成和余文之间本来已经没有什么了，让她一闹，天成心里的天平又会偏向了余文。这何尝又是好事？

立薇为难。可巧，张中又出差了，要是张中在还有个商量，现在隔着老远，电话里也说不清楚。张中只是嘱咐她：别冲动，不要好心办了坏事。

这两天上班的时候，立薇有意无意地多去了几次余文的病房。问些可有可无的问题，无非是为了多了解一下余文。余文比较安静，话也不多。有问必答，但决不多说，好像治病这件事与她无关，她只是受人摆布才住进来的。

但是她的妹妹要比她活泼多了。因为余文进院的时候，生活不能自理，她妹妹余静就被医生允许二十四小时待在病房照顾她姐姐。每次立薇查房，余文总是问一句答一句，而余静恨不得把她姐姐二十四小时的吃喝拉撒，打几次嗝，放几次屁，皱几次眉都要说出来。这几天，余静和护士们也混熟了。立薇从护士那儿知道，余静今年夏天研究生刚毕业。这次放暑假，去她姐姐那里度假，发现姐姐病得很厉害。这才给“姐夫”卢天成打电话，让“姐夫”带姐姐来治病的。

卢天成每天都来看余文，除了几句问候之外，他和余文对话很少，更多的时候是相对无言。立薇不知是因为自己在这里，给天成造成了心理负担，让他不敢和余文多言，还是这两个人已经到了无话可说的地步了。倒是余静见到天成总是一口一声“姐夫”，然后像汇报似的把余文的点点滴滴都要告诉卢天成。

立薇的内心已经煎熬了几天，现在终于到她轮休了。因为张中出差，立薇准备回娘家去看女儿。立影现在也在娘家，见了立影以后，到底告不告诉她这件事情？

22

那天上午，立影从娘家回到自己家里。家里没人，婆婆去天玉家去了。立影给卢天成打了个电话，卢天成的助理说，卢天成正在和客户开会，所以也没接通电话。

家里和立影离开的时候差不多，只是这么多天没打扫了，多了些尘埃。立影进门以后，二话没说，就动手收拾起来。打扫完卫生，已经到了中午。开冰箱门一看，冰箱里空空如也。立影无奈地摇头，她要不在家，这家人就跟不会过日子似的，也不知道天成这几天怎么过的。

立影在外面吃了午饭，回家时，顺便买了蔬菜瓜果鱼肉，把冰箱也给填满了。

回家歇了一小会儿，卢天成来电话了，说从助理那里知道她曾经给他打过电话，问立影有什么事？立影告诉他：自己回家了，让卢天成晚上没事的话，回来吃晚饭。她一会儿去把婆婆给接回来。

挂了卢天成的电话，立影给在天玉家的婆婆打了电话。出乎意料的是，婆婆不光没有埋怨立影在娘家待的时间太长了，反而问道："你怎么就回来了？"

"想你了呗。"立影在电话里开玩笑。

"我一个老太婆有什么好想的？"婆婆好像没有以前那么彪悍了，电话里的语气竟然有些伤感。

立影问婆婆要不要去接她回家。婆婆推辞，说不用了，她住在天玉那儿挺好的。立影也不勉强，正好有机会和卢天成单独在一起，这样的机会可真是太难得了。

傍晚，卢天成回家到家里。夫妻俩已经半个月没见面了，这是他们结婚以来分开最长的一次，初见面居然还有些不自然。

立影见卢天成瘦了，黑了，一脸疲惫，还以为是自己不在家没人照顾他的原因。心疼得嘴里直念叨："你怎么这么瘦啊？是不是我不在家，你就不好好吃饭啊？你怎么跟个孩子似的，自己都照顾不好自己。就算自己不做，在外面买着吃啊。不习惯外面的饭菜，那去天玉家吃啊。天玉一年到头在我们家吃了多少，难道还舍不得给你一口饭吃？”立影在唠叨之间，先是递上一碗凉透了的绿豆汤给天成解暑，然后又摆上几样小菜，都是清爽可口的。

这几天，就只有天成自己在家。每天回到家里，家里冷冷清清，死气沉沉，天成自己也觉得乏味。可立影一回来，她絮絮叨叨的声音，她来来回回的身影，就使这个家一下子灵动起来。家里已经被她收拾得干干净净，几盆快要枯萎的植物又给浇水了，又有了些生机。

天成的心情一下子又回到了暑假前一家老小都在，团团圆圆、和和美美的那种温馨的感觉。立影就是这样一个神奇的女人，仿佛是家的灵魂，只要有了她，家才真正是一个家。

立影还在絮叨：“我下午给你妈打电话了，说要去天玉家接她回来。结果她说就住在天玉家，不回来。我一想，今天我刚回来，又搞卫生，又买东西，也累了。今天不接就不接吧，明天再去接她，天玉家那么小，天玉又小气舍不得开空调，大热天的怎么待啊。我妈还说，要是你妈乐意，接她去我娘家住几天呢。”

提到天成的妈，天成的心里又一沉。老妈这次是赌气去天玉家的，自从老太太从天玉哪里知道卢天成把余文带回来治病了，老太太非常生气，大骂卢天成糊涂：“你把那个女人带回来干什么？立影知道了不和你闹啊？你是刚过两天好日子就不知道自己姓什么了。像立影这么能干的女人你到哪里去找？为了那么个女人，你要把这个好好的家拆散啊……”老太太为了逼着天成把余文送走，自己也离家出走了。临走时，老太太告诉天成：如果不把那个女人送走她就不回这个家。

“妈妈没跟你说别的？”卢天成问。

“没有。我还以为她要埋怨我在娘家待的时间太长了，结果她什么也没说。”

天成本来还想问立影是否见到立薇？立薇给她说什么了没有？话到嘴边又咽下去了。看立影这个样子，她应该什么都不知道。不知道就不知道吧，最好在她知道之前一切问题都解决了，也免得影响她的心情。下班回家之前，卢天成盘算了好一阵子，该怎么跟立影说余文的事情，但现在他决定还是不要提起。他不想破坏现在的这种温馨的气氛。

立薇回到娘家，没见到立影，大大地松了一口气。首先她不需要为“告诉不告诉立影”这个问题再做挣扎。再就是，立影不在，她有充分的时间和空间，把这几天憋在心里的事，一股脑地全说给了娘家人听。所以，当立影在家里努力恢复家里的生机的时候，娘家人却在为她的未来担忧。

“翔的妈妈病得很厉害吗？”老妈问。

"是啊，类风湿关节炎，全身的关节都疼，手指关节已经变形了。现在差不多瘫痪了，生活都不能自理。"

"这么厉害啊，年纪轻轻的怎么得这个病？"老妈心善，一听说余文病得这么重，同情心就上来了。

"听她妹妹说，好像是坐月子没坐好，坐下病了。后来也没好好治疗，所以就越拖越严重了。"立薇说。

"那天成是怎么知道她得病了的？"老妈问。

"翔的姨妈给天成打电话告诉他的。"

"翔的妈妈还有别的娘家人吗？她自己的妈妈呢？不管她了？"老妈问。

"听她妹妹说，她爸爸妈妈都没了。这个妹妹还是同母异父的。"

"那翔的妈妈也真够可怜的，这么年轻就得这个病，怎么办啊？天成说没说打算怎么安排她啊？"

"我问了，天成说还没想好，所以让我先别告诉妮儿。"

"也是，现在为难的是天成。你说不管吧，人家妹妹都打电话求救了，就是个路人也得搭把手啊，何况还是自己儿子的妈妈。你说管吧，这么管到哪一站是个头？"老妈担心地说。

"天成该不会和妮儿离婚，又和前妻复婚吧？毕竟他们有个孩子。"老哥突然插嘴问道。

"我就是怕这个啊！他们俩离婚好像是因为婆婆，两人还是有感情的。要真这样，妮儿可怎么办？"立薇不无担心。

"妮儿怎么这么命苦？原以为天成就是她的真命天子了，谁想到又出来一个前妻啊。她要出来早点出来，咱妮儿就不去蹚这浑水了啊。"老妈长叹一声。

立影回家两天了，婆婆依旧在天玉的家里不肯回来。立影也不勉强她。婆婆不在家，翔不在身边，立影的生活一下子就空了。立影便利用这个机会把家里的沙发，家具又重新调整了一下。卢天成上班回家，发现家里又变了个样。两人吃完晚饭，卢天成去了书房，立影拨了娘家的电话，和翔说了一会儿话，问了问翔在外婆家习惯不习惯？今天干了些什么？

翔问她："妈妈，你什么时候才回外婆家啊？"

立影问："是想妈妈了，还是想回家了？你要是在外婆家待烦了，妈妈就去把你接回来。"

翔说：“我还想在外婆家，和龙龙哥哥、甜甜一起玩，还想和外公去钓鱼，可是我也想妈妈了。”

立影听着心里暖暖的，便告诉翔，她会早点回外婆家的。又问翔：“你想爸爸了吗？爸爸想你了。”

电话那边传来翔的声音：“我也想爸爸。”

“那让爸爸跟你说话好吗？”立影说。

“好吧。”翔说。

立影和翔通话的时候，卢天成在书房里听得见。他在书房里待着，其实并没有要紧的事情，就是不知道怎么面对立影。听到立影喊他，卢天成从书房出来，接过电话，和翔说了几句，然后又把电话递给了立影。

立影接过电话，这次在电话那头已经换成老妈了。老妈说：“妮儿啊，要是家里都安排好了，你还是回来再住几天吧，翔这孩子挺想你的，这两天老问你。你婆婆要是愿意的话，你也把她带回家里来玩几天。家里房子大，有地方住。”

立影不知道老妈实际上在使“调虎离山计”。家里人怕立影知道余文的事情以后，和卢天成闹，所以想让她离开卢天成，好让卢天成专心处理余文的事情。

立影对妈妈说：“我婆婆现在在天玉家。她可能在天玉那里过得还挺好的，我要接她回来，她都不愿意，更别说要她去我娘家了。我一会儿去问问天成，要是他没意见，我明天就回家再待几天。”

立影挂了电话就去问卢天成：“翔在我娘家待着不愿意回来，要不明天我再回娘家待几天？”

卢天成看着立影，点点头说：“你去吧。”

立影又说：“就是你自己太不会照顾自己了。你看我没在家那几天，你过得什么日子？怎么又黑又瘦的，跟老了好几岁似的？这么大的人了，跟翔似的，不让人放心。”

卢天成听着立影的抱怨，又温暖，又心酸，却又不知如何是好，只是对立影说：“我自己能照顾自己的，你别担心，你回家好好歇几天，别担心我。再有，替我谢谢你妈妈。”

卢天成刚才接电话时，刚和翔说了几句，立影的老妈就在电话那头接过了电话，对卢天成说：“天成啊，翔他妈妈的事我们都知道了。你别着急，先好好照顾她。妮儿那里你先别对她说。她那脾气，说不好就炸锅了。我让她明天回来，回来以后我们好好劝劝她。”

卢天成心里非常感谢岳母的善良和宽容，对立影，他非常内疚，现在余文的情况很不乐观。他还不知道以后该怎么安排余文，所以也不知道该如何向立影提起这件事情。

23

第二天早晨，送天成上班以后，立影吃了早饭，收拾了一下房间，又给婆婆打了个电话，告诉她自己准备回娘家再住几天。然后又给翔和自己收拾了几件衣服，正准备出门，这时候门铃响了。

立影透过门镜一看，是一位陌生的女孩，大约二十四五岁的样子。可能找错门了？立影心想。

门铃顽固地又响了，立影开门问道：“你找谁？”

“请问这是卢天成家吗？”女孩问。

“是啊，他上班去了？”立影答。

“那您是他夫人吗？”女孩又问。

“是。”

“我就找您。”女孩说。

立影的心里首先闪过了的念头是：我不认识她，她找我干什么？难道卢天成在外面惹上是非了？现在小三上门来找他老婆我宣战了？

立影堵住门问：“可是我不认识你，你到底有什么事？”

那女孩说：“我是翔的姨妈。”

立影一听，放心了：想来天成也不是风流的种子，才半个月就会惹来风流债。似乎原来听天成说过翔还有个姨妈。虽然没有见过，不过想必不会有小姑娘以这种身份来骗人，立影就把客人让进家门。

女孩一进门，便四下打量起来，边打量边说：“真是有钱人啊，家里布置的就是不一样。这小区住的人都是很有钱的吧？我在外面一看就和别的小区不一样。”

家里刚装修不到一年，装修得比较高档。立影昨天又刚打扫过，沙发什么的重新摆了一遍，看上去家里的确舒适而且豪华。立影听她说话的语气带着嘲讽，心里略有不悦，不过没有表现出来，问她：“你是不是来看翔的？可惜他不在家，他暑假去外婆家玩去了。”

“外婆家？”女孩反问，似乎不理解外婆家的涵义。

立影立即解释道：“是我娘家，在离市里不远的县城里。”

女孩不说什么，在客厅里四下又打量了一番，然后，对立影一笑，说：“我叫余静，我姐和姐夫都叫我小静，我来不是看翔的，我就是来找你的。”

“找我？有事吗？”立影听她的口气不善，不由得皱了皱眉。脸上待客的笑容也收了起来。

“我今天来就是告诉你，我姐姐也来了。她是来治病的，现在市第一人民医院类风湿科住院部住院，是我姐夫把她接回来的。”

立影没回应，准确的说她被这个消息打蒙了。她姐姐？那就是天成的前妻，来这儿治病，是天成接来的？天成怎么没提起？这两天见到他，他跟什么事都没有发生似的。

“我猜我姐夫不会把这事告诉你的。所以我想，还是我来做个好人吧，免得你还蒙在鼓里。”余静显然很满意她的话对立影的震动效果，所以有些自得地接着说，“我姐和我姐夫虽然离婚了，但他们离婚不是因为他们的感情不好，而是别的原因。他们俩是大学同学，从上大学就好上了，这么多年感情一直挺深的。那时候，他们俩也算同病相怜吧，我姐很小的时候亲生父亲就死了。我爸爸是她的继父，我姐夫也没有爸爸。他们又都是穷人家的孩子，所以他们彼此相依为命，同甘共苦，毕业后他们又一起在这个城市共建家业。”

“别看我姐夫现在有钱了，他刚创业的时候，穷得要死。是我姐一个人挣钱养家，不光养我姐夫，还养我姐夫的妈妈和妹妹，我姐那会儿可没少受苦。结婚时，我姐夫连个戒指都没给我姐。生孩子时我姐也没人照顾，结果落一身病。她现在的病就是那个时候落下的。他们俩本来是非常恩爱的一对，如果不是我姐夫他妈，他们根本不会离婚，那么现在这个家的女主人就应该是我姐了。”余静说到“这个家的女主人”时很挑衅地看着立影。立影那时候已经呆了，根本没有任何反应。

余静接着说：“可惜我姐没福气，跟着我姐夫吃了苦，却没有享福。可是我觉得他们虽然离婚了，但他们还是有感情的。尤其是我姐夫对我姐，他根本忘不了我姐。他一直都在等着我姐回心转意，为了挽回我姐的心，我姐夫心甘情愿地供我念大学。我大学里的生活费和学费都是我姐夫出的。直到我读了研究生，在学校里有了补贴，我才没要他出钱了。就这样，他还给我买了一部笔记本电脑送给我当礼物呢。现在即使我姐夫结婚了，他还是惦记着我姐。就说这次吧，我放暑假去我姐那里，发现我姐情况不好，就给我姐夫打电话。我姐夫立即就去把我姐接回来了，你说这是为什么？

“我想其实你也应该明白，我为什么今天来告诉你这些。我知道我姐夫再婚了，但我知道你们俩结婚肯定不是因为爱情。我姐夫一个人也挺辛苦的，上有老下有小，他当然需要一个人为他照顾老小啊。再说，即使你们有感情，那又有多深？能和我姐我姐夫他们十几年的感情相比吗？况且他们还有翔，你不觉得他们才是真正的一家人吗？”

余静一口气说下来，边说边暗自观察立影的表情。看见立影的脸色从开始的目瞪口呆到后来的黯然失色，心里不觉狂喜。这就是她今天来的目的。前几天，卢天成每天一下班就去医院看余文，虽然他们很少说话，但是从他的眼睛里，可以看得出他对余文的怜惜和关切。但是这两天，他突然就不去了。余静猜想：可能是卢天成现在的妻子从中作梗了。她偏不服这口气，卢天成现在的天下是在她姐姐帮助下才打开的。可是现在和卢天成一起坐享天下的却是一个外人。她姐姐为了卢天成消耗了青春，健康。现在年纪大了除了一身病，什么都没有，这对她姐姐也太不公平了，她必须要为姐姐讨回公道。今天她就是特意来看看她姐姐的继任的，就是要明确地告诉她事实，让她退位，把卢天成夫人的位置还给她姐姐。她要知趣，自动退出，那么一切都迎刃而解了，她要不知趣，那我余静也不是好惹的，这个公道她讨定了。

这时，立影开口说话了：“拜托你最好先把称呼改一下，别一口一个姐夫姐夫的，听着让我迷糊。你是在说卢天成吗？卢天成现在的老婆是我。你一口一个姐夫姐夫的，让别人以为，我有你这么个妹妹。拜托，我在我家是最小的，没当过姐姐，当不起有你这个妹妹。”

余静一愣。刚刚明明看见程立影一副心灰意冷，被打败的样子，怎么一开口别的不说倒挑起她的理了？

“他就是我姐夫，过去是现在是，将来还是。”余静毫不退让。

“你要是真的想喊他姐夫，就在前面加个前字吧。他过去是你姐夫，但现在不是。至于将来，就算你想恢复卢天成姐夫的身份，你说了还不算，还得我说了算。我不放卢天成走人，你再想他当姐夫，也是白想。谢谢你来告诉我这些。你也说完了，我也听累了，要不我就不留你了？”

余静听立影的口气是要撵人，不觉一愣，明明从进这个家门开始，都是自己占了上风，怎么这个女人一开口，就像是自己落败了？要这样被她赶走，岂不是白来了一趟？不行，今天一定要她知道：谁才有资格做这个房子的真正主人。

于是，余静壮着胆子说：“你还讲不讲道理？这房子是我姐姐和我姐夫一起奋斗的结果，你凭什么赶人？要说起来，你才没有资格住在这个房子里。”

立影这时已经非常不耐烦了，哪里还有心思和她讲什么道理。于是提高嗓门，厉声说道：“你走不走，你信不信我一脚给你踹出去？”

余静虽然比立影高出半个头，可是以前从来没有见过说不了几句话就要动脚踹人的人。慑于立影的淫威，连忙逃了。

立影"送"走客人，自己也差不多无力了。说实话余静带来的消息真的把她打败了。这半个月在娘家待着，居然发生了这么大的事，而她却不自知。她以为她和天成越来越了解越来越心心相印了，可没想到天成居然瞒着她和前妻有瓜葛，那她立影成什么人了？

余静刚刚提到"市第一人民医院类风湿科"，那不就是立薇的科室吗？这两天她都在上班，出这么大的事，她不可能不知道。居然瞒着我？到底TMD你和卢天成亲还是同我亲啊？

环视这个家，这个她一心一意经营的家，这是她的家吗？也许现在是，以后就不是了。

想到这里，立影对这个她一手布置起来的家竟有了几分陌生感了，她拿起电话，心里默念着两个电话号码，一个是卢天成的，一个是程立薇的。

该先打给谁？

立影还是先拨打了卢天成的电话，卢天成的助理说卢天成不在，出去会见客人去了。

什么狗P客人，肯定去医院见他前妻去了。立影火冒三丈，心里骂道。回身抓起自己的提包，出了门打了个出租车，直奔市第一人民医院。

那个时候，还没到探视时间。住院部守门的大爷和立影认识，以为她是来找她姐姐的，就放她进去了。

立影直奔三楼类风湿科病房，在楼梯口遇见了护士小高。

小高问立影："立影姐，来找程大夫啊？程大夫今天休息。"

"我不找她，我来看个病人。"立影敷衍道，眼睛不住地往病房那边瞄。

"哦，是咱们科的病人吗？"小高热情地问。

"是内科的。"立影搪塞道，然后问："你现在忙不忙？"

"忙，现在床位紧张得要死，一有空位就有新病人填进来。"

"是吗？听说你们病房最近又接了个病人？病得很厉害？"

"可不是吗？挺年轻的，就得了类风湿关节炎，四级，快瘫痪了。"小高说。

立影一听，心里一抖。刚刚在家里听余静说的时候，还没觉得卢天成前妻的病会多严重，以为余静是拿"病"来借口说事的。

"那不，她出来了。"小高一指走廊。

就看见余静扶着一个人从病房里出来。那人一手扶着余静，一手拄着拐杖，歪歪斜斜地像是撑不住自己，但是还是挣扎着往前走，一步一歪，随时要倒的样子。立影心里一紧，虽然她从来没见过余文，但是心里还是能断定，那就是卢天成的前妻。

“那么厉害啊？这病怎么得的？”立影忍不住问小高。

“听她妹妹说，是坐月子时落下的病。说她的婆婆特别可恶，寒冬腊月的，她还没出月子，婆婆就不管她了。她自己做饭洗衣，给孩子洗尿布，她老公也不管。你说这男的怎么想的？还是人吗？结果吧，你看看这女的病成这样，还离婚了，据说也是因为婆婆才离的婚。你说她惨不惨？”小高不无同情地说。

“那谁送她来医院的？”立影又问。

“是她前夫。那男人大概良心发现了，知道她病成这样，就把她送来了。前两天那男人还天天来看她。这两天又不露面了，八成啊，交点钱，把人扔到这里就不管了，又要当缩头乌龟了。”小高不无鄙夷地说。

“那男的怎么这样啊？这不是狼心狗肺吗？”立影忍不住骂道。然后一想，自己不是在骂卢天成吗？

“谁说不是？要不说，女人还得爱惜自己。靠男人啊靠不住。”小高说。

立影就觉得有些头晕。小高问：“立影姐，你怎么脸色苍白？是不是天太热了，中暑了？要不要去我们值班室坐会儿？我给你倒点凉水来。”

立影跟着小高进了护士值班室，找了个地方坐了下来。

当班的护士立影都认识，立影和她们有一搭无一搭地聊着，现在自己也不知道来干什么来了。

在没有看见余文之前，立影满腔斗志，要和卢天成说个明白：她程立影一不是小三，二没有害前妻，三没有虐待翔，凭什么要在前妻面前输了阵势。可是刚才见到余文的样子，立影立马就泄气了。再和余文面对面地争执，就好像一个身体健全的人凭着身体的优势，要去欺负残疾人似的，胜之不武。可是，就任凭事情发展？立影也茫然了，到底该怎么办？

这时，有人问话了：“小高呢？”

立影抬头一看，原来是郭正安。

“小程？是你？找你姐姐？”郭正安也认出是立影。

立影看见他，心里就有些习惯性地恐惧。这个人似乎是她的灾星。每次见到他，都是立影最倒霉的时候，想到上次两人见面不欢而散，立影就有些不自然了，讪讪地问道：“郭大夫，你怎么在这里？”

“我来看一个病人的资料，你见到小高了吗？”郭正安问。

"她马上就回来。"立影说。

说话时，小高就进来了，给立影端来一杯凉水。

郭正安问小高："余文的血清检验报告出来了吗？"

"好像出来了。"小高回答。

"拿来我看看。"郭正安说。

"好的。"小高答应一声就出去了。

立影问："郭大夫，你现在调到类风湿科来了？"立影的印象里，郭正安是免疫科的大夫。

"没有。我是来收集病例的。类风湿关节炎是一种慢性全身性自身免疫病，我现在正在研究这个病的病理，所以过来查一些病人的数据。"

"我刚才看见一个病人病得很厉害，听说是坐月子的时候落下来的。月子坐得不好，真能落病啊？"立影问。

郭正安解释："类风湿关节炎的病因到现在还没有定论，但是，目前普遍认为，这种病的起因是病人自身的免疫系统出了问题，与病人的体质有关。女人坐月子是东方的传统，但是在西方，妇女生孩子的时候，并不讲究这些。现在没有定论一定和生孩子、坐月子有关。但是，中国千百年来这么注意妇女生孩子时的保温保暖，避免潮湿阴冷，是有一定道理的。生孩子，是女人身体最脆弱的时候，所以有的女人会在月子里因为环境不好，比如受凉、潮湿、太过劳累、精神创伤、营养不良等等，诱发类风湿关节炎。"

"那她还能治好吗？还是一辈子就这样了？"立影问。

"还是要想办法治疗的。她这么年轻，哪能就此放弃？"郭正安说得并不肯定。

小高这时进来，把几张化验报告递给郭正安，对立影说了一句："余文的前夫来了，刚刚进病房了。"然后匆匆离开。

立影的手一抖，刚刚小高递给她的那杯水，让她洒了一大半。郭正安觉察出立影的异常，连忙问："你怎么了，不舒服吗？"

立影摇摇头，惨然一笑："没事，这里太热，我出去透透气。"

立影本来是要来这里找卢天成的，向他问个究竟的。现在卢天成来了，她竟然躲了。虽然她勇猛，但是面对余文，她竟然鼓不起战斗的勇气。

立影就这样离开了住院部。

这时，她的手机响了，是老姐打来的。老姐问她，现在在哪里？为什么还没有到家。

立影说，她马上就回来。

24

立影娘家的气氛比她离开的时候沉闷多了。大概老姐已经把卢天成的前妻出现的消息告诉大家了。只有孩子不懂大人的心思，依然活泼开心。

翔看见立影，高兴地叫着“妈妈”就扑进立影的怀里。两天不见立影，这孩子看立影格外亲热，腻在立影的身边寸步不离。立影给翔带来了他要的玩具和图书。翔拿着书，缠着立影给他讲故事。

立影老妈看得心酸，偷偷对立薇说：“妮儿和这孩子多有缘分啊，这好日子才过几天，怎么又出事了？你说妮儿可怎么办啊？”

“还是要告诉她，让她心里有所准备。”立薇说。

等翔在立影的身边腻够了，被龙龙和甜甜喊走以后。老妈和老姐过来。老姐说：“妮儿，有件事要告诉你。”

“是翔的妈妈的事吧？”立影反问。

“你知道了？”立薇有些诧异，和老妈面面相觑。

“你不告诉我，自有人告诉我。”立影冷笑道。

“谁告诉你的？”立薇不计较立影的冷言冷语，倒是很关心立影怎么知道这个消息的。

“卢天成的前小姨子，今天一大早，跑到我家里去，向我通报，卢天成的前妻回来了，让我这个现妻准备让位。”立影冷冷地说道。

“哪来的丫头这么不懂事？什么时候轮到她说话了？你是卢天成明媒正娶的老婆，她有什么资格让你让位。”老妈一听就怒了。

“人家那才是亲姐妹呢，多向着自己家人啊！哪像我的亲姐姐，和人合着伙了欺瞒我。”立影讥讽道。

“你也别怨我，说实话，我知道这事以后自己也懵了。不知道告诉你好，还是不告诉你好。”立薇解释道。

“妮儿，你也别怪你姐了。听说翔她妈妈病得很厉害。”老妈替立薇解围。

“嗯，我上午去医院看见她了，走路都走不稳，还要人扶着。”

“你去医院了？”立薇问。

“去了，本来想和她当面锣对面鼓地敲上一通的。一看到她那样，我也不敢走上前去了。”立影说得有些伤感。

“她知道你是卢天成的老婆？”立薇问。

“她没看见我。”

“妮儿，那你咋办啊？”老妈不无担心地问。

“我能咋办？卢天成不告诉我，明摆着就是不让我介入。那我就靠边站呗，等着他帮她治好病。”立影无奈地说。

“那要是余文的病老也治不好呢？”立薇问。

“你什么意思？”立影疑虑地看着立薇。

“可以这么说，现在并没有一种特效药能将这个病治愈。这种病只能控制，并且还特别容易复发。也就是说，卢天成要么不管她，要管就是一辈子，一辈子都要为她的病操心。”立薇说。

“那我怎么办？我就让他们俩这样耗一辈子？”立影有些绝望了。

“这才是你现在要考虑的问题。”立薇现在非常严肃，说，“你也别怪卢天成到现在还不告诉你这件事。他要是有意瞒着你，就不会把余文送到我的病房里来。我跟他谈了，他现在心里的确很乱，不知道该怎么处理这件事。我不告诉你，一是确实觉得这件事棘手，二是跟你说了，怕你绷不住，去找卢天成闹，反而把卢天成惹火了。”

立影想：老姐还是很了解她的，上午一知道这件事，她想到的第一件事就是要找卢天成问个明白。要不是卢天成没接到她的电话，要不是她后来看见余文那个样子退缩了，她现在早就和卢天成闹个天翻地覆了。

“你现在要想的问题不该是为什么卢天成不告诉你，他告不告诉你，现在不是最重要的问题了。现在的问题是你得想想你以后该怎么办？”这就是立薇，每到关键的时候，她总是能冷静理智地分析各种不同的状况，抓住关键问题，然后做出决定。从不冲动，不莽撞行事，这就是为什么她永远都立于不败之地的原因。

“余文现在这个样子，卢天成不知道则已，现在他知道了，他就不能不管。他要是不管，那他根本就是个没良心的混蛋。要他真是这样的人，你能踏踏实实跟他过一辈子吗？ 说不定哪天你有难了，他也会把你抛弃。 现在，卢天成第一时间去把余文接回来，给她治病，说明这个人有情有义，值得钦佩。 但是现在，卢天成要管余文，就不是一朝一夕的事情。 那你怎么办？ 跟他一起去照顾余文？ 或者，冷眼旁观？ 不论怎样，余文肯定是要夹在你们婚姻里，何况他们俩还有一个翔。 所以你要想明白：你能不能容忍余文存在于你们的婚姻里？”

“我容忍怎么办，不容忍又怎么办？ 这是我能决定的吗？”立影茫然地说。

立薇说：“你要是容忍，就不是一天两天，甚至不是一年两年，可能就是一辈子。就算你不去照顾余文，但是卢天成必须要照顾她。 卢天成对余文来说，即使不是法律上的丈夫，但是心理上，甚至感情上，他们都有可能以夫妻相待。 你能容忍吗？ 你要是不能容忍，那么就只能离婚。 现在不离，等你受不了的时候也会离。 虽然不是像余文的妹妹说得那样，是你自动给余文让位，但是为你自己考虑，那就是以后要活得轻松一些，简单一些，但是这样你就要失去现在的家庭。”

“妮儿为什么要离婚？ 她又没犯错误，她上孝敬老人，下照顾孩子。 贤惠能干，过得好好的，为什么要离婚？”老妈忽然就听不明白了，激动地说：“翔他妈妈有病，咱们帮她治病。 要没人照顾她，把她带家里来，我现在还动得了，我来照顾她。 我实在动不了了，咱请个人来照顾她。 不管怎么着，不能让妮儿离婚。”

“妈妈，事情不是这么简单的。 不是咱们说怎么办就能怎么办的。 如果卢天成还念旧情，让他在妮儿和翔的妈妈之间选择，他很有可能选翔的妈妈。 毕竟妮儿身体健康，还有我们一大家子人。 而翔的妈妈除了天成和翔，再没有别的亲人了。 人都是同情弱者的。 所以有可能卢天成宁愿负妮儿，也要和妮儿离婚，再和翔的妈妈复婚，给她一个家，一个心理上的安慰，况且他们还有一个翔。”立薇亲眼见过卢天成对前妻的担忧、照顾和体贴。 她看得出他对她的感情，这才是最让立薇担心的。

“为什么？ 为什么要我离婚？ 为什么要我容忍他的前妻存在于我们的婚姻里？ 这对我不公平，我又没有做错什么。 他前妻病成那样，又不是我造成的。 是卢天成的妈妈害她成那样的，是卢天成害她成那样的。 她要算账也要找他们，为什么要我买单？”立影忍不住叫了起来。

立薇说：“妮儿，不是我要你离婚，也不是我要余文夹在你和卢天成之间。 而是现在就是这样的状态，除非你要卢天成不管余文。 你觉得可能吗？ 所以，不管你愿意不愿意，你必须面对这样的事实，你和卢天成之间，有了这么一个人，你的生活不会再像原来那么单纯了。”

有的时候，立影非常恨立薇。立薇就像一个冷面判官一样，总是把冰冷的事实展现在你的面前，容不得任何幻想。而更可恨的是，她说的都是事实，让你不得不面对。有的时候，立影又非常感谢立薇，如果不是立薇的冷酷无情，逼着立影面对现实，立影自己也不知道现在会成什么样子了。

现在立薇再一次把残酷的现实摆在立影的面前。立影叹了口气，她无话可说，她能说什么？老天给了她这样一个男人，她的婚姻已经不可能如她所愿地圆满了。她现在所能选择的就是：和卢天成一起承担一切，或者离开卢天成。

但是，老天连这个选择权力都没有留给她。

立薇当天晚上就回市里了。第二天早晨，她去上班的时候，病房里一阵忙乱。值晚班的护士告诉她：昨天晚上，余文自杀了。

半夜，值班护士查房的时候，发现余文没有在病床上。护士把陪伴她的余静叫醒，问余静：病人到哪里去了。余静茫然，这几天她也疲累了，看见姐姐睡下后，她也就睡着了。

同病房的病人这时也醒了，说是迷迷糊糊中，好像感觉得到余文自己拄着拐杖出去了，可能上厕所去了。余静去厕所找余文，有一个格子间紧闭着。余静敲了半天门，里面没有动静。从门下的缝隙往里一看，只看到了余文的脚和一个空的安眠药的药瓶。余静喊来护士，撞开格子间的门。这时，余文已经不省人事了。

余文显然不是因为冲动而自杀的。这几天她的情绪非常不好，极少说话。医生的问话也多是由她妹妹来帮她回答的。那瓶安眠药是她从外面带进来的，前几天她不能自主行动，身边一直有人守护，没有机会。经过这几天的治疗，余文的身体状况比刚进医院的时候好了一些，拄着拐杖可以自己勉强走路了，所以昨天深夜，趁陪伴她的妹妹余静睡着的时候，她自己偷偷地去了厕所，在厕所里吞服了安眠药。

立薇早晨上班的时候，余文已经被抢救过来了，躺在自己的病床上闭着眼睛，手上打着点滴。卢天成坐在余文的病床边，满脸憔悴，疲惫不堪。看到卢天成那个样子，立薇都有些心疼他了。这个平常看上去温文尔雅，风度翩翩的男人，才几天的工夫已经被折腾得狼狈不堪了。

立薇查完房，走到卢天成的边上，例行公事地对他说："你跟我来一下。"

卢天成便跟着她出了病房，来到医生办公室。

办公室里没有别人，立薇问卢天成："你一夜没睡？"

卢天成点头："昨晚刚躺下，就接到她妹妹的电话，说她自杀了。"余静发现余文自杀以后，就给他打电话，把他叫来了。然后，卢天成就在这里守到天明。

立薇笑了一下说："你这个前小姨子对你这个姐夫还真是挺惦记的，生怕你的生活太平静了，可着劲地给你找事呢。"

卢天成不解地看着立薇。

立薇接着说："余静昨天早晨到你家去了，告诉立影，你前妻回来了，让立影给余文让位。"

卢天成目瞪口呆，说："她怎么这样？我没让她这样做。"

立薇冷笑道："大概人家看你犹犹豫豫的，不耐烦了，帮你下决心了吧。"

虽然立薇很同情卢天成目前的处境，但是她更关心的是自己的妹妹。她不能不为立影说句话，立薇问："余文来了也有好几天了，现在立影也知道这事了。你怎么着也要给立影一个交代吧。你到底怎么安排余文？总不能让立影傻乎乎地一直等着吧。"

卢天成颓废地叹了口气，说："我大概要辜负立影了。"

"什么意思？"立薇问。

"余文这个样子，我不能不管。她现在连活的勇气都没有了，除了我，谁还能给她希望？"卢天成说。

"那立影呢？她现在才是你的老婆，你真正应该负责的是立影。"立薇说。

"可是，我能给立影什么呢？家里有个老妈，有个小儿，已经够她忙的了，现在又加上一个有重病的前妻？我总不能让她帮我孝敬老妈，抚养幼儿了以后，还要她帮我侍候前妻吧？立影是个好女孩，我很感谢这一年来她对我，对翔做的一切，但是我家现在这个样子，我不能给她一个正常的家庭了，所以也不能拖累她。"

"怕拖累立影是假，想着和前妻破镜重圆才是真的吧？现在翔的亲妈回来了，立影多余了。该打发她滚蛋了，所以找个冠冕堂皇的借口让她走人。这样，你一家就可以花好月圆了。卢天成，你的算盘打得不错啊。"立薇冷笑道。

卢天成惨然一笑："花好月圆？余文这个样子，哪里还有什么花好月圆？当初她离开我，就是因为原来的那点感情已经磨没了。现在又分开了这么久，你以为我们还会旧梦重温？你要是不信，你去问余文：她现在爱我多一些，还是恨我多一些？她怕是连把爱这个字和卢天成联在一起都不会愿意了。

"当初在大学的时候，我们两人也是有过山盟海誓的，说过要'执子之手，与子偕老'的。后来，她为我吃苦受累还受我母亲妹妹的气，都是因为爱我，怕我为难。可是我那时年轻，不懂得维护她。每当我母亲和她冲突的时候，只是委屈她。总觉得来日方长，她为我受的委屈，我以后会补给她的。她怨过，恨过，然后就麻木了。有多少爱情经得住那样折腾？哪里还有什么来日方长？她当初离我而去的时候，肯定是赌了一口气，指望着离开我就能找到幸福。哪知道，她会变成现在这个样子？她现在连自己的身体都保不住了，还要我去救她。她也是一个骄傲的人，哪里经得住这样的打击？尤其是在我的面前，这么失败。这些天了，她连话也不跟我说一句，你还看不出她的恨意吗？她内心里并不愿意我出面救她，更不想成为我的包袱。如果不是她身体这样，大概早就离我而去了。现在她走不了，只能自杀，也是为了在我面前成全她最后的自尊吧。我对她，说完全没有感情是假，但是内疚大于爱情。她现在这个样子是我害的。我不能眼看着她这样毁灭了自己。所以，现在，我和她之间，谈感情已经是一种奢侈了。她能接受我的帮助，好好活下去，我们能以平常心相处就不错了。”

立薇心里轻轻地感叹了一下：印象中的卢天成是那种特别务实，把感情看的很淡的人。原来他只是不露声色而已，内心世界里也是这样感情丰富而细腻。

实际上，在余文出现以后，立薇便和内科的周医生做过一次长谈。周医生是余文的老乡，原来也是余文少有的好朋友之一，对余文原来的生活比较了解。从周医生那里立薇知道了一些卢天成和余文离婚前后的事情。

余文很小的时候父亲就死了。母亲在她六岁的时候改嫁，在她七岁的时候生下了妹妹余静。在余文二十岁上大学二年级的时候，母亲又因病去世。

余文和卢天成大学毕业以后，就一起来到本市。卢天成在一家化工企业工作，余文则去了一所中学做了化学老师。他们工作一年后结婚。结婚后不久，两人一起回了卢天成的老家一趟。家里的房子已经摇摇欲坠，破旧不堪了，需要全部翻修。那时候他们并没有钱来翻修房子，而且卢天成早就不想让老妈再过那贫穷受气的生活了，所以就干脆把老妈和妹妹一起带到了城市，在他们租的一个两室的小居里，一起生活。

但是，卢天成的老妈不喜欢余文。一是因为余文父母双亡，天成老妈认为她命太硬，克父、克母，以后怕还要克夫。二是余文和天成老妈的生活习惯不太相同。天成的妈妈生活上不是很讲究，脏乱惯了。而余文偏偏是一个有点洁癖的人，一看到家里乱七八糟的就不能忍受。不管多晚多累，都要收拾干净，这样就引起天成老妈对她更大的不满。天成老妈是那样一个暴躁的人，自然对余文没什么好脸色，骂街撒泼也时有发生。余文又是那种不愿意与人冲突的人，所以只能把委屈告诉卢天成。卢天成那时工作很不顺心，他在的那个企业不死不活的，每月挣的钱连自己都养不活，何况还有这么一大家子？卢天成的心思全在挣钱上面，哪里有心思管这些婆婆妈妈的事情，所以一味地让余文忍耐。

后来，卢天成所在的企业终于倒闭。卢天成失业了，就和几个朋友决定自己创业。家里的经济负担全压在余文身上。要养包括婆婆小姑子在内的一家四口，余文的那点工资并不够用，所以除了正常给学生教课以外，还在课余去当家教挣钱贴补家用。这样，余文在家的时间少了，婆媳矛盾暂时有了些缓和。

这样过了两年，余文的妹妹上大学了。那时，余文的继父已经再婚，继母提出，要余文负责余静在大学里的生活费。这样，余文的经济负担更重了。天成妈对媳妇女儿向来是双重标准，认为余文已经嫁到卢家，就不应该再负担娘家妹妹，却不顾二十好几的天玉已经在家吃了好几年闲饭的事实。但是余文又怎么能置自己的妹妹于不顾呢？这样婆媳矛盾又增添了几分。

卢天成和朋友一起创建的公司时起时落，朋友坚持不住，已经撤退了。只有卢天成还在独自坚守。生意太难做了，卢天成不能拿钱回家，本来就压力很大。回到家里，还要面对妈妈对妻子的谩骂，妻子对妈妈的抱怨。卢天成索性就躲出去了，经常借口生意忙，好多天也不回家，任凭懦弱的妻子被老妈和妹妹欺负。

余文怀孕到八个月的时候，仍然在坚持上班，一来家里缺不了她的那份收入，二来她如果成天待在家里，也确实难面对婆婆和小姑子。总算卢天成的生意有了一点起色，开始慢慢地有了一些固定客户，业务渐渐地走上正轨。卢天成有了收入以后，他们就租了一个大一点的房子。

翔出生的时候，正是卢天成公司的发展时期。生意越来越多，卢天成也就越来越忙，成天在外面出差。侍候余文月子就交给了卢天成的老妈。卢天成的老妈一则不喜欢余文，二来她本来就是个不讲究的人，就按照乡下的习惯侍候余文，对余文的照顾十分马虎。余文不得已，只能亲力亲为。那时是寒冬腊月，她生孩子没有几天，便下床给孩子洗澡、洗衣、洗尿布，给自己做饭、炖汤。孩子哭了闹了，余文也只能自己抱着孩子哄。婆婆看不惯她，自然少不了谩骂打击。余文那时已经麻木，知道跟卢天成抱怨也没有效果。所以干脆不抱怨了，有苦有累只好自己忍了。卢天成偶尔回家，看见家里风平浪静，以为婆媳关系因为翔的到来改善了。

到翔十个月的时候，卢天成做成了一笔大生意，一下子得了十几万元的分红。这是他们第一次有这么多钱，卢天成就和余文商量买房。余文以为自己终于熬到头了，也不计较以前和婆婆之间的恩怨。只想到卢天成的生意走向正规了，家里经济不那么紧张，她的压力小多了，就不用那么拼命挣钱了。现在又买了房子，日子会越来越好。等他们看好房子准备付款的时候，有一天，天玉突然宣布：她有男朋友了，并且她已经怀孕了。天玉的男朋友是外地农村来这个城市打工的青年，家里条件也不好。男青年答应，只要天玉有房子，他就和她结婚。天玉那时已经二十五岁了，她这个年龄在家乡孩子早就打酱油了。在城市里更是不好找对象，现在好不容易有了男朋友，还有了孩子，当然要抓住。否则，天玉以后再找对象那是难上加难，所以天成就决定用那十万元先给天玉买房。余文当然不愿意，和卢天成发生了结婚以来最大的争吵。但是，那会儿天成已经下了决心，不顾余文反对，一意孤行地给天玉买了房子。余文一气之下自己搬出家里，和天成分居了。

余文和他分居，卢天成并不以为然，以为余文只是一时赌气。但是那时，余文对天成已经完全绝望了：自己跟着他吃苦受累这么多年，在这个男人的心目中，却始终没有地位。她只不过是一头老黄牛而已，干活受累是她分内的，但有了享受却要让着他的母亲和妹妹。这样的日子，她看不到头。虽然后来因为翔的关系，余文又搬回家了，但是心已经不在家里了。这时，余文在网上认识了一个男人，那个男人和她一样是中学老师，是教语文的。余文从喜欢他博客上写的文章开始，渐渐迷上了他，总觉得他温文尔雅，善解人意。喜欢在网上和他聊天，把自己在生活上的苦恼告诉他。而那个男人会在网上开导余文，给她发一些网文，网上笑话，或者好听的歌曲，给她解闷。余文在他那里得到了从卢天成这里得不到的安慰，就觉得再也离不开这个人了。在翔差不多一岁的时候，有一次天成出差，余文突然就从家里消失了。两个月以后，余文重新出现，便提出和卢天成离婚。卢天成那时苦苦哀求，希望她能留下，但是余文去意已决，没有回头。

余文就是去投奔那个语文教师去了。那个语文教师在邻省的一个县城里的重点中学教高中语文，非常有才华，人也很善良，余文后来也在那个中学教初中化学。余文那时候已经开始有类风湿关节炎的症状了，但是她没有在意，以为就是普通的关节炎。而那位语文老师，有严重的先天性心脏病。两人同病相怜，相依为命。他们并不追求天长地久，只珍惜两人在一起的朝朝暮暮。一年以后，他们结婚了。两个人过着既浪漫而又平静的生活。直到上个月，语文老师的心脏病发作，突然去世。余文那时的病情也比较严重了。在失去爱人打击下，她根本无心医治，任由病情发展，一直到余静的到来。

卢天成其实在余文未离家出走之前，已经感觉到余文感情的游离，也和余文争执过，但是卢天成总相信他们之间是有爱情的。余文不会舍他而去，所以并没有着意去弥补。等到余文真的一去不复返了，他才懵了。再回首往事，才发现自己是那样的不珍惜余文，总想着以后会有机会补偿余文的，所以肆意挥霍余文对他的爱情和宽容，终于把余文的感情挥霍一空。现在余文连补偿的机会也不给他了，卢天成后悔莫及，只能把对余文的内疚补贴在余静的身上，所以他主动承担了余静的学费和生活费。在得知余文结婚的消息时，他并没有急着再婚。因为他那时候，对感情、对家庭已经完全不抱希望了。

卢天成在和立薇谈到他和余文离婚的时候，把责任全归咎于自己，只字不提余文当初的外遇和私奔，这让立薇既意外，又有些欣赏卢天成。立薇相信余文对卢天成其实已经没有爱情，有的大概只是怨恨了。就连余文的自杀，也是出于她对卢天成的怨恨，怨恨他让她陷入现在的困境。她大概是要用自杀的方法来报复卢天成，要让他悔恨终身。

立薇刚才的那段“花好月圆”的话，其实是在试探卢天成，看他是否还对余文抱有幻想。哪知，卢天成如此清醒，非常清楚他和余文现在的现状。但是，即使他明知和余文不可能再有往日的那种感情的情况下，还决定为了余文而“辜负”立影。这就让立薇刮目相看了。

如果卢天成想生活得舒心惬意的话，自然是该选择立影。他选择余文，不光只是余文的病体，就是他那一家子婆婆妈妈也够他再头疼一阵子了。

他和余文两人之间，余文是感情的背叛者，如果卢天成只尽一些人道主义的支援，完全无可非议。但是这样一来，余文生活就完全没有希望了，终究会抑郁而终。现在卢天成决定舍弃目前安稳的生活来拯救余文，立薇还是很钦佩卢天成的勇气。只是，这样一来，就对立影有些不公平了。但是，立薇转眼一想，如果卢天成选择立影，然后让立影和他一起照顾余文，那样就对立影公平了？

立薇想了想，对卢天成说：“不管你是怎么想的，在这件事上，立影是最无辜的，我希望你要给她有个交代。”

卢天成点点头：“我会尽力的。”

25

立影在娘家待的烦闷。卢天成迟迟没有消息，又从立薇那里传来了余文自杀的消息，就算立影神经再大条，也能感觉到卢天成的压力。立影对婚姻的前景也越来越不看好。立影心里很憋屈，自己无辜的婚姻，就这样被卢天成的过去绑架了，而且无法赎还。若是按照立影以往的脾气，立影会不顾一切地闹一顿。可是即便闹了，又会得到什么？把余文闹走了，卢天成就不惦记她了？就能一心一意和自己过日子了？何况还有翔，如果翔长大了以后，知道他的亲娘的结局是这么悲惨，他会有什么感觉？

那天上午，嫂子看立影情绪低落，就带着立影一起去她娘家散心。到了嫂子的娘家，嫂子的妈妈拿出自家园子里种的瓜果来招待立影。几个人说了会儿闲话。又带着去了菜园里，摘了好些瓜果蔬菜。吃了中午饭，这才回家。

回到家里，立影看见姐夫张中的车停到房子前面。进客厅一看，张中和卢天成都来了。

老妈红着眼，正唉声叹气。

老哥暴怒，对着卢天成正在咆哮："卢天成，去年你求着我们把妮儿嫁给你的时候，你怎么说的？你说你是真心地要和妮儿结婚的，要好好对待我们妮儿的。我看你还像个男人，才答应把妮儿嫁给你。现在才过去一年，我家妮儿到底做错了什么？你说不要就不要啊。你今天不把话给我说明白，我让你走不出这个房子。"

立影脸色苍白，怔怔地看着卢天成。

卢天成这时也看见立影了，只是呆呆地望着她。

"妮儿现在也来了，你现在就当着她的面，当着她娘家人的面把话说清楚。你过去的那些烂事，我不听，那是你的问题，是你老娘的问题。不是妮儿的问题，不能让妮儿给你买单。你就说妮儿做了什么错事，让你动了心要甩她……"老哥继续吼道。

张中出来打圆场："大哥，你先别太着急。现在妮儿也回来了，你让他们小两口先单独谈谈，把话说开了。”

说着，就让立影带着卢天成上楼去了立影的卧室。

客厅里，老哥仍然十分气愤，还在继续说：“你说卢天成是不是有毛病啊，自己过得好好的，为了一个离了婚的前妻，非要把自己的家拆散。”

张中说：“卢天成这个人是很心软的。在生意场上，他也是出了名的老好人。他的有些客户，一时半会凑不起货款，说缓几天，他也不说什么。虽然说也亏了些钱，但也积攒了不少人缘。他这人诚实，大家愿意和他打交道。

“卢天成对外人尚且如此，何况对前妻？如果卢天成心里放不下前妻，非要照顾前妻。他要和妮儿离婚，其实是对妮儿的解脱。卢天成的日子现在是一塌糊涂。他那老妈，知道卢天成前妻回来了，天天跟卢天成要死要活地闹，非要他把前妻送走。卢天成的妹妹也跟着掺和。前妻现在半瘫在床上，脾气怪怪的，也不理卢天成。卢天成现在是两头不落好。他家这个样子，妮儿的日子能好过吗？翔现在和妮儿的感情深，但是他亲妈回来了，他以后对妮儿怎么样？还真不好说。

“如果卢天成是个自私的人，他就会拉着妮儿不放，不和妮儿离婚。有妮儿在，起码家里的事情妮儿能帮他干了，让妮儿帮他孝顺老妈，抚养儿子。卢天成就可以一心一意地去照顾前妻去了。卢天成的日子肯定要松快多了。可是妮儿成什么了？真成他家保姆了？所以立薇说啊，卢天成要和妮儿离，其实是对咱妮儿好。离就离了吧，卢家的那浑水不是好蹚的。”

老哥叹了口气，说：“你说天成这人怎么这么死心眼。他那个前妻不是出过墙，又和别人结婚了吗？他还理她干什么，顶多出点钱，找个人侍候她就行了。”

“大哥，话不能这么说。”张中说，“人家女孩子当初嫁给卢天成的时候，卢天成是穷光蛋一个，没钱没房，还有个老娘和妹妹拖累。人家为什么要嫁给他？不就是有感情吗，要跟他好好过日子吗？结果卢天成让人家过什么日子？帮他养着老娘和妹妹不说，还要侍候她们，受她们的气。卢天成看着她受气，屁都不放一个。有了孩子，也没有个人好好照顾月子。什么事都要自己做，结果落下一身病。好不容易熬到卢天成有了点起色，挣了点钱，结果卢天成不顾人家的反对，要给妹妹买房结婚。你让人家女孩子怎么想？咱将心比心，要是立薇或者是立影嫁了这么个人家，你这当哥的怎么想？”

“咱不跟他过了。我TMD把他家砸了，揍不死他那混蛋。”老哥咬牙切齿地说。

“是啊，当年立影所嫁非人，您这当哥的最后不也要她离了吗？可卢天成的前妻呢，没爹没妈，也没像您这样的大哥给她撑腰。她心里有一肚子苦水没处倒。后来遇到那么一个人能安慰她，给她点温暖，她才有个地方发泄发泄。她红杏出墙是不对，但也不能把她为卢天成所受的苦，受的累都抹杀了。卢天成那时候的确亏待人家了。现在人家成这样了，卢天成若是自己只顾和妮儿过小日子，对前妻不管不顾，那他才不是东西。咱要是前妻家的娘家人，能看得过去吗？”

“话是这么说，可咱妮儿冤不冤啊？”

这就是一道无解的难题。

楼上，立影和卢天成相对无言。立影纵有一肚子的话要发泄，可是看见卢天成困倦，憔悴，疲惫不堪的样子，也不忍心再说什么了。好吧，她承认，比较一年前那个在卢天成面前不管不顾，有什么说什么的勇敢小女子，现在的立影已经有些优柔寡断，对卢天成有些不忍心。

“你是不是太累了？要不先过来躺一会儿。”立影让卢天成躺在自己的床上，然后去打了一盆水，扭了个热毛巾，要给卢天成擦擦脸。就看见卢天成紧闭着双眼，两行热泪顺着眼角流了出来。

立影一惊，忙问：“你怎么了？”

“对不起，立影。”卢天成声音嘶哑。拉着立影的手，蒙在自己的脸上，渐渐立影就感觉到手心上开始湿润。

“你这是何苦呢？”立影轻轻地说。

是啊，这是何苦？自己的日子过得好好的，为什么要去背这个包袱？只是他心里确实放不下那个女人。他永远忘不了，她和他相濡以沫、同甘共苦的日子。他做不到自己过着舒舒服服的日子，而置她于病痛中不顾。他知道他的这个决定会引起不堪设想的家庭风暴。而且这几天他的确处在风暴之中：母亲撒泼打滚，谩骂责备；妹妹的推波助澜，家里乌烟瘴气，一刻也不让他安宁。在医院里，余文对他冷眼相对，无动于衷；余静冷眼冷语，冷嘲热讽。来到丈母娘家，他知道自己会遇到怎样的狂风暴雨，但是他不得不面对，大舅子大发雷霆，丈母娘泪眼婆娑。这是他的选择，或者说是他自找的。而他最怕面对的是立影。她是无辜的，让她这样失去婚姻对她是不公平的。以她的性格，无论她怎样尖酸刻薄，暴跳如雷，他都必须接受。可是立影给他的却是一句温言细语，一块热毛巾。这是这些天里，他唯一感受到的一点温馨，一点安慰。他疲累的心，得到了些许的放松，所以他情不自禁地哭了，他知道，连这一点点慰藉，他也保不住了。

立影的心中充满了无奈。如果在几年前，她认定他是她的，早就奋不顾身地去争夺了，哪怕拼得你死我活。可是现在，当立薇把所有的事实都摆在她的面前，当她听到老哥说："我家妮儿到底做错了什么，你说不要就不要啊？"她就知道卢天成已经有了决定。她现在明白：感情这事，勉强不得的。当你知道他的心不在你身上的时候，你要做的就是好好保护自己，不要受到伤害。

等卢天成平静下来，立影问他："你是和翔他妈都商量好了，才来跟我下最后通牒的？"

"不是。"卢天成苦笑道，说，"我和她到现在连一句话都没有说上，这是我自己的决定。但是我没办法，我现在不救她，她就是死路一条，所以我必须救她。"

"那你妈妈同意你和她再婚吗？"立影问。

"不同意。"卢天成无可奈何地摇摇头。

"那你以后怎么办啊？"立影不无同情地看着眼前这个男人。她是明白婆婆的强悍的，她也明白这个男人在自己老妈面前的懦弱。一对曾经不和的婆媳，现在又要重聚在一个屋檐下，婆婆强悍如故，媳妇却愈加虚弱。立影想像不出这个男人的日子以后怎么过。

"我想给天玉家换一个大一点的房子，让我妈妈和天玉他们家一起住。"卢天成说。

"那你妈和你妹妹同意吗？"立影问。

"不同意。如果实在没有办法，那我就去暂时租一个房子，我带着翔和余文住到外面去。妈妈这边，找个保姆来侍候她。反正不能让我妈和余文再待在一起了。"

这个男人，现在想明白了。

"只是对不起你了，立影。我得和你离婚了，不是你做的不好，而是这个家庭太复杂了。让你留下来，对你和余文都不公平。"

到底他们是多年的感情，他放不下她，所以宁愿放弃我。他们一起有翔，自然是愿意合家团聚的，我在那个家里已经是多余的了。立影心里酸酸的，心里想：如果结婚这一年里，我生了孩子，他会怎么办？立影现在后悔为什么她不能再生孩子了，难道她年轻时犯下的错误，得到的惩罚还不够，还要她再一次被惩罚？

卢天成现在已经精疲力竭了，无力再体会立影的心思，只是按照自己的思维继续往下说："立影，我会往你的账户里打一笔钱，你用那笔钱把你自己房子的贷款给还了，还会有点节余。你留着自己用，你为了我丢了你的工作，我会帮你再找一份的。"

"你是在用钱买你的自由身？"立影说得有些凄凉。

"除了钱，我也不能给你别的了。其实，这一年来，你对我的照顾远远大于我对你的，我什么也没有给过你。"卢天成说的是他的心里话。可以说，这一年是他过的最顺心的一年。因为立影，他有了真正的家，能体会到那种温暖和安定的感觉，在他累了的时候，他能安安稳稳地睡上一觉，不用担心烦心的事情来打搅。以后，这种日子怕是不会再有了。

“那么翔怎么办？你怎么对他说这件事？”

卢天成摇头，他还没有想好。翔对立影的感情依赖，他看得最明白。让翔离开立影，这无疑对他是一个打击。

卢天成说：“我想带翔去看看余文。余文这些天来情绪非常低落，对治疗也不配合。大夫建议让她见见翔，刺激一下她的情绪。为了孩子，她也许会重新鼓起生活的勇气，积极治病。”

“她还愿意见到翔吗？当初，你们离婚的时候，她不是没要翔吗？”

“她要过翔，我没有答应。当时，我是想用翔来要挟她，想要她回心转意的，这也是她恨我的原因。”

“那你准备什么时候带翔走？”

“今天。”

立影心里又是一痛：不是自己的终究不属于自己。再亲他，再疼他，终究是他人的孩子。立影心灰意冷道：“你带他走吧。”

翔听说卢天成要带他走，就哭了，说什么也不肯走。立影那时还在自己的房间里闷闷不乐。听到翔的哭声，自己的眼泪也不由自主地流下来了。后来，还是立影的老妈看不过去了，跑上楼来喊立影：“你去看看吧，那孩子哭着要你呢。”

立影摇摇头，哭着说：“我再心疼他，又能怎么样？最终还不是要分开的。谁让他奶奶和他爸造了孽？”

老妈也泪眼婆娑：“咱不管卢天成怎么着了，但这孩子没罪吧，他还那么小，你就不能去好好跟他说说？”

“让卢天成去对他说吧，他是当爸爸的。”

“你也知道那孩子亲你，你就能忍心看着他这么哭着走了？”

立影也的确不能忍心，还是下了楼。

26

立影和翔、卢天成坐着张中的车一起回到市里，张中把车直接开到医院，进了住院部。到了三楼楼梯口，立影对卢天成说：“你带他去吧。”

翔拉着立影的手不放，卢天成求救般的看着立影。立影无奈地蹲下身子，佯装笑脸对翔说：

“翔，你还记得原来你叫妈妈什么？”

“阿姨。”翔回答道。

“你也知道妈妈原来不是你的妈妈，对不对？”

“嗯。”

“但是妈妈喜欢你，所以就成你的妈妈了，对不对？”

“嗯。”

“现在，那个病房里有个阿姨，在你小的时候，她也很喜欢你，她也是你的妈妈。现在她病了，特别想见你，你跟爸爸去看看她好吗？”

“那你去吗？”翔问。

“妈妈不去，妈妈在这里等你。”

“妈妈你真的会等我吗？”翔不放心地又问了一句。

“当然等你，一会儿妈妈给你买冰淇淋，好吗？”立影安慰翔。

看着卢天成带翔走了，立影心里失落到了极点，站在楼梯口那儿发愣。生活猝不及防地就颠了一个个儿。到了明天，她曾经拥有的都将会失去。

就听有人喊她：“小程，你站在这里干什么？”

一听声音和对她的称呼，立影就知道，那个站在她背后喊她的肯定是郭正安。

“我等人。”立影说。

“去办公室等吧。”郭正安说着把立影让进办公室。

“那个男孩子是你儿子吗？”郭正安疑惑地问，显然他看见了刚才那一幕。

“很快就不是了。”立影失落地说。

"怎么回事？"

"那是我丈夫的孩子，是我丈夫和余文的儿子。现在余文回来了，我丈夫要和我离婚了。"立影凄凉地说。

余文这几天在病房里已经成为了新闻人物。她和卢天成的前尘往事，已经通过余静那张嘴传得沸沸扬扬。这病房里的所有病人和医护人员都知道：卢天成和他妈曾经虐待余文，才让余文成为了现在这个样子。现在卢天成已经离婚重娶，余文却几近瘫痪。每天卢天成都来探视余文，和余文相对无语。谁都看得出卢天成对余文的歉疚。大家对他们之间的恩恩怨怨很有兴趣，更好奇的是卢天成将怎么安置余文。

郭正安当然也知道这一切。不过没想到卢天成现在的妻子居然是立影。那一次，立影带翔看病时，被他遇见。他当时就很奇怪，立影夭折的儿子和翔应该差不多大，她怎么会又有一个同样大小的儿子。上次在病房遇见立影，立影一个劲追问类风湿关节炎的治疗，并且听到余文的前夫出现时，就很不自然。原来这一切都是因为她是卢天成现在的妻子。只是，郭正安没有想到，他们现在又要离婚了。

郭正安端了一杯水递给立影："他为什么要和你离婚？这也太不合情理了吧。"

"他心里放不下她，我能勉强他吗？就算我不同意离婚，他能一心一意和我过日子吗？"

"可是那个孩子好像和你挺亲的？"

"亲又怎么样？还不是别人的。"说到这里，立影想起了自己的孩子，如果他还在，也跟翔一般大小了，也会像翔一样和自己亲密的。要是那样，她还会怕别人抢走自己的孩子吗？

郭正安也不知道该怎么安慰立影，只能陪着她默默地坐着。

过了一会儿，听到翔在外面喊妈妈。立影连忙出去，翔看见立影，跑了过来，扑到立影的怀里。

余静跟在翔的后面，连忙叫住翔说："翔，我是你亲小姨，你刚刚看到的那个妈妈才是你亲妈妈，你记住了吗？"说着，得意地瞟了一眼立影。

看见郭正安从办公室里出来，余静连忙又换成热情而甜腻的口吻，对郭正安说道："郭大夫，你在这里啊，我正要找你。上次我姐姐的那个血沉化验结果，你不是说要解释给我听的吗？你什么时候有时间啊？"

余静一副小人得志的样子，让立影血往上涌。这几天的委屈和隐忍，就像发酵了很久的面团，遇到温度就要膨胀了。好久没有和人争气斗狠的冲动了，这一刻，立影有点控制不住自己了。

正好这个时候，卢天成从病房那头过来。立影提高声音喊道："天成啊，你现在把人送到医院来了，该找医生你也找了，该出的钱你也出了，是不是差不多了？ 咱还得要接着过咱的日子，也不能为个不相干的病人，咱自己的日子就不过了。”

立影一言既出，周围的人都愣了。

卢天成心想：刚才和立影提到离婚时，立影虽有怨言，但并没有反对，似乎已经默认了。

郭正安诧异：刚才听立影的口气似乎已经认定了离婚这个现实。

余静刚刚目睹了卢天成带翔看姐姐的一幕。卢天成分明说过，要和姐姐重新开始，卢天成和现在这个妻子离婚已经成定局了。

怎么突然间，立影就改变主意了？

余静最先开口：“谁是不相干的人？ 我姐姐是卢天成的前妻，是翔的妈妈。”

“这位小姐，你还知道你姐姐是卢天成的前妻啊？”立影故意强调了一下前字，接着说，“你有文化吗？ 你知道前妻是什么概念？”

“前妻怎么了？ 我姐姐和我姐夫还有感情。”

“你姐姐和你姐夫是有感情，可惜你真正的姐夫已经死了。”立影刻薄地说。

“你……”余静突然张口结舌不知如何应答。

“你先等会儿，我一会儿要跟你好好说道说道。”立影对余静说。

然后，她弯腰对翔说：“翔，妈妈要跟这个阿姨说点事，让爸爸带你先去买冰淇淋好不好？”

翔点点头。

立影把翔带到卢天成面前，说：“你先带翔去买冰淇淋，到楼下等我，我跟余静说几句话。”

卢天成愕然地看着立影，以他的理解，这个女人要爆发了。她到底要干什么？ 他不敢想像，但是这已经不是他能控制的了。他的最好选择是带着翔离开这个是非之地。

立影刚才一嗓子，惊动了不少人。因为立薇的关系，这里的医护人员都认识立影，只是没想到她是卢天成现在的妻子。现在看见立影和余静对上了，知道有好戏看了，都围了过来。

等卢天成把翔带走了，立影这才换了一副皮笑肉不笑的样子，面对余静：“你学过法律没有？ 知道《婚姻法》是干什么的不？ 《婚姻法》是保护合法夫妻的正常权益的，不是保护离婚夫妻权益的。你懂吗？ 你姐姐已经和卢天成离婚五年了，而且又重新结婚了。卢天成跟你姐姐已经没有任何关系了，现在你才是你姐姐唯一的亲人，你姐姐病了，帮你姐姐治病是你的责任。你不帮你姐姐治病，把卢天成喊来算什么？ 你想甩包袱啊？”

余静虽然心机活络，但是没见过这阵势。尤其是要她撕破脸皮，在大庭广众下和立影对抗，她还没做好准备。余静未战先怯，一时就慌了，只得大声说：“我姐姐的病是卢天成害的，他不给治谁给治？”

“你怎么知道是卢天成害的？你看见了？卢天成怎么害你姐姐的？你有证据吗？你要是拿不出证据，我就可以把你告上法庭，说你是诬陷。噢，就因为你姐姐给卢天成生了个孩子，就得了这病？这天下多少女人都生了孩子，怎么没见那么多女人得病？人家西方女人根本不坐月子，生完孩子第二天就出门，人家不是也没得病？怎么你姐姐一生孩子就得病了？那是你姐姐自己的体质问题，你懂不？不信你问郭大夫，那病是不是跟人的体质有关系？你姐的体质不好，那是她倒霉，怎么就怪到卢天成身上了？”

立影把郭正安拉来作证，似乎更证明了她的理论的正确性，把郭正安也搞得一头雾水。他哪里知道立影胡搅蛮缠的本事？立影要是想证明自己的观点，可以让死人起来为她说话。

“就算是卢天成的妈以前欺负了你姐姐，就算卢天成以前对不起你姐姐，那是他们之间的事，对不对？和你有关系吗？你倒好，利用卢天成对你姐姐的同情心，要卢天成给你出学费上大学。你说你跟卢天成到底有什么关系？你个大姑娘家的，让一个和你一点关系没有的男人给你钱，你要脸不要脸？你这不是在利用你姐姐讹钱吗？你利用你姐姐原来受的那点苦，要挟卢天成给你钱，上完了研究生。现在你姐姐病了，你不想管你姐姐，又把卢天成拉来垫背，让卢天成跟我离婚，然后和你姐姐结婚。你姐姐有人管了，你就可以自由去嫁人了？你说有你这样的白眼狼吗？你的心是怎么长的？你有点同情心没有？那是你亲姐姐。现在她病了，你就这么把她当包袱甩给她离了婚的前夫。你不怕她原来的婆婆再欺负她？你这不是把她送进狼窝吗？有你这么缺德的吗？”

“你瞎说，我根本没有把我姐姐当包袱。我根本没有甩她，我也没有把她送进狼窝。”余静语无伦次地说。她的本意是认为姐姐曾经和卢天成一起打江山，现在卢天成发达了，姐姐有理由分享江山，根本没有立影说得那么龌龊。可是倒霉就倒霉在她把立影给惹火了，立影翻起脸来，怎么难听怎么说，就怕你不爱听。

“我瞎说什么了？你没有用卢天成的钱，还是你没有利用你姐姐？就是现在你姐姐病了，你都还在利用她。你姐姐现在半身不遂了你知道不？医院让你留下来是照顾你姐姐的，不是给你机会勾搭男人的。你倒好，你趁着这个机会开始勾搭男医生了。”

“你瞎说。”余静已经招架不住，哭了起来。

“我瞎说？你敢说你没有勾搭郭大夫？你不勾搭他怎么跟他说话的时候骨头都酥了？女孩子要自重一点，你懂不懂啊？不要见到个男人就不知道姓什么了。”

立影像个机关枪一样的一顿乱扫，连无辜的郭正安都不幸被卷了进去。这几天，住院部的医生护士和病人听信了余静的讲述，都认为卢天成特别可恶，非常同情余文。现在让立影这么一搅和，整个剧情一下子翻转了。卢天成成了有情有义，忍辱负重的男人。而余静倒成了拨弄是非，忘恩负义的小人。

立薇那天休班。等到第二天上班才从小高她们那几个护士嘴里听到立影前一天的“表演”。再一看余静，如霜打了的茄子似的，不如前几天那么新鲜了。立薇暗自好笑，说实话，前几天余静在住院部大造舆论，立薇也很憋气。但是，立薇处在那样的位置上没办法跟她计较。余静惹翻了立影，那是自讨苦吃。不用护士们多说，立薇就能想像出来，那一定是一场一面倒的对抗。立影是在市井中和人争风吃醋中斗过来的。她要挖苦起人来，那是含沙射影，插科打诨，指桑骂槐，栽赃陷害，无所不为。只会耍小心机的余静哪里是立影的对手?

前几天住院部的那几个护士和余静打得火热。听了余静讲了余文和卢天成过去的事，都特别同情余文，为余文打抱不平。见着卢天成，也是横眉冷对，恨不得唾他几口。可是知道立影是卢天成现在的妻子后，尤其是知道余静对她们隐瞒了余文再婚，余静上大学时曾经得到过卢天成资助的事实，就觉得被余静蒙蔽了。又听立影说余静为了甩她姐姐这个包袱，居然要卢天成跟立影离婚，更觉得余静是阴险小人。现在护士们再见到余静，就没有好脸色了。余静原来喜欢没事的时候来值班室聊天，对郭大夫的那点小意思，也被护士们看在眼里。现在被立影挑明了以后，余静再去值班室找大夫，护士们就会调侃她：“来找郭大夫啊，郭大夫不在。”余静很没有意思，以后没事再也不去值班室了。

那天，立影骂完余静，在住院部楼外找到卢天成和翔。立影对卢天成说：“你放心，我不会赖着不和你离婚的。既然你没有心思跟我过下去，我又何必赖着你不放?天下不是只有你一个男人，我也不是没有你活不下去。不过有句话我要和你说：你这个烂好人当得也太窝囊了吧？怎么什么人都敢在你面前指手画脚？你是男人，就要有男人的气概。那个余静，你给了她钱上大学，她不但不感谢，反而到处诽谤你。你那么怕她干什么？你又不该她的。还有你妹妹天玉，她那么大人了，都成家了，成天还赖着你。哪有妹妹一家让哥哥养一辈子的？你妈，你孝顺她是可以，但是不能让她控制你的生活。你该怎么过，就怎么过。不能为了顺从她，毁了你的生活。你要学会该拒绝的时候就要拒绝。别把所有人都当成你的包袱扛在你的肩上。这样的话，你会被累死的。这个世界上，你谁也不该，谁也不欠。都是她们欠你的包括我。我们离婚以后，你也不欠我的，本来当时我们结婚就是各取所需。我就算是在你家打了一年工，你给我发了双倍的工资，完了还给一大笔遣散费，顶得上我在公司打好几年工。所以你也没亏欠我，也不用对我内疚。你现在要照顾的就只有两个人：余文和翔。其他人都 TMD 见鬼去吧。”

27

立影一旦想明白了就不再拖泥带水，很快就和卢天成达成了离婚协议。

卢天成现在双面受敌，焦头烂额，根本没有办法照顾到翔。立影答应这段时间帮他照顾翔，所以翔又被送回了立影的娘家。

立影在卢天成的陪同下，去卢天成家清理自己的衣物。

立影已经好几天没有进这个家门了。现在房子虽然还是那座房子，但是家已不是那个家了。

天成老妈见到立影，像是见到了久别的亲人一样，激动地迎了上来："立影啊，你可回来了。你再不回来，这个家，就要被那个狐狸精给占了。那个不要脸的×货，不知给天成灌了什么迷魂汤，要天成把她接到家里来。我这几天吃不下睡不着，天天跟天成闹。你说天成这个×××，过了几天舒坦日子就不知道姓什么了，要去惹那×货。我早说了，那×货就是个害人精，她克死了她自己的爹妈，又克死了老公，现在又来害天成。我是拼了这条老命，也不会让那×货进这个门……"天成妈连哭带骂。

天玉这会儿也从房间里出来帮腔："那女人也真够不要脸的，自己跑出去勾搭野男人。现在野男人死了，她还有脸回来，天下哪有这么不要脸的女人……"

立影本来就不喜欢卢天成的老妈和妹妹，现在根本没有心思再和她们打交道。原来想收拾一下东西就走的，现在听着她们的话觉得不顺耳了。将心比心，立影内心里对余文还是非常同情的。立影见识过天成老妈的蛮不讲理，如果不是自己强悍，怕是也得落到余文的地步。立影认为：作为一个人，起码的良心还是要有的。余文成了现在这个样子，作为当时的"肇事者"天成的老妈和妹妹应该有起码的同情心和内疚，可是眼前这两个人，不但没有一丁点歉意，反而还在谩骂那个可怜的女人。立影的火气腾地一下子就上来了，吼道："你们俩闭嘴，那女人再怎么着也是翔的妈妈。要是翔长大了知道是你们把他亲妈害成这个样子，他不把你们俩杀了才怪。"

天成的老妈和妹妹当时就愣住了：立影怎么会帮那个女人说话？那个女人要是进门了，立影在这个家里就没有位置了啊？

“谁害她了？ 是她自己不要脸，跑去找野男人……”天玉争辩道。

“谁不要脸啊？ 我说最不要脸的就是你，卢天玉。 当初你没结婚就出去跟男人鬼混，把肚子搞大了，回来就让你哥给你买房子结婚。 要不是为了给你买房子，翔他妈能跟你哥吵架吗？ 她能生气跑了吗？ 你把你哥哥家搅的一塌糊涂不说，还天天赖在你哥哥身上。 他养了你不够，还要养你们全家。 你TMD还不给你哥一点好脸色看，成天搬弄是非。 你哥倒了八辈子霉，才有你这么个不要脸的妹妹。 你说你这种祸害怎么还有脸活在世上？ 你怎么不一头扎到河里淹死？ 你以后别让我再看见你，看见你我就恨不得用刀把你捅死算了，免得你TM再祸害别人。”

“还有你。”立影一转脸，指着天成老妈，“你说人家余文害人，你TM才是害人精。 人家养了你几年，侍候了你几年，受了你几年的气。 你不说感谢别人，你把人家害成什么样了？ 你也是女人啊，你不知道女人一辈子生孩子坐月子是最重要的？ 她生的是你们卢家的孙子啊。 你怎么对她的？ 你害得人家得了月子病不说，现在还拦着卢天成给她治病。 你还是人不是啊？ 你还有没有良心啊？ 你造孽啊。 你现在还作，你看你把卢天成作成什么样子了？ 你看他现在瘦的还剩几两肉？ 你接着作，他现在就剩一口气了。 等哪天他断气了，你就圆满了。 到时候看谁来养你？ 她？”立影又转向天玉，接着说：“她？ 等她哥哥一死，你看她老公还鸟她不。 就她这种女人，好吃懒做的，哪个男人还要她？ 她就等着被她老公一脚踹出门外。 到时候你们俩可以做个伴，到大街上要饭去吧。”

天成老妈和天玉被立影骂糊涂了。 立影应该是和她们站在一条战线上，反对那个女人进这个家门的啊？ 怎么现在反倒帮那个女人说起话来了。

“立影啊，那个×妇要是进了门，你怎么办啊？ 这个家都要被那个×妇占了啊。”天成妈急着说。

“闭嘴，你以为我还耐烦和你们几个混啊。 你还指望我侍候你啊？ 做你的梦去吧。 要是我还在这个家，第一件事就是把你踹出去，你这种人不配我侍候。 我告诉你，你要聪明，就乖乖地搬去和天玉住。 让余文进来，让人家一家三口团圆。 那样天成还出钱养你。 你要是再闹腾，把他惹恼了，他带着翔和余文出去住，把你扔到这里不管了。 看谁来养你？ 你要再胡闹，把天成闹出个好歹来，翔长大了饶不了你。 你害了人家的娘，现在又害人家的爹，你就等着翔长大了来报复你吧。”

立影连骂带吓，天成老妈果然蒙了。 立影又回头对天玉说：“还有你，你个蠢货。你知不知道你的工作是谁给的？ 你老公的工作谁帮着找的？ 你的房子谁给买的？ 你除了靠你哥哥还有什么能耐？ 你要是懂事的话，就把你老妈接走。 你要把你哥搞烦了，他以后什么都不管你了，你还有什么好？ 你活了三十岁，也该明白点事了，用你的猪脑子好好想想吧。你哥也是个人，他也有累的时候。就算他是个骡子，他也有压垮的时候。他要是垮了，最先倒霉的就是你，知道不？”

立影骂了这么多，也累了。进了原来她和天成的房间，天成百感交集地看着她。

“看什么看？”立影皱了皱眉。

“也就是你还知道我有累的时候，她们都把我当骡子使唤。”卢天成由衷地说。

“那是你自找的，你个大男人连几个女人都对付不了，说明你笨。”

“我要是有你一半能干就好了。”卢天成感叹道。

立影开始收拾自己的东西。去年搬来的时候，其实就带了两大箱衣服。今年再收拾，原来的包居然装不下了，多出来的那些是天成帮她买的礼物。卢天成又拿出自己的箱包，把给立影买的衣服，提包，首饰，香水……全装了进去。卢天成是那种内向，不善于用语言表达自己感情的男人。他表达感情的方式就是给立影买礼物，这一收拾，又是满满一箱包了。

虽然，立影已经下决心离开卢天成了，但这个时候还是有些伤感。再看看挂在床头的那张两人的合影，还是立影找人合成的。现在看来他们的婚姻也和这个“合影”一样，只是一个虚假的合成品。立影将相框取下来，取出“合影”，然后撕了。

“客厅里还有几张我和翔的照片，你把它们撕了吧。别让余文看见了。”立影说。

卢天成不置可否，却说：“家里的东西，你喜欢的，都拿走吧。”

这个家是立影花了心思打点的，由她的手所添置的家居物品都是她喜欢的，怎么拿得完？立影摇摇头：“算了吧，就留在这里，以后你们都用得着。”

卢天成拿出一块手表，那是春节时他送给立影的那块名表的男款。他对立影说：“这个你收下吧，以后你有了合适的人，可以作为礼物送给他。”

“然后告诉他，是我前夫送给他的礼物？”立影调侃道。

“立影……”卢天成欲言又止。

“行了，什么也别说了。咱们俩是没有缘分，就只能走到这里。这块表挺值钱的，我要了。以后万一我成穷光蛋了，还可以用它换点钱花。”

立影就这样结束了她短暂的第二次婚姻。

那天晚上，立影在立薇家住的。说实话。这几天她身心疲惫，真的有些乏了。立影对立薇说：“其实我也想明白了，卢天成那个人，心是好，人是善，但是太没有原则。把什么事情都往自己身上揽。做他的女人，要么累死，要么烦死。与其跟着他一起背那些包袱，不如自己过得轻松自在。”

立薇则笑了起来：“卢天成可没白花钱聘你。你真有战斗力，他周围的那些女人都让你给摆平了。现在还剩最后一个，余文。你不打算会会她？”

“她关我屁事。卢天成要和她旧梦重温，连她都搞不定，还重温个P？”

“是余文托我传个话，她想见你。”立薇说。立影那天大闹一场以后，立薇也不能再置身事外了。余文知道她的身份以后，求立薇带话给立影：她想跟立影见一面。

“见我干吗？想跟我认干姐妹不成？免了吧。我自己有姐姐，轮不着她。”立影不屑一顾地说。

“余文想当面感谢你对翔的照顾。”立薇说。

“告诉她，甭谢我。我只是尽职尽责而已，卢天成花钱雇我照顾翔，我总得要对得起那些钞票吧。”立影说得干脆。

“余文说，她其实并不想破坏你和卢天成的家庭，她和卢天成已经没有可能了……”

“干吗？莫非还要我去劝她和卢天成破镜重圆啊？”立影说，“用脚趾头我都能猜得出她见我面会说什么：‘不是我愿意回来的，是天成硬把我接回来的。我本来不想回来的，我不想打搅你们现在的生活。’干吗呀？在我面前显摆在卢天成心里她比我重要？只要她一出现，即使她不把卢天成当回事，卢天成也要哭着喊着求她回来，甚至连我这个老婆也不要了？切，她也就是仗着卢天成有些良心，不忍心看着她现在这么惨，所以才能摆出这么副架子来。要是卢天成狼心狗肺，根本不管不顾她，只顾自己逍遥，她是不是又该像余静那样骂卢天成过河拆桥，没有良心了？哭着喊着说：‘你现在的一切都是靠我挣来的，应该有我的一半？’

“你告诉她，‘宁为玉碎，不为瓦全’是挺有个性的。不过她还要看有没有这个资本耍个性。她现在年纪不轻了，又不漂亮，没钱，没工作，只有一身的病，在其他男人面前，她其实也就是片碎瓦了。也就是卢天成念着旧情，把她当做一块玉，心痛她，顺着她。要是哪天，卢天成累了，烦了，懒得再顺着她了，她还当什么‘玉’，还跟谁耍脾气？我知道你们读书人穷酸，要面子，要骨气，但是有一句话，‘识时务者为俊杰’。她现在要是自己能过得去，在卢天成面前还能讲点骨气。可是，现在她这个样子，还讲什么骨气啊？没有卢天成管她，她现在还有什么能耐耍个性，怕是疼得生不如死了吧？”

立薇大吃一惊。立影虽然尖嘴利舌，心直口快，但是不乏同情心。而且，这几天从她的言行中，也可以看出她对余文是深表同情。没有想到，在提到余文的时候，是这样的尖酸刻薄。

“你是不是因为卢天成在你和余文之间选择了余文，所以你吃醋了？”立薇忍不住调侃立影。

“说真话，现在像卢天成这么傻的人真是不多了。稍微自私点的人大概都不会为了余文而抛弃我，给她点钱，请个人照顾她，已经算对得起她了。卢天成因为对她内疚，大约还念着他们原来的海誓山盟，所以连自己的日子也不过了，要一心一意和她破镜重圆。不过卢天成也算是个君子。一般有点算计的人，就算是他要和余文旧梦重温，也会在和余文商量好以后，再通知我。可卢天成，现在自己的生活乱得一塌糊涂，老妈没安顿，儿子没人管，余文不同意，他最先做的却是把我放了。像他这么真性情的人不多了，我倒是有些欣赏卢天成，也能体会他对我的一片心意。

“至于余文，以前卢天成对不起她，这是没错的。她现在变成这个样子，卢天成也应该负责。但是，话说回来，也不能把一切都归咎于卢天成啊。当初的那种生活状态，也是她自己选择的啊。那时她为什么要忍受卢天成的老妈作践她？她可以和卢天成他妈对着干，也可以选择从那种环境中走出来。可是她不，她当时为了所谓爱情，忍辱负重，连自己都不会保护自己，那能怪谁？现在她变成这个样子，自己是不是也要负一半的责任？我总认为，一个成年人，总要为自己的行为负责。就像当初的我，跟头猪似的，非要和阿斌纠缠了那么久，最后落得个身心俱残，我能去怪阿斌，让他为我负责？他不为我负责我就作死作活？我要是那样想，那我现在早就不成人样了。所以，我能做的就是自认倒霉，打碎了牙往肚子里咽。自己还是要活出个人样来。咱不为别的，就要为自己着想，为自己的家人着想对不对？

“而余文，她当初一怒之下，自己连孩子也不要，跑了。这几年，她和她的后夫过的是亲亲热热的日子，卢天成呢，为了她，带着儿子苦等几年。现在为了她，又把新的生活打破了，这不是诚心诚意地补救原来的过失吗？她一副不理不睬的样子，给谁看啊？还是那句话：也就是卢天成念着旧情，把她当做一块玉。要是哪天卢天成烦了，给她点钱，然后不理她了，她也就是块碎瓦。她也有这么大一把年纪了，不要再玩小孩子的把戏了，该实际一点了，为自己想想，她以后怎么办？没有卢天成她自己能活下去吗？好吧，就算她现在和卢天成没感情了，不愿意和卢天成一起过了。如果她觉得卢天成欠他的，就给卢天成开个价，拿钱走人，从此两不亏欠。她现在这么拖着算什么呀？摆出一副卢天成欠她的样子，又不开价，卢天成为她做什么都不搭理，让卢天成为她负疚一辈子啊？她就是不为自己着想，不为卢天成着想，也得为儿子着想。翔，她这个当妈的这么多年不管不顾，她就不欠他的？现在为了她，卢天成连家都不要了。翔的生活会受多大影响，她就不想想？就算是为了翔，她也该和卢天成做个了断，让人家卢天成踏踏实实开始新生活，让翔有个安安稳稳的家。”

“要是余文拿钱走人，你是不是打算和卢天成复婚啊？”立薇问。

“屁，我才不要一个心思在别的女人身上的男人，还不够累啊？”立影说。

“嗯。那要不下次余文再提出要和你见面，我就把你的话告诉她：什么面子啊骨气啊都是虚的，趁着卢天成把你当块玉，还能要个玉的价。哪天他不理你了，你也就是片瓦了。”

“基本意思就是这样。我已经和卢天成没有关系了，和她也没有什么关系，没有必要见面。唯一一件事就是，她和卢天成商量一下，什么时候把翔接走。”

从某种意义上来讲，余文和卢天成都是那种书生意气的人。卢天成坚守当年和余文的誓言，不顾一切要和余文重新在一起。而余文即使现在身体残败，在卢天成面前依旧心高气傲，宁死也不肯要他的嗟来之食。然而，这种心高气傲，在现实面前却一钱不值。

这个时候，余文在医院已经住了将近一个月了。经过几种强药联合治疗，病情基本控制住了，身体状况比刚进医院的时候好了许多，自己能够独立缓慢地行走了。现在用一种副作用小的药物维持着，可以控制病情。余文现在继续在医院里住下去意义不大，马上就要面临着出院以后，到哪里去的问题。

余文现在唯一能依靠的就是余静，但是余静刚刚研究生毕业，工作还是依靠卢天成帮忙才找到的，刚刚来到这个城市，自己都还没有找到栖身之地。无论在经济上和生活上，余静都不能照顾余文。回到原来生活过的那个小县城里？别说余静和卢天成不放她去，就算是她自己真回去了，自己也不可能照顾自己，要是再发病了怎么办？

她现在唯一能依靠的人，只有卢天成了。

余文一定不会想到她和卢天成会以现在这样的方式再见面。当初她负气出走的时候，一定是认为：离开他，她的生活会美好轻松，而他将会因为失去她而陷入困境。他将会因为她的离开，而意识到她在他生命里的重要性，从而后悔当初没有好好珍惜她。那样，他将会永远把她记在心里。但是事与愿违，她并没有因为离开他，而活得朝气蓬勃，欣欣向荣。他并没有因为失去她，而家庭失衡，事业没落。相反，他的事业蒸蒸日上，家庭和睦，就连当初令她难以忍受的婆婆，也和他的新婚妻子安居一室，一家人其乐融融，而自己却落得一个还要他救助的地步。这一切对她来说，好像是对她失败人生的一个最大的讽刺和嘲弄。她恨卢天成宽宏大度地带她来治病，把她置身于如此尴尬的境地。他对她越关心，越照顾，越一往情深，她就越无地自容，甚至比让她直接死掉还难受。

到了现在，她再一次进退维谷。卢天成已经和现在的妻子离婚了，以此表明了和她重续前缘的决心，她该怎么办？

立薇以她的方式把立影的话转告给了余文。尽管不像立影说得那么刻薄，但是基本意思是一样的。余文能听得出立影对她的尖酸刻薄，冷嘲热讽。幸好，不是面对面的短兵相接，但是也足够让她胆战心惊了。现在她才有点明白，为什么那个彪悍无敌的前婆婆，会甘愿和这个女人和平共处。看来这个女人的确是有些魄力的，即使余文特别不甘心，她还是不得不承认，立影说的都是事实。

28

立影回到娘家时，身份已经从已婚妇女变成了二次离婚的单身女人。 娘家人再看她，眼里少不了担忧和无奈。 就好像立影是一筐过了季的橘子，好不容易已经出手了，又让人退了回来，现在怕是倒贴钱也没有人要了，免不了是“烂”在家里的命运。

老妈免不了要怨立影：自己沉不住气，把事情搞砸了。 不就是卢天成的前妻吗？ 你现在是卢天成的正当名分的老婆，怕她干什么？ 你要是不离，卢天成还能把你绑到法院去离？ 到时候，他自然要想办法安排前妻。 等他安排好了，他还不是回来照样和你过日子？ 哪有像你这样早早就自动给人让位的。

老哥则对卢天成一肚子意见：为了那么一个背叛过自己的女人，自己的小日子不过了，非要把家搞得乱七八糟。 他还是不是个男人？

立影被老妈，老哥念叨得心里也很懊恼，好好的日子就这么给毁了，其实心里也有不甘。 也许自己真的太心急了，答应卢天成太快了。 要是不答应卢天成离婚，就这么拖着，也许会有其他的办法解决问题，自己也不会沦落到孤家寡人的地步。

不过，怨归怨，懊悔归懊悔。 事情已经没有挽回的余地了。 立影现在又单身了这已经是不可更改的事实，所以老妈和老哥又开始张罗给立影相亲。

过了两天，老哥说有人给立影介绍了一个男人，是县电信局的工人。 家里有一对双胞胎儿子。 老婆三个月前得病死了，现在想找个女人一起过日子。

老妈一听电信局的，还挺满意的。 起码效益不错，能够养家糊口。 再问那两个儿子多大？

老哥说：“已经十六七岁了，在家里也待不了几年了”

老妈就问：“儿子都这么大了，那男的该有四十好几了吧？”

老哥说：“说是四十五，比妮儿是大一点，不过，男人不显老。”

老妈说：“可那两个儿子过几年就该成人了。 咱妮儿要是嫁进他家，就得帮他家那两个儿子攒钱买房娶媳妇了。”

嫂子接口道：“难怪那男的要着急找女人。电信局效益再好，他一个工人能挣多少？两个儿子以后都要买房的话，把他那把骨头化成灰也不值几块砖。谁家女人进了这家才算倒霉。侍候那爷三不说，还得挣钱给那两个儿子买房娶媳妇，这家不能进。”

老哥不愿意了，说嫂子：“你成天在家里待着，都不知道现在外面什么行情了？妮儿上次遇到卢天成，那是狗 SHI 运，让天上掉下的馅饼给砸中了。你以为她现在还有那么好的福气？这个男的，你还看不上，可盯着他的有好几个女人。到了妮儿现在这个岁数，就算是黄花大闺女也不好找对象了，何况妮儿还离了两次婚？”

立影在一边拿着本书，迷迷糊糊地边看边打盹，也没注意他们几个讲什么。听到老哥最后一句话，忽然就惊醒了，一个激灵就站了起来。把手上的书往地上一摔，对着老哥就吼了起来：“我离了两次婚怎么了？犯哪家王法了？又碍你什么事了？怕我要你养我？还是怕我死了以后，在你家坟地里占块地方啊？程为杰，你放心，就算是我要死了，我死之前也会找个人把我拖到火葬场烧了，把骨灰撒到阴沟里去，不会进你程家的坟地的。”

老妈一听立影张口就“死”啊“活”啊的，连忙呵斥她：“你胡说些什么？你哥也没说你别的？他不也是为你好？”

嫂子则埋怨老哥：“你说话怎么那么难听啊，妮儿离婚又不是她不好，是卢天成糊涂，好好的日子不过了。你能怪妮儿啊？”说着又转身劝立影：“妮儿，你哥那张嘴和外面的人胡说惯了，你别理他。”

立影不听老妈和嫂子的劝，赌气去收拾东西。本来最近一段时间就憋气，回来又天天听老妈和老哥的唠叨，心里愈加烦闷。生气之下，干脆带着翔回市里去了。

“妈妈，我们怎么不回家啊？”当立影带着翔回到自己的那套两室一厅的小居室时，翔问立影。

该怎么对他说？立影看着翔天真的面孔，无语。怎么告诉这个七岁的男孩子？你的家庭已经发生了变化。我只不过是曾经被你爸爸拉来跑龙套，给你当了一年的“假”妈妈。现在你自己的亲生母亲回来了，所以那个家已经不是我的家了，但是还是你的家。

“这就是妈妈的家啊。”立影佯装轻松地告诉翔。

“那也是翔的家吗？”翔天真地问。

“嗯。”立影不忍心破坏这个孩子的心情。

“那也是爸爸的家？”翔继续问。

“不是，爸爸喜欢住大房子。这个房子太小了，爸爸来了住不下。所以这里不是爸爸的家。”立影绞尽脑汁地找了条理由说服翔。

“那我跟妈妈住小房子。”翔依旧欢欣地说。在翔看来，立影在哪里，哪里就是他的家。

立影带着翔去理发，顺便也把自己披肩的头发剪得短短的。配上她小巧的身材，从背后看，就像一个上高中的小男生。

然后，立影就带着翔在小区里晃进晃出。猛一看，还以为一个大男孩子带着个小男孩子。

立影在这个小区里已经住了几年，也认识一些邻居。爱八卦的大妈们见着立影就问：“立影啊，好长时间没见了，你去哪里了？”

立影去年结婚，进行得无声无息，所以邻居八卦大妈们并不知道内情。

“我换工作了，外派一年。”立影心里想：这也不算撒谎，这一年也可以算是去卢天成家，给他当了一年家教加保姆兼陪床。

“这小男孩是谁？”八卦大妈们继续打听。

“是朋友的孩子，我儿子。”最后一句，立影说得干脆，听上去反而有些不真实。八卦大妈们以为立影在开玩笑，一点没怀疑就接受了立影的说法。

卢天成知道立影带着翔回城以后，过来看过他们几次。带他们一起出去吃饭，每一次，都会来报告一下他那边的进展情况。

天成妈终于接受天成的提议，去天玉家养老了。天成老妈的转变，和立影分不开。老太太一辈子和人斗，最后只输在立影手下。和立影一起生活的日子里，虽然立影对她并不亲热，但是把她照顾得周周到到。更重要的是立影干事麻利爽快，比自己还厉害。所以对立影心服口服。那天立影一顿臭骂，却给老太太提了个醒：要是卢天成急眼了，以后不再管她，或者要是把卢天成逼出个好歹，以后谁给她养老？这个从来没有习惯听他人言，进行终极思考的老太太终于停下了她那张不饶人的嘴，开始权衡利弊。

卢天成顺着立影给他提供的思路趁热打铁，威逼利诱。终于让老妈松口，答应搬到天玉家去。而卢天成答应，等他把余文安排好以后，就开始给天玉家买一个大一点的房子。

余文终于收起了一直冷冰冰的脸色，接受卢天成对她的“施舍”了。如同立影所说：“宁为玉碎，不为瓦全”是需要代价的，这个代价她付得起吗？余文面临的选择就是：要么在卢天成面前高傲到底，最后独自悲惨地忍受病疼，郁郁而终。要么低下她高傲的头，接受卢天成的帮助，这样，他们一家三口将会团圆，余文选择了后者。比起气节来说，现实更加重要。余文提出的唯一要求就是：宁愿要卢天成给自己租一个房子单独住，也不和卢天成的母亲住在一个屋檐下。那时，卢天成已经说服了母亲搬到妹妹家去了，所以最后的障碍已经不存在了。

卢天成每次来看立影，总会给她带来一些东西，那些东西是立影当初为他们那个家买来的精美的装饰物、艺术品、相框、台灯等等物品。当初立影买这些物品的时候是花了些心血的，当然也花了卢天成不少银子，那些都是立影非常喜欢的东西。立影离开那个家的时候，卢天成曾经提议要立影把她喜欢的都带走，但是立影一样都没带走。

和立影离婚以后，卢天成的心里空了。再回这个家，虽然一切没有变，但是，家里却失去了生机。那些家具，装饰，墙上的画，甚至屋里的植物都失去了它们固有的灵气，变的死气沉沉。好像因为立影走了，这个家的灵魂也被带走了。卢天成心中对立影充满了愧疚：因为自己曾经的错误，却让立影失去了家，这对立影实在是不公平。内疚之余，卢天成便想弥补，但又知道立影那要强的性格。立影说过："我们离婚以后，你也不欠我的。所以你也没亏我，也不用对我内疚。"卢天成想来想去，他所能做的，就是把立影喜欢的那些物品，再送给立影。

立影并不领卢天成的情。最初她还以为卢天成为了迎接余文，在清除立影在那个家里存在的痕迹。

看到卢天成往她家搬那些物品。立影心里就寒：人走茶凉啊，连我买的东西都被清除了。对卢天成也就不客气了："别把这些破烂货往我这里送，你如果不要就送给天玉去，或者扔了。"

虽然那些东西被立影称作是破烂货，其实立影还是很喜欢的。譬如那套水晶饰品，立影早就心仪了，就是一直舍不得掏自己腰包。直到遇到卢天成，才掏了卢天成的腰包，把它们据为己有。把它们留在卢天成家，她其实有些舍不得。所以，卢天成把它们送来，立影还是很庆幸的，立影不满的只是卢天成的做法。

到了后来，立影就明白了卢天成的用心，知道他在竭力弥补对自己的愧疚。立影嘲笑他："你是不是狗熊啊？狗熊掰棒子就是掰一个扔一个，永远不珍惜手中的那个。你就是这样。我跟你结婚的时候，你还没这么照顾我呢，现在倒良心发现了？告诉你，你现在的老婆是余文，你该照顾的是她。你还在我这里大献殷勤干什么？我可不领情。你现在该想想什么时候把翔从我这里领走，怎么领走他？"

翔的确是个问题。而且是一个比自己老妈还要麻烦的问题。卢天成虽说这么多年是翔唯一的监护人，但实际上翔对他一直不亲密。这一年来，翔最亲热最信任的人是立影。把他从立影身边带走，卢天成不敢想像会发生什么。

“要不，你跟翔说说，让他别太难过了。”卢天成求救般地看着立影。

“我可不说，我算他什么人啊？你是他爸，该你说。”立影回绝道。

“可是，翔不是最听你的话吗？”

“那又怎么样？以后他该听他妈的话了。”立影幽幽地说。

虽然拒绝了卢天成，立影还是不忍让翔受到太大的伤害，所以，和翔在一起的时候，立影有意无意地告诉翔，以后她不回爸爸的大房子了，要自己住在小房子里面。

翔说他也跟妈妈一起住在小房子里。

“不行，你要上学，爸爸的大房子离你的学校近，妈妈的小房子离你的学校远。所以你要和爸爸一起住大房子。”立影解释道。

“那我想妈妈了怎么办？”翔问。

“你可以要爸爸带你到这里来找妈妈玩。”立影说。

“我可以天天找妈妈玩吗？”翔还在问。

“不行啊，你要上学，上学了就没有那么多时间玩了。”

“那我就不上学了，我天天和妈妈在小房子里玩。”

立影心里酸酸的：等你有了你自己的妈妈，就会把我这个“妈妈”忘了，也许，若干年以后，你会拿着小时候和我的合影问你爸爸：这个女人是谁？

分别的时候终于到了。卢天成来接翔，翔知道自己真的要离开立影，就哭了，说什么也不走。立影自己也难过，还不得不轻言细语地哄翔，答应翔，如果翔想她了，就给她打电话。她一定去看他，给他买他喜欢的巧克力，冰淇淋……带他去动物园，游乐场玩。

然后，立影牵着翔送他下楼。

出了楼门，就见余静从卢天成的车里出来。

“她怎么也来了？”立影问卢天成。

“余静现在还没有找好房子，所以暂时和我们一起住。”卢天成解释道。

立影白了卢天成一眼：“你还嫌你的生活不够乱啊？怎么什么人你都往家里收？”

“余静也不算外人吧，余文现在就这么一个亲人，我应该照顾一下她。”卢天成看出来立影和余静之间有些“误会”，连忙解释道。

“你真是烂好人，你以后会后悔的。”

如果说在这之前，立影还有些懊悔和卢天成离婚了，在这一刻，她一下子放开了：离开这个男人是对的。他永远不知道自己生活中最重要的是什么，他的生活注定是一团糟。

两人说着就走近了卢天成的车。余静也认出了立影，立影剪了短发，显得更加年轻而有活力。余静那次在医院被立影臭骂，心里已经有了些阴影。现在再见到立影不由得畏缩了一下。不过，转眼一想：现在这个女人终于从卢天成身边滚蛋了。姐姐成了卢家的女主人。对于立影来说，她应该是胜利者。这么一想，余静又抖擞精神。不过，她还是没敢惹立影，而是把手伸向了翔。

“翔，还记得我吗？我是你亲小姨啊，我们见过面的。”余静热情洋溢地对翔喊道。

翔的脸上还有泪痕，根本记不起来这个仅有一面之缘的“小姨”。见余静要伸手拉他，赶紧躲到了立影的身后。

“哟，这是谁啊？脸皮这么厚，还赖在姐夫身边哪。怎么着，你让你姐夫供你上了大学还不够，现在你还要你姐夫养着啊？你真让我长见识，你脸皮到底有多厚？我拿一把米尺子来量，够不够量啊？”立影毫不掩饰对余静的鄙视。

“你怎么开口就骂人啊？一点教养都没有。”余静对立影心有余悸，并不敢恋战。

“我是没有教养，不过比我没教养的你还没有见识到。卢天成，”立影回头问卢天成，“你说要是你妈和你妹妹知道，你把你妈赶走了，却把小姨子接进家门，她们会有什么想法？我真的想去问问她们。”

立影的话音一落，卢天成和余静的脸色就变了。立影斜眼一瞧，车里还坐着一个病弱的女人，她的脸色苍白无力。

“再见了，翔，做个乖孩子。”立影轻轻地拍了拍翔的脸，微笑着向他挥了挥手，转身走了。

身后传来翔的哭声。

29

立影结束了一年的婚姻，再次恢复了单身。

但是，心情是回不去了，总是有些惆怅和挂牵。孤独的时候，她就会想：翔现在怎么样了？卢天成怎么样了？余文怎么样了？还有余静？想到一年前的今天，自己为装修那个“家”而忙碌。如今那个家里却住着别人。尤其是那个余静。立影第一次见到她的时候，她就挑衅地告诉立影：她姐姐和卢天成、翔才是一家人。她姐姐才是那个家的女主人。立影没有资格住在那个房子里了，要立影赶快让位。现在立影果然就“滚”出了那个房子。虽然是立影自动离开的，但是想到让余静如愿以偿，现在是她住在那个房子里，立影心里就非常地憋屈和郁闷。

有的时候，立影也埋怨老天不公。为什么立薇的生活总是要风得风，要雨得雨。而自己却这么坎坷？第一次婚姻是自己瞎了眼，看人不准。那么第二次呢？卢天成不是个坏人吧，自己也算是在卖力经营那个家吧，可是最终，出局的还是自己。真是TAM的见鬼。

是不是应该找个人算算命，看看自己是不是命中无夫，就该孤独终老？要是这样的话，自己也就不费那劲了。

生活像一个圆圈，最后又回到了起点。

还是回归“剩女斗士”的行列吧。

立影给杨箐打了个电话。

因为立影很久没和杨箐联系了，杨箐一听是立影，很是惊讶：“哟，莫非火星毁灭，你逃回地球来了？还记得我们地球人啊？”

“KAO，还是地球好啊，听到你的声音让我有一种重返人间的感觉，我程立影又回来了。”立影一听杨箐的声音，自己也兴奋起来。

“什么情况？”杨箐此时还不知道立影再次离婚的消息，还以为她在家里待闷了，要找过去的朋友散散心呢。

立影不想在电话里和杨箐多说，只是问："找个时间聚一聚，行吗？"

"行啊，你什么时间有空？"

"我随时恭侯。"

周末，"剩女斗士"们在她们常去的那个酒吧见面，除了杨箐，姜小白也来了。

立影看见姜小白颇为诧异："你怎么回事？都大半年了，还没把蓝妖搞定？"她们的惯例是：只要身边有男人，是决不会再出席这种剩女聚会的。

姜小白斜睨了立影一眼："甭说我了，说说你怎么回事？要没故事，你肯定不会从火星回到地球的。"

立影也不隐瞒，心里有无限烦闷，也只有对着这几个姐们才能倾诉："都TMD怪你丫的乌鸦嘴，一语成谶。果真'无期'改'有期'了。还没到熬成黄脸婆，就让人给放了。你说我到底是该庆幸还是该骂娘？"

去年立影和卢天成结婚，戏称自己被判了无期徒刑。结果姜小白却说："要是无期倒好了，就怕以后无期改成有期。过了三年五载，人家把你放出来了，你那时候都成黄脸婆了，你就是想在他家继续劳动改造人家都不给机会，那可怎么办啊？"

听说立影离婚了，在座的大吃一惊，连忙打听原委。立影把前因后果一说，几个人都听傻了。

杨箐先开言："你丫傻啊？卢天成说离你就离？那么大一金主，你就给放了？"

姜小白冷讽道："平常你不是挺能耐的吗？说起别人来一套套的都不带重样的。怎么你自己一有情况就蔫了？不就一半死不活的前妻吗？你现在是正房，怕她干吗？你不主动出局，她能把你怎么样？她就是想进门，也只能给卢天成做小。你是妻，她是妾。她见着你，也得叫你一声姐姐。"

"你丫以为演《大红灯笼高高挂》呢？还妻呀妾呀，姐呀妹呀的。你是不是还想建议卢天成干脆把他小姨子也收了。加上他老娘，四个女的正好凑一桌麻将？我TM要是不撤，我就成了卢天成家的烧火丫头了。"立影回嘴道。

"你比我强。"杨箐插言："你起码有过两个男人，我一个还没有呢。"杨箐比立影还大几个月，从来没有一个固定男友。相亲无数，见过各种各样的男人。唯一没有见到的，是属于她的"那盘菜"的男人。

"你对男人也要稍微提高一点审美能力，别TMD什么男人都见，你累不累啊？"姜小白白了杨箐一眼。

“还提高审美能力呢。现在我什么都不挑，只要是个男人就成，都没男人敢要我。上次有一丫的，就通了几次电话。他说我在电话里笑声太大，连面都没见，就把我给拒绝了。我TMD还真想见见他丫的，看看他是不是纸糊的，我一口气能不能把他给吹跑了？”杨箐愤愤不平。

“说实话，你笑起来，跟打雷似的，没点胆量的人，还真不敢见你。你就不能斯文一点？装模作样都不会啊？”姜小白说。

“我倒是装过。在电话里装得特淑女。可一见面，人家硬说我和打电话的那人不是一个人。你让我上哪儿喊冤去啊？”杨箐对找男人已经不抱希望了。现在她去相亲就是为了给自己找乐。看看她见到的男人的极品下限到底在哪里？

立影把眼光转向姜小白，问：“你呢？还在跟蓝妖拉锯呢？准备还拉多久？你还以为你还是年方二八，情窦初开，还在演暗恋的纯情戏码？你现在已经年方二十八了。你说你在蓝妖的身上浪费多少时间了。五年了，你还没把蓝妖勾搭到手啊？”

姜小白暗恋蓝妖。当初春心荡漾的时候，就连和蓝妖上下楼梯时对视了一眼，都要和立影她们激动半天。拖到现在毫无进展，她自己也有些心灰意冷了。所以表面上冷傲起来。再提蓝妖，一副讳莫如深的样子。现在，姜小白对立影的话充耳不闻，说明立影猜对了。按立影对姜小白的理解，要是姜小白真和蓝妖有了实质性的进展，她现在应该会有些洋洋得意的了。

一年过去了，生活并没有改变。相亲的依旧在相亲，暗恋的依旧在暗恋。立影到“围城”里转了一圈，多了一本离婚证，想起来真TMD气馁。

杨箐问立影：“你丫家庭妇女也当不成了，现在在干吗呢？不打算找个活干？”

立影说：“那么着急挣钱干吗？卢天成给我的钱，把房贷还完了，还剩了点。我现在一人吃饱，全家不饿。省着点花，三五年不上班，也饿不死我。”其实卢天成也问过她，要不要他帮忙找个工作。立影呢，一是暂时没有心情去上班；二是觉得已经和卢天成离了，和他没什么关系了，所以不想再麻烦他了。

“你丫在卢天成家当一年保姆，发大财了。比在公司上班可划算多了。”杨箐羡慕地说。

“卢天成这人是不错。在人民币方面上，他没亏我的。他这人就是太烂好人了，所以生活上才一塌糊涂。不过话说回来，如果他敢亏我，我也不怕他，我和他是有婚前合同的。”立影说。

结婚前，立影和卢天成有过婚前协议。立影的初衷是怕卢天成的妈妈太彪悍，自己摆不平她。万一因此和卢天成离婚，自己在经济上不吃亏，免得白给卢天成家当保姆。没想到卢天成的老娘让她给摆平了，可是卢天成的前妻又出来了。

立影想起便有了三分得意：“所以说，女人啊，得自己为自己打算。每往前走一步，就得要算计一下，要是万一踏空了，怎么办？想明白了再往前走。要是自己傻乎乎地，一头栽进男人的怀里，什么都不管不顾了。吃亏了可怨不得别人，自己都对自己不负责，还指望男人对你负责？”

杨箐对立影说：“我想起一件事：你还愿不愿意回公司？财务部的小柳快生孩子了。她从下个月起就休产假了，生了孩子以后也不打算回公司上班了。如果你愿意就回来顶她的位置，我就不再去找人了。你考虑考虑？”

立影想了想：自己虽然暂时不愁钱花，以后总还是要找工作的。现在一个人闲着也怪闷的，有机会回原公司，比以后去一个人生地不熟的新单位要好。所以，立影答应杨箐，考虑回公司上班的事。

立影那天晚上和剩女们一起喝到半醉。回到家里已经过了半夜。第二天被电话铃声吵醒，立影迷迷糊糊地接了电话，来电话的是立薇。

“你还在睡觉？你也不看看都几点了？”立薇问。

“几点了？”立影觉得头有点疼。摸出枕头下的手表一看，快十二点了。“我昨天晚上和朋友去泡酒吧了，泡到凌晨两点，喝得有点多。”立影解释道。

“你现在可真颓废了，就打算这么混下去了？”立薇不满地说。

“不混咋办？你有事找我啊？”立影问。

“我今天在医院值班。你一会儿来医院一趟，我找你有点事。”立薇说。

“你找我有事？那你为什么不来找我？”立影埋怨道。

“你不是闲着吗？下午下班前你过来吧。”立薇说。

立影上次出现在住院部类风湿科的病房时，是在走廊里，和余静交战，把余静骂得体无完肤，最后完胜余静，从而和卢天成、余文一起，成了病人和医护人员的八卦主题。住院部的小护士知道立影最终还是和卢天成离婚后，很为立影打抱不平。余静成了破坏立影婚姻的罪魁祸首。余文后来在住院部住得并不愉快，最初获得的同情后来变成了冷眼。余静在住院部待着也没趣了，更不似原来那般活跃伶俐。好在没过多久余文就出院了。

立影再来住院部，护士们再见立影，对立影又多了几分钦佩，佩服立影敢作敢为，有几分女侠风范，见到立影就更加亲近，拉着立影聊天。立薇那会儿没在办公室，立影就和小护士们聊上了。话题就转到余静身上。

护士小高说：“立影姐，你真厉害，那天把余静骂得狗血喷头。她躲在厕所里哭了好几回，她真的那么不要脸？她姐都和卢天成离婚了，她还要卢天成的钱啊？”

“当然是真的，她自己告诉我的。”立影说，“这算什么？人家现在还住在卢天成家呢？”

“是吗？她不会是看上她姐夫了吧？”另一个小护士表示惊讶。护士们本来就八卦，什么人都见过，什么话都敢说。

“不是吧。余静不是看上郭大夫了吗？没见到她跟郭大夫说话时，身子跟一根树枝似的扭来扭去，声音也嗲得腻人？”又一个小护士加入八卦。

“对啊，前天有个女人打电话来找郭大夫。我一听那声音就是余静，我说郭大夫不在，问她是谁？要不要留个话，她就把电话挂了。”小高说。

几个人正聊着热乎，立薇进来了，护士们多少对立薇有些敬畏，一见她来了，就都散了。

立影问立薇：“你找我干吗？”

“你从家里出来多长时间没给家里打电话了？你有点良心没有？有事了就找家里，没事连电话也不打一个，害得老妈为你操心。”立薇板着脸，不似平时随和，责怪立影道。

“就这事啊？你电话里说一声不就行了，还要我专门跑一趟。”立影不以为然。立影上次因为老哥给她介绍一个比她大十几岁的鳏夫，还讽刺她离过两次婚，不好再找男人，一生气，从娘家跑回市里。从那以后，就没和家里联系过。

“这事不是事啊？你要没什么事，回家陪老妈住一阵子去。你现在有了卢天成给你的几个钱，是不是打算就这么混下去了？”立薇问。

“我下个月就回公司上班去了。昨天杨箐告诉我，说正好公司里下个月有个人休产假，让我回去顶那个位置。”立影解释道。立影在老哥面前可以大喊大叫，由着性子胡来。但是在老姐面前，只要老姐拉长脸，一本正经起来，她还是有点怵的。

30

立影生活变了。从一年的琐碎的生活中爬出来，现在无所事事的生活竟变成了空白。

最让立影惦记的其实不是卢天成，而是翔。翔原来是她的生活中心。立影每天的生活基本上都是围着翔转的。每天送他上学，接他放学，给他安排衣食，关心他的成长，这一切把她的生活填得满满的。看着翔一天天强壮起来，立影的心里充满了成就感。现在，翔离开了她。立影的生活变成了空洞。这二十几天来，她非常空虚和失落。

可是，到底不是自己的孩子。他有了亲妈，或早或晚就会把自己给忘了。立影知道：自己若还是心心念念地惦记他，其实只是自讨苦吃。这事也跟失恋了一样，需要一段时间来忘记旧的“情人”。而这段时间，最好就是远离和翔有关的一切，不要再想他，让时间冲淡一切。

立影在这边想极力忘记翔，那一边卢天成的电话打了进来。卢天成在电话内很急切地问：“立影，你在哪里？你帮我去看一下翔吧。”

立影一听，便没有好气：“要我看他干吗？他不是有亲妈吗？让他自己的亲妈去看他。”

“我和余文在外地，现在回不去。刚才家里保姆来电话说翔摔跤了，摔得挺重的，你去帮我看看。”卢天成焦急地说。

听说翔摔跤了，立影心一下子就提了起来，着急地问：“怎么回事？怎么摔了。”

“具体情况我也不清楚，保姆说余静带他出去玩的时候摔的。”卢天成说。

“那他现在在哪里？”立影问。

“我让他们带翔去医院了，你帮我去医院看看吧。”卢天成说。

立影挂了电话，就往医院赶。在第一人民医院的急诊室走廊找到了翔和保姆。

翔额头上一个大伤疤，脸上还有没洗干净的血渍，看上去很是吓人。立影心疼地扑了过去，说：“翔，你这是怎么了？”

翔见到立影，本来是在抽泣，现在便放声大哭起来：“妈妈，我摔跤了。”

立影把翔搂进了怀里，问："告诉妈妈，哪里摔伤了？"

"我的头好疼，还有腿也疼。"翔哭哭啼啼地说。

"怎么这么不小心呢？"立影心疼地责备道。

旁边坐着个四十来岁的妇人，问立影："你是叫立影吧？ 我是翔他家的保姆。"

立影看了看她，解释道："卢天成刚才给我打电话了，说翔摔伤了，让我过来看看。"又问："翔看了大夫了吗？"

"还没有呢，这里人多，大夫让等着。"保姆说。

现在已是傍晚时分。 正常的门诊已经下班了。 急珍室外等着的病人很多。 立影环顾了一下四周，并没有发现余静的影子，就问保姆："翔的小姨呢？"

"翔的小姨说她在医院有熟人，她去找熟人去了，让我带翔在这里等着。"保姆说。

立影不知要等多久，翔还在哭哭啼啼。 立影边安慰他，边掏出手机要给立薇打电话。

这时，就看见余静和郭正安匆匆走来。

余静看见立影一愣："你怎么来了？"

立影没理她，只是看了看她身后的郭正安。 郭正安向她微微点了一下头，就进了急诊室。

余静埋怨保姆："翔就是跌破了点皮，抹点药，包扎一下就好了，你干吗搞得这么兴师动众的？"

保姆回嘴道："翔出这么大的事，我当然要给翔他爸爸打电话了。 翔他爸爸把孩子交给我们，现在给摔了。 万一孩子落下点毛病，我可担不起责任。"

余静说："你别说得那么吓人，会落下什么毛病？"

保姆说："那可说不定，翔哭得那么厉害，不是你自己的孩子你不心疼啊。"

余静还要说什么，立影开口了："闭上你的嘴。 你把孩子摔了，还有理了。"看见余静，立影的气就不打一处来。 余静就像激活剂，能激活立影身上所有的暴力因子。 别说余静闯了这么大的祸，就算是平常看见她，立影都有要抽她的冲动。

余静对立影心有余悸，不过觉得现在自己堂堂正正的是翔的小姨，而立影什么都不是，所以又壮着胆子说了一句："关你什么事，翔摔了也是我们自己家的事，跟你没关系。"

话音未落，"啪"的一声清脆的声音响起，余静的脸上挨了一个响亮的耳光。

嘈杂的急诊室走廊顿时安静下来，大家的眼光都集中到了这个角落。 谁也没有想到，这个时候突然出现了暴力事件。

余静也没有想到立影真的敢动手，捂着脸，带着哭腔说道："你怎么打人啊？ 你凭什么打人？"

“我就凭你把翔摔成这样，我就要揍你。”立影恶声说着，忍不住又想上前再动手。这时，她的左手被人从后面稳稳拉住。立影挣扎了几下没挣脱。回头一看，是郭正安。

“你放开我。”立影对郭正安吼道。

“有什么话不能好好说吗？”郭正安的声音不急不徐，但却很有威严。

立影的左手被郭正安抓得死死的，不能再靠近余静。

“我又不是故意的。”余静哭着说。

“不是故意的就不该揍了？你怎么不把自己摔成这样？他爸爸妈妈不在身边，要你照顾他，你就这样照顾他的？”

若不是立影被郭正安拉着，早又上前踹余静两脚了。

郭正安冷静地说道：“大夫现在有空，你带孩子去看看吧。”

立影回头看了一眼郭正安，摔开郭正安的手，搂着已经吓傻了的翔进了急诊室。

然后，郭正安自己也跟着进来了。

翔的额头跌破了。护士要给他打破伤风的针，翔一见针头就哇哇大哭起来，立影抱着翔轻言细语地劝。翔并不肯合作，在立影的怀里拼命地挣扎。郭正安过来帮助立影把翔控制住，这才把针打了。

接着，护士把翔额头上的伤口给清理了一下，把伤口包扎好。护士交代立影：过两天要带翔来换药。

然后，大夫过来帮翔检查身体的其他部位。立影问翔：“身上还有哪个地方摔疼了？”

翔指了指左腿。大夫用手捏了捏，让翔活动活动脚踝。翔喊疼，大夫建议立影带翔去拍个片，看看是不是骨折了。

翔的腿痛，不能自己行走。立影试着抱了抱翔，但没抱动，便转过身，蹲下身子对翔说：“来，妈妈背你吧。”

这时，郭正安走过来，说了声：“我来吧。”一伸手，便把翔抱了起来。

立影愣了一下，也没说什么，郭正安高大，横抱着翔，好像并不费劲。立影就让他抱着翔，自己接过护士给的账单，跟着郭正安出了急诊室。

出了急诊室，立影对翔说：“你乖乖的让这位叔叔带你去照片，妈妈给你交完费就去找你。”

立影这话其实也是对郭正安说的。只不过，刚才被他把手腕捏得生疼，立影的心里对郭正安还窝着火，所以犹豫了一下，没跟他说话，自己转身去收费处了。

郭正安抱着翔上二楼照片室去了。

余静跟着郭正安上楼。

保姆想了想，跟在立影的后面。

保姆四十多岁，是个话多的女人。她向立影自我介绍姓蔡，立影就叫她蔡姐。蔡姐告诉了立影翔受伤的经过。

前不久，卢天成不知从哪里打听到，河北有个老中医对治疗类风湿关节炎有秘方。据说有些病人都瘫痪在床上了，在他的治疗下现在可以行动自如了。卢天成就决定带余文去看看老中医。昨天他们刚走，就把翔交代给了余静和蔡姐。

今天下午，余静下班回来，翔说想吃酸奶。可是家里没有了，余静就带翔去小区的购物商场去买。回来的时候，路过小区里的游乐场。翔要玩会儿秋千，余静看翔玩得挺欢，就在翔的后面推翔，越推，翔荡得越高。结果，翔害怕了，想停已经来不及了。翔一慌，手就松开了抓住的绳子，一下子摔在地上，摔得头破血流。

余静赶紧把翔带回家，本来以为把翔头上的伤口的血洗干净就没事了。可是，蔡姐一看吓得不轻，怕翔万一有个好歹了，她负不起责任。就趁余静帮翔洗伤口的工夫，给卢天成打了电话。卢天成叫她们立即带翔去医院检查，还给立影打了电话。

蔡姐今天是第一次听说立影。她给卢天成打电话报告翔受伤的事情以后，卢天成就把立影的名字和手机号码都告诉她了。告诉她：如果翔有什么事情的话，就打电话找立影帮忙，然后立影就出现在医院里了。

蔡姐到卢家做的时间不到一个月。虽然不了解内情，不过凭着她历经人事的眼光，也看出了一点玄机。蔡姐看出立影和这家的关系非同一般，卢天成对她很信任，翔对她很亲热，喊她妈妈，但是余静对她很提防。虽然蔡姐不清楚个中原委，但是她本能地感觉：这个女人和卢家有非常紧密的关系，而且深受卢天成的信任。

蔡姐对立影并不设防，唠唠叨叨地和立影讲起了卢家的事情。从蔡姐那里，立影得知：卢天成和余文似乎并没有复婚，他们俩到现在还是分室而住。家里的主卧室里住的是余文和余静；卢天成母亲原来的房间成了卢天成的卧室兼书房。原来的书房现在是蔡姐的房间。

卢天成把余文接回家后，对余文呵护备至，一直在弥补他对余文的亏欠，但是余文对卢天成依然冷淡。翔回家以后，余文百般讨好翔，但是翔对余文却并没有儿子对母亲的那种亲热和依赖。卢家的夫妻仍然不像夫妻，母子依旧不像母子。不过，家里最自在的是余静。按说她在这个家里是客人的身份，但她似乎已经反客为主了。她好像和每个人都熟悉亲近，没有任何隔阂。家里的事情她总要抢先发言，就连对蔡姐，她比卢天成和余文也更具有主人派头。蔡姐到卢家来做事，说好了的是侍候病人和孩子。卢天成并没有提到还有个女人可以对她指手画脚，所以蔡姐对于余静并不买账。

立影虽然心里已经决定和卢家不再有任何瓜葛，但是还是希望卢天成和翔生活得圆满。知道这些，暗地里直摇头。卢天成对余文也算是情深义重了，只不过不知道这份情义，会结出什么果子来？

X光照片的结果显示，翔的左腿小腿的骨头上有一道细细的裂缝，是不完全性骨折。翔的左腿被打上了石膏，大夫嘱咐需要静养三四个星期。

翔的腿打上石膏，走路更不方便了，立影不放心把他交给余静和保姆，就问翔：“你是回自己家？还是去我那里，在妈妈家住几天？”

翔说：“我想跟妈妈在一起。”

“我可以送你们回去。”郭正安提议。

余静心里直冒火，今天的事情完全是个意外。她带翔去买酸奶，其实是为了讨好翔，拉近自己和翔的关系，让他们更像一家人，结果却出了这么大的事故。翔出了事，本来她想隐瞒，免的卢天成知道了对她不满。可是保姆却偏要多事地告诉卢天成，还引来了立影。

她和立影从第一次见面就气场不合，每次见面都要开战。每次开战余静都必输无疑。在余静心里，立影就是一个市井泼妇，可以不顾一切地撒泼打滚。而余静作为一个有教养的知识女性，做不到她那样不顾体面，所以甘拜下风。问题是，每一次和立影交锋都让余静脸面无存，而且都是在郭正安的面前。

余静从刚最开始见到郭正安，内心里对郭正安就有了好感。这个男人身型高大，沉稳冷静。虽然不是那种帅到让人着迷，但是他浑身上下却透着一种成熟男人厚重的气息。郭正安并不善言辞，更不是那种对女孩子热心，积极讨女孩子欢心的男人。他对人有些疏离，淡然和不拘言笑。余静知道这种冷静内敛的男人是不能以火一样的热情扑向他的。必须若即若离，时隐时现地出现在他面前。

立影上次骂余静其实不算骂错了。余静确实一直在利用姐姐的病情做借口，一步步地接近郭正安。只是被立影骂破以后，余静不得不收敛一些。

这次翔受伤其实也算是一个机会。急诊室的人多，她名正言顺地去求郭正安帮忙。本来余静认为，郭正安这么热心地帮她，肯定是对他们之间的某种亲近关系的认同。以为这又是一个契机，可以和郭正安恢复联系，但是立影的出现，不仅让她在郭正安面前再失面子，而且剥夺了她和郭正安相处的机会。

立影就是余静的克星。

郭正安提议要送立影和翔回去。立影还没说话，余静却开口了：“翔不能跟她去，她现在已经不是翔的妈妈了。”

“你TMD给我闭嘴，我是不是翔的妈妈用不着你多嘴。”立影立刻对余静吼道。她无意和余静“抢”郭正安，更不在意余静对郭正安的那些想法。她关心的是受了伤的翔能不能得到好的照顾。

“还是让立影照顾翔几天吧，我看翔对立影挺依赖的。”蔡姐不失时机地提出了她的意见。如果接翔回到他自己家，照顾翔的任务就会落在她的身上。她不是怕劳累，而是怕余静对她指手画脚。到时候，万一有什么闪失，她出了力还不落好。

正在这时，立影的手机响了。是卢天成打电话询问翔的伤势，立影把翔的情况告诉卢天成，然后说：“你要是同意的话，我就把翔接到我那里去住几天。”

卢天成自然同意，有立影来照顾翔，他就放心了。

立影接完电话，对郭正安说：“那就麻烦你送我和翔回家吧。”

车上，立影和郭正安无话，到了立影家的小区，立影说了声谢谢，就要带翔下车。郭正安问：“他这么大了，你怎么带他上楼？不需要我帮忙吗？”

立影的家在七楼。虽然有电梯，但是从停车的地方到电梯口还有一段距离。翔的腿上打着石膏，立影要把他“搬”回家，的确有一定的困难。立影便对郭正安笑了笑，说：“那就谢谢你了。”算是对郭正安的一个请求。

郭正安抱着翔，把他们送到一楼的电梯口，停下来说：“那我就不上去了。”

立影心里本来在打鼓：郭正安帮了这么多的忙，是不是该请他进自己家坐坐。但是，他这个人这么闷，即使请他进家坐一会儿的话，好像也会很尴尬。现在郭正安开口告辞，立影心里松了口气，正要说再见，郭正安又说：“我家住得离这里不远。过两天，你要带他去换药，我可以把你们带到医院去。”

立影一听，对郭正安的印象有几分改观。他这人看上去很冷，倒是很细心的。不过又一想，也许他对她有所求，才这么热心吧。立影是习惯于把事情说在明处的，不希望受了他的恩惠，到他再次提出要求的时候，自己不好意思拒绝。

于是，立影略带调侃地说：“那谢谢你了。不过得事先说清楚，即使是你帮了忙，你那天说的事情，我也不会和你合作的。”

郭正安听罢，知道立影说的什么事情，便微微一笑：“其实那天的事情是我唐突了。我应该向你道歉的。那件事我不会再提了。”

翔在立影的家里，暂时填补了 立影生活中的空白。翔很开心又回到了立影的身边。毕竟立影是他懂事以来第一个以母亲身份出现在他生命中的女人。立影弥补了他空缺的母爱。在他的心目中，母亲也许就是立影这个样子的。所以虽然他自己的亲生母亲已经出现在他的生活中，他心目中认定的母亲依然是立影 。

但是，立影心里明白，这种生活只是短暂的。翔不可能永远成为自己生活中的一部分，她不能再把他当儿子了。他只是一个她认识的小男孩，和任何其他的男孩子没有什么不一样。立影的心中对翔唯一的不忍是，因为她离开翔离开得太匆忙了，翔心理上的不适应。 翔当初离开她时的哭声，让立影对翔非常歉疚和不忍。 虽然这不是她的错，但是这也不是翔这么大的孩子应该承受的。 现在有机会和翔重新短暂相处，好歹可以给翔心里上一个缓冲。

翔的腿不能自由活动，所以也不能去上学。 立影打电话去学校给他请了假，又让蔡姐把翔的书包，衣服和玩具送了一些到立影这边来。

翔对立影和他分开还是不很理解，所以总是在问："妈妈，你什么时候回我的家啊。"

"我不回去了。"立影回答。

"为什么？"翔问。

"你不是有一个妈妈了吗？"立影说。

"我为什么有两个妈妈？"翔问。

"因为翔可爱啊，喜欢翔的人就多啊。"立影笑着逗翔。

"那你不喜欢和我住在一起吗？"翔有些委屈。

"谁说的？ 翔一摔跤，我不就和你住在一起了吗？ 以后你放假了，可以来找妈妈玩，在妈妈这里住呀。"

这一次，立影的心情和刚离婚的时候大不一样了，所以一直以愉快的心情和翔对话。 立影让翔相信：只要翔需要她，她就会出现在翔的面前。

一个星期后，当卢天成从外地回来，来接翔的时候。 翔和立影告别的场面并不像上一次那么具有悲剧色彩。

卢天成自然很感谢立影。 立影说："你不用谢我，我不是为了你，是为了翔。"

卢天成说："余文想见见你，可以吗？"

"见我干吗？"立影问。 这是余文第二次传话来说想见她，第一次是通过立薇。

"她想当面谢谢你。"卢天成说。

"谢我干吗？ 是感谢我给她让位？"立影调侃道。

提到这个话题，卢天成有些尴尬。 立影想起蔡姐说的，卢天成现在和余文其实还在分居。 心里笑道：看来我让的这个位置，余文还没有填上。 立影心里对卢天成有半分嘲笑又有半分怜悯。 他真是好人啊，可惜太迂腐了。

立影说："还是别见了，没有必要！ 其实以后连你和翔我都不会再见了。 我说过：和你离婚以后，我和你就没有任何关系了。 你在我生活中已经是历史人物了。 好了，再见了。"

这一次，是真的再见了。 立影心里已经下了决心，把卢天成这一篇翻过去，以后不和卢天成再有任何瓜葛。

31

翔离开立影家的第二天，立影就接到了杨箐的电话：“立影，你要是现在没什么事，干脆现在就来上班吧，会计部他们现在都忙不过来了。”

“怎么了？ 小柳早产了？”立影问。 会计部的小柳现在怀孕了，打算生孩子以后就不再上班了。 杨箐原来给立影说，是让立影去顶小柳的班的。

“不是，财务部有个人突然就离职了，说是家里有事，连招呼都没有提前打。 这马上到月底了，财务部他们要赶报表，缺人手，所以你干脆提前上岗得了。”

就这样，立影回原来的公司上班了。

立影当初嫁给卢天成，虽然低调，但是在公司里还是有一定的轰动效应的。 毕竟在他人眼里，也是个山寨般的“麻雀变凤凰”故事。 再加上年前公司聚餐的时候，立影的高调出席，的确让公司里未婚待嫁的女孩们眼红了一阵子。 现在，立影从“凤凰”变回“麻雀”，自然也少不了说闲话。 立影对此早已有思想准备。 当初自己也这么八卦过别人，现在自己成为八卦对象，也不算冤枉。 好在杨箐早已在公司里把立影和卢天成的事八卦得尽人皆知了，立影倒不用再费口舌解释。 再说，大多数人和立影都熟，原来关系也不错，所以也没有给立影难堪。 过了几天，大家对立影的兴趣渐减，似乎立影从来没有离开过一样。

毕竟是熟悉的环境，立影很快也适应了上班的生活。 和一年前不同的是，立影换了一个小组。 以前立影所在的小组是负责采购账务的，现在立影换到了管销售账务的财务组。 姜小白以前就是这个组的。 不过现在姜小白提升当上了财务部经理助理，兼销售账务的主管会计。 也就是说，立影现在是姜小白的手下。

会计的工作单调而繁琐。 每天的工作无外乎是收单、整理单据，然后归类处理、整理挂账做凭证、在电话中和用户对账等等。 立影回公司的时间正好是月底。 月底月初是会计最忙的时候，要赶做月报，出各种报表。 如果到了月底的最后一天账还对不上，就得一笔笔跟踪核对，繁琐得可以把人逼疯。立影一回公司直接就进入了工作状态。

等到忙过那十来天，立影刚松了一口气，姜小白就通知她：“去A城出差。”

去A城出差不是什么好差使。A城是个小县城，那里有公司的一个经销点。A城不大，因为处于四通八达的交通枢纽，所以经销点的生意很不错。经销点有一个老会计，六十多岁了，人很古板，而且是个老古董。会计业务很熟，但习惯用原始的纸记账本。电脑记账总是搞得一塌糊涂。总部每次派人去和她对账，都特别麻烦。还要想办法重新帮她把电脑上的错误纠正过来，所以谁都不愿意去出这苦差。

“为什么我去？我是新人。你这不是欺负新人吗？”立影一听说要去A城就叫了起来。

“你不去谁去？其他的人都轮流去过了，就是小柳怀孕没去。你现在顶小柳的班，自然该你去。”姜小白说。

好啊，姜小白，你TMD现在在我面前开始打官腔了。立影心里暗骂，不过表面上还是不能对姜小白造次。只是说：“我没去过A城。”立影原来是管采购账的，去A城的事不属于她管。

“我明天和你一起去。”姜小白说。

这还差不多。立影心里说。

“我一会儿去销售部问问，看他们明天有没有人去A城，要有的话，我们就可以搭他们的顺风车。”姜小白说。

会计部的人员都聚集在一个硕大的办公室办公。每个人一个办公桌一台电脑。办公桌用隔板隔着，各自拥有一个半开放式的空间。忙的时候，各人埋头苦干。闲的时候，只要一抬头，或者把椅子往后退半步，就可以和对面的或者邻桌聊起天来。公司里几乎各个部门都要和会计部打交道。每天会计部人来人往的，所以会计部几乎是公司的八卦中心。

姜小白刚走，立影的右桌从隔板后面探出半个身子说：“立影，你有福气了。姜小白和你一起去，销售部一定会有顺风车的。要是没有，蓝妖自己开车也会把你们送去。”

姜小白暗恋蓝妖是会计部人人皆知的秘密。蓝妖和花花姐离婚以后，姜小白和蓝妖的关系再次受到关注。

“要是蓝妖明天也去A城的话，姜小白肯定不会拉立影一起去。姜小白好不容易有机会和蓝妖单独出差，干吗要拉立影当电灯泡？”坐在立影对面的王智说。

“也许，要立影去当挡箭牌呢？”小玲争辩道。

“切，他们又不是没有单独去过。”王智说。

过了一会儿，姜小白过来告诉立影，没找到顺风车。所以，明天两人只能一起赶早上的长途汽车去A城。

A城离市区大约三个小时的车程。立影起了一大早，赶上了七点的那班车，到A城是上午十点多钟。销售点和车站离的不太远，立影她们走了几分钟就到了。

姜小白不是第一次来。销售点的人见到姜小白都喊她“姜经理”。姜小白在立影面前被人这样称呼，有些不自然。因为她其实才是个经理助理。姜小白低声对立影解释：“他们下面的人就喜欢这样瞎喊，我都说过好多次了，让他们别这么喊，他们不听。”

立影觉得好笑，但也不大惊小怪。在老家时，老哥为了恭唯当官的，也是这样有意无意地口头上给人“升官”。看见副×长，从来都是把那个“副”字去掉。

姜小白把立影介绍给那个古板的老会计以后，自己就消失了。留下立影和她对账。老会计搬出她的手写的账本。立影一看，心里不由得赞叹了一下。账本上条目写得清清楚楚，规规整整。现在的年轻会计大概很难手记出这么清楚的账本了。

老会计好像并不像传说中的那么难处。立影随着她的思路，一笔一笔地对下来，效率倒是很高。到了中午，老会计回家吃饭，姜小白仍然不见踪影，立影被销售点的人领到隔壁的小饭馆吃中午饭。

立影刚坐下，就看见蓝妖进来了。蓝妖先看见立影，主动和立影打招呼：“程立影，你今天来A城了。”大概是他乡相遇吧，蓝妖的语气里有一种亲近的意味。

立影和蓝妖很少打交道。这次重回公司以后，在走廊上见过几次蓝妖。蓝妖每次都主动和她打招呼，所以立影对他也不像原来那么生分了。

立影笑着说：“蓝经理，要知道你今天来A城，就不赶长途汽车了，搭你顺风车来多方便。”

立影心里有些奇怪：明明昨天姜小白说去销售部问了今天没有顺风车来A城的，难道她没去问蓝妖？

蓝妖坐到立影的旁边，作出一副和立影很熟的样子说：“要知道你来A城，我怎么着也不会让你坐长途啊。你才回公司几天啊？怎么就派你出差了？”

“说得是啊，我昨天还说小白欺负新人呢。小白也来了，我跟她一起来的，”立影说。

“啊？哦。”听说姜小白也来了，蓝妖的脸上就有不自在的神色闪过。不过，转眼又恢复了正常。问："我说，立影啊，你和老卢怎么回事？不是好好的，怎么就离婚了？"

"缘分不到呗，所以凑合不下去了。"立影一笑。回公司以后，有无数人都问过她这个问题。虽然她离婚的事情早已被杨箐那张嘴传得沸沸扬扬了，但是见到立影的人，还是想从立影的嘴里得到点不为外人知道的真实情况，所以总爱做出一副和她很熟的样子，私下问她"为什么离婚"？而立影一律用这句话来打发。

"别是你欺负人家老卢吧，天下人都知道，卢天成是老实人。"蓝妖说着暧昧地一笑。那双细长的眼睛轻轻一挑，显出几分妖冶。这是立影第一次和蓝妖这么接近，也是立影第一次见到蓝妖对她放电。说实话，如果不是立影现在已经心如磐石，没准还真的会心动一下。现在立影有点理解姜小白为什么惦记蓝妖这么久了，原来真是妖孽缠身啊。

"我就一家庭妇女，能有什么能耐欺负人家？"立影满不在乎地说。

两人胡乱地聊了一阵。立影要的那碗面条给端上来了。

"你们今天晚上回去吗？"蓝妖问。

"小白说要住一晚上。"立影说。

"那晚上一块儿玩吧。"说完，蓝妖起身走了。

立影吃过午饭，又回到会计室继续和老会计对账。到了下午四点多，姜小白才现身。立影告诉她：蓝妖来了。姜小白似乎已经知道了，只是"哦"了一声。

晚上，销售点的经理请客。当立影和姜小白走进饭店包厢的时候，立影看见，除了销售点的几个负责人以外，蓝妖已经在那里了。蓝妖和立影打了个招呼，却似乎没有见到姜小白似的。姜小白似不为意，拉着立影坐在蓝妖的对面。

一会儿又来了两个人。一个中年胖子男人，一个年轻的小瘦子。立影不认识他们，但是蓝妖和姜小白和他们都很熟的样子，起身和他们打招呼。然后姜小白给立影介绍，那个中年胖子姓陈，是这里税务局的副局长，年轻瘦子是管他们销售点税务的税务员。后来立影才知道，这个销售点税务上出了点问题。姜小白和蓝妖这次来是为了解决这个问题的。

席间，销售点的人对胖子局长大献殷勤。姜小白和蓝妖对胖子局长也大加恭维。立影是唯一的局外人，只是作壁上观。哪里知道，胖子局长偏偏看中了立影，连连点名要和立影干杯。姜小白知道立影的脾气，怕她不顺心得罪了胖子局长，担心地看着立影。立影哪里是不懂事的人？虽然不关她的事，但她也不会砸了场面。再说，喝酒是立影的长项。所以立影笑吟吟地和胖子局长对喝起来，再加上姜小白在一旁插科打诨，两人把胖子局长灌的浑身舒坦，满口叫嚣销售点的事就是他的事，以后谁和销售点过不去就是和他老陈过不去。边上的年轻瘦子一脸黑线，立影估计大概是这个瘦子挑了销售点的错，才惹出这些事情。

酒足饭饱，胖子局长要娱乐娱乐，一行人就离开饭店，去了 A 城最大的夜店。进了包间刚坐定，一行穿得非常暴露的女孩端着酒水，瓜果进来，在茶几上摆好之后，然后就势坐在了几个男人的身边。立影以前没有见过这个阵势，看得有点蒙。姜小白偷偷对立影说："你先别晕，这才刚开始。"

立影准备再次作壁上观，就当是在看西洋景。哪知道胖子局长又点了她的名："大城市来的小姑娘给我们唱一个。"

立影回头看看姜小白，嘟囔了一句："怎么回事？不是已经有三陪小姐了吗？"

姜小白说："你就唱吧，镇镇他们。"

立影还没站起来，蓝妖也开始起哄："立影在咱们公司可是小'宋祖英'啊。"

立影唱歌的功能，应该是她身上绝无仅有的天赋，也是她唯一比立薇强的地方。原来公司里搞个联欢什么的，她总被点名出节目。和同事 K 歌，她也是独占鳌头的"麦霸"。

蓝妖这么一说，胖子局长更不放过立影，立影只好唱了一首宋祖英的《好日子》。

刚唱完，胖子局长摇摇晃晃地站起来："我来跟大城市来的小姑娘唱一个，就唱《东方之珠》吧。"

立影心里暗说：哪里是东方之"珠"啊，应该是东方之"猪"。

心里这么说，表面上还是得应付过去。胖子局长的歌声实在不敢恭维，立影勉强和他唱完。刚要放下话筒，哪知胖子局长又要接着来一首："再唱一个黄梅戏《夫妻双双把家还》。"

立影一听脸就拉了下来，心想：你 TMD 还没完没了了，谁 TMD 跟你夫妻双双把家还？你把我当什么了？还没等立影说什么，姜小白已经把立影的话筒接过来了："我跟陈局长唱吧。"

卡拉 OK 进行一阵子，立影有些厌倦了。环顾四周，一片旖旎景色。蓝妖和姜小白不知道什么时候已经不见了。立影心里一动，悄悄地溜出了包间。

这个夜店的生意似乎不错，每个包间都传出了高亢的歌声。

立影在走廊的顶头，发现了姜小白和蓝妖。看样子，他们在这里似乎已经有一段时间了，但是看上去并不愉快，姜小白一直在极力说着什么，而蓝妖听得并不以为然。

立影心里暗笑：姜小白，每次在你面前一提蓝妖，你都一副讳莫如深的样子，现在让我抓了个现行。看你还装模作样不？

姜小白和蓝妖说着说着，一生气就走了。走到立影的身边才发现立影。立影本来想调侃姜小白几句，看见姜小白脸色难看，只好把话咽了回去，改口说："我有点累了，想回旅店去休息。"

"那你回去吧。你知道回旅店的路怎么走吗？不太远。要不你等会，我找个人送你去。"姜小白还是很照顾立影的。

"我这么走，没事吧？"立影是怕自己没跟胖子局长打招呼就走，万一胖子局长想起她来，生气了，会不会坏了姜小白他们的事？

"没事，一会儿，我帮你解释。"姜小白说。

"那你呢？你现在不走？"立影看看姜小白，她也是一脸疲惫。

"我还得再待一会儿。"姜小白有些无奈。

"你没事吧？"立影关切地问。

"我还行。刚才喝酒时，幸亏你帮我抵挡了一阵子。陈胖子这人，只要喝酒喝开心的话，什么事都好办。刚才要是没你，我就只能自己上了。"

"那你的事办完了？明天我们可以回去了？"

"应该差不多了。陈胖子刚才不是已经松口了吗？"

立影回到旅店，洗了澡就上床睡了。到了半夜醒过来一次，发现对面床上的姜小白还没回来。心里就暗暗有些替她担心：不知道她是在应付那个胖子局长，还是在和蓝妖纠缠？

姜小白在立影这拨"剩女"中，是发展得最好的一个。平时在立影她们这帮"俗女"面前，总是一副清高脱俗，居高临下的姿态。今天，立影知道她风光的背后却是另一个样子，心里不免有些感慨：谁 TMD 混得都不容易啊。

第二天早晨，立影起来的时候，姜小白在对面床上睡得正熟。立影不知道她昨晚什么时候回来的，不敢打搅她。自己轻手轻脚地洗漱完毕，去旅店餐厅吃了早饭，然后去了销售点。

和老会计对完账，老会计就说："小程，我觉得你这姑娘心眼挺好，脾气也好，架子也不大。不像你们总部的有些人，觉得自己是总部来的，特看不起人。"

立影差点儿要笑出来了：我脾气好？我是脾气好的里面挑出来的。我没架子？我就一小会计，到哪里找架子去？

老会计又说："小程，你要是还有点时间，就教教我怎么用计算机吧。我人老了，原来从没学过这个东西，总弄错。"

姜小白到现在还没露面，不知起床没有。所以不知要等多久才能回市里去，立影反正闲着也是闲着，就答应了老会计的要求。

老会计看上去的确是计算机新手。立影从头把财务软件又教了她一遍，并且让她把步骤一步步用笔记下来。

快到中午的时候，姜小白来了，喊立影回旅店收拾东西准备回市里。

老会计对姜小白说："姜经理，这个小程是个好姑娘。你下次还是派她来吧，我跟她挺合得来的。"

告别老会计，出了会计室。姜小白白了一眼立影："你丫现在都成活雷锋了，谁见了都夸你。"

"还有谁夸我？"立影很感兴趣地问道。

姜小白指指身后："这老太太跟谁都搞不好，跟你倒像是亲母女似的。昨天晚上你走后，陈胖子打听你什么时候还来。等你再来，他还要请你喝酒。就连蓝君谦都说你在酒场上有大将风度，昨天晚上幸亏有你。你说这件事我花了多大工夫才摆平，怎么都成了你的功劳？"

"这就叫着四两拨千斤，武林高手都这范儿。"虽然，立影不知道那件税务的事具体是什么情况，她自己在里面究竟起了多大的作用，但是这绝对不妨碍她及时自吹自擂。

"还四两拨千斤？你丫就吹吧。"姜小白一脸鄙视。

两人说着，就回到旅店。蓝妖的车已经在门口等着了。立影回房间收拾东西。再回到旅店门口，蓝妖站在车外等她。姜小白早已坐进了车的后排座位，靠着后背，闭着眼睛，一副谁也懒得搭理的样子。

立影刚想拉后排的车门，准备和姜小白并排而坐，蓝妖说："程立影，你坐前面吧，陪我说说话。昨晚睡得太晚，没睡好。我怕我一会儿犯困了，把车开到沟里去了。"

立影只得坐在了副驾驶的位置。

一路上姜小白闭目养神。立影原来和蓝妖一点也不熟，也不知该说什么好。

蓝妖倒是健谈，七扯八拉又说到卢天成的身上。蓝妖说："前几天在一个朋友那里碰到老卢，还和他谈起你呢。"

"我有什么好谈的？"立影说。

“老卢一直在夸你，好像很舍不得你。程立影，你这人倒是蛮爽快的。说离开老卢就离开了。干脆利落，一点儿都不拖泥带水。男人就喜欢你这样的，拿得起，放得下。你如果那会儿对老卢死缠滥打，估计老卢烦都烦死了，哪里会像现在这样对你恋恋不舍？”蓝妖说着不经意地往后视镜看了一眼。

立影觉得有点不对劲。蓝妖虽然在和她聊天，但却话中有话，而且好像是把这话说给后面的姜小白听的。立影心一动：莫非蓝妖在拿我对姜小白说事、让她别缠着他？

立影心说：靠，什么人啊？你们俩到底有什么内情咱不知道，但也别拿我当枪使，来打击我的姐儿们。

于是，立影说：“卢天成没告诉你，他出了多少血，才把我打发走的？别以为我那么好说话，让他招之即来，挥之即去。我可不是吃素的。卢天成要我走人，他就得付出代价。他给的价码我要是不满意的话，我才不会那么轻易给他自由身的。”

蓝妖听了立影的话，愣了一下，讪讪说道：“那是那是，老卢自然不能亏待你。他是个好人，就是人太老实了。”

“你跟他很熟吗？”立影问，立影觉得奇怪，从来没有听卢天成说过蓝妖，但是蓝妖却总提卢天成。

“我跟他不是很熟，点头之交吧。不过我一哥们儿认识老卢。我那哥们也是做化工材料生意的，和老卢是同行。前几年石油价格飞涨，化工原材料也跟着起俏。他们做化工材料生意的都发财了，我那哥儿们比老卢起步晚，但现在比老卢做得大。老卢就是太老实了，要不他的生意会比现在大得多。”

立影以前很少听卢天成说起过生意上的事。原来也想过，就卢天成那黏糊劲儿，怎么在生意场上混啊？看来他是赶上了好时机。再加上像张中说的那样：卢天成为人厚道，也积攒了些人缘，所以才能把生意做起来。

蓝妖又说了：“老卢那家伙有眼不识金镶玉，把你这么个大能人娶回去当家庭妇女，却不晓得让你去帮他拓展生意。昨天你应付陈胖子的那两下子水平不是一般，像是见过大场面的。”

“我哪里见过什么大场面？昨天K歌时，要不是小白替了我，我估计就把话筒摔到那胖子脸上了。”立影昨天也就是即兴发挥。喝酒，K歌都是她的长项，自然发挥出色。而且因为事不关己，所以才对那胖子应对自如，随心所欲。如果要她像姜小白那样去小心翼翼地讨好那胖子，立影怕是做不来。

蓝妖又说：“没见过大场面都能这么有大将风度，可见是有大潜力，难得啊。说句实话，程立影，你在会计部，真是给埋没了。你干脆到我们销售部来吧。我估计不出三月，你就得成为销售部的头牌。”

立影一听这话，笑了起来：“什么头牌，怎么听着这么别扭。你们销售部是青楼啊？你是青楼的老鸨啊？再说，我顶头上司就坐在后座上，你当着她的面让我跳槽，不是让我等着穿小鞋吗？”

说着，立影回头看了一眼姜小白，故意说：“小白，咱俩这么多年了，你是了解我的。我对你是一心一意的，威武不屈，富贵不淫，我决不会背叛你。”

姜小白上车以后一直假寐，自始至终一句话没说。现在听立影这么一说，抬起眼皮，冷冷地问道：“立影，是不是快到服务站了？你饿吗？”

立影听姜小白这么问，知道她的肚子闹饥荒了，连忙对蓝妖说：“蓝经理，吃中午饭时间到了，咱们是不是填饱肚子再赶路啊？”

立影看出来了：这两人在较劲。不管他们之间发生什么事，在外人面前，立影是绝对要维护自己的姐儿们的。立影不惜自降身份，对姜小白毕恭毕敬，表现得像自己就是姜小白马前的一枚小卒子一样，让姜小白摆足架子。

到了公司，下了车，等脱离了蓝妖的视线，姜小白才放下她的做派，对立影一笑：“谢了，不愧是姐儿们，让我挣足了面子。”

立影问：“你跟蓝妖到底怎么回事？”

“你还没听明白吗？他要我学你，要拿得起，放得下，别对他死缠滥打。”姜小白说着就冷笑了一下，“那好吧，我就学你，也要让他付出点代价。”

立影听的一头雾水，姜小白不是暗恋蓝妖吗？莫不是蓝妖烦她了，所以不要让她缠着他？可是好像又不是那么简单。姜小白这几年变了很多，心机很深，有点让人看不透，已经不是当年那个对爱情抱着憧憬的单纯小姑娘了。她要干什么？难道蓝妖被她暗恋也要付出代价？

32

快到年终了，公司开始清查呆账、坏账、追回货款。财务部的人忙得四脚朝天。为了核对票据，立影一天往楼下的销售部跑N趟。

东方公司的一楼是零售汽车零部件和各类汽车用品的门市部。那天立影去门市部找人，意外地看见了郭正安。郭正安那时正在挑选汽车挡风玻璃的雨刷。

自从立影和郭正安一起带着翔检查伤势，后来郭正安又主动带立影和翔去医院给翔换药以后，立影对郭正安的距离感拉近了很多。这会儿看见他，就主动上前和他打了个招呼："郭大夫，你在这里干吗？"

郭正安回头一看，是立影，略显意外："是你啊，你在这里干什么？"

"我在这里上班啊。"立影笑着说。

"哦，是吗？我过来买一对雨刷，就是不知道该买哪个型号的。"郭正安指着那一排各种型号尺寸的雨刷说。

"那我帮你找个人来问问。"立影说着，就去把管门市销售的小郑叫了过来。小郑问明郭正安车的品牌、车型，然后带着郭正安在一个巨大的表格前查找雨刷的型号。立影便去收款台办自己的事情。

一会儿，郭正安拿着雨刷，还有一些汽车用品来交钱。立影问他："你要的东西都买齐了吗？"

小郑接过话来说："他还想要一个GPS，不过他要的那一款现在没货了。我让他过几天再来看一下。"

立影忙对郭正安说："你要什么型号？你给我写下来。等到货了，我通知我姐，让她告诉你。你要没时间，我可以帮你买了，让我姐转给你也行。"

小郑忙说："他要的型号我知道。立影姐，等到货了我就告诉你。"

郭正安连忙向立影和小郑道谢。

郭正安走了。立影办完事准备上楼回自己的办公室，冷不防杨箐从一旁窜出来，拦住立影问："刚刚买雨刷那人是谁？"

立影给吓了一跳："你丫一惊一乍地干什么？大白天的吓人，会把人吓死的。买雨刷的多了，都是顾客，你问哪个？"

"你丫别装了？就是刚刚跟你说话的那个，我看你跟他很熟的？"杨箐说。

"我熟人多了，你要干吗？"

"你丫藏这么一个宝贝不介绍给我，想留着当你的第三春啊？"

立影这才明白，杨箐看上郭正安了。

"你丫花痴啊？见个男的就要。"

"真的，那男的长得真有型，是我的'那杯茶'。"

"你什么眼神啊？你知道卢天成的老妈说他长的像什么？像过年农村家家门上贴的门神。"

"那老太太懂什么啊？蓝妖那样的中性妖孽现在已经不流行了，这种型男现在最吃香。虽然不像小白脸那么俊，但是有款有型，看上去很MAN。你帮姐儿们介绍介绍？"

立影有点迷惑。虽然认识郭正安很多年了，但是一直以来，郭正安在她眼里就是一个大夫，一个职业的活体符号，就像一个有一定功能的机器一样，从来没有考虑过他的私生活是什么样子。杨箐这么一说，立影才觉得，自己和郭正安根本不熟。对他这个"人"更是了解甚少。

"那人是干什么的？你怎么认识他的？"杨箐看来对郭正安兴趣非常浓厚。杨箐个子高，骨架子大，面部线条有些硬朗。她如果是个男人，可以归于有点小帅的那种。可惜是个女人，气势就有点太强悍了，所以鲜有男人和她匹配，但是，郭正安高大魁梧，和杨箐外表上倒是很般配，难怪她紧追不舍。

"他是我姐的同事，大夫。"立影说。

"他多大了？"

立影想了想：小豆子得病那年，立薇研究生毕业没多久。郭正安博士毕业没多久。正常情况下，郭正安应该比立薇大三岁，比立影大六岁。

"三十六七岁吧。"立影回答。

"他结婚了吗？"杨箐迫不及待地问。

"应该结了吧，这么大年纪哪有还不结婚的？"

"你丫别瞎猜，你见过他老婆吗？"

"我就在医院见过他几面，到哪里见他老婆去？"

"你姐不知道他结没结婚？"

"我姐跟他不是一个科室，哪知道这么多？我也从来没有问过我姐。不过我知道有一个病人家属好像在追他。"立影突然想起余静对郭正安心怀鬼胎这么档子事。

"你去找你姐打听打听。他要没结婚，你帮我介绍一下，听见没？"杨箐命令道。

"你丫属饿狗的，逮谁咬谁，咬着就不放啊？"立影骂道。

过了几天，小郑告诉立影：郭正安要的那款GPS到货了。

立影下了班就去立薇家蹭饭。立薇在厨房里，立影去帮她忙。

立影对立薇说："你见到郭大夫告诉他一声，他要的GPS到货了。我可以帮他买到内部价，比市场价便宜将近二百元钱。"

立薇鄙视道："你以为郭正安会占你这么点小便宜？"

"这怎么叫小便宜？二百元钱也是钱，干吗打水漂啊？他要看不上，让他把差价补给我，赶上我两天工资了。"

然后，立影问："姐，问你件事，郭正安结婚了吗？"

"你问这干吗？"立薇觉得奇怪。

立影说："那天，郭正安去我们公司买雨刷，被杨箐看上了，她要我帮她做介绍。"

立薇想了想说："说实话，我也不知道郭正安现在是算结婚了，还是算单身。我原来和他不是一个系的，也不是一个年级。所以我和他不是很熟。在大学的时候，郭正安是有女朋友的。那女孩子好像是他中学校友，比他晚几届考进了医科大学的药学院。郭正安上博士的时候，他女朋友去美国读学位去了。郭正安博士毕业以后，在我们医院做了一年多，然后，就去美国做博士后去了。他那时候应该是去和他女朋友团圆去了。但是，三年后，也就是一年多以前，郭正安又回来了，他女朋友却没跟着回来。不知道他在美国和他女朋友是结婚了？还是结了又离了？还是和他那女朋友还一直联系着？反正他回国以后一直单身，没有找其他女朋友。所以郭正安的婚姻状况可以说是扑朔迷离。"

"怎么这么复杂啊？他到底结婚没结婚？还是结婚了又离了？还是现在和他女朋友挂着？你去帮我问问。"立影急着说。

"你这么着急干什么？他结没结婚到底和你有什么关系？"立薇说。

"那不是杨箐看上他了吗，杨箐这几天跟蚊子似的天天'叮'我。"

立薇说："你别光帮人家操心了，还是操心你自己的事吧。我上次回家，老妈的头发又白了许多。提到你总是唉声叹气的。原来她还有劲骂你，现在连骂你的劲都没了，除了叹气就是叹气。”

“我怎么了？我不是好好的吗？身体健康，心情舒畅，工作努力，自给自足，不欠外债，吃啥啥香，喝啥啥甜。她有什么好操心的？”立影辩解道。

“你还不知道老妈的心思？你一天不结婚，她就一天不安心。”

“我就不明白老妈怎么这么想不通？我单身怎么了？不违法，不违规，不害人，不害己，不影响社会和谐，不影响经济发展。老妈怎么就这么不能容忍我单身？非得要把我嫁到人家家里，给人当牛作马她才甘心啊？你告诉老妈，我现在过得很好，从来没有过的这样轻松愉快，所以我不打算再嫁人了。退一万步说，我即使再嫁，也不会像上次那样，和卢天成两人像做生意似的，把条件谈妥了就结婚。我下次要嫁，就嫁个爱我的，而且我爱的人。要不，我就单身一辈子。”

关于再嫁，立影没有想过。在她的辞典里，婚姻和“麻烦”是同义词，她没有再找麻烦的打算。刚才，其实她只是想找个借口表明她单身的决心。可是说着说着，就莫名其妙地说出了那句“我下次要嫁，就嫁个爱我的人，而且我爱的人。要不，我就单身一辈子”的豪言壮语。想一想也对，每个人都在追求爱情，杨箐可以追求爱情，姜小白可以追求爱情，为什么她程立影总是被当做“库存品”，被打折销售？她这辈子还没有享受过真正的爱情。现在她决定要开始追求爱情了，下一次结婚，只有一个理由：那就是爱情。

立影还沉浸在自己翻然悔悟的情绪里。立薇却嘲笑起她来：“别美了，你以为老妈会有耐心等你找到你爱的人？告诉你，老哥又给你找了一个对象，据说是个军官，比你大两三岁，好像也是离婚的。那个军官的老家是附近农村的。最近军官就要回家探亲来了，他准备趁探亲的时候在市里找个对象。老哥认识这个军官的表哥，所以就帮你搭上桥了。老哥已经把你的手机号给对方的表哥了。对方的手机号，老哥已经发给我了，要我告诉你。一会儿，我就给你发短信传给你。”立薇说这件事的时候，居然有点幸灾乐祸。

“老哥怎么这样啊？怎么不经过我同意就把我的号码给别人？”立影嚷嚷道。

“问题是，如果老哥问你，你能同意吗？”立薇问。

立影自从离婚后，就不怎么回娘家了。她实在是不能面对老妈那张忧心忡忡的老脸。在和卢天成结婚之前，老妈虽然也着急，但是对立影还是满怀信心的。因为那个时候，立影自己没有动心找男人。老妈总觉得，只要立影自己愿意，还是能找到合适的人嫁了。现在呢，立影嫁了，却又离了。情况就大不一样了。就好比立影是一个学习很差的学生。原来老妈认为：立影学习差是因为不用功，只要立影学习努力一点，学习马上就会好起来。可现在呢，立影是那个学习再怎么努力，都不能提高成绩的笨学生，老妈感到的只是绝望。所以，现在立影不回娘家给老妈添堵了，免得一见到她老妈就难受。可是即使这样，老妈还是不放过她。

第二天，吃午饭时，杨箐又凑过来了，问："你丫帮我打听了没有，那个大夫到底是什么状况。"

"打听了，婚姻状况不明。"立影说。

"这TMD是什么话？什么叫婚姻状况不明？他到底有没有结婚证啊？"杨箐急了。

"中国的结婚证，他应该没有。美国的结婚证，那就不知道他有没有了。"立影说着就把立薇的话重复了一遍。

杨箐听罢，说："要不你去帮我问问，看他现在是不是单身？要不要找女朋友？"

"我又跟他不熟，我问人家这话，人家不把我从窗户里扔到楼下去才怪。"立影想起了那次郭正安捏她手腕。虽然好像他没有使全力，但是立影已经动弹不得了。如果自己惹翻了郭正安，凭他那大个子，还有那把力气，扔杨箐可能费点劲，扔自己这样的，恐怕只是举手之劳。

立影说："这样吧，我给你两个选择：要不找个机会，我把你介绍给郭大夫认识。然后有什么话你自己问他，后续发展你自己控制。要不呢，忘记你的大夫哥哥，我给你重新介绍一个人。"

"你要介绍什么人给我？"杨箐马上提起精神。

"一个军官，比你大两三岁。老家是附近农村的，最近就要回家探亲来了，准备趁探亲的时候在市里找个对象。"立影把立薇的话原封不动的转述给了杨箐。

杨箐一听说："算了，我还是盯着大夫哥哥吧，那个军官哥哥你自己留着吧。"

"你个死东西，本来让你帮忙打发这个人，顺便给你机会试试你的桃花运，你丫居然不领情。"立影骂道。

杨箐一听乐了，"见过军官哥哥以后，千万要回来汇报一下，好给我要写的书增添点素材。"杨箐曾经说过：她要写本关于相亲的书，来纪念她伟大的相亲史。

33

过了几天，立影果真收到了军人的电话。军官自我介绍姓王，现在回老家探亲了。他家在离市区八十多里地的村里。过几天他要到市区办点事，问立影可不可以见上一面。

听上去，这人说话中规中矩。立影说不上有感觉，但好像也不反感。立影便问他什么时候合适，在什么地方见面？

王军官说：他周六来市里，两人就约好下午三点见面。至于地点，王军官对市区不熟，就知道市中心那一块。立影便和他约好，在商业大厦的花坛前见面。

周六下午，立影略为打扮了一下，就去奔赴她人生中的第二次相亲了。

到了约定的时间，却不见那人来。立影以为汽车晚点了或者他有什么事耽误了，就继续耐心着。又等了十分钟，依然没见人影，也没有电话过来。

已是初冬季节，立影站在室外久了，便有些寒意。也不知道那人今天还来不来？于是立影就给他发了个短信，问：今天还见面吗？

又等了一会儿，依旧没有回音，立影就准备撤了。

刚要走，就听到有人叫她：“小程。”

不用回头，立影就知道站在她身后叫她的是谁。

“郭大夫。”立影勉强地和他打了个招呼。在这样一个场合，立影实在是不愿意见到任何一位认识她的人。

“你在等人啊？”郭正安问。

“哦，来逛商场。对了，我姐告诉你了吗？你要的那款GPS已经到货了。”立影连忙把话岔开。

“程大夫已经告诉我了。我这几天当班，还没时间去买，谢谢你。”郭正安说得非常客气。

“要是你没时间，我可以帮你买了送过来。我买的话，可以买到内部价。要便宜很多。”立影热心地说。她心里想：今天不是说话的好时机，所以没办法和他提杨箐的事，所以要再找机会。

“是吗？那要是不麻烦的话，就拜托你了。”郭正安说。

“那你到时候要请客的啊。”立影开玩笑道，心里已经有了一个主意：要是他真请客的话，正好有机会给他介绍杨箐。

“那当然。”郭正安答应了。

立影边和郭正安说话，边观望着四周。远远地就看见一团军绿色飘近，立影猜想可能是王军官来了。看见郭正安还站在自己面前，便有些不自在了。郭正安似乎感觉到了，说了声：“回头见。”便和立影告辞了。

因为天冷，商场外的花坛周围的人并不是很多。立影看见军绿色飘过来，基本上肯定就是王军官了。心里暗叹：看来这人真是热爱本职工作啊，连相亲也不忘穿着军装。再一看王军官手里还提着一个塑料袋。本该显的英气勃勃的他，便显得有些不伦不类。那身军装穿在他身上，就好像是偷来的似的。立影完全没有勇气主动上前去“认领”王军官。

王军官在花坛周围转了一圈，最后把眼光锁定在立影身上，走过来问道：“请问，你是不是姓程？”

“哦，您好，您是王军官吧。”立影打量了一下眼前这个人。个头中等，五官也算端正，不过不是她喜欢的那种类型的男人。

“我是，我是。”说着王军官提着的塑料袋换到左手，向立影伸出右手。

立影礼貌地和他握手。大冷的天，他的手上还有汗，又冷又潮湿，让立影觉得不是很舒服，立影再次给他减分。

“你这么年轻啊，不像是离过两次婚的。”王军官大大咧咧地说。

立影已经对他投否决票了，剩下来要做的就是应付差事。

“这个地方还挺热闹的，跟我上次来不一样了。”王军官看了周围环境，又问，“你是不是经常来这里啊。”

立影心说：其实这两年，商业大赛的外部环境变得并不多。不知道这位是哪年来过这里？嘴里应付道：“这是这个城市最大的商场，所以，大家都喜欢来这里买东西。”

“这儿东西很贵吧？你肯定挣得挺多的吧。我听我表哥说，你挺能干的。在一个大公司里当会计，自己还有房子？”王军官倒是很爽快。

立影心想：虽然是相亲，也不要这么实用主义吧。见面迟到，连一句”对不起”都不说。现在连一点点遮掩都不需要，难道我们部队的同志只擅长单刀直入？

“我们是站在这里谈，还是找个地方坐坐？”立影打断了他的话。

“找个地方坐坐？那好吧，这个附近有什么地方可以坐坐？”

“商场顶楼有一个茶座。”

“茶座啊？我不渴，我不用喝茶。我自己带着凉开水，咱不花那个钱。”王军官连忙否定。

“我倒是想喝杯茶暖暖身子。”立影坚持。大冷天站在商场大门口相亲实在是太跌份了。

“那，要不我们就上去吧。那里是不是很贵？”王军官追问。

商场里正在大减价促销呢，人声鼎沸，店员吆喝声此起彼伏 。立影一进商场就开始走神，恨不得立即摆脱王军官，投身到热火朝天的购物热潮中。

王军官跟在立影后面还在喋喋不休：“你在哪个公司上班啊？你一个月挣多少钱？听我表哥说你姐姐也在市里面，还是大夫。那路子一定很野吧？！”

好不容易乘扶梯到了顶层，刚进茶座，王军官就叫了起来：“这地方装修得这么好，一定很贵吧？”

立影望茶座里一瞧，立即后悔带王军官上来，想马上退出来，但是已经来不及了。王军官耀眼的军装和豪爽的大嗓门，已经引起了茶座里的人的注目。而这些人中，有一个认识立影的人：他就是郭正安。

那一刻，立影心里唯一的念头就是：地缝在哪里？

硬着头皮进了茶座，立影给自己要了一杯柠檬茶。王军官却什么都不要。立影说：“你喝点什么吧，我请客。”立影心想，既然进来了面子上总要过得去。

王军官点了一杯花茶，还在不甘心：“这茶怎么这么贵，这不是坑人吗？”

“你也跑了这么远的路，坐下来喝杯茶暖暖身子，也是一种享受，你就不用担心价钱了，我请客。”立影耐心地说。

“你请客就不花钱了？以后结婚了，你的钱不就是我的钱？”王军官豪爽的声音再度响起。

立影一听，犹如天雷从头上滚过。我怎么这么倒霉，好不容易相次亲，就碰见这么个主。这才见第一面，我的就成了他的了，进展也太快了。老天啊，不如再劈一个雷，把我劈死算了。

果真老天不负厚望，又一阵天雷滚过。

“听说，你有一套房子？ 几室几厅，以后我们结婚是不是就可以不买房子了？”

立影心说：我们是在相亲，还是在订亲？ 就算是订亲也没有女方出房子的道理吧？

立影的思绪已经游离。 恍惚中，她最先想到的是卢天成。 她第一次相亲对象就是卢天成，卢天成那时多彬彬有礼，温文尔雅，谦谦君子啊。 立影在心中呐喊：卢天成，你回来吧，我们再相一次亲。

第二个进入立影脑海的是杨箐。 可怜的尊敬的可歌可泣的杨箐姐姐，在你的相亲道路上，你经受了多少次这样的电闪雷劈？ 到现在你还如此坚强不屈镇静自若谈笑风生，对生活依然充满信心充满希望，你就是我的偶像啊。

从杨箐又想到了郭正安，郭正安单独地坐在靠角落的一张桌子上，和立影隔着几张桌子，立影抬头能看见他的侧面。 立影和王军官进来的时候，他抬头看了看，一副波澜不惊的样子，后来就再也没有向立影这边观望过。 立影再次关注他的时候，却发现他的对面出现了一个人。 确切地说，是个女人，一个年轻的女人。 看上去郭正安和那个女人并不熟，两个人都显得有些拘束。

电光火石之间，立影明白过来：郭正安也是来相亲的。 意识到这一点，立影哑然失笑：大家彼此彼此啊，都奔跑在相亲的大道上。

“你笑什么，是不是对未来充满信心啊？”王军官问。

“啊？ 不是不是，我刚刚想起了件好玩的事情。”立影连忙摇头。

自从王军官坐定以后，喝了几口茶水，安了安神，就开始规划他和立影的未来了。立影断断续续地听懂了王军官的意思，说得直白一点就是：他其实不是军官，而是一名士官。 明年他就要转业了，想进这个城市，但条件是老婆必须有这个城市的户口。 所以他和家乡的老婆离了，想在城市里再找个老婆。 立影显然是符合这个条件的，而且，如果立影的姐姐、姐夫能调动他们的社会关系，给他安排一份稳定而且效益好的工作，那么他们以后的生活会更加阳光灿烂。 立影有房子，他们结婚不需要再买房子。 两人的工资省着点化，以后再买一套房子，这样他父母以后也可以搬到城市里来住了……

王士官对生活的前景很满意，很憧憬，并且认为，他和立影是天赐良缘，珠联璧合，立影幸亏遇见他才有机会重新获得好的姻缘，所以立影应该好好把握这个机会。

立影把心思收回来以后，默想了几秒钟，其实我现在就过得不错。 自己有房子，自己能养活自己。 我还要这个男人干什么？ 难道就是为了当雷锋，帮他在这个城市里安定下来，再帮他买房子接他父母来住？ 这个男人值得我去这样做吗？ 答案显然是：不值得。

心思已定，立影便决定找借口离开这个男人。

过了几分钟，立影的手机响了。不用看，肯定是扬箐打来的。杨箐相亲经验老到。她知道：如果遇到不喜欢的人，最想做的事情是尽快摆脱他。这时候，朋友的一个电话就能解决问题。所以杨箐和立影约定，只要立影对相亲对象不满意，立影就把手伸进口袋里，按一下快捷键 3，可以直接拨打杨箐的手机。杨箐就会拨电话回来。

立影对着手机装模作样说了几句，然后对王士官说：“很抱歉，朋友有点急事，需要我马上赶过去。”

王士官显然有点不满：“你朋友怎么回事？不知道你现在有事啊。”

“真的是对不起，朋友也是迫不得已。我现在真的要走了。”立影说着挥手喊来服务员买单。

“那我们什么时候再见面？我这次探亲的时间不是很多，你要再见我的话，需要抓紧。”

“我会让你表哥告诉你的。”立影说完，匆匆向王士官告别。走时还没忘记看郭正安一眼，那一对似乎也在告别，看上去不太像是一次成功的相亲。

立影从商业大厦出来，往东一拐，走了几步，就是一个咖啡厅，杨箐在那里等着她。

一见面，杨箐就问：“你那军官哥哥怎么样啊？”

立影：“别提军官哥哥了，你猜我在大厦的茶座里看到谁在相亲。”

“谁？”

“你的大夫哥哥。”

郭正安相亲就说明他还是“待娶之身”啊。

“啊！”杨箐一阵欢呼，“让我和大夫哥哥相亲吧。”

杨箐对立影的相亲对象不感兴趣。她现在关心的是：立影什么时候把郭正安介绍给她认识。

这个问题需要巧妙地设计。不能唐突，要是开头开得不好，后续发展就没法进行。

第二天，吃中午饭的时候，几个死党开会研究战略部署。

“要不我给郭大夫打电话，就说我要出差，托杨箐把他要的 GPS 给他送去？”立影建议。

“可以是可以，送完了呢？总不能让杨箐自己开口对大夫哥哥说：‘我叫某某，我喜欢你。我们可以交往吗？’杨箐脸皮厚，我相信她能干出这事。问题是人家大夫哥哥能接受她这样的厚脸皮吗？”姜小白说。

“你丫才厚脸皮。”杨箐骂姜小白。

“那个大夫哥哥是什么科的大夫，要不让杨箐去找他看病？”小玲提议。

“杨箐壮得跟牛犊子似的。她去看病，谁信啊？那大夫哥哥是外科吗？要是外科的话，杨箐可以考虑苦肉计。自己摔断一条腿，然后找大夫哥哥再给接上。”姜小白说。

“他是住院部的医生。杨箐就是摔断腿，也轮不着他给接上。”立影说。

“住院部的大夫啊？那估计杨箐得摔成半身不遂，才能见上人家一面。”姜小白说着看了看杨箐：“杨箐你需要帮忙的话，我一定效力。”

“你丫狗嘴里吐不出象牙，难怪蓝妖不鸟你。”杨箐反唇相讥。

“蓝妖鸟不鸟我不重要，只要你把大夫哥哥勾搭上手了，不是也可以给咱们积累经验吗？”姜小白说。

“你们俩别吵了，说点正事。”小玲制止她俩，“要不让立影介绍杨箐和大夫哥哥认识，就说杨箐她家有个亲戚有病，杨箐要找大夫哥哥咨询。”

这个主意倒是不错。

不过，杨箐和立影需要分头去好好做功课。杨箐要找个合适的病例，正好和郭正安所在的免疫科对口。立影则要想想，怎么巧妙地在郭正安面前把杨箐夸成天上有，地上无，过了这一村，没有那个店，错过之后悔恨终身的“天仙”。

34

立影打电话和郭正安约时间给他送 GPS，顺便提到她的一个朋友有些“医学上的问题”想请教一下他。立影问郭正安：可不可以带她的朋友一起过来，郭正安自然说没问题。

立影下班后和杨箐一起坐班车到了人民医院门口下车。郭正安已经等在那里了，立影给他们做了介绍，郭正安便把她们引到了附近的餐馆。

几个人坐定，立影先把 GPS 交给郭正安，然后再次隆重地介绍了一遍杨箐。把她想好的那些对杨箐溢美之词发挥了一遍。杨箐今天着力打扮了一番，比平时显得端庄优雅，举止行为也收敛了许多，不似平时那么大大咧咧的，和立影的那番吹捧相得益彰。

然后立影就让杨箐提出她的“医学问题”请教郭正安。

杨箐假称她有一个亲戚有严重的类风湿关节炎，症状很严重，这个病例其实是立影提供的。立影心想：余静就是借余文的这个病接近郭正安的，那么就让杨箐抄袭余静一下就行了。反正类风湿关节炎是常见病，郭正安应该不会起疑心。

杨箐按照立影教的，再加上在网上查找的一些症状，胡乱地说了一通。郭正安听了以后，给了一些建议。杨箐的心思原本就不在请教医学问题上，说着说着就把话题引开了。

杨箐问郭正安：“你不是本地人吧？”

“我老家在北方。我是在这里上大学，后来就留在这里了。”郭正安回答。

“你是自己一个人在这里，还是父母和你一起？”

“我父母还留在老家。”

“离家这么远，也就是每年探亲假的时候能回老家，也照顾不到父母亲了。”杨箐表示遗憾。

“是啊，我父母都退休了。去年接他们过来住了一阵，他们在这里生活得不太习惯，所以待不了多长时间就要走。再说我还有个弟弟在老家。弟弟今年有了小孩，我父母舍不得离开孙子，就更不愿意来了。”

“这样挺好的，你父母给你弟弟解决了后顾之忧，同时又享受了天伦之乐，老人年纪大了，就喜欢儿孙绕膝的感觉。那你以后准备回老家吗？”

“暂时还没有这个想法。”

“你弟弟都结婚有孩子了，你现在还是单身，你父母替你着急吗？”

“老人嘛，都喜欢操心，不过这种事情不是他们操心就可以解决的。”郭正安淡淡地说。

“是不是你对女朋友的要求太高了？”杨箐半开玩笑地问道。

郭正安微微一笑，不做回答。

杨箐轻巧地改变着话题，从南北生活差异，到中国人在国外的生存状态。从当前网上流行的新闻，到各自的个人爱好。那些话题似是信手拈来，然后又不经意地会涉及到郭正安的生活经历。立影和杨箐从郭正安透露的信息中还得知：他在第一人民医院工作一年多以后，去了美国做了三年的研究工作，但是郭正安的兴趣并不是做单纯的研究，他最喜欢的还是临床。所以，合同期满以后，郭正安并没有续约，又回到了国内，而且不打算再去美国了。郭正安基本上是一个宅男，生活简单。业余生活中除了看专业书籍，就是玩玩电子游戏。虽然郭正安没有正面透露他的婚姻状况，但是从他的谈话中，看不出生活中有女人的迹象。

立影暗暗佩服杨箐：这丫的毕竟是干人事的出身，经常面试别人，所以特别会控制场面，既能够尽量从谈话中获取对方更多的信息，又适可而止，不让场面尴尬。

就连郭正安也一反过去的淡漠、内敛和不拘言笑的形象，变得健谈多了，让立影对他的印象大为改观。

这两人有戏，立影心说。

几个人相谈甚欢。不知不觉，这顿饭吃了两个小时。杯盘见底，到了该结束的时候。郭正安买完单，然后对立影说：“小程，你可以坐我的车回家，我们住得不远。”然后又问杨箐：“小杨，你住在哪里？我们先送你回家。”

我们？立影心里一愣。谁跟他是“我们”？

杨箐连忙说：“我家离这不太远，我走过去就行了，就不麻烦你们了。”说着故意强调了一下“你们”两个字。

“这样不太好吧。现在天黑了，一个女孩子在外面走不太方便，还是我们先送你吧。”郭正安坚持。

郭正安去开车。杨箐和立影在街边等着，杨箐对立影说：“你丫在郭正安面前千万别再提我了。”

立影大吃一惊：“为什么啊？你们俩不是谈得挺好的吗？”今天，立影说话并不太多。大部分时间都是杨箐和郭正安一来一往，所以立影觉得他们挺对路子的，准备一会儿问问郭正安对杨箐的印象，再推波助澜一番。

“你没看出来啊？郭正安对我没有兴趣。”杨箐说。

“怎么可能呢？我觉得他对你印象挺好的。我从来没有看到他和别人说过这么多话。”立影虽然见到正安的机会不多，但是在她仅见到他的几次中，今天的确是他最健谈的一次。

“我估计他对我就是那聊得来的感觉，但是不会有那种男女朋友的感觉。男女之间有没有那种缘分，两人一见面说几句话就应该能感觉得到。我就没有感觉到我和他有缘分。”杨箐说。

“你丫别神神叨叨的了，没缘分你们谈的那么欢？”立影不同意。

“这你就不知道了吧。这就跟我们招聘时面试一个道理。要是见到应聘者，觉得对方不是我们要的人，一般就会谈些大众的、热闹的话题，让场面好看一点，让被拒绝的人面子上好看一些。要是看中了对方，面试时反而气氛要沉重多了。因为想要知道对方到底有多少水，问的问题也要深刻一些，经常会把对方问到不知所措为止。所以经常有人以为自己没戏了，最后却接到 OFFER。那些感觉良好的，却真的没戏。我现在就是属于感觉良好，但是没戏的那种人。郭正安虽然没看中我，但是一直保持礼貌，让场面上好看一点。给我面子，也是给你这个中间人的面子。”杨箐应该说是阅人无数，所以对自己的判断还是很有信心的。

“可是，郭正安根本不知道我是准备把你介绍给他的。”

“你以为他是傻子啊？这家伙也是人精。”

“那你丫还问他那么多私人问题？”

“我当然要打探一番啊。这么好一个黄金王老五，不能轻易放走了。总得让咱姐儿们几个抓住。我跟他没缘分，咱换个人。要不你去勾搭他吧。我看他好像对你的兴趣蛮大的，都和你‘我们’了。”杨箐开玩笑道。

“你丫胡说什么？”立影回道。立影可从来没有对郭正安有过任何“邪念”。按杨箐的话说，“男女之间有没有那种缘分，两人一见面说几句话就应该能感觉得到。”立影和郭正安初次见面是几年前，他们一个是主治大夫，一个是病人家属。那时候没有缘分，现在就更不会有了。

杨箐的家离医院的确不远，拐了两个街口就到了。杨箐下车以后，车上只剩下立影和郭正安了，立影便坐到了副驾驶的位置。

立影还是不相信杨箐刚才的话，干脆直接问郭正安："你觉得杨箐怎么样？"

"挺大方的。"郭正安回答。

"你不知道我今天其实是想给你们俩做介绍的吧？"立影试探地问道。

郭正安笑而不语。

"你笑什么？难道你看出来了？"立影问。

"其实你昨天打电话的时候，说要带你的同事来，我就有点怀疑了。今天杨箐一开口说她亲戚的病情，我就知道是个借口。她亲戚如果真有她说的那么严重，她该做的就不是只帮着打听打听了，而是直接把亲戚带到医院来了。再说，她亲戚得的是类风湿关节炎，最应该请教的人是谁？是你姐姐啊。你姐姐是类风湿科的主治大夫，比我有经验多了。"郭正安说。

立影精心策划的局，让郭正安轻而易举地看破了。立影不甘心，还在想争辩："余文住院的时候，你不是也参与治疗了吗？"

"我是做病理研究，你姐姐才是主治医生。"郭正安指正。

立影郁闷，这两个人都挺明白，一开始就知道是一场戏，却演得那么火热。害得她这个看戏的白激动半天。立影真是不甘心，她第一次做媒婆就这么惨淡收场，所以又挣扎着说："其实杨箐这个人真的特好，她现在是我们公司的人事主管。人特豪爽、大方。我觉得你们俩很相配的。"

"你了解我吗？你怎么知道我和她就相配了？"郭正安反问。

我当然不了解你，我这不是在推销杨箐吗？立影觉得奇怪，这人平常不是少言寡语的人吗？我号称是尖嘴利舌，居然在他面前占不了上风。

立影心说：好吧，既然你说我不了解你，那我就了解了解。立影不擅长杨箐的那一套迂回战术。她的长处是单刀直入，于是直接问道："我听我姐姐说，你原来在大学里有一个女朋友。她大学毕业以后去美国了，然后你也去美国了。你是不是因为你女朋友才去的美国？但是为什么你回来了，她却没回来？"

郭正安显然被立影的直接吓着了，一时没有接上话。

立影马上又说道："我是不是问得太冒昧了？你要是不想回答，可以拒绝。我是看见你那天去相亲，所以就以为你现在是单身。才想起来把杨箐介绍给你的。”立影当然不能告诉郭正安：是杨箐看中你，逼着我给做介绍的。

“如果我告诉你我现在是单身，你是不是还会继续找你的女伴来向我‘咨询医学问题’？”郭正安并没有正面回答立影。

“如果你不介意的话，我身边还真有很多适龄女青年，很合适你。”立影和郭正安越来越熟，所以说话也越来越放得开。

“那么下次记得告诉她们请教免疫学上的问题。”郭正安提醒道。

说着话，到了立影住的小区，郭正安停稳车。立影忽然想起什么，问：“你总说你住得和我不远？你到底住在哪里啊？”

上次翔摔伤，郭正安送立影和翔回来时，郭正安就说过他住得不远，翔换药的时候，他可以把他们带到医院去。

“我就住在你隔壁的小区啊。”郭正安回答。

“是吗？”立影颇感意外，又非常高兴，“那咱们是邻居啊，俗话说：远亲不如近邻。那以后我们可以多走动走动。”

“行啊。”郭正安说，“对了，我有件事早就想提醒你了。”

“什么事？”立影问。

“我上次去你家，发现你家里没有装烟雾报警器。这样不是很安全，你应该装一个。你一个人住，还是小心点好。”郭正安说。郭正安第一次送立影和翔，只送到了电梯口。第二次，带翔换药以后，他把翔抱到了立影的家里。在立影的家里逗留了几分钟，他应该是那次发现问题的。

“烟雾报警器？那是什么东西？我都没听说过。”立影好奇地问。

“是一种报警装置，如果室内的烟雾达到一定程度，就会自动拉响警报。一个人单身，装一个报警器，会安全一些。”郭正安说。

“哪里有卖的？贵吗？要请人装吗？”立影问。

“你公司旁边的那家卖装修材料和家用品的商店里就有卖的。那东西不贵，家用的就几十元钱一个，自己就能安装。你要是不会，告诉我，我来帮你安装。”

“那我有时间去看一下，没准真的要请你帮忙。”立影说完，和郭正安告别，下车。

这是一个愉快的晚上。

杨箐对自己慧眼识英才的眼力颇为得意。郭正安在立影的嘴里只是一个木讷的，沉默寡言的，不懂人情世故的书呆子。结果让她稍加发掘，原来是一个深藏不露的魅力男人。杨箐平时虽然表现得对男人一副饥渴难耐的样子，但是并不是每个男人都能入她的法眼的。大多数男人在她的“火眼金睛”下无处逃遁。在三两句话以内就被她打了叉叉，让她没有继续交往的欲望。这也是她相亲失败率处于百分之百的主要原因。当然也有几个凤毛麟角被杨箐看上，比如郭正安之流，可惜人家对她兴趣缺乏。杨箐看得通透，知道如何保持自己的风度，体面地退场。

虽然杨箐自己没有勾搭上郭正安，却给立影提供了一个和郭正安接触并熟悉的契机。所以，杨箐对郭正安的依然兴趣浓厚，自告奋勇地替立影解析郭正安的背景资料。杨箐说：“郭正安那人表面看上去冷淡，实际上非常细心。比方说，他不肯让我在天黑以后自己走路回家；再比方说，他主动提出帮助立影接送翔去医院；还有，他观察到立影没有装烟雾报警器，并记得提醒她。我觉得，他以前肯定是有过女人的。而且，他对那个女人一定特别体贴入微。做他的女人应该很幸福的，但是为什么他现在是单身呢？这是一个重大疑问。”

姜小白说：“想那么多干什么？只要他是单身就好办。立影，你俩现在都是孤男寡女，又是邻居，什么事都可以发生，发展空间太大了。你还等什么？还不赶快抓紧时间？”

尽管杨箐和姜小白都怂恿立影去勾搭郭正安，但是，立影却不敢对郭正安产生任何想法。对她来说，郭正安和她相差太远。他，一个正派的，有博士学位的，留过洋的正当年华的男人。而她只是一个有过荒唐历史，离过两次婚，没有生育能力的女人。这两个人基本上是不可能相提并论的。立影的心里不是不惆怅，她的过去就像一个耻辱的十字架，她将背负一生。即使是有个像郭正安这样优秀的男人站在自己面前，立影还怕自己玷污了他，耽误了他。

35

销售部最近走了两个业务员。公司人事部忙着招人补缺。最后一轮面试过后，中午吃饭的时候，杨箐笑眯眯地对立影说：“‘人生何处不相逢’，‘不是冤家不聚头’。这两句话说得真不错。立影，你的冤家来找你叙旧来了。”

立影不明白杨箐的意思：“我这人人品这么好，哪里来的冤家？”

杨箐说：“如果我告诉你，销售部新进来的两位中有一个人名叫余静，你会不会有点吃惊？”

岂止是有点，立影是大吃一惊：“怎么会是她？她不是在一个电子公司上班吗？我记得还是卢天成帮她找的工作。这才不到半年，她怎么就要换工作了？”

杨箐：“你要是有兴趣的话，我倒是可以帮你打听打听。”

杨箐没骗立影。过两天，余静就来东方公司的销售部上班来了。因为销售部和立影她们财务部过往甚密。销售部的小郑还带着余静，到立影的办公室转了一圈。

余静表现得非常恭顺谦卑，几乎对每一个人都要做一个半鞠躬的动作，然后说一声：“请多关照。”

余静被领到立影面前，小郑介绍：“这是立影姐。我们销售部的账就是她管。以后你要有了发货单啊什么的，都要交给她。”

余静见到立影显然愣了一下，不过马上又恢复了她谦恭的样子：“立影姐，以后请多多关照。”

立影微笑。

中午吃饭的时候，姜小白问：“你们见到了销售部的那个余静了吗？”

姜小白是在她自己的办公室，被介绍给余静的。

“见到了。一伪日本娘儿们。”小玲抢着说。和她们一桌吃饭的，除了财务部的美眉，还有人事部的几个美眉。

“你们说怎么回事？ 我怎么第一次见到那个余静，就有一种要抽她的冲动。 她笑得也太假了吧？ 我真的想看看抽她一耳光了以后，她会是什么表情。”姜小白困惑不解地说。

立影隔着饭桌向姜小白伸出手去：“咱俩握个手，不愧是一起喝过酒的姐儿们，英雄所见略同啊。 我每次见到她，都有要抽她的冲动。”

“肯定不止你们两个人。”杨箐说。

“还有谁？”姜小白问。

杨箐微笑不语。

那天中午，公司的餐厅里各饭桌交谈的第一个话题就是：“你见着销售部新来的那个女的了吗？”

平心而论，余静身材高挑，胖瘦适中，五官端正，面带微笑，声音柔和。 这种年轻的女孩第一次出现在公司的餐厅里是挺引人注目的。 不过，余静的出现，不仅仅是引人注目，而且是有轰动效应。 这种轰动效应，不仅来自于她还算姣好的外貌，而且还因为她的过于落落大方的举止。

人以类聚，公司员工在吃饭的时候一般都是和各自熟悉的人坐在一起。 大家约定俗成的一个“规则”是，公司的中层以上的领导会集中在中间一个固定的桌子上。 其他的员工如果没有被领导特地召唤，都不会主动加入他们的圈子。 但是，余静第一天出现在餐厅里，就打破了这个规则。 她端着托盘，天真无邪地走到领导的桌子前，自我介绍道：“你们好，我叫余静，是销售部新来的员工。 请大家多多关照。”领导们在一愣以后，热情地招呼余静入座。 余静就大大方方地坐在了蓝妖的身边。 餐厅里其他的人看得目瞪口呆。

“她知道那桌都是当头儿的吗？”小玲问。

“哪有不知道的？ 她怎么不到我们这桌来？”人事部的美眉说。

“这个女人满脸都写着欲望。 她要是聪明的话，也许会攀龙附凤，但是她太急功近利，这么不加掩饰，没有技巧，很容易栽跟头的。 看她的造化了。”杨箐感慨地说。

“她刚才那种谄媚的样子，就像是在对头头们发出信号：‘CAO 我吧。’”姜小白一脸鄙视。

前一天，杨箐例行公事地向余静原来工作过的电子公司打电话要余静的推荐信。 只因为问了一句：“她在你们公司才工作了不到半年，怎么就离开了？ 据说，你们公司的副总向我们的销售部经理推荐的她。”

结果，杨箐意外地得到了一个八卦。

“余静是因为和某副总的夫人有过冲突，才被迫离开电子公司的。其实余静也挺冤枉的。”提供八卦的人说，“余静只不过是对副总表示了一些关心。在早晨给副总发了几条短信，提醒副总‘今天下雨，开车小心点’，‘天气降温了，要注意保温’什么的。而且余静关心的也不止副总一个人，还有公司别的领导。但是，副总的老婆是有名的河东狮。她看到余静的短信以后，认为余静是第三者。带人到公司把余静给打了，然后逼着副总把余静辞了。副总没办法，才出面给余静换了一个工作。”

这就是为什么当姜小白和立影说有抽余静的冲动时，杨箐说“肯定不止你们两个人”的原因。

那天快下班的时候，余静在卫生间遇到立影。余静主动和立影打招呼：“立影姐，没想到你也在这里上班啊。”

立影回道：“我也没想到你会来这里上班。”

“立影姐，我希望我们以前的过节不会影响以后的工作。”余静说的非常诚恳。

“我们以前有过节吗？”立影嘲笑道，“你又没有给我老公发过短信，要他下雨天开车小心。”

余静马上就不自在了：“你，你不要相信那些谣言。”

立影反问：“什么谣言？”

余静语塞，不知如何回答。立影冷笑了一声，走了。

忽然，立影转身问余静：“你现在还住卢天成家吗？”

“没有，我早搬出来了。”余静说。

“是吗？”这有点出乎立影的意料，“你怎么会舍得搬出来？”

“这和你有关系吗？”

“没关系，我就是好奇。”

看余静那样子，应该不是那么简单的事情。不过，她不愿意说实话，立影也不能刑讯逼供，只好收起了自己的好奇心。

在后来几天的午饭时间，余静依然是被关注的焦点。她虽然没有再像第一天贸然去加入领导那一桌，但是见到领导们的时候，还是会甜甜地和领导们一一打招呼。另一个变化就是，蓝妖自动脱离了领导那一桌，加入了余静所在的销售部那一桌，和余静坐在一起，谈笑风生。

“看来余静现在是蓝妖的新宠啊。”人事部的美眉说。

“蓝妖的新宠不是立影吗？”小玲故作疑惑地问，“立影，你这么快就失宠了？”

“这个挨千刀的蓝妖，这么快就移情别恋了，我要杀了他。”立影装出悲痛欲绝的样子。

立影是蓝妖的新宠，这是财务部最新的笑话。

自从去A城出差以后，蓝妖对立影便有些暧昧。人前人后，总是喜欢做出一副他和立影有着某种不同寻常关系的样子。有事没事，他会到立影的办公室里，和立影调笑几句，开一个暧昧的玩笑。或者送给立影一些客户送的精巧的小礼品、巧克力、礼品券等等。

有时，蓝妖急需一些客户的数据时，他就直接来找立影。在立影处理数据的时候，他站在立影身后，俯下身子，似是在看屏幕上的数据，却不经意地拍拍立影的背，扶扶立影的肩，做一些亲昵的举动。蓝妖的确是玩暧昧的高手，那邪魅的眼神，忽假忽真的言语，若有若无的亲昵，无不发出诱惑的信号。就连坐在立影周围的同事，都会在他妖孽的气场下心旌荡漾。所以，她们疑惑地问立影：“立影姐，是不是蓝妖喜欢你啊？”

立影并不明白蓝妖为什么突然对自己感起兴趣来了，隐隐约约地觉得可能和姜小白有关。“难道他想诱惑我打击小白？”立影私下猜想过。

不过，立影对蓝妖这种妖孽似的男人没有兴趣，所以蓝妖的挑逗根本引不起她任何冲动。表面上，立影不能不给蓝妖面子，只能以调侃的形式避开蓝妖的挑逗。暗地里，蓝妖和立影之间便产生了一种博弈：一个是越来越露骨的挑逗，一个是不动声色的应对。渐渐地，财务部的美眉们也看出了点端倪。蓝妖再来，大家都暗暗地瞪大眼睛，等待观看这两人之间的暗战。

本来这场好戏正进行得如火如荼，大家在一边看得有滋有味。余静的到来，却让这场好戏戛然终止了。这几天，蓝妖都没有出现在财务部，大家不免有点扫兴。

到了十二月中，蓝妖又出现在了财务部，依旧是一副暧昧的腔调：“立影，周末有事吗？”

“有啊。”立影大大咧咧地说。

“啊？别告诉我你有约会啊。”

“我有约会干吗要告诉你？”

“把约会推了吧，我带你去一个好玩的地方。”

“哪里？”

“温泉，我带你去泡温泉。”

“都还有谁去？”

“几个客户。”

立影明白，销售部要招待重要客户，要她去帮忙撑场面。自从从 A 城回来，立影和姜小白一起出席过几次这种活动。

“姜小白去吗？”立影问。

“你要请得动她，她就去。”

“姜小白是我的头儿，她去，我才能去。”立影在蓝妖面前是绝对要给姜小白撑面子的。

立影去问姜小白：“你知道周末去温泉的事吗？”

“知道。”

“你去吗？”

“去。”

“还有谁去？”

“销售部去几个人，可能余静也去。”

“她？她刚来，怎么会派她去？”

销售部动这么大的架势招待客户，这个客户应该非常重要。不应该派余静这么一个没经验的新手去啊？

“你什么都别管，就当是销售部出钱请你去温泉度假。”

“那还喝酒吗？”蓝妖请立影去，应该是要她陪酒的。她的职责应该是让客人把酒喝痛快了。

“喝。你怎么舒服怎么喝，不用管客户。”

这事有点蹊跷，不同往常。立影心有疑虑。

“既然销售部请客，干脆把杨箐也拉着一起去，反正他们也不会在乎多去一个人。”立影提议。既然姜小白说权当度假，那独乐不如众乐。

“杨箐不会去的。”姜小白说。

“为什么？”

“她要去相亲。”

36

周六上午十点多钟，蓝妖依约来接立影。

立影拎着包，上了蓝妖的车，一看，没见着姜小白。

“小白呢？”立影问。

“她跟别人的车。”蓝妖答。

“还有谁去啊？”

“还有老陆，余静。”

老陆是销售部的经理助理。

立影在副驾驶座位上刚坐好，手机响了。

拿出手机来一看，原来是郭正安。

立影连忙接通手机。

“立影，你周末有空吗？”郭正安问。

“我？公司在温泉招待个客户，我去帮个忙。”立影如实说。

“哦，这样啊。”

“你找我有事吗？”立影问。

“没什么重要的事，就随便问问。那就不打搅你了，你好好工作吧。”说罢，郭正安就把电话挂了。

其实，立影刚说完那句“公司在温泉招待个客户，我去帮个忙”便后悔了。自从杨箐创造契机让立影对郭正安有了新的认识以后，立影和郭正安的接触并没有很频繁。因为两个人的生活圈子不重合，没有机会，也似乎没有理由，让立影能接近郭正安。所以，除了那一次立影让郭正安帮她安装烟雾报警器，算是名正言顺地见过以后，郭正安对立影来说，只是一个手机名单上面的一个名字。每当立影看见这个名字，却找不到一个合适的理由打电话给他。

可是现在，他打给她了，却让她给推了。

听到郭正安说那句“你好好工作吧”时，立影心里无限懊恼，恨不得告诉他：其实不是什么重要的事情，我不去也行，但是却没有说出口。

“是你男朋友吗？”蓝妖问。

立影没有回答。

“是不是我今天耽误了你的好事啊？”看见立影沮丧的样子，蓝妖接着问，“抱歉抱歉啊，哪天我请他吃饭赔罪。”

“你胡说什么啊，只不过是个朋友。”立影回道。她不能承认郭正安是他的男朋友。本来也不是，她想都不敢这么想。只不过是个朋友，一个她想见的朋友。可惜难得的机会就这么错过了。

“你们销售部的事，老拉着我掺和什么啊？”立影心里对蓝妖就有些不满。

“请你帮忙啊。你可不知道，这个客户很重要的。”蓝妖说。

蓝妖这次出面招待的客户非同小可，是大型的汽车连锁修理联盟——通达公司。一直以来，通达下属的汽车修理点的绝大部分汽车零部件，都是由他们自己固有的进货渠道供应的。东方公司早就想在对通达的汽车零部件供应上插上一脚，但一直插不进去。当地的几家连锁修理店从东方公司只购买一些非大众的汽车品牌的零部件，数目不大。最近，东方公司了解到：从新的一年开始，通达公司将对在各地的分公司下放大部分的零部件的购买权力。也就是说，通达本地区的分公司要准备在当地寻找货源。这是一个非常有潜力的客户。如果东方公司能拿到通达公司本地区的供货权，公司的销售额将会增加百分之二十。蓝妖对此非常关注，一直亲自过问双方商谈的进展。现在临近年底，到了该做决定的时候，蓝妖决定亲自出马。这次要招待的是通达本地区分公司的一个副总，采购部经理和经理助理。

“是不是又要喝酒？准备把谁放倒？是那个副总？还是采购部经理？”立影问。

“他们都不重要。立影，我这次要求你的是，你得在姜小白面前帮我说说好话。”

姜小白？立影就不懂了，一直以来都是姜小白在暗恋蓝妖。蓝妖对姜小白爱搭不理的。前一阵，蓝妖还在以立影作为话题，暗示姜小白不要对他死缠滥打，要学立影拿得起、放得下。怎么现在为了通达，他却要立影帮他摆平姜小白？

蓝妖说：“你也知道，我和小白之间有点误会。小白这个女孩子吧，其实很聪明，又能干，人也长得漂亮，挺招人喜欢的，我也挺喜欢她的。”

“你要是喜欢她，就告诉她呗。干吗还要到我这里绕个弯子。”立影心想，你要早这么对姜小白说，她肯定高兴到 high，哪里还需要我在这里给你们搭桥？

“你是小白的好朋友，你又不是不知道她。她可能从小家里条件比较好吧，被人宠坏了。有时耍起小脾气，真让人受不了。我这个人又不会哄女孩子，所以，我们之间总有点别别扭扭的。”蓝妖说。

“你才是给宠坏了。你是让花花姐给宠坏了，所以，都不知道怎么哄女孩子吧？哪个女孩子没有小脾气的？”立影说。

“我看你就挺好的。挺有大丈夫气概的，是女中豪杰。我就爱和你这样的人打交道。”蓝妖夸立影。

“你别给我戴高帽子，我不吃这套。你就直说了吧，姜小白和通达有什么关系？”

“这次我们要招待的那个采购部经理是姜小白的亲戚。”

原来是这样，自从一起去 A 城出差，姜小白就不再和蓝妖说话了。现在出现通达这么个大客户，还和姜小白有这么密切的关系，估计蓝妖肠子都悔青了。姜小白大概被伤透了，蓝妖自己出面挽回无能。所以，他这才走“曲线救国”的路子，先讨好立影，把立影发展成自己的人，再让立影帮他说服姜小白。

可是立影并不吃蓝妖这一套，一听就拒绝了：“你这不是用人朝前，不用人朝后吗？你现在为了这么个大客户，才想起姜小白了？原来你干吗去了？你跟姜小白的事别指望我，我可不想管。”

“立影，我平常对你咋样？我把你当朋友才跟你说心里话的，这个忙你一定要帮。我也不求你别的，就是帮我罩着点。别的不怕，我就怕小白的小姐脾气一发，面子都不顾，到时候大家都难堪。”蓝妖恳请道。

“你要怕小白砸场子，就别喊她来啊。”立影心想：小白不来，我也不会来。我这会儿没准正和郭正安约会呢，想到郭正安，立影心里又一阵懊恼：唉，没缘分啊。

“不请小白哪行啊？”

两人说着，就到了温泉度假村。

在酒店的停车场停好车。蓝妖讨好立影，要帮立影拎行李包。立影无功不受禄，自然不让，半开玩笑地说：“您是领导，我可不敢劳累您。”

“咱俩谁跟谁？别跟我来这套。”蓝妖执意要抢立影的包。拉扯之间，就听有人喊了一声：“立影。”

立影回头一看，卢天成正站在她身后不远处，怔怔地看着她和蓝妖。

“老卢，好久不见啊。”蓝妖拎着立影的包走到卢天成面前。

卢天成和蓝妖握手寒暄，眼睛却不住地往立影这边瞟。

立影没想到在这里遇见卢天成。自从上次翔受伤，被卢天成接回去以后，这是他们第一次见面。

卢天成眼里充满着疑虑：他看见的只有立影和蓝妖两个人单独来度假村。刚才立影和蓝妖拉拉扯扯，也让他看见了。他大概在怀疑立影和蓝妖之间的关系。偏偏蓝妖一副怡然自得地样子和卢天成说了几句。然后，回头来拉着立影，向卢天成说了声回头见，就走了。看上去，他和立影亲密无间的样子，好像两人真有什么似的。

立影有些不自在，心里骂道：今天出门没看黄历，怎么这么倒霉？什么事都那么别别扭扭的。也许从一开始就不该答应来帮这个破忙。

立影和蓝妖到度假村酒店的时候，余静和蓝妖的助理老陆早已经到了。老陆安排立影和余静住一间。立影有些不高兴，问："那小白住哪里？"

"小白和通达的高经理住一间。"

高经理就是通达本地区分公司的采购部经理。姜小白的亲戚，原来是个女的。

姜小白和通达的客人吃了午饭才到。高经理，约三十六七岁的样子，一看就是精明强干的女人。除了她，还有一位通达分公司的副总，姓刘，男，五十来岁，秃顶，啤酒肚。另一位高经理的助理，小毛，三十岁左右的男青年。

下午，其他人陪同客人们一起去泡温泉。立影没有什么兴致，借口去安排晚上的酒宴，留在了酒店。一个人坐在酒店的酒吧里发愣。

酒吧人很少。立影要了杯绿薄荷酒，坐在靠窗边的一个位置上看着窗外。

已是冬天，寒风冷冽。光秃秃的树枝在寒风中摇摆，显得煞是萧条。立影的心情也如这冬天的景致一般萧索。

立影拿出手机，打了几个字："你今天上午找我干什么？"调出郭正安的手机号，想发出时，又停了，不能确定要不要发出这个短信。犹豫片刻，立影还是打消了这个念头。

这时，卢天成进来了。

卢天成坐在立影的对面，问："你怎么一个人坐在这里？蓝君谦呢？"

"他去陪客人泡温泉了。"立影回答。真不该让他看见自己这副落寞的样子，他会不会以为我是因为和他离婚才落得这么寂寞？立影想。

"他怎么把你一个人扔在这里？"卢天成不无责备地说。

"你以为什么？"立影猜：他一定以为我跟蓝妖有什么见不得人的"奸情"，蓝妖在见客人的时候只能让我回避。立影问："你是不是觉得我和蓝君谦混一块去了？"

"你们？"卢天成一愣，问，"你没有和蓝君谦……"

"就知道你想歪了。"立影一笑，果然让我猜中了。

"那就好。"卢天成明显地松了口气："我刚才还真是有点担心你，怕你和蓝君谦之间有什么。蓝君谦这人心思太花，他和好几个女人不明不白的，我怕伤害到你。"

"我就那么没眼力，好人坏人不分啊？"立影语气里虽然有些责备，不过心里还是一暖，他到底没有把我当路人，还在为我担心。

"我知道你能干，我多操心了。"卢天成说，然后又加了一句，"我只希望你现在过得好。"

"我过得挺好的，现在不用还房子的贷款了，我的工资可以全部买我喜欢的东西了。"立影俏皮地说。

"那就好，那就好。"卢天成连连说。

"你呢？现在怎么样？翔的腿好了吗？没有留下什么后遗症？"立影问。

"翔的腿已经完全恢复了，没有后遗症，我现在也很好。"

"余文呢？她身体恢复的怎么样？"

"前一段时间还不错。最近天气冷了，她的病又有点严重，每天都需要吃止痛的药。"

立影本来还想问：你和余文复婚了吗？不过话到嘴边又咽下去了。这个问题她不应该问，别让他以为自己还盼着什么似的。

立影换了一个话题："你知道现在余静和我在一个公司吗？"

"哦？"卢天成显然不知道，只是说，"我听余文说，她最近换了一个工作，没想到是和你一个公司。"

立影觉得有些奇怪：上次见到卢天成和余静在一起的时候，他们好像很亲近，是一家人的样子。但是，现在从卢天成的话听来，他们已经生分多了。卢天成连余静的新工作单位都不知道。

"余静今天也来了，她现在正在陪客人泡温泉。"

"哦。"卢天成并没有再打听什么。

立影的好奇心越来越浓，问："听余静说，她已经从你家里搬出来了，为了什么啊？"

"原来她也没打算长住，等她工作稳定以后，就搬出去了。"卢天成说，似乎又觉得这样的解释不太有说服力，又加了一句，“再说，我妈妈知道她住在我家里也不怎么高兴，就像你原来说过的一样，我把我妈妈赶出去，让她住进来的确是不合情理。所以，就让她搬出去了。”

其实，卢天成没有完全说实话。余静搬出去的原因有一半是因为卢天成妈妈的不满，另一半是因为卢天成渐渐地感觉到余静住在家里不是很方便。一方面，余静在家里的主人做派，成天指使保姆做这做那，让保姆很不满，保姆在卢天成面前抱怨了很多次。另一方面，余静在卢天成面前的行为举止，让卢天成很不舒服。她对卢天成不能说是明目张胆地心怀叵测，但是却有一种说不出的暧昧。卢天成虽然是个老好人，但是在男女关系方面却是非常严谨的。要不他也不会在余文离开他数年之后，依然独身。而且，在余文回来以后，他宁愿和立影离婚，也不愿意牵扯两个女人。所以卢天成对余静也越来越戒备。那天，卢天成的妈妈知道余静住在家里，就打电话来骂人。电话正好是余静接的，余静被骂以后，非常委屈。卢天成就坡下驴，趁机给余静找了间房子，让她搬出去了。

卢天成虽然没有明说，但是立影能够感觉到，事情并不是那么简单。不过，卢天成不说，立影也不挑明。立影虽然讨厌余静，但是也不忍心看着她继续轻贱自己，最后走到万劫不复的路上去。所以，立影想了想，又忍不住地问卢天成：“你知道，余静为什么会离开原公司吗？”

卢天成点点头。他当然知道，余静的那个工作是他帮着找的，他在那个公司有熟人。

“你还是该让余文提醒她一些，女孩子在外还是要稳重一些。”然后，立影重复了杨箐说余静的那句话：“余静满脸都写着欲望。她要是聪明的话，也许会攀龙附凤，但是她太急功近利，这么不加掩饰，没有技巧，很容易栽跟头的。”

“谢谢你，立影。”卢天成心里充满了对立影的赞赏，这个女人，她也许不是那么优雅，高贵，但她聪明，能干，而且绝对正直，善良。即使对她不喜欢的人，她依然不忍看着她毁灭。有她作为朋友，真是一件幸事。

“以后，余静在公司里，怕还是要你多多关照。”卢天成拜托道。

“我哪里能关照她啊？她只能自己对她自己的行为负责。”立影摇头。

37

卢天成来温泉也是见生意上的朋友的。和立影聊了一会儿，他的手机响了，接了电话，他说他朋友来了，就和立影告别了。立影自己在酒吧坐了一会儿，想到来温泉一趟，不泡泡温泉也有点亏了，就拿了泳衣去温泉找姜小白他们。

温泉是分室外和室内。

室外的温泉，分两层，两旁有流水滑梯，连接着两层温泉。立影看见余静在上面那层，也不知道是因为冷，还是因为害怕，哆哆嗦嗦地站在滑梯口，不敢滑下来。通达公司的秃顶副总、采购部的经理助理小毛、还有蓝妖、老陆在下面一层。

"你快下来，我接着。"秃顶副总站在滑梯的底部，仰着头对余静叫道。

余静扭扭捏捏了几下，然后，坐在滑梯上，一路尖叫着就滑了下去，一下扑到秃顶副总的怀里。

看上去，余静和客人们已经打成一片了，而且非常亲密无间了。立影想起刚才卢天成说，让她关照余静。卢天成倒是不把立影当外人，好像她是无敌多面手，什么事都能手到擒来。余静这个样子，是立影能管得了的吗？再说，也轮不着立影关照她啊，她随时随地都能找到关照她的人。

蓝妖看见立影，喊立影加入他们。立影没见到姜小白和通达的高经理，猜想她们可能在室内。立影就说：我怕冷，要去室内。

蓝妖就说："你去吧，小白和高经理在里面，一会儿我过来找你。"

室内的池子比较小，鼓着水泡，是个按摩池。姜小白和高经理果然在那里。立影换了泳装，就加入她们。

姜小白给立影介绍：高经理是小白堂姐夫的姐姐。小白和堂姐关系非常好，跟亲姐妹似的，所以小白和堂姐一样，管高经理叫大姐。

介绍完以后，姜小白对立影说："我刚刚看见卢天成了？"

"我也看见了。刚才还和他说了一会儿话。"立影回答。

“我看你刚才有点不高兴，也不来泡温泉，不是因为卢天成吧？”小白问。

“切，他对我来说，就是一路人。我看见一路人还能影响我的情绪，那我还活不活啊？”立影不屑地说。

“哟，你还真想得开，难怪蓝君谦夸你。”姜小白讥讽道。

立影想起路上蓝妖拜托她的事，不知道该不该对姜小白提一下，不过当着高经理的面，这话不太好说，所以立影还是没提。

“我倒蛮欣赏立影这股子劲的，不要太把男人当回事。”高经理插言。显然姜小白已经提前对她把立影的事八卦了。

立影心说：我是没把这个男人当回事，我郁闷的是另一个男人。

高经理和立影一样，都是豪爽坦荡的人，两人一见如故。立影再称呼她高经理时，她便让立影跟小白一样喊她大姐，两人便又亲近了几分。三人聊了一阵，蓝妖来找她们。蓝妖的目标自然是想接近高经理。高经理在蓝妖的面前却是一副公事公办，不远不近的样子。蓝妖对她远不得，近不能。就试着讨好姜小白，和姜小白说些亲近的话，姜小白却不搭他的茬。蓝妖向立影投来求救的目光，立影只好从中斡旋，说了些场面上的话，才没有冷场。

那天的晚餐东方公司做东，招待通达的人。立影预先订了一个包间。东方公司这边，蓝君谦是东道主的首席。通达那边，秃顶副总是主客。酒席刚开始，蓝君谦就先敬了秃顶副总一杯。秃顶副总却没理蓝妖，眼睛转到了立影的身上：“这位女士很骄傲嘛，下午都不肯赏脸。”

立影下午看见这位秃顶副总和余静一起玩得那么放肆，就推断：这位大概是个酒囊饭袋，不干正事，一双眼睛盯在女人身上不放。下午，自己没陪他泡温泉，他现在就挑理了。这种人，立影心里有数，对付起来不难，无非是这会儿给他个面子。于是，立影端起酒杯说：“刘总，我下午失敬了，我自罚三杯。”说着立影连干三杯。

“好，这位女士真豪爽，我老刘喜欢。我陪你干三杯。”说着，秃顶副总自斟自饮，连喝三杯。

这时，坐在秃顶副总一边的余静嗲声嗲气地说：“刘总，你下午说的话还算不算数啊？你说过的，我要是从滑梯上滑下来，你就要陪我干三杯的啊。”

“算数，算数。你帮我满上酒，我干。”秃顶副总倒是爽快。

秃顶副总喝酒喝得舒畅，话也多了起来：“你们东方公司的女士，个个都是女中豪杰啊，痛快。和你们合作，没问题，我老刘赞成。”

蓝君谦早已从侧面了解过了：这位所谓副总是个草包，是通达总部某人的大舅子。

他顶着个副总的虚衔，其实根本没有实权。他说要和东方公司合作，其实根本算不得数。说话算数的是精明强干的高经理。所以，蓝妖表面上把秃顶副总抬得很高，暗地里却更关心高经理的喜怒哀乐。现在，看见余静把秃顶副总哄的开心，蓝妖便集中精力开始试探高经理。

高经理自然不是吃素的，依然不紧不慢地吊着蓝妖。蓝妖给她敬酒，她只喝了一口。其他的，由她的助手小毛替她干了。然后，小毛以感谢蓝经理盛情款待之名，开始向蓝妖敬酒。蓝妖不敢怠慢，怕被高经理小瞧，只好硬着头皮接招，一杯一杯地硬喝。

蓝妖的酒量并不是很大。按照往常的惯例，立影这时该出面给蓝妖救驾。在对方找个对手，给他敬酒，把目标转移一下。不过，眼下对方只有三个人。秃顶副总和余静打得火热，老陆在一旁推波助澜。高经理则和姜小白一起，消消停停地看着小毛挑战蓝妖。立影自然不能去找高经理的麻烦。要救蓝妖，立影还可以挺身帮蓝妖接下小毛的挑战。不过看看姜小白，一副事不关己的样子。立影又觉得自己也没有必要表现得那么神勇。索性也隔岸观火，自顾自地吃起来了。真是应了来之前小白说的那句“你怎么舒服怎么喝”。

到了后来，蓝妖实在招架不住了，脸色已经惨白。立影这才本着“拿人钱财，与人消灾”的原则，帮蓝妖接了两杯。

余静不知深浅，没几下就把自己灌醉了，酒席还没散，就让服务员扶着回了房间。

秃顶副总见余静撤了，又来找立影叫板。立影一看这草包又来挑衅自己，这下可没客气。一气和秃顶副总对干了八杯，立影依旧脸不变色心不跳，秃顶副总却有些软了，再也不敢接立影的招。紧接着，姜小白上场，软磨硬逼，又灌了秃顶副总五杯。秃顶副总彻底歇菜，小毛和老陆连忙把秃顶副总扶回房间。

酒桌上只剩下蓝妖，姜小白，高经理和立影了。蓝妖处于要醉未醉的状态，硬撑着没倒下。高经理笑着问立影和小白：“就剩咱们三人还能站着，咱们是接着拼酒，还是收场？”

小白说：“都自己人，还拼什么？要比酒也别在今天，以后重新找机会吧。要是吃饱了，咱们就收摊吧。”说着，姜小白拉着高经理走了，留下立影结账。

立影结完账，回到包间。蓝妖还在座位上坐着，跟一摊泥似的，站不起来了。立影走上前问：“蓝经理，你自己能不能走回房间啊？要不要我喊老陆来扶你回去？”

“立影啊，立影。”蓝妖伸手一把拉住立影，突然使劲往他身边一带。立影没防备，一个趔趄，差点没栽到蓝妖的身上。

“你干吗啊？真喝醉了？”立影就有些恼了。

蓝妖的舌头有点大了，含含糊糊地说：“小……小毛灌我的酒，姜……小白不救我，也……就罢了。你……也不救我，和……姜小白一起看……我的热闹。枉……我平日对你的一片心啊。”

“行了，行了，别胡说八道，赶紧回房间洗洗睡吧，”立影说着，就用空着的那只手，去掰蓝妖抓着她手腕的手指。

“你这……么着急走干吗？你怕……怕我？平日里，你见……着我，总是躲着我，也……不接我的招。你说我……哪点不如卢天成，你就……这么不待见我？”蓝妖的手捏得越发紧了，把立影的手腕捏得生疼。

立影一听，他越说越不像话了，懒得和他纠缠下去，极力挣脱他的手。挣了几下没挣脱，立影就火了，对蓝妖吼道：“你丫快松手！你要不松开，信不信我踹你。”

“不松，我……就喜欢你这麻辣劲，够……味。我早就喜……喜欢你了。谁都看……看出来了。就你装糊涂，你……也别装了，咱俩都……离过婚，我不嫌你，你……也别嫌我，你就跟了我吧。”蓝妖借酒撒疯。

“跟你？你丫是男人吗？我TMD对人妖没兴趣。”立影厌恶地说

“你……怎么知道我不……是男人？”

“听花花姐说：你那玩意儿不干活。”

“我那玩意儿干……不干活，你试……试不就知道了？”

“你丫以为我是鉴定委员会的？难道还要我给你发鉴定证书不成？”

“你知……道吗？我就……就是喜欢听你骂人，你越……骂得痛快，我就……越喜欢。挨你的骂，我觉得过……瘾。”

“你TMD是受虐狂啊？你不怕姜小白看见，回头坏了你的好事。”

“别……跟我提姜……小白，我对她没兴趣。小心眼子，还……以为她是公……主啊。我就喜欢你这样的，大气，豪爽，女中豪杰，巾帼英雄……”

“……”

立影见挣不开蓝妖，就寻思着找个东西砸他。抄起桌上的一个酒瓶，正要砸下去。

就听见卢天成的声音响起：“蓝君谦，你在干什么？你把她放开。”卢天成进了包间，冲到立影和蓝妖面前，一巴掌打在蓝妖的背上。

蓝妖愣了一下，手上的劲松了。立影趁机挣脱，回头对蓝妖踹了一脚，蓝妖被踹得从椅子上掉到地上。

立影冲出包间，卢天成紧跟在后，问立影：“你没事吧。我在外面听见你们在吵，所以就进去看看。”

“没事，他喝醉了，撒酒疯呢。”立影没好气地说。其实她应该感谢卢天成，如果不是他及时进来解围，立影想要摆脱蓝妖，八成得要见血。那就有点说不清，道不明了。

可是，立影摆脱了蓝妖，现在要摆脱的就是卢天成，下午刚跟他说，自己和蓝妖什么关系都没有，晚上又被他看见自己被蓝妖纠缠。真 TMD 就像在他面前自己打了自己一耳刮子。

“你真的没事？”卢天成却不理解立影的心思，仍然不放心。

“真没事，你是不是挺想我有事的？”立影已经不耐烦了，看他现在怜香惜玉的样子，是不是以为自己离开他就过不好了？

“我不是这个意思。你现在这个样子，我就是有些不放心。”卢天成仍然跟在立影后面。

“你有什么不放心的？”立影停下来，对卢天成吼道，“对你来说，我就是一路人。你对一路人有什么放心不放心的？”

那时他们还在餐厅的大厅里。大厅里，还有一些人在用餐。立影的吼声引起了大家的注目。

“立影，你怎么这么说？不管你怎么想，在我心里，我一直把你当自己的亲人。”卢天成有些伤心，不顾大家的眼光，依旧追问立影。

“你别老这么扯不清好不好？你的亲人只有你老婆，你儿子，还有你妈，你妹。我算你哪门子的亲人啊？”

“但是，我也希望你过得好啊。”卢天成说。

“我要是过得不好，你是不是就和余文离婚，又重新把我娶回去？”盯着卢天成，狠狠地问完这句话，不待卢天成想明白，立影已经冲出了餐厅。这一天，应该是立影职业生涯里最倒霉的一天。从早晨接到郭正安的电话开始，一切都是那么不顺利。

蓝妖是个疯子，卢天成是个呆子，再加上一个老流氓似的秃顶副总。这世界上还有没有正常男人？

当初，自己根本就不该接这个差事，销售部的事情，本来就和自己没关系。干吗要蹚这趟浑水？还耽误了自己的事情，立影越想越窝火。

第二天，立影没有见到蓝妖。老陆解释：蓝妖今天要出差赶飞机，所以，一大早就回市里了，其他的人则按原计划去游附近的一个水洞。从早晨开始，天下起了雨夹雪，水洞里显得特别寒冷，再加上昨晚都喝酒有点过量，所以大家都精神头不足，兴味索然。从水洞出来以后，简单地吃了午饭，通达的人就告别了。姜小白依然跟高经理的车走了，立影则和余静坐老陆的车回市里。

38

周一一上班，部门经理就召集大家开会动员布置工作。 年终是财务部最忙的时候，年终财务报表上报、分析，年终决算，准备审计，年终所得税申报，清理债权债务，清查盘点库存，账册、报表装订，会计档案归档整理工作，还有各个部门要做下一年度的预算，也需要财务部门提供参考数据。

开完会，立影下楼到一楼仓库去要库存统计，在楼梯拐弯的地方遇到蓝妖。 这是在温泉那晚蓝妖发疯之后，两人第一次见面。 昨天，老陆说蓝妖赶飞机出差去了，可是怎么今天就出现在公司里？ 这是出的哪门子差啊？ 立影这才明白，所谓出差只是个借口而已。 大概蓝妖意识到前天晚上他有点过分，所以不好意思见立影了。 不过现在蓝妖又恢复了他那副油腔滑调的劲儿，一副委屈神情，喊住立影说：“立影，你可真是狠心啊。 我到底怎么得罪你了？ 你一脚踹得我到现在屁股还痛。 你要是把我踹出个好歹来，你可要对我负责的。”

“我要不踹你一脚的话，你大概还不知道你那天发疯了。”立影嘲笑道。

“你以为我是发疯了？ 我只是借酒劲把我心里话说出来了。”蓝妖仍然一副诉说衷肠的样子。

“留着你的心里话对姜小白说去吧。”

“姜小白是姜小白，你是你，你们都是我的大爱。”

“你丫还真以为你是唐僧啊，每个人都想啃你一口？”

“你啊你，你就是一匹野马，真不知道什么人才能把你驯服。”蓝妖叹道。

蓝君谦每回在立影面前都没有讨到便宜。 这些年，蓝妖在女人面前向来所向披靡。他在女人面前扮演情圣已经演腻了，倒更愿意被立影这样不待见。 两人唇枪舌剑，你来我往，即使被她骂了一个狗头喷血，他也通身舒坦，觉得过瘾。

吃中午饭的时候，蓝妖出人意料地来到立影她们这一桌，坐在姜小白和杨箐之间。

“哟，怎么今天蓝经理迂贵降尊，到老百姓中间体察民情啊？”杨箐大大咧咧地说道。因为蓝妖的到来，立影她们没有办法询问杨箐周末相亲的状况。

“你们这桌都是公司的精英，掌握着公司的人才和钱财，我是来讨好你们的。”蓝妖是指坐在这桌的都是公司人事部和财务部的美眉。

然后蓝妖转过头来，对姜小白说：“下午下班等我，我们一起走。”那神情语气中所带有的亲昵和温柔，让人很难抗拒。

立影坐在他们对面，不动声色地看着这一切，偶尔和杨箐交换一个眼色。她们都明白：蓝妖要对姜小白发起攻势了。

午饭后，杨箐问立影：“怎么回事？姜小白追蓝妖追了五年，没有结果。前一阵子看见姜小白都心灰意冷了，现在，蓝妖怎么突然对姜小白又热乎上了？”

“还不是为了通达。”立影就把周末发生的事情简单地说了一遍，当然省略了蓝妖对自己发疯的那段。

“看来这个通达是姜小白的贵人啊。”杨箐说。

“难道蓝妖不是在利用姜小白？是不是提醒小白一下？”立影问。

“要是姜小白连这点都看不透，她这几年的米饭算是白吃了，活该她栽在蓝妖的手里。”杨箐说。

既然杨箐这么说，立影决定不管这闲事了。女人啊，毕竟是要靠自己的智商活着。自己愚笨，那就不能怪自己栽了跟头。

39

这天下班之后，立影下了班车，顺路去了家里附近的超市。在超市里正好见到郭正安。两人相视一笑，立影便问郭正安：“你那天打电话找我，有什么事情吗？”

郭正安说：“也没什么要紧的事。周末我休息，正好有两张电影优惠券，就想问问你有没有时间，愿不愿意一起看个电影。”

立影说：“真遗憾，不知道以后有没有机会弥补啊？”

郭正安一笑，也没说什么。立影看了看郭正安手中的提篮里，放了一包挂面，一包青菜和一盒鸡蛋，便问他：“看来你今天的晚餐是煮面条了。”

郭正安一笑：“我也就是煮面条最拿手了。”

立影手中的提篮里，有鸡肉，虾仁，青椒，豆腐。看上去立影的晚餐要比郭正安的丰富多了。

立影便提议：“要不，今晚我们合伙？”

郭正安自然双手赞成。立影又多拿了几样菜，两人出了超市，便一起来到郭正安的家里。

说实话，立影对郭正安有一点小小的好奇。她不知道一个单身男人平常是怎么过日子的。

郭正安的家就在立影家隔壁的小区，也是一个两室两厅的套间。比立影的家稍微大一点。

立影一进门，就吃了一惊，屋子收拾得非常干净整洁，让立影都不敢相信，这是一个单身男人的房子，不由得问：“你一个人住这里吗？”

“嗯。”

“那谁帮你收拾的房间？”立影问。

“我自己。是不是太乱了？”郭正安反问。

“不是不是，你自己收拾得这么干净，我有点不相信。”立影由衷地说。

等熟悉了以后，立影才相信，这的确是一个单身男人的家。家里的摆设非常简洁，除了必需的家具，没有任何多余的东西。家里的东西安排得井然有序，有条不紊。

立影在郭正安的帮助下在厨房忙碌起来。对于她来说，做两个人的饭菜不是什么难事，一会儿的工夫，四菜一汤已经摆在餐桌上了。糖醋鱼片，辣子鸡丁，西芹炒虾仁，松仁玉米和香菇豆腐羹，有甜有辣，有荤有素，色香味俱全。

这顿饭两人相聚甚欢，郭正安对立影的烹调手艺赞不绝口，吃了很多。

郭正安说："很久没有吃到这样可口的家常菜了。"

立影说："我也很久没有做这么多菜了，自己一个人做了也吃不完。我自己一般也就是做一个菜，吃两天。"

"以后我们合作吧。你负责做饭，我负责帮你吃，保证会提高你做饭的积极性。"郭正安开玩笑地说。

"好啊。只要你吃得惯我做的。"立影说。

吃过饭，立影收拾完厨房。郭正安已经给两人每人泡了杯绿茶，放在了茶几上。郭正安问立影："你不着急回去吧。"

立影摇摇头，其实有一点舍不得走。一个人回去冷冷清清，不如在这里，一杯清茶，两人对饮，谈笑风生来得温馨。

"你要不着急回去，就再坐一会儿，我有话要对你说。"郭正安这时就有些郑重其事了。立影心跳加快，不知郭正安要说什么。

"上次我和你谈过的那件事，关于你儿子的病。"郭正安说。

立影的脸色唰地就变了，没想到他会提到这件事。原来他还没忘记，他接近自己，难道就是为了这件事？

"不是说好了不再提这件事的吗？"立影的声音有些尖利。

"我不只是要说这件事。其实主要的，我是想说另一件事情，我已经去查了你生孩子时的病历。"

"你有病啊？干吗非揪着这事不放？我都说过了不要再提了，你居然去查我的病历，你懂不懂要尊重别人的隐私啊？"立影说着就要跳了起来。手脚一乱，打翻了放在茶几上的茶杯。茶水洒在茶几上，转眼又流到了地上。刚刚温馨的场面，转眼鸡飞狗跳。

郭正安一把就把立影按在沙发上，让立影动弹不得，"立影，你安静一点，你为什么每次都不能听人把话说完？"郭正安大声说道。

"我听个P。我有病啊？等着你揭我的短啊？"立影和他对喊。

“我告诉你，今天你不听我把话说完我不会放你走的。”郭正安坚决地说道。

郭正安的两只手死死地按住立影，像两只铁钳一样。立影挣扎了几下，动弹不得。两人就这样僵持着。

等立影稍微安静一点，郭正安说：“我不是故意去揭你的伤疤。我只是对你儿子的病感兴趣，他是我的研究对象。”

“研究你个P，你要研究早研究啊。现在过去这么多年了你又提它干吗？”立影嚷嚷道。

“我上次就对你说过，你儿子的病例非常罕见，很有研究价值。所以关于你儿子的所有信息，关于你怀他的时候的所有有关的信息，对我们做研究来说，都很有价值。我收集资料，就是为了研究出这个病的病因，找出治疗办法。这样，如果下一次，再有类似的病例出现，我不至于像对你儿子那样束手无策。所以，我从来没有放弃过。我上次找你，很冒昧，没有顾及到你的心情，我向你道歉。后来，我去了你们县的县人民医院，那个医院的副院长是我的大学同学。在他的帮助下，我查到了你病历。我知道，你在怀孕的时候，有一次服药自杀的历史，而且你怀孕的时候已经染上了病毒，也因此，你丧失了生育能力。”

郭正安的话残酷而无情，立影极力地想忘掉的不堪的往事，现在却被他残酷地提起来，她被迫地重新面对那一切。立影在他逼视的眼光下瑟瑟发抖，她如同被剥得精光之后，赤裸裸地放在他的眼前，没有掩饰，无处逃遁。在他细致入微的眼光里，她一切丑陋不堪的过去都展现在他眼前。

说到底，她只不过是他的一个研究对象，

“我的过去是我自己的事情，和你没有半点关系。我知道你是博士，留过洋，你是社会精英。你有拯救人类的远大志向，但是我只是一介草民。我离过婚，不能生育。这些不用你提醒我。我现在只想忘记过去的一切，安安静静过我的日子，你能放过我吗？”立影一字一句，咬牙切齿地说。

郭正安摇摇头：“我要对你说的，不只是这个。”

郭正安小心翼翼地安抚着立影：“我不是想故意去揭你的伤疤，我只是想帮助你。”

“拜托，我自己过得很好，不需要你的任何帮助。”立影冷笑道。

“你需要帮助，”郭正安坚定地说，“关于你的身体，你需要有人告诉你你所不知道另一面。我是因为另一个研究课题的需要，才去你们县医院调看病人的病历的。对我们来说，这不是什么新鲜事。有的课题需要大量的病例做参考，我们就会去基层医院找相关的病例。这次，我同时调看了上百个病人的病历，和当地的大夫在一起研究其中一些病例。我只不过顺便看了你的病历，所以你不用担心我的这次调查会给你带来任何负面影响。

“我去查看你的病历，的确只是因为研究的需要。后来，我发现你怀孕的时候染上过病毒。这种感染造成了你的输卵管的阻塞，这是当时你的主治大夫确定你以后不能再怀孕的主要依据。我找了你当时的主治大夫讨论了你的病症。她也认为当时的‘不孕’结论做得有些草率。因为那时候的治疗技术不如现在先进，试管受孕也不如现在普及。所以女性的输卵系统有了问题以后，基本上就可以下不孕的结论了，但是现在不一样了，现在医学发展很快，输卵管阻塞已经不是不治之症了。我特地去询问了一下妇产科的专家。专家建议你去做一个全面检查：看看你的卵巢是否受到伤害，能不能继续产生卵子？你的子宫是否完好无损，可不可以再孕育胎儿。如果这一切都是正常的，仅仅是单纯的输卵管阻塞，可以考虑用介入治疗或输卵管造口术或吻合术来治疗。即使这些治疗没有效果，最后还可以做试管婴儿。也就是说：你还是有希望做母亲的。”郭正安满怀信心地告诉立影。

郭正安在立影的眼睛里看到了希望的火苗，但只是一瞬间，这火苗又熄灭了。

立影闭着眼睛，听着郭正安再次重复她丑恶的历史。既然伤口已经被揭开，就不在乎他在上面再多撒一把盐。

对于立影来说，郭正安刚才的那番话，无疑是一颗爆炸了的原子弹，把立影炸得人仰马翻。她脑袋现在都是麻木的，已经不能体会郭正安话的真正含义了。她感觉还停留在被揭开伤疤的耻辱中，唯一的想法就是：她必须立即、马上、迅速地离开这个人，不能再在他面前自取其辱了。他已经知道了她的过去，这等于是自己在他面前的最后的一块遮羞布也被撕开了。在他面前，她已没有任何尊严和体面了。所以她必须从他眼前消失，而且永远不再出现在他的视野里。

况且，他那句“你还是有希望做母亲的”对她来说，毫无意义。她要做母亲，首先要找个男人。要是半年前知道这个消息，她就不和卢天成离婚了，这样她还可以做做当母亲的梦。可是现在，她还能找到什么样的男人？

此时的立影，已经不能正常思考了，郭正安把她的骄傲和自尊全部打碎了。她现在就觉得自己是一只丑陋的癞蛤蟆，已经没有本钱再对着“爱情”这块天鹅肉流口水了。

与其心存希望，而无法实现，还不如像原来那样死心算了。

“这就是你今天想要告诉我的？”立影淡淡地问。

“对，其实，我早就想告诉你这些了，但是一直没有合适的机会。”郭正安曾经在立影面前碰过一次壁。他知道立影的过去是她的硬伤，只要一碰，她一准要炸锅，但是要说这件事情，又不能不提到她的过去。所以，要把这一切和立影说清楚，必须有一个好的机会和环境。今天的机会他觉得很不错了，但是立影还是跳了起来。

“谢谢你，这对我来说，应该是个好消息。我会考虑你的建议的，我现在可以走了吗？”立影漠然地问道。

郭正安有点困惑，立影看上去完全没有一点听到“好消息”后的喜悦，而更像是急于摆脱自己。

“如果你需要帮忙的话，我可以帮你的。”郭正安又加了一句。

“谢谢。”立影惨然一笑，已经走到了客厅的门口。

“我送你。”郭正安站了起来。

立影并没有理会郭正安。

立影走在前面，郭正安跟在她的身后。两人一前一后，一路上并没有交谈。立影越走越快，转眼已经到了立影家的楼下。立影似乎并不知道郭正安跟在自己的身后，没有和他道别，三步并着两步地跨上阶梯，转眼消失在楼里。

郭正安怔怔地站在那里：难道这个消息对于立影太出人意料，她需要时间来接受和消化？但愿这个消息会给她带来新的希望。

郭正安对立影的感情其实很复杂。当他从她过去的病历中了解到她那段荒唐而不堪的历史，他最初是被震撼了。在他的人生经验里，他从来没有见识过有这种历史的女孩子，她的经历已经超出了他想像的范围。但是回过头一想，又有些心疼她。她为那段荒唐岁月付出了多么惨痛的代价。失去了孩子，失去了婚姻，还失去了生育能力。还好她没有沉沦，没有破罐子破摔。她现在过得潇洒，几乎看不到那段惨痛历史对她的影响。

看了她的病历以后，他更深刻地理解了立影失去自己亲生儿子时的痛苦。那个孩子就是她唯一的希望，失去他，她永远也没有机会再做母亲。他对此心怀自责。因为他的回天无术，使她失去了唯一的孩子。当他看见立影尽心尽力照顾受伤的翔的时候，他更能理解立影把自己全部的母爱都寄托在翔的身上，所以那个时候，他毫不犹豫地伸手去帮助她。

也许立影太特别了，她的身影在他心中挥之不去。他常常想，她到底是怎么样一个女人？她以后的生活怎样度过？失去了第二次婚姻，她难道就这样孤老终身？

现在出现在他面前的立影，和数年前那个彷徨无助的小妈妈已经判若两人了。如果不是研究的需要，郭正安也宁愿从前不认识立影，不知道她的过去，那么他现在就可以不为她的过去困扰，不用强迫自己为她担忧。那样像一个普通的男人那样来正视立影，欣赏立影，然后爱上立影。

40

立影在两天以后才缓过劲来，回忆和郭正安对话的过程，才觉得自己那时过于激动。过去是一根刺，在心里扎得太深了，不能提，不能动，否则她就沉不住气，会发疯。细细想来，其实郭正安是好心。他应该是关心自己，才去研究她的病历，而且还去咨询了专家。他告诉自己这一切，是想提醒自己不要失去信心，自己还有做母亲的可能。而自己却误解他为了他所谓的研究，刺探自己的隐私。对他大喊大叫，说了些不该说的话，实在是太失态了。

对于郭正安带来的应该是好消息的消息。立影不敢去深想，她不敢确定，这个消息会给她的生活带来怎样的改变。

认识到自己对郭正安的无理冒犯以后，立影就给郭正安发了一个短信："对不起，我那天很失态，对你说的话很过分。请你原谅。另外，谢谢你对我的关心。"

这条短信刚发出，立影又觉得自己短信的语气过于生硬了，好像在赌气一样。于是又补发了一个短信："你什么时候有时间，要不我请你吃饭谢罪？"

不一会儿，就收到了郭正安回的短信："我今天晚上就有时间。"

看到郭正安的短信，立影心里轻松了一些：看来他没有记恨自己。打心里说立影并不想失去这个朋友。

"那好吧，我今晚请你。你想吃什么？"立影发短信问。

"家常菜就行。"郭正安回道。

"几点见面？"

"我来接你。告诉我你几点下班？"

立影看到这个短信，心中一动。本来想给他回一个：不用麻烦了，我坐班车就行。可是，这是郭正安主动提出来接她的，立影并不愿意失去这样一个被他照顾的机会。所以她回道："我五点下班。"

"那下午五点见。"郭正安的短信。

立影的心情大好，又恢复了平常那轻松俏皮，妙语连珠的常态。坐在立影右座的小玲说："立影姐，你终于缓过劲了。前两天，你样子太吓人了，我们都以为你'大姨妈'来了。"

"切，'大姨妈'每月都来，但从没见过立影姐那么不正常过。我还以为立影姐到更年期了。我掐指头算了半天，立影姐岁数还不到啊，没听说三十岁就到更年期的。"立影对面的王智说。

"你丫就损我吧。我有那么夸张吗？"立影笑道。

"夸张？岂知是夸张，简直是爆炸。你连姜助理都喷。"王智说。

"我喷姜小白了？"立影问。

"可不是吗？昨天姜小白说有个客户要年终结账，客户的货款数目和咱们账本上的数目对不起来，姜小白让你把明细账重新整理一下，你丫当场就跟她吼起来了。"小玲说。

立影细想了一下，的确有那么回事：那个客户的会计是个马大哈，经常把欠账的数目搞错，还每次都不承认是他的错。非要立影把明细账，一项项和他对，最后才承认错误。立影平时的态度比较好。她想得很明白：这本来就是她的工作嘛。再说客户是掏钱的一方，咱们不能对不起人民币不是？所以总是很有耐心。可是昨天，姜小白刚一提这事，她就火了，吼道："他们的会计会不会记账啊？不会的话让他重新上夜校去学。每回都找茬，当我是软柿子呢。让他们自己查账，什么时候查对了，什么时候结账。"

姜小白不顾死活还说了一句："要你查，你就查。已经到年底了，今年的账该结了，要不又要拖到明年了。"

"爱结不结，反正钱又进不了我的腰包。"立影火冒三丈。

姜小白无奈，只好要小玲去和客户对账。

其实，立影平时很注意和姜小白的工作关系。虽然她们私下里是说话口无遮拦的朋友，但是，在工作上，立影还是非常尊重姜小白的职位，从不仗着是朋友而违背她的指示，昨天那样做的确是有违常理。

"立影姐，你是不是嫉妒姜助理，前两天才对她不客气的？"小玲问。

"我嫉妒姜小白？嫉妒她什么。"立影反问。

"姜小白和蓝妖终于好了，你被蓝妖抛弃了。"小玲说的前一句话是实话，后一句话是玩笑。她们已经习惯拿蓝妖和立影开玩笑了，办公室的人谁都知道：立影从来没有把蓝妖放在眼里。

小玲说得没错，姜小白和蓝妖终于好上了。这几天他们眉来眼去，吃午饭的时候恨不得都贴在一块儿了。现在，全公司的人都知道了他们的关系：姜小白暗恋蓝妖五年，在冷淡蓝妖两个月以后，蓝妖忽然转性，让姜小白如愿以偿。

只有立影知道到底是怎么回事。这种爱情，其实是利益交换的战利品而已。立影不明白：姜小白这么一个精明的人，怎么看不透这些？难道女人在爱情面前智商自动降低到零？

立影想，自己何尝不是和姜小白一样？因为对郭正安有一点小小的奢想，稍微被刺激一下，自己就失去了理智。还以为经过这么多年的历练，自己已经百炼成钢了。蓝妖的挑逗，都没有让自己动心，以为自己已经有了“软猬甲”护身了。哪知道，那“软猬甲”在郭正安面前不堪一击。看来女人啊，真的不要随便动心。

无论如何，立影还是不忍心看着姜小白陷进这爱情的陷阱里，她必须要提醒姜小白：蓝妖的动机不纯，但是应该怎么提醒？这却是一个问题。即使你和她是再好的朋友，如果要你诋毁她热恋的那个人，她也会跟你翻脸。何况姜小白的热恋来得如此不易。

好在还有杨箐，别看杨箐平时大大咧咧。她是有一双识人的慧眼的，她应该能看清蓝妖的真面目。

午饭后，立影去杨箐的办公室找她，开门见山地说：“到底怎么办啊？姜小白现在被蓝妖迷得五迷三道的，咱不能揣着明白装糊涂啊。”

杨箐说：“姜小白痴心妄想了五年，现在她终于把蓝妖钓到手了，你还不给她点时间好好享受享受？就算要泼她冷水，也得等她吃到一口蓝妖的唐僧肉再说吧。”

“你以为蓝妖真是块唐僧肉啊？我怕他是块臭肉，姜小白一口咬下去会恶心死的。”立影说。

“你以为现在你去告诉姜小白，蓝妖是块臭肉，她就信你呀？蓝妖臭不臭，她自己有鼻子不会闻？就算你要告诉她，也要等她过了这热乎劲了再说。”

立影一想，杨箐说得不无道理。姜小白和蓝妖正热恋着。为了讨姜小白欢心，蓝妖还不得使出浑身解数。蓝妖哄女孩子的本领一流。他那狭长的双眸一闪，稍微缺乏定力的女孩都会春心荡漾。何况是暗恋他五年的姜小白？这时候在她面前说蓝妖的坏话，无疑是杯水车薪不管用。

虽然这么想，立影还是有些不太忍心。

杨箐笑着说：“立影，你丫就这点可爱，对人特实诚。做你的朋友啊，值了。看着你为姜小白着急上火，我心里就有谱了。哪天万一我倒霉了，总有一个人能做靠山。那就是你。”

“你丫人高马大的，靠我？那还不把我压成肉饼。你丫还是找个比你大个的靠去吧。”立影反唇相讥。

“我说，你丫对咱们这些酒肉朋友都这么上心，要是你看上一男的，岂不是要为他粉身碎骨了？卢天成显然没让你动心，他要让你迷上了，你怎么会舍得给他自由？你那大夫哥哥怎么样了？那人不错，虽然不会甜言蜜语，但为人蛮实在的，跟你倒是一路人。这么久了，你还没把他搞定？”杨箐问。

“呸，你丫以为谁都跟你一样是花痴，只要是个男的你就盯着不放？”立影讥讽道。

“我是花痴有道，选择性花痴。对你的大夫哥哥我就放了一马，留给你了。你丫要是不抓住，别怪我骂你浪费资源了。”

不管杨箐说的是真话还是玩笑，立影听杨箐这么一说，心里还是蛮高兴的。现在这个时候，她太需要这样的鼓励了。立影自信心又恢复了一些，一扫前两天沮丧的心情，原来的那种趾高气扬的劲头又恢复了。

下午快下班的时候，偏偏赶上余静受蓝妖之命来找原始单据查数据。余静是新手，也不知道到底需要哪些数据，一会儿给蓝妖打电话请示一次，每请示一次，就要立影找不同的单据。立影虽然对余静有偏见，但是对工作的事情，向来是公事公办，奉行“食君俸禄，为君办事”的准则，并不把个人成见带入工作中。所以立影一直对余静很有耐心。

快到五点了，立影想到和郭正安的约定，看了看墙上的钟。提醒余静：“马上五点了，班车一会儿就要开走了，要不明天再找？”

“不行，蓝经理说，他在做明年的预算，今天一定要找到准确的数据。”余静坚持道。

“那班车走了，你一会儿怎么回去啊？”立影问。

“不行就要蓝经理送呗。我经常加班，每次加班，蓝经理都会送我回家。”余静自豪地说。

立影心想：KAO，就你TMD脸大，敢要顶头上司送。我们加班后从来都是自己赶公共汽车，要不就几个人一起合着打的。

立影问余静：“你不知道你们蓝经理在和我们财务部的姜助理谈恋爱啊？”

“知道啊。”

“知道你还让蓝经理送你回家？你不怕别人说你是小三啊？”

“你怎么这么讲？蓝经理是我的领导。我和他是上下级关系，很纯洁的，你怎么会把我们的关系想得这么龌龊？”余静气愤地说。

纯洁你个头！ 立影在心里骂道，你在原单位给上司发暧昧短信的时候也以为自己很纯洁，结果让人给揍个乌眼青。

五点过了，余静还在没完没了。 立影发现：余静有点故意拖延时间。 大概是想拖到班车开走了，然后就有借口让蓝妖送她回家了。 心里又骂：TMD，老娘今天幸亏有人来接，要不然还被你连累得班车都赶不上了。

立影心里惦记着郭正安，终于没有耐心了。 催促余静："你需要的数据都可以从每个月的报表中找到。 每个月的月报你们销售部都有，自己回去查吧，我要下班了。"

"你怎么这样啊？ 就是因为报表上的数据有问题，蓝经理才要我来查原始数据的，你加一会儿班都不行啊？ 不是说你们会计部经常加班吗？"余静抱怨道。

"我们头儿要我们加班，那是要给加班费的。 我为你加班，你给钱吗？"立影没好气地问。

"就知道钱，真俗。"余静不满地说。

打发走余静，立影收拾好文件柜，拿着自己的包就往楼下跑。 一楼的门市部依然开着。 立影看见郭正安在货架间站着，连忙跑过去，抱歉道："对不起，有点急事，加了一会儿班，让你久等了。"

"没事，我也刚到，正好随便看看。"郭正安说。 他手里拎着一桶汽车风挡玻璃清洗液。

等郭正安交了钱，立影和他一起往外走，就听到背后一声："郭大夫，这么巧，你来买东西啊？"回头一看，原来是余静。

郭正安显然愣了一下，然后问："小余，你也在这里？"

"对呀，对呀，我刚来这里不久，在销售部工作。 你要买什么？ 我可以给你帮忙。"余静欢快地说。

"哦，不用了。 谢谢。"郭正安说着就要往外走。

哪知，余静叫住他："郭大夫，你是要回市中心去吗？ 我今天加班，错过班车了，你可不可以带我回去？"

郭正安看了一眼立影。 还没等他说话，余静又接着说："对了，立影姐和我一个公司。 我今天就是和立影姐一起加班的。 你就送送我们俩吧。"

"你不是说蓝经理会送你吗？"立影忍不住问道。

"蓝经理今天必须要完成预算报告，可能要加班到很晚。"余静说着，又把眼光投向郭正安，用乞求地眼光看着他。

"那好吧。"郭正安答道。

"那稍等一下，我去拿我的包，马上就来。"余静说着就回头去她的办公室。

"没想到她和你在一家公司上班。"郭正安对立影说。

"她刚来没多久。她在原来的那个公司干不下去了。"立影就把余静在原来公司发生的事情讲给了郭正安听。郭正安听后，没有做任何评论。

过一会儿，余静拿着包出来了，和立影一起跟着郭正安走到停车场。郭正安刚打开副驾驶座那边的门，余静就要进车里。哪知郭正安却对立影做了个手势，余静一愣，尴尬地让给了立影，自己打开后座的门坐了进去。

坐定以后，郭正安问余静："你住在哪里？"

"我不着急，要不先送立影姐吧。"余静大方地说。

"立影和我住得比较近，我们还是先送你吧。"郭正安说。

余静又愣了一下，这才说了一个地名。

一路上，余静非常活跃，不停地找着话茬和郭正安说话，郭正安哼哼哈哈地应付着她。立影倒显得十分安静。

到了余静说的那个地方。余静下车，拉着车门还在问："我租的房子就在前面不远，你们要不要去我家里坐一会儿？"

郭正安婉言谢绝，余静只好关了车门。车开走了，立影依然可以看见余静怅然若失地站在原地。

车里只剩下他们俩了。没有余静唧唧喳喳的声音，车内显得格外安静。

不一会儿，郭正安的手机响了，提醒他有短信息进来。郭正安刚腾出一只手，从口袋里拿出手机，这时，手机再次响了，提示有第二条短信进来。

"你帮我看看，是不是医院找我。"郭正安把手机递给立影。

立影接过来，打开一看：

第一条："你就是为这个女人才拒绝我吗？"

第二条："我到底哪点比不上她？"

"谁来的短信？"郭正安问。

"不知道。"

"有什么要紧事吗？"

"没有。"

"说什么了？"

"一会儿你自己看吧。"

41

余静最初对男人的认知，是从自己的父亲身上开始的。她生长在一个虽然普通，但是还算温馨的家庭里。自小余静就能感受到姐姐余文在家中的待遇和自己的并不相同。后来她才知道：虽然她和姐姐有同一个母亲，但是因为姐姐不是父亲的亲生女儿，所以才导致她们生活待遇的差别。父亲，这个家中的唯一男性，是这个家庭中的权威。与他的血缘关系的亲疏，决定了在家庭中的地位的高低。

余静十五岁那年，母亲意外死亡。不到一年，父亲就再结婚了。从此，余静的生活变得奇特起来。有时她被后母捧做“小宝宝”“小乖乖”；有时却又被她斥为“拖油瓶”“累赘”。这种称呼的转换取决于父亲是否在家。余静心中隐隐体会到：只有取悦父亲，才能保证自己在家中的地位。后母是个颇有手腕的女人，知道怎么笼络男人。渐渐地，在争夺父亲的这场战役中，余静落败了。父亲对后母越来越容让、迁就，对余静却越来越冷落了。那个时候，余静对感情的事情还处于幻想阶段，还以为世界上所有的男人心中只有一个女人，他对这个女人的爱情是海枯石烂也不会变的。余静心里非常困惑：父亲对母亲的爱情到哪里去了？难道因为母亲死了，他的那份感情就转移到别的女人身上了？他对自己原来的宠爱又到哪里去了？难道因为他有别的女人，就连自己唯一的女儿也冷漠了？不过那时的她还来不及思考爱情的含义，摆在她面前的是实实在在的生存环境的改变。在不到一年时间，余静从一个备受宠爱的小公主，转眼成了受冷落的小丫头，而这一切都源于父亲对她的态度变化。当然更根本的原因是：她没有像后母那样取得父亲的欢心。

后来，余静听说了这样一句话：男人通过征服世界来征服女人，而女人通过征服男人来征服世界。余静对这句话颇有认同，这句话简单明了地阐述了这个世界男人和女人生存的基本法则。和后母争夺父亲的失败就是后半句话的最准确的诠释。

余文的生活经验再次告诉余静：这是一个男权的世界，女人与其争着在这个世界上占领一席之地，还不如抓住一个男人来得实在。余文婚姻失败的原因在于她抓不住卢天成这个男人。表面上余文和卢天成的离婚是因为婆媳矛盾，实际上，是余文在和婆婆争夺卢天成这个男人的战争中失利，所以才不得不败走他乡。后来，余文重新回归这个家里，也是因为卢天成在余文和立影之间选择了余文。如果没有卢天成，余文现在的处境可想而知。所以，女人抓住男人，才是抓住了在这个世界生存的根本。这后来便成了余静在这个世界上的生存法则。

卢天成是余静抓住的第一个男人。余静巧妙地运用了卢天成对余文的负疚心里，和他急于补偿余文的心情，让卢天成负责了她的大学生活费用。这是她运用她的生存法则的首战告捷。要不然，她都不知道她的大学生活会成什么样子。

余静把她的生存法则运用到了更广泛的范围内。这个世界是由男人掌管。那些拥有权利的男人，可以决定女人的命运。聪明的女人能巧妙地把握住有权利的男人，让他们的权利为“我”所用，余静就要做一个聪明的女人。她见到男人，习惯性地要在心中计较一番：这个男人对我有没有用？对于那些有用的男人，她总会想办法接近他们，将她和他们的距离尽可能地缩短。让他们感觉到她和他们的与众不同的亲近。她其实并不打算要去做他们中某个人的“小三”或者“二奶”。她心里明白：她所有的本钱只有她的美貌和青春，这点本钱对某些男人有很大的诱惑力。她不打算轻易地把自己的本钱全部投进去。她现在只是想用她的本钱做诱饵，让那些贪恋而且欲望旺盛的男人们为她着迷，从而为她所用。

余静知道在那些正统女人眼里，自己是一个轻浮而不庄重的女人。她别无选择，在这个世界上，除了姐姐，她没有别的亲人了。余文自顾不暇，根本顾不了她。所以，余静只能靠自己，必须要在自己还有本钱的时候，为自己争得最大的利益，找到一个可靠的男人。

郭正安是余静所见到的男人中少有的让她动心的男人。这种动心不是那种算计的结果，而是一种冲动，准确地说，是一种情不自禁。在七年的大学生涯里，她也谈了几场恋爱，但那都是填补空闲时的游戏。她几乎没有投入感情，所以很难说那就是爱情。但是，她是女孩子，也向往有轰轰烈烈，或者动人心弦的爱情。她那时的确是对郭正安有些上心，决定不顾得失地去争取他。余静借着姐姐的病情，主动和郭正安套近乎。她对他的热情，连瞎子都能感觉得到，而他却装聋作哑。余静后来怎么也想不明白：她一个貌美体健，聪明能干的年轻女孩子，为什么引不起他的兴趣？难道他受过什么刺激，所以对女人伤心绝情了？还是他是性冷淡？是GAY？在多次明追暗示之后，余静终于放弃了。

但是，余静万万没有想到：郭正安会和立影在一起。余静虽然轻浮，但是不傻。人情世故她还是看得清楚的。郭正安的举动明明白白地告诉了她：他，郭正安，和立影的关系并不一般，要比和她余静的关系近多了。

难怪他对自己一直爱搭不理的，原来是因为这个女人。余静心里非常气愤，她不能理解郭正安的选择。从客观条件来看，她比立影要年轻，漂亮，有硕士学位，而且未婚。无论从哪方面来讲，她都要比那个女人和他相配，而郭正安居然选择了立影！！！

在百思不得其解之后，余静给郭正安发了两条短信息：

“你就是为这个女人才拒绝我吗？”

“我到底哪点比不上她？”

后来几天中，余静在公司几次见到立影，想问什么却又没有开口，如鲠在喉。终于有一天，在卫生间两人相遇了。余静冲立影问道：“你是不是在报复我？”

“我报复你什么？”立影知道这几天余静对自己敌视，是因为她对自己和郭正安的关系耿耿于怀，但是没有想到余静会没来由地这样问。

“你就是在报复我。因为我让卢天成把我姐姐接回来治病，导致你和卢天成的离婚，所以你要报复我。你的报复行动就是和我抢郭正安。你明明知道，我喜欢郭大夫，你还插在我们之间。你就是一个第三者。”余静指责道。

“你神经病吧。你喜欢他去对他说好了，关我什么事？”余静的思维异于常人，立影懒得再理她。

“怎么不关你的事？如果不是你死皮赖脸缠着他，他怎么会看上你？”余静坚持说道。

“要不你也死皮赖脸地缠着他，让他看上你。”立影讥讽道。

“我哪里有你有水平啊？你都结过两次婚了，谁有你了解男人啊？”余静回嘴道。

“啪”的一声，立影一耳光扇在余静的脸上。

这是立影第二次扇余静耳光。余静虽然比立影高半头，但是战斗力却远远不如立影，这会儿也只能捂着脸，带着哭腔说：“你怎么动不动就打人啊？”

“你再多说一句，我可以踹得你生活不能自理，你信不信！”立影咬牙切齿地说完，扔下余静，扬长而去。

42

年底是财务部最忙的时候：汇总各种数据、准备各种报表，清查盘点、清理债权债务、全年会计核算、年终所得税汇算清缴，还有下一年度建账准备。 立影忙的脚打后脑勺，天天加班加点。 郭正安似乎也在搞年终总结，忙的不见人影。 这段时间，两人很少见面。 一般都是靠短信联系。 有时，立影晚上加班太晚，若正好赶上郭正安不当晚班，郭正安就会发短信来，问立影需不需要他去接她。 要是哪天立影有同事同路，她就不麻烦郭正安，和同事一起叫出租回家。 若是只有她自己，她就会在快下班之前给郭正安打个电话，让他来接她。 这样，两人会在某个小吃店里，一起吃个夜宵再各自回家。

就这样，忙忙碌碌到了二月初，总算轻松了一些。 公司一年一度的聚餐会又要举行了。 今年公司的效益不错，聚餐定在市中心的顶级豪华旋转餐厅。

一年一度的聚餐会，是公司老板对大家一年辛苦的犒赏。 对女员工来说，最要紧的一个是穿着打扮，一个是男伴。 去年立影有卢天成做后盾，穿着名牌大衣和礼服出席，出尽了风头。 虽然卢天成没有陪同她出席聚餐会，但因为大家都知道她嫁人了，即使单身出现，也没有形只影孤的凄凉。 今年却不一样了，立影又是孤身一人了。 虽然凭着自己现在的实力，去置办一套像样的服装是不成问题的，但是，现在的立影已经有一种繁华过尽的沧桑感。 因此公司上上下下都在为聚餐会兴致勃勃，她却显得格外的低调。

最兴奋的就要数杨箐。 去年，杨箐气急败坏地勒令立影不准带卢天成参加聚餐会，否则就要“色诱”或者“暴力”卢天成。 今年，杨箐已经和上次的相亲对象稳定交往了一个多月之后，两人已经确定了关系。 杨箐宣布：今年的聚餐会，她要携男伴出席。

“立影，今年我可不会陪你一起耍单干了，我有男人了。 我杨箐终于有机会重色轻友一回了。”午饭的时候，杨箐扬眉吐气地宣布。

立影恶狠狠地说：“你丫如果带你男人来，信不信我让你吃完饭就变成他的前女友？”

“你丫做梦吧。 我如果没把他教育好，敢带出来和你们这些女色狼们见面么？”杨箐洋洋得意，然后说："要不你带郭正安来吧。你看现在姜小白和蓝妖成双成对。咱这几个当年的剩女总算是都功德圆满了。"

立影摇头，就算是她和郭正安的关系明确了，她也不会把他带到大庭广众之下接受大家的检阅的。爱情对于立影来说已经不再是用来炫耀的资本了。

杨箐命中的桃花在这数九寒冬里，果真绽放出了别样美丽。那个叫何劲的男人身形魁梧，男人味十足。杨箐介绍道：何劲原来是省排球队的。退役之后，在师范大学体育系读了几年书，毕业以后，回到省体工大队担任省男子青年队的教练。

何劲大方爽快，和立影她们一见如故，侃侃而谈。一向粗枝大叶的杨箐，这时反而不多言语，安静地听着何劲和她的女友们互相调侃打趣，在阳刚气十足的何劲面前，杨箐居然有了些小鸟依人的娇羞。立影暗想：杨箐的眼光果然不是盖的，也就这样的男人才能让杨箐这样的女人心悦诚服。

何劲在聚餐会进行到一半的时候就告辞了。原因是：他原定还有另一个聚会要参加，硬是被杨箐拉过来露了个面。

送走何劲，杨箐回到立影的身边坐下，问立影："你觉得这哥儿们怎么样？"

立影点点头说："不错，看上去蛮爽快的，和你挺对路子的。"

"我也这么觉得。相亲看了这么多男人，唯一和他一见面就有感觉。好像认识许多年了似的，两人有说不完的话，一点也不觉得别扭。今天把他拉过来，就是想让你看看他。要是你也觉得行，我就不准备再换人了。"

"我投赞成票。"立影举手，又问，"你父母见过他吗？"

"没有，还不到时候。再说，我家现在把我当处理的大白菜了。只要我领个男的进门，不管是猴三，还是马四，我父母都会同意。所以，他们的意见基本不具有参考价值。"

立影能理解杨箐。在这点上，立影的老妈和杨箐的父母绝对是如出一辙。所以立影现在都不敢回娘家了。

"姜小白呢？她见过何劲了吗？她今天好像没到我们这桌来露面？"立影又问。

"姜小白怕是没有心事理会我们了。我告诉你一件事：姜小白已经递辞职信了，准备春节以后就不来上班了。"杨箐偷偷对立影说。

"她疯了？"立影被这个消息震惊了，瞪大眼睛问杨箐："她为什么辞职？为蓝妖？"

公司有个不成文的规定：公司内部的职工之间不能谈恋爱。如果万一有幸成双结对了，两人中的一个最好自动辞职。

立影和杨箐一直都以为：姜小白虽然现在暂时被蓝妖迷惑，但是终究会看出蓝妖对她不是有诚意的，然后会毅然决然和蓝妖决裂。哪知道，姜小白居然动真格的了，要为一个利用她的男人辞去她辛辛苦苦挣来的职位。

“你没告诉她：蓝妖现在是在利用她，根本不是真心对她？ 她为这么一个男人辞职，她傻不傻啊？”立影说。

“姜小白的辞职信不是交到我手里的，她交给了我们头儿。头儿告诉我，我这才知道的。”杨箐的话只说了一半。其实杨箐的头儿告诉杨箐这事是交代她：从现在开始对立影进行考查和民意调查。因为，姜小白在辞职的时候，推荐了立影接替她的职位。财务部经理似乎对立影的印象也非常好。作为一个有职业操守的行政人员，杨箐当然不能把这些透露给立影的。

“现在让小白收回辞呈还来得及吗？ 必须要劝说姜小白改变主意。”立影并不知道自己现在好运当头了。一门心思想的都是，怎么劝说姜小白回头。当然，即使她知道她有接替小白职位的可能，她也不会稀罕。她不是一个有野心的女人。比起朋友的幸福来说，那点官职，根本不值一提。

“我也真的没有想到姜小白会傻成这样。难道蓝妖的妖术有这么厉害？ 没有一个女人能破？”杨箐也摇头。

姜小白和蓝妖是今天聚餐会上的风云人物。因为和通达公司达成合作意向，销售部在新一年的预算指标预计比前一年高百分之二十五。蓝妖在公司大出风头，现在是大老板面前的大红人。公司上层传出的消息：年后蓝妖将有可能被提拔为公司的副总。他将成为公司最年轻的高层领导。

蓝妖春风得意，意气风发。作为他女伴的姜小白今晚艳光四射，耀眼夺目。两人珠联璧合，相得益彰。在聚餐会上，一时间无比风光。

姜小白和蓝妖被邀请和大老板坐在一桌。一直到聚餐快结束了，姜小白才举着酒杯晃到立影她们这桌。环视了一周以后，姜小白问杨箐：“我刚刚明明看到一特酷的男人坐你身边上，现在他人呢？”

“走了。”杨箐说。

“走了？ 一大老爷们脸皮 这么薄，见不得人了？ 多待一会儿就害羞了？ 还是你丫舍不得让他见人？ 怕被抢了？”姜小白讽刺道。

“见别人还好说，见你呀，我还真不放心。你丫属狗的，被你咬到的男人，挣都挣不掉。”杨箐反唇相讥。

“你丫才属狗。”

她们这几个人互相嘲弄惯了，损起对方来都是怎么恶毒怎么说，也不知这样的日子还会延长多久？

“姜小白，一会儿一起喝一杯去？”立影提议。她是指聚餐结束了，一起去酒吧。

“行啊，咱们几个人好久没在一起喝了。”姜小白同意。

“你丫把蓝妖打发了，别让他跟着。”立影又说。

“行，那一会儿就让他自己找乐去吧。”姜小白没有反对。

聚餐之后，立影，姜小白和杨箐三人避开公司其他的朋友，找了一个僻静的小酒吧坐下。

“我知道你对我有话说。今天要不让你说出来，你大概会憋死。”姜小白对立影说，“你想说什么？就说吧。”

“听杨箐说：你辞职了？”立影单刀直入。

“嗯，过完春节就不上班了。”姜小白点头。

“为什么？”立影问。

“累了，要歇一阵。”

“就这么简单？”

“那你觉得呢？”

“你丫不是为蓝妖吧。”立影直接问道。

“如果是呢？”姜小白反问。

“如果是，你丫就是个蠢蛋。蓝妖是什么人，难道你不知道？他丫就是个利用女人上位的小白脸。”立影说得毫不客气。

“说那么难听干什么？蓝妖自己也还是有点能力的。”姜小白为蓝妖辩护。

“蓝妖有能力？有哪方面的能力？花花姐不是说他那玩意不好使吗？太监你都要啊。”立影忍不住了。

“小白，你知道花花姐和蓝妖是怎么回事吗？”杨箐问。

姜小白点头，反问道：“你知道吗？”

“我听花花姐说，他们俩是从小学到高中的同学，可以说是一起长大的。他们的父亲是一个银行的同事。蓝妖的父亲是信贷科的职员，花花姐的父亲是银行行长。蓝妖小时候家境本来不错。但是，在他上中学的时候，他母亲生了一场大病，险些丧命。为了救他母亲，家里的钱全都花光了。蓝妖的父亲还利用权力挪用了一笔公款。这事不久就被发现了，那笔款项的数目足以把蓝妖的父亲送进监狱里的。后来，是花花姐的父亲出面把蓝妖的父亲给保下来了。那时候，花花姐很喜欢蓝妖，一直都在追求蓝妖。因为父亲的事情，蓝妖就没有拒绝花花姐。他们两人就好起来了。”

“高中毕业的时候，两家都承认了他们的情侣关系。蓝妖考上了大学，花花姐没考上。蓝妖的父亲在花花姐的父亲的关照下，不仅摆脱了牢狱之灾，反而还被提升了。蓝妖的家庭条件越来越好，也才有了钱供蓝妖上大学。蓝妖大学毕业的以后，又是花花姐的父亲帮他找的工作，就是在东方公司在当地的分部做销售。后来蓝妖调到东方总部来以后，花花姐也跟着来了。”

“他们俩为什么结婚后又离婚了？而且，还是花花姐甩的蓝妖？”立影问。

姜小白说：“这事我知道。蓝妖说：他从来都没有爱过花花姐。其实这个也可以理解，他们俩的外形是一点都不相配。花花姐那性格也实在不讨人喜欢，但是因为牵扯到父亲，蓝妖一直不敢得罪花花姐。蓝妖大学一毕业，花花姐就开始逼婚。而蓝妖总以各种理由拖着。他们离开家乡来到总部以后，蓝妖就提出和花花姐分手，但是，花花姐不愿意分。”

“这样拖了三年，双方家庭都在逼他们结婚，他们俩就摊牌了。花花姐说：跟了蓝妖这么多年，她必须要有名分。否则她对自己，对家里人都没办法交代。她宁愿结婚了以后再离婚。蓝妖答应了和花花姐结婚，条件是结婚半年以后就必须离婚。但是，他们俩结婚之后，花花姐就反悔了，坚决不离婚。”

“这样又拖了一年。蓝妖实在不能忍受了，要上法院起诉离婚。花花姐这才答应离婚，条件是，离婚的理由必须能被她家接受，而且，在别人看来是花花姐抛弃了蓝妖。这个条件蓝妖也能接受。因为他父亲还在花花姐父亲的手下，如果他们离婚看上去是花花姐主动离的，这样对蓝妖的父亲的影响会小一些。后来他们离婚的理由就是蓝妖性功能失常。其实这个理由也不能算没有道理。他们俩同居那么久，从来没有同过床。他们俩因为是假结婚，结婚后，也没有行过夫妻之实。也就是说，花花姐离开蓝妖的时候，还是处女之身。所以花花姐说蓝妖性功能失常也不算是冤枉他。”

立影听得匪夷所思：这花花姐花痴到了一定境界了，居然为了一个名分愣把自己变成离婚妇女，而且她在同居三年，结婚一年以后还是处女。

“这也算是一段传奇了吧。这两人都够妖孽的。居然互相耗了十几年。”立影说。

“其实我蛮同情花花姐的。虽然说蓝妖也耗了这十几年，但他起码保全了自己的父亲；家庭条件改善了，自己上大学有了经济保障；后来又靠花花姐的父亲找到工作，现在他的事业蒸蒸日上。而花花姐呢，女孩子最好的十几年就这么过去了，现在她一无所得。”杨箐叹息道。

“你以为花花姐什么都没得到？起码，她在这十几年里和她爱的人长相厮守。她得到了爱那个人的权力。不管是不是虚幻的，她这十几年其实是幸福的。”姜小白幽怨地说。

“看来你还蛮羡慕花花姐的。你丫是不是也想和花花姐一样花痴，跟蓝妖再耗十几年？”立影讽刺道。

“爱情重要的是享受爱和被爱的过程，而不仅仅是那个结果。”姜小白分辩道。

“那你现在是不是就为了这个过程，准备当花花姐二世了？”立影反问道。

那晚，立影和杨箐口干舌燥地劝说小白的结果，得到的仅仅是小白的一番感谢。姜小白对她俩说：“你们的心意，我能明白。有你们这样的朋友，我不枉在东方公司待了这么几年。我想离开公司，其实只是因为倦了，想歇一阵子。在职场打拼这么多年，不敢冒犯上司，不敢得罪同事，小心翼翼地对待顾客，主管单位，关系户。即使面对自己厌恶的人，也不得不强打精神陪酒，赔笑，赔情。实在是太累了。回头想想，这么辛苦，到底为了什么？难道真是为了钱？钱，够花就行了，多余的存在银行也是废纸。为了一堆废纸那么委屈自己不值得。为了事业？所谓事业，做到哪一站才算成功啊？就算成功了又怎么样？不是照样吃喝拉撒？别人看我表面风光，其实心里很累，有点心力交瘁的感觉。”

“立影嫁给卢天成的时候，我挺羡慕你的。起码你有个家了，有个人为你遮风避雨了。如果我是你，我断然不会有勇气和卢天成离婚，然后从头开始。我虽然比你们年轻两岁，但是已经人未老，心先衰了。我挺羡慕你们俩。立影有勇气从卢天成给你的安乐窝中走出来，重新回来。离了两次婚依然生龙活虎，骂起人来依然铿锵有力。杨箐，别看你大大咧咧的，相了无数男人，却一直思路清晰，知道自己需要什么样的男人。更难能可贵的是能够固守底线，宁缺毋滥。把自己最纯真的情感留给了那个合适的人。做到你们这样不容易了。你们俩是聪明而强大的女人。而我不是，我实在是对现在的生活厌倦了。无论在情场上还是职场上，没有什么能提起我的兴趣了。所以我想休整一阵子。我保证：我的辞职，只是为了自己，绝不是为了他人。”

立影的心里非常难受：她和姜小白是同一天进公司的，又都在财务部。在工作上，小白比她入行早，职位高，对她特别关照。平日里，她们一直都是无话不说的好朋友，可以口无遮拦胡说八道的铁姐儿们。

天下没有不散的宴席，剩女斗士们终于要解散了：

小白要走了，这份友情是否还能延续？

杨箐有了她的如意郎君。

只有立影，孑然一身，未来渺茫。

立影心里空落落的。深夜回到家的时候，却意外地发现郭正安的车停在她家的楼前。立影从出租车上下来的时候，郭正安也从车里走出来了。

“你怎么会在这里？等了多久？”立影问。

“我给你打了手机，发了短信，没有等到你的回音。所以就直接来这里等你了。”郭正安说。

酒吧里声音嘈杂，立影没有听到手机的响声。

“这么晚了还来找我，有事吗？”立影问。其实前两天，她给他提过今天是公司的聚餐日。难道他不记得了？

郭正安点点头。他好像在车里已经待了一阵子，忍不住打了个寒颤。立影把郭正安带进家门，先倒了一杯热水给他。

等立影换了衣服，从卧室出来，郭正安正坐在沙发上，捧着那杯水发呆，脸上一片茫然。

“出什么事了吗？”立影在他对面坐下，问道。

郭正安摇了摇头，又停住了，似乎有口难言。他这人虽然言语不多，但总是淡定沉稳，处之泰然。立影很少看见他这样踌躇不决。

“到底怎么回事。”立影有些急躁。今晚，为姜小白的事情她已经用尽了自己全部的耐心，好像不能再容忍另一个人来考验她的耐心了。

“我要回老家一趟，不能和你一起过春节了。”郭正安终于开口了。

“哦？你和人换班了？”立影问。

前几天见面，他们俩说到过春节的事情。立影娘家那边有个风俗：怕影响娘家兄弟来年的运程，已经出嫁的女儿不能回家过年。所以立影今年的春节要自己一个人过，而郭正安去年是回老家和父母、兄弟一起过的春节。今年轮到他大年初一值班，自然也不能再回老家过春节了。于是，他们两人约定，今年春节，他们在一起吃团圆饭。

“家里有事，要你急着赶回去？”立影又追问了一句。

郭正安摇头。

立影看着郭正安欲言又止的样子，心不由得一沉。感觉到郭正安在回避她，一点点地往后退缩，似乎要退到立影不再能追问到的距离。

“谢谢你特意告诉我。”立影决定不再问下去，言语间也散发出言不由衷的灰心。

“是一个朋友的家里出了点事情，要我回去帮着处理一下。”郭正安解释了一句。

朋友？那应该不是一个普通的朋友，否则他也不会突然告假，千里迢迢匆匆地赶回去。立影对郭正安语焉不详深感不满，但也不打算细问。他不打算说，自然是因为她没有资格知道那些事情。说到底，自己也的确没有资格去打听他的私事。自己和他算什么关系？朋友，还是恋人？其实也就有些暧昧而已。男女两人之间的暧昧，是可以收放自如的关系。往前一步，方便加深彼此的感情；后退一步，便可以风轻云淡，就当什么事情也没有。

郭正安开口说话了：“本来说好等你忙过这一阵，我就陪你去做身体检查的。可是现在，我不能确定我要回去多长时间，所以……”

立影一怔：他连回去多长时间都不能确定，到底是为了什么事情？那个需要他的朋友到底和他有什么关系？虽然他对她的过去已经了如指掌，但她对他却什么也不知道。他的过去，在她面前犹如一个捂着铁盖的深井，那里面到底掩埋了多少秘密？一个三十六七岁的男人，他的感情历史不可能是一张白纸。他在她面前只字不提，是难以启齿？还是根本不需要让她知道？

立影正疑虑着，郭正安已经拿出了一张纸，上面写着几个人名，地址和手机号码。郭正安指着上面的名字开始介绍：“这个是妇幼保健医院的商大夫，她是我大学同学。我曾经和她讨论过你的病历，所以你的情况她都了解。你去医院之前，先给她打个电话，她会告诉你该检查什么项目，什么时候合适检查。这一个，是妇幼保健医院B超室的大夫……”

“我怎么听着你这像在交代后事啊？难道你准备一去不复返了吗？其实就算你一去不复返，你也不用这么操心。我的事情，我自己会操心。”立影心里越来越冷，那个朋友大概对他非常重要，重要到他要做好离开她的准备。他今天晚上急于见到她，大概是要做最后的诀别，同时给她送来他最后一点残余的关心。立影这样想的，说话免不了就有些刻薄。

立影本来是一个率直坦诚的人。她习惯于一目了然的生活。黑就是黑，白就是白，不喜欢含混不清的灰色。玩暧昧这种事情，不是她的长项，更不是她的爱好。和郭正安的交往，她却违背了自己的准则。因为她在意他，害怕自己的鲁莽会破坏了他们之间的越来越亲密的气氛。同时，还因为她在他面前有些自卑，不敢在他面前过于放肆。所以，她一直小心翼翼地揣测着他的心思，遵循他的游戏规则，和他这样不明不白地纠缠着。但是，这种模棱两可的相处方式，太费她的脑子了。她还是更喜欢用一种简单清晰的方式来表达彼此的感情。喜欢就是喜欢，不喜欢就是不喜欢。现在，郭正安再一次以关心的方式，传达一些模糊不清的信息，让她开始厌倦。她对这种“猜猜看”的游戏已经失去了兴趣，所以这一次，她毫不迟疑地拒绝了他对他的关心。

郭正安显然没有料到立影会这么直截了当地拒绝她。他见识过她的尖嘴利舌，那可是能杀人于无形，可以把人逼到无地自容的地步。现在，她又一次露出锋芒，让他一下子想起了她极尽刻薄辱骂余静的样子，不免对她有些畏惧。看上去她今天心情不好，郭正安不敢招惹她，害怕她把坏的情绪发泄到他的身上。

两人之间出现了短暂的沉默，还是立影沉不住气，先开了口：“你什么时候走？”

“明天一早的飞机。”郭正安回答。

“要我送你吗？”

“不用了，有朋友会送我到机场。”

询问是否要送他，她是想完成朋友间最后的一点客套。她没有问他归来的时间，似乎那时他和她已经无关了。

他听她的口气似乎在逐客，便起身告辞。

她也不挽留，送客到门口。

他伸手去开门，却又停住了。转过身来，对她说：“我在医院请了一个月的假。也许不用这么长时间，也许会长一些。”

这不等于废话吗？立影在心里暗骂。不过表面上还是“嗯”了一声。

他站在她面前，欲言又止。

她低着头，并不看他。

忽然，他伸出手来，把她拥进了怀里。他的劲大得出乎意料，他外套上硕大的纽扣，隔着她柔软的衣服硌得她生疼。

她不由得皱了皱眉。

“你一定要好好照顾自己，不要放弃。”他低声地嘱咐道。

她的鼻子就有些酸酸的感觉，眼眶也开始发热。见TMD见鬼，一瞬间，她又收起了自己的情绪。

“一路平安。”她听见自己的声音冷静得像冬天的湖水一般。

送走他后，她回到客厅，坐在他刚刚坐过的沙发上。沙发上，他身体的余温还未消失，她便在他的体温的包围下静静地坐着，直到变凉。她的心也渐渐地凉了。

一夜之间，一个好朋友走了，而另一个曾经让她寄托幻想的人，也离开了她。

回想到这几个月，就像是个梦，而今天她强迫自己从这个虚幻的梦里醒来了。

43

立薇邀请立影去她家过春节。立影婉言谢绝，但是立薇并不放过她。立薇告诉她，受到邀请的不只是她一个人。姐夫张中嫌家里只有三个人，过年不热闹，就邀请了他公司一对留守的年轻夫妇到家里来吃团圆饭。立薇也邀请了医院里两个春节期间要值班的年轻大夫到家里来过年。立影算是半个主人，立薇需要她帮忙准备年夜饭。

年三十那天，立影的公司上半天班。中午下班以后，立影就去了立薇家里。立薇的女儿甜甜看见姨妈来了，非常高兴，这孩子小时候是立影带的，和立影非常亲。

立影在厨房帮立薇的忙。过不多久，立薇家的客人就来了。先是姐夫公司的那对年轻夫妻，然后是立薇的同事李大夫和侯大夫。

立影隐隐地听见，立薇和她的同事们在议论郭正安。

立薇："本来今天还准备请郭正安来的。结果，前几天，他突然就请假回老家了。到底出什么事了？回去这么急，是回去结婚吗？"

"不是，不是，郭正安好像在这儿有女朋友了。"侯大夫连忙说道。

"郭正安有女朋友了？他告诉你的？"立薇好奇地问。

"他那个人死板得要死，这种事情怎么会告诉别人？我是看他上班的时候没事老发短信，就随口问了他一句：'给女朋友发短信？'他居然没有否定。"侯大夫说。

"那他女朋友是谁？是余静吗？前一阵余静缠他缠得挺紧的，老往我们科医生值班室打电话找他。"立薇的八卦兴趣起来了，接着问。

"不是吧，"李大夫说，"余静我认识。前几天，我在住院部楼下看到余静。她站在那里生气。她说她在那里等郭正安好久了，但是郭正安根本不理她，让一个护士下去打发她。"

"哪会是谁？医院的护士？"立薇继续穷追不舍地问。

"郭正安的女朋友可能有不孕症。有一天我遇到郭正安的大学同班同学商原平，她现在在妇幼保健医院。商原平说郭正安有一阵老去跟她讨论治疗不孕症，还拿了个病历给商原平看，商原平问他是不是帮女朋友问的。郭正安说是。"侯大夫说。

“如果要是真的，那真该谢天谢地。郭正安终于从施茹的阴影里走出来了。”李大夫说。

“可是，”侯大夫说：“这次郭正安急急忙忙赶回去，好像就是为了施茹。”

偷听着他们的谈话，立影的心里翻江倒海。她应该就是他们口中神秘的郭正安的现女友，但是那个施茹又是谁？这是立影第一次听到施茹这个名字。这个女人和郭正安有什么渊源？她似乎让他沉溺过。现在又因为她，郭正安似乎要再次改变现在的生活轨迹。

大年初三，立影和老姐一家一起回娘家。很久没有回娘家了，老妈和老哥看见她，又唠叨起她的婚事。老妈恨不得让立影上大马路上去蹲着，头上插个草标，面前摆个告示：剩女一枚，谁领走倒贴十元大洋。老哥掰着手指头把他听说的，周围从三十岁到五十岁的单身男人数了个遍，要给立影安排相亲。立影忍无可忍，第二天下午自己坐了班车回到市里。

自己家里虽然清静，可是也清静得有点凄凉。去年春节的温馨已经不再，今年那个答应和自己一起过年的人，忽然就消失了，到现在也渺无音讯。

其实，如果没有和郭正安之前约好一起过春节，就没有那么多想法，也就没有现在的失落感。立影细细地回想她和郭正安交往的过程，立影必须承认，他们之间不是一见钟情，但确实是越来越互相有好感。郭正安对她不仅仅是关心，应该有一些感情的成分在里面。况且，从他们的聊天中，立影可以断定，那个郭正安不否定的女友应该就是自己。如果这个春节他们能在一起过的话，他们的感情应该还会再加深一点点。也许，他们的关系就明朗化了。

可是啊，可是，那个叫施茹的，偏偏要在这个时候出现。她和郭正安到底是什么关系？前妻？又是万恶的前妻。卢天成的前妻出现，已经破坏了立影的婚姻。这个施茹，莫非又会断送立影的另一份情缘？难道说一个男人只要和一个女人有过一段姻缘，他就会被打上这个女人的烙印，永远属于这个他的前妻？只要前妻振臂一呼，那个男人就要唯前妻马首是瞻？可是，立影不也结过两次婚吗？为什么没有一个男人属于她？

立影心里不是不感伤，只是觉得自己是一个留不住幸福的人，命中注定孤老终身。这样想着，立影就有些灰心，在沙发上痴坐着，什么也不想做，连自己肚子饿了，也只是草草地用泡面打发自己。这个春节，立影过得愁云惨淡。

直到假期的最后一天，立影对自己都有些陌生了。原本她是一个敢想敢做，快意恩仇的女人，什么时候有过这种为赋诗词强说愁的矫情？怎么现在就添了多愁善感的毛病？立影不愿让自己这样消沉下去，强迫自己走出了家门，出了自己的家门，立影便被外面过年热闹的气氛所感染心情也渐渐开朗起来。心里说道：去你的卢天成，去你的郭正安，没了这些臭男人，姐儿们我依然活得风生水起。立影打车去了市中心，正好赶上好多商店春节大甩卖。她疯狂地抢购了一阵。吃的，喝的，用的，穿的，只要觉得合适，她都毫不犹豫地买下来。购物也是一种发泄，看着自己满载而归，立影就有了一种成就感。

打车从市中心回到小区，立影下了出租车，拎着她的大包、小包刚进小区大门，就听到有人喊她："立影姐，有人找你。"

立影一看，是小区门口的保安弟弟。

保安弟弟指着门口站的一个人说："立影姐，这个人在这里等了你快两个小时了。"

立影回头一看，是个瘦弱苍白的女人。立影不认识她，立影又问了保安弟弟一句："她找我的？"

保安弟弟说："是啊，她说她今天一定要找到你，就一直在这里等。"

正说着，那女人走过来了。立影注意到，她的行动有些迟缓，似乎腿脚有些不利落。立影心里电光一闪，便知道这个女人是谁了。

"你怎么找到这儿的？"立影问她。

"上次卢天成来你这里接翔，我就坐在车里。"她说话的声音也是缓缓而柔和的。

"找我有什么事？"立影问。

"我想找你谈一下。"她说。

立影又道："我和卢天成离婚以后，就和他，和翔，包括和你，都没有任何关系了。有什么好谈的？"

这是立影第三次拒绝和余文面对面。第一次是她和卢天成刚离婚时，余文托立薇捎话，要见立影一面。被立影拒绝。第二次，是翔受伤那次，卢天成来接翔，对立影表示感谢，然后又提到，余文想见她。立影再次拒绝。这是第三次。她居然自己找上门来了。

立影逛了一天的街，现在手里又拎着大包、小包，已经很累了，她现在迫切需要回到家里泡一个热水澡。所以，就想早点把余文打发走。哪知余文虽然被拒绝了，一脸沮丧，但却没有半分退却的意思，立影就不知如何是好了。把余文丢下，自己回家？她好像又做不到这样无情。请余文上楼到自己家去？余文连她的朋友都不是，立影是不会把不是朋友的人请到自己家里去的。立影无奈，又问了一句："你到底要和我谈什么？"

"我想跟你谈翔，谈余静，谈卢天成，还有……卢天成的妈。"余文说。

"这些都是你的家人，他们和我一点关系都没有。"

"你为什么这么不愿意和我说话？你是恨我？还是瞧不起我？"余文反问。

“我跟你说得着吗？”立影就有些不耐烦了。

余文的脸霎时就变了，一副很受伤的样子。立影的心又软了。毕竟，余文看上去没有余静那么讨厌，倒是很让人同情。立影便说：“这样吧，前面一拐弯那儿有一个咖啡厅，你去哪里等我。我把我买的东西放回家里以后，就去那里找你。”

余文答应了。

大约室内暖和的原因，立影在咖啡厅找到余文时，余文的脸没有刚才绷得那么紧，脸色也比刚才有了些光泽，见到立影也有了点笑的模样。她主动问立影：“你要喝点什么？”

“我自己来。”立影说。自己点了杯苦咖啡和一碟点心。然后问余文，“说吧，你到底要和我谈什么？”

余文刚才坚持要和立影谈话，现在面对面坐着，又不知道该说什么了。她低头踌躇了一阵，才说：“你真的跟我想像中的一模一样，你很强势。难怪卢天成的妈和妹妹都特别服你，难怪余静也很怕你。”

立影听了一笑，没有说什么。余文提到的这几个女人都很彪悍，没一个省油的灯。如果不是立影比她们更强悍，还真难摆平她们。

然后，余文开始说到正题：“我其实早就想和你谈谈了。我一直想告诉你，回到这里来治病，不是我的本意，我从来没有想过要破坏卢天成和你的婚姻。我其实对我的病已经不抱希望了，是余静看到我可怜，才打电话叫卢天成接我过来治病的。我那时走路都走不稳，身不由己。如果我可以选择，我宁愿一个人死在外面，也不会让卢天成看到我这个样子。”

“你现在和我说这个有什么用？”立影问。

“我早就想跟你说了，可是你不给我机会。我就是想告诉你，我从来都没有要求卢天成照顾我，也从来没有同意和卢天成复婚，更没有想过要破坏你的家庭。我今天来，就是想告诉你：我要把卢天成和那个家还给你。”

立影听余文这么说，心里暗中好笑，卢天成这个冤大头，为了弥补余文，做了那么大的牺牲，哪知道余文根本不领情。但是，听到余文说“我把卢天成和那个家还给你”就有些糊涂了，问：“你什么意思？”

“我现在已经从卢天成家搬出来了，和我妹妹住在一起了。那个家我不想要，那是你的家。在我出现之前，你们一家过得很幸福，你在那个家用了很多心。是我的出现，破坏了那个家的圆满，现在大家都没有好日子过了。那么好吧，我现在就从那个家里消失，把你们的好日子还给你们。我只有一个条件，我把卢天成还给你以后，你也把郭大夫还给我妹妹。好吗？”

余文一口气说完，有些语无伦次。这里面不仅牵涉到卢天成和他的母亲及妹妹，还有郭正安和余静，把立影简直弄糊涂了。不过，立影虽然不能猜出他们之间具体发生什么了，但是还是能确定，一定是春节期间发生什么事了，才让余文这样消极、绝望。

“到底发生什么事了？”看到余文这样心绪不定，立影不再忍心冷面对她，语气也缓和了许多。

“我知道，你心里一定很瞧不起我。我是一个失败的女人，我结过两次婚，都不得善终。以前，是我主动离开卢天成的。他那时苦苦哀求我，我也没有回头。但是，现在我混成这个样子，只能走回头路，靠卢天成来照顾我，帮我治病。我也知道我这个样子，也没有什么资本争气斗勇了。卢天成肯收留我，不管他是因为同情我，还是因为原来的事情对我内疚，想补偿我，我都应该无条件接受。你姐姐也曾经把你说过的话转达给我。你说：‘宁为玉碎，不为瓦全’是挺有个性的。但是我已经是片碎瓦了，没有资本耍个性了。幸亏卢天成肯收留我，我就应该审时度势地重新接受卢天成。再说，不管怎么样，我和卢天成还有一个儿子。就算为了翔，我也应该和卢天成好好过下去。这几个月来，我努力过，但是不行。卢天成的妈妈，见到我就跟见到丧门星一样，开口就骂。可是只要一提到你，她都是赞不绝口，还用你来打击我，说是我占了你的位置。翔对我不亲不近。在他的心里，你才是他的亲妈妈。而我回来，就把你赶走了，所以他没准也恨我。我在那个家，就是一个多余的人，甚至就是一个祸害。”

立影后来才弄明白，卢天成从医院把余文接回家以后，卢天成的妈妈就去了天玉家。因为没有人督促，天成妈没有按照大夫的嘱咐，每天按时服用治高血压的药。到了冬天，天成妈的高血压又犯了。天玉没有耐心，经常和天成妈争吵，天成妈就提出要回天成家来。天成试图和余文商量把妈妈接回家来，家里有保姆照顾天成妈，不会让余文操心，但余文实在是对天成妈心有余悸，只是说：“如果你妈要回来，我就搬出去住。”这事就一直拖着。

到了春节，天成想大家一起热闹一下。保姆放假了，家里没有人做饭。天成就在饭馆定了一桌酒席，送到家里来。年三十那天，天成就把妈妈和天玉一家，还有余静都请了回来，准备大家一起吃个团圆饭。哪知天成妈一回来，触景生情，就想起立影在的时候，家里热闹的场景。往事重温，又想起去年过春节时，家里团圆的景象，就不免唠叨起来。天玉在一旁添油加醋，话里话外都有赞扬立影，贬低余文，嫌余文回来破坏了这个家庭的意思。余文哪里听不出来？她是个闷葫芦，只能憋着生闷气。卢天成说了天玉几句，让她闭嘴，不但没有奏效，反而火上浇油，天玉说得更加露骨。余静听着听着就不高兴了，和天玉吵了起来。这样一来，团圆饭就变成了世界大战。到了晚上，天成妈就宣布：这是她儿子的家，也就是她的家，她以后长住不走了。余文无奈，只好简单收拾一下，仓促和余静一起去了余静租的房子里。

余静最近心情也不好。她喜欢的郭大夫对她不冷不热，视她为路人。余静认为，这都是因为她帮姐姐抢了卢天成，引起了立影对她的嫉恨。立影为了报复她，才故意从她手里抢走了郭正安。余静在余文面前经常唠叨这事。话里话外的意思就是：如果卢天成不和立影离婚，那么立影也不会来和她抢郭正安。本来，从卢天成家出来，余文就觉得无路可走了。现在听余静这么一说，余文更加灰心，觉得自己就是一个多余的人。如果自己消失，立影回到卢天成家，那么卢天成家就太平了，余静也能重新得到郭正安的青睐。

余文对立影说："在这个世界上，我只有两个亲人了，一个是翔，一个是我妹妹。可是对翔来说，我不是个称职的妈妈。他很小的时候，我就离开了他。现在我回来，不但不能给他什么，反而打破了他平静的生活。对我妹妹，我是她的累赘，现在又让她失去了她喜欢的男人。我想我现在该做的就是我从这里消失。我把翔的妈妈的位置还给你。以后有你照顾他，我也就放心了。这样，我妹妹也可以得到她喜欢的人。"

这时，立影开口问道："你说你把那个家还给我，这只是你的意思，还是卢天成也有这个意思？"

余文叹气道："卢天成虽然没有明说，但是我看得出来，他现在也很后悔和你离婚了。这几天，我住在我妹妹那里，他来看过我一次，唉声叹气的，什么也不说。他妈妈现在还住在他家。她要是不离开，卢天成又能有什么办法？而我是不可能同他妈妈住在一起的。最后只能我退出。所以，我已经告诉卢天成了：那个家，本来就不是我的家，我再也不会回去了，我让他把你接回去好好过日子。我现在的身体比以前好一些了，打算过完这个年就走。我回到原来的学校去继续教书，再也不会来打搅你们了。"

立影又问："难道你认为你把那个家还给我，我就会欣然接手？你把我当成什么了？难道我是一个机器人，任由你们安排，你们可以对我'招之即来，挥之即去'？"

余文显然没有料到这个，就有些愕然："我不是这个意思。我只是觉得，你在那个家如鱼得水，你应该也希望重新回到那个家。难道你不愿意和卢天成复婚？"

立影说："我刚才就说过：我和卢天成离婚以后，就和那个家没有任何关系了。你和卢天成过得好也罢，坏也罢，和我一点关系都没有。你如果走了，卢天成想再婚，翔需要再有一个妈妈，那么卢天成就只能再找别的女人，但肯定不是我。"

"为什么？为什么你不愿意回去？你们以前不是过得好好的吗？你？你是不是有其他男人了？是郭大夫吗？"余文十分不解地问。

立影说："这和我有没有别的男人没有关系。我和卢天成当初结婚，其实是没有什么感情的。他看中我，是因为我是一个给翔当后妈的合适人选。我选中他，也是因为他各方面条件都不错。至于我们后来过的不错，那是因为，他和我都是善良之人，大家都愿意过安安稳稳的日子，之间有些什么纠葛，互相容忍一下也就过去了。后来呢，要说我们没有感情，那也是假的，但是感情还没有深到互相离不开的地步。要是这样的话，那么我和他也不会那么容易离婚的。我为什么要为一个可有可无的男人来打破我现在的生活？”

“那……那……我以为你和卢天成才是最合适的。”余文喃喃地说。

“也就是各取所需而已，其中没有感情的成分。或者说，感情的成分很少。卢天成对你，才是真有爱情的。去年夏天，并没有人逼他在我和你中间选择，是他自己选择了你，他如果不是爱你，只是内疚，他其实可以等你出院以后，给你一笔钱，把你打发走了事，但是他没有这样做。他为了给你一个完整的家，选择了和我离婚。从这点来说，他对你是真心的，而且是负责的，认真的，我相信像他这么纯真的人，已经不多了。

“至于现在，你说你和他过不下去了。这里面有他的原因，肯定也有你的原因。但是最重要的原因，是我觉得你没有把那个家真正地当做家。我不知道你现在还对卢天成有多少感情。也许在你移情别恋之后，他对你的那点感情已经被你当做粪土了。如果是这样，我也没有什么好说的了。”

立影提到移情别恋这几字时，余文的脸上就十分不自然了。她听说过立影尖嘴利舌，但没有想到立影会说得这么不顾情面。

立影接着说：“但是，现在的问题是，你已经这个样子了，又已经打破了卢天成的生活。你如果还是要做出一副不吃嗟来之食的样子，对卢天成是不是也不太公平？以前卢天成对不起你，这是没错的。但是，话说回来，难道你自己就没有半点责任吗？卢天成的妈妈再厉害，她也不是天下无敌。你不敢和她斗，是你懦弱。你和她斗了，但输了，是你无能。就算你那时不愿意和她斗，你还可以选择逃避。可是，你当时为了所谓爱情，你选择了忍辱负重。你连自己都不会保护自己，那能怪谁？现在你成这个样子，自己是不是也要负一半的责任？我总认为，大家都是成年人了，都要为自己的行为负责。

“现在，过去这么多年了，卢天成已经变了，他为了你，可以把他妈妈送到天玉家去，这就是最大的改变。卢天成的妈妈变了，起码她是一个可以收服的人。你呢？如果你还是如以前那样懦弱，无能，只知道怨恨当初的事情，那么就别怪老天不帮你。路都是自己走出来的，你自己不走，又如何有路给你走。

“所以，你千万别指望我再回去给你，给卢天成收拾那个乱摊子。卢天成这一页，对我来说，已经翻过去了。就算你把他让给我，我也不会接收的。至于余静和郭正安之间的事情，和我没有任何关系。你可以转告他：男人不是物品，不是我想抢，就能从她手里抢走。也不是我想让，她就能得到这个男人。”

44

立影和余文在咖啡厅坐而论道的时候，郭正安正在老家前岳母家中，望着墙上的一张照片发愣。

这张照片，是施茹刚进大学的时候，郭正安给她照的。那个女孩依旧是笑容如嫣，但是已经引不起他任何的冲动了，隐隐的只是还有些惆怅和失落。这个女孩，从他十五岁开始，在随后的这么多年里，一直占据了他生活中最重要的位置。他一直以为自己终有一天会携她的手，同她偕老的。

这个女孩子名叫施茹，郭正安和她从小在一个大院里长大，他们的父亲是同事，而且，施茹的母亲是郭正安的小学老师。

施茹父母不是北方人，他们的老家都在郭正安现在所在的城市。施茹父母大学毕业以后分配到北方，然后在那里生活了几十年。他们一直希望退休以后再回到南方老家来。所以在施茹上中学的时候，他们就打算好了，施茹以后考大学，就考南方这座城市的大学。正是因为这个原因，郭正安高中毕业时，才报考了这个城市的医学院。因为他和施茹那时已经相恋了，他一直认定他以后要和施茹在一起的。

在郭正安大三的时候，施茹如愿以偿的考进了郭正安所在的医科大学的药学院。从施茹上大学第一天起，女生宿舍楼前就有了一根移动路灯，就是郭正安。郭正安风雨无阻地每天给施茹送饭送到宿舍楼前，只因为施茹不喜欢食堂嘈杂的气氛。

施茹是一个被宠坏了的、自私而任性的女孩子。她总是不顾郭正安的感受，骄横跋扈，肆意妄为。有的时候，连郭正安的同学都看不过去了，给郭正安出主意，要他别太惯着施茹，免得她得寸进尺，但郭正安总是宽厚地说："女孩子嘛，总是有点小脾气的，男人就该让着女孩子。""她这么小，离开父母，我答应过她爸爸妈妈要好好照顾她的。"

施茹大学毕业以后，在本校继续读研究生。研二时，有一个去美国做交换学生的机会，施茹去了美国半年。从那以后，施茹就变了。不知道是外面的世界诱惑太大，还是郭正安的力量太单薄，不足以把施茹留在自己的身边。施茹完成交换学生的项目，从美国回来以后，就决定要考托福和GRE，申请去美国读博士。那时候，郭正安刚读完直博，已经拿到博士学位，分配到人民医院。他们原来说好了，一年以后，等施茹研究生毕业以后，他们两人就结婚的。但是，因为施茹执意去美国，结婚计划搁浅。一年以后，施茹去了美国。那时候郭正安认为：爱不是枷锁，不能用爱去束缚她。爱她，就要让她随心所欲，所以一心一意支持施茹的出国计划。

施茹去美国之后，因为没有拿到全额奖学金，日子过得比想像的艰难。郭正安舍不得她去打工，在国内想尽千方百计，把自己所有的积蓄换成美元，然后寄给她。施茹的学业不顺，几乎进行不下去了。郭正安帮她查资料，写论文提纲，几乎成了她的专业的半个专家。施茹在半夜打电话来，哭哭啼啼，说很想念他。郭正安劝她，如果在美国待不下去了，就回来，他和她结婚，养着她。但施茹不愿意，她想留在国外。于是，郭正安开始寻找去美国的机会。终于，在施茹去美国后的第二年，他也去了美国。虽然她在中部，他在东部。不在一个地方，但是要比被太平洋相隔的距离近多了。而且，他的收入可以负担得起她所有的费用。

郭正安每两个星期，坐一个多小时的飞机去看施茹，施茹对此并不以为然。那个时候，施茹已经适应了美国的生活。又有了郭正安的稳定资助，她的生活惬意多了。她有很多美国朋友。在这些朋友中，不乏追求她的美国男孩子。郭正安感觉到施茹的疏离，不由自主地紧张起来。而施茹却认为郭正安束缚了她，他的爱让她窒息，他们两人的对话中充斥了越来越重的火药味。他并不想自己变得狭隘、自私，但是他确实受不了她的放浪形骸。

郭正安提出结婚，妄图以一纸婚约来约束她。最后，施茹终于屈服了。原因很复杂：一方面，她需要郭正安的钱来维持学业。他以此要挟，如果不结婚，他没有义务再来为她提供资助。另一方面，那时候，施茹的父亲得了绝症，施茹因签证的原因不能回去见父亲最后一面。在父亲生命走到最后的时刻，父亲要把施茹托付给郭正安，坚持要求他们结婚。为了满足施茹父亲最后的心愿，他们在美国登记结婚了。

结婚后，郭正安和施茹的关系却越来越紧张。施茹指责郭正安利用经济方面的优势和她父亲的病情胁迫她结婚。指责他用一纸婚约来控制她的行为，妨碍她的新生活。她恨他，根本不愿意承认他们的夫妻关系。郭正安那时对施茹已经越来越不理解了，她已经完全不是那个依恋他、崇拜他的小女孩了。他对于她来说，只是一个提款机，一个仆人，但是他依然舍不得这段感情。他总以为，她只是任性、被娇惯坏了、被他人诱惑了。在这个世界上，没有人比他更爱她了。当她明白这一点时，她就会重新回到他的身边。

但是事情却并没有按照他的意愿发展。郭正安的博士后的合同到期了，要回国了，但是施茹却不愿意。她一直在寻找机会留在美国。直到有一天，她提出离婚。因为有一个在追求她的美国人已经答应和她结婚，帮她留在美国。

那年郭正安三十三岁，这个女孩在他生命中已经存在了十八年了。他的生活一直以她为重心，他不能想像以后的生活中没有她。他不同意离婚，但是施茹由不得他不同意。她威胁他：如果他不同意离婚，她就制造他家庭暴力的假象，然后报警，让警察逮捕他，将他递解出境，以后永远没有机会回到美国，并且在他的人生中永远留下污点。而她则可以以此寻求当地保护妇女组织的庇护，并申请到美国的绿卡。施茹甚至还说：是看在他们这么多年的交情上，才提前警告他。否则，只要她把自己的衣服撕破，再在自己身上划出几道血痕来，然后打 911，警察肯定会相信她。

施茹的话把郭正安惊呆了。他觉得自己好像是伊索寓言中的农夫，自己这么多年宠爱，娇惯，供养出来的，原来是一条要反咬自己的美女蛇。郭正安的心终于死了，很快他和她离了婚，然后回到了中国。

回到中国以后，郭正安闭口不再提起往事。与她有关的所有东西都被锁进了一个老式皮箱里。在收拾那些旧年陈物的时候，他才发现，这些年来，他给她的怕是要车载斗量，而她给他的却是一个皮箱也装不满。这段感情，其实只是自己一厢情愿，他只是沉浸在自己为自己编织的一个爱情梦中。在这个梦中，她被他拿来当了一次女主角。他却从来没有真正了解过她的感情。现在，女主角罢工了，他的梦也破碎了。

郭正安很受伤，他把自己的感情封闭起来。他对自己不再有信心。对爱情更是绝望。他想，也许他会就这样孤独地过完这辈子。直到遇到立影，立影给他的感觉，和其他女人完全不一样。或者是因为自己见过她最糟糕的一面；或者是她和他同样有过追求感情失败的经历；或者是因为她是那样一个简单直率，心无城府的女人。所以他觉得，自己对她的了解要比对其他女孩子深刻多了。他欣赏她永远那么生龙活虎，丝毫也看不出过去的一切给她生活中带来任何阴影。他喜欢和她一起去超市，一起做饭，然后在她的房间里安安静静地度过一个晚上。这种生活虽然平凡，却格外踏实。而他最期待的是，她与众不同的个性所带来的惊喜。的确，立影给他的生活中带来了新的色彩，新的期待。

他当然能感觉到立影对他的那份感情。他的内心深处其实也有着同样的期待，但是他必须谨慎。以前的阴影还留在心里，他不能确定自己还有没有能力给立影一份完整的爱情。立影在这方面是受到过伤害，如果他不能给她百分之百的感情，最好是不要招惹她。这样，起码不会带给她新的伤害。

年前，郭正安忽然接到家里的电话，母亲告诉他：施茹在美国出车祸了，非常严重，现在正在医院里急救。施茹的母亲特别着急，想去美国看她。但是，施茹的母亲不懂英语，也不知道如何办理去美国的手续。而施茹现在的丈夫是个美国人，不会说中文，所以他们根本无法沟通。于是，郭正安的母亲就想起了郭正安。虽然他和施茹不再是夫妻，但两家有多年的交情，施茹的母亲还曾经是郭正安的老师。施茹的父亲不在了，她现在需要帮忙，于情于理，郭正安都该伸出援助的手。郭正安考虑再三，决定帮施茹母亲的忙，对他来说，这也是一个考验。如果他真的能放下施茹，他会慎重考虑和立影交往。如果放不下，那么他将封闭自己，从此不再谈感情。

回去以后，郭正安和施茹的美国丈夫通了电话。这才知道，施茹的伤势虽然没有生命危险，但是仍需要卧床一段时间。但是，施茹已经和美国丈夫分居半年了，现在正在打离婚的官司。施茹的美国丈夫希望，在施茹受伤期间，由施茹的家里人照顾施茹。后来，施茹也给郭正安打来越洋电话。在电话中施茹哭着告诉郭正安，当他们离婚以后，她才知道这个世界上再也找不到比郭正安更爱她的人了。离开郭正安，她的生活并不如意。但是，郭正安听到施茹的声音时，心里却格外平静，并没有因为施茹在电话中的哭诉、忏悔和请求而旧情复燃。他冷静地拒绝了施茹要他去美国照顾她的请求。

眼下，郭正安和他的母亲，正在施茹母亲的家里一起商量施茹的伤情。施茹的父亲已经去世，家里只有施茹的母亲。施茹出了这么大的事情，施茹的母亲一点主心骨都没有。这才找郭正安的父母商量，把郭正安喊了回来。两家现在虽然不是亲家了，但仍然是好朋友。

“正安，不管怎么说，你和小茹还是有感情的，现在小茹遭了难，在美国又没有一个亲人，这个时候你不帮她，谁帮她啊？”郭正安的母亲劝他道。母亲对郭正安的冷酷无情非常不解。郭正安回国以后，并没有把他和施茹离婚的过程告诉父母。双方父母一直以为，他们只是因为一个想留美国，一个想回中国，所以才离婚的。虽然他们不再是夫妻了，但是那份感情还在。现在这个时候，施茹正需要郭正安，看在这么多年的感情的份上，他应该伸手帮一把。

“正安啊，小茹从小就被我和她爸爸给宠坏了。这么多年，也只有你才能包容她。

她爸爸去世的时候，就是不放心她，所以才催着你们结婚。可是小茹还是不懂事，辜负了你这么好一个人。她是没福气的人啊，把到手的幸福都丢了。”施茹的妈妈叹息道。

“阿姨，您别担心，我会尽量帮忙，让您尽快去美国照顾小茹。”郭正安安慰施茹母亲。

“你不愿意跟我一起去美国啊？我一句英语都不会，就是和女婿说话都说不通。你让我去了怎么办？”施茹的妈妈快要哭了。

“阿姨，您放心，小茹在美国待的那个城市，还有其他中国人。我会想办法和他们联系上，让他们尽量帮助您。”郭正安说。

现在，郭正安的脑子却异常清醒，这么多年，施茹并不爱他。她爱的只是他对她的溺爱和照顾。她已经习惯于在需要的时候，他出现在她的面前，给她所要的一切。他在她的心目中永远只是一个忠诚的“仆人”。而他自己，也不是情圣，他的爱情其实也是自私的。在知道她不爱他的真相以后，他不再愿意无怨无悔地做她的“仆人”了。这场在他心中厮磨了二十一年的爱情往事，终于被他画上了句号。

回到自己家里，郭正安的母亲苦口婆心地开导他：“正安，是不是还在记恨那个时候小茹不愿意和你一起回国那件事？小茹那个时候确实是太娇气了，也太任性了。但是，不管怎么样，你们俩青梅竹马，两家的关系又这么亲近。现在小茹遭难了，在这个时候你就不能再计较过去的事情了，对不对？再说，现在小茹后悔了。她马上要跟那个美国人离婚了。她已经说了，治好伤了，她就回国。她如果回国了，你们不就还能和以前一样吗？你们都是二十年的感情了，哪能说忘就忘？”

郭正安对妈妈说：“妈，我和小茹之间的事情，我问心无愧，其他的你就别问了。”

“正安，你是不是现在又有女朋友了？”母亲问，郭正安的坚决让她疑惑，她从来没有见过郭正安对施茹这么绝情。

“妈，打我从美国回来那时起，我和施茹之间就没有任何关系了。至于我现在爱上了另外一个女人，那是另外一回事。”郭正安承认。

“你真的有新女朋友了？她一个什么样的女人？”母亲追问。

“她是一个和施茹完全不一样的女人。”郭正安说。

郭正安帮助施茹的母亲和她的美国女婿沟通。帮助施茹的母亲从施茹的现任丈夫那里要来所需要的签证材料。他计划将陪同施茹的母亲一起去北京申请签证。等施茹的母亲拿到签证，他会将她送上飞往美国的飞机。然后他会回到他所熟悉的城市，开始他全新的生活。

45

春节以后上班的第一天，立影被公司的财务经理叫到办公室，通知要她接替姜小白的位置。

听到这个消息，立影的第一个反应是小柳产假休完，要回来上班了。现在正好姜小白这个位置空出来了，所以，就让她先顶这个位置几天。

立影就问经理：“那你们要我替多久？”

当立影明确她就是正式接替姜小白的财务经理助理时，大吃一惊。从小到大，立影从来没有当过官。上学时，她一直是一个中等偏下的学生，连小组长都没有当过。上班以后，同事们多是大学毕业，就她这样的中等偏下生，能称职，不让别人看不起，她就很满足了，从来没有想到有朝一日还会当个小领导什么的。所以，听到这个消息，惊悚大于惊喜。

经理看见立影的反应如此消极，便鼓励了立影一番：“小程啊，公司用人，不只是看文凭，更要看实际能力。姜小白推荐了你，不光是因为你是她的好朋友，主要是认为你有工作经验，还有处理各方面人事关系的能力。这一点，我作为部门领导，也是同意的。人事部门也通过其他渠道了解了你的表现，认为你能胜任这个位置。所以你要有信心，好好干。”

然后经理又说了一句很让立影感动的话：“不要低估了你自己，其实你比你自己想像的要优秀得多。”所谓“士为知己者死”，立影听了经理的话，油然而生出一种要为经理赴汤蹈火在所不辞的决心。

立影得到提升，心里还是很高兴的，就给老姐打个电话报喜。想当初，要不是老姐一通责骂，又把她从老家带出来，逼她学一门技术养活自己，立影八成就堕落了，也就没有今天的立影了。

立影拨通了老姐的电话，立薇那时正在医院。

“姐，给你说件事，”立影故作轻描淡写地说：“刚刚我们经理找我了谈话，让我接替姜小白的位置。”

“啊，是吗？不错啊。你们经理对助理的要求也不是很高啊。”这就是老姐，任何时候都不忘打击立影。不过，从她调侃的语气中，可以听出她还是很为立影高兴的。

“要不今天我请你和姐夫，还有甜甜吃饭？”立影说。

“行啊，你混出个样来了，也算我当初没白忙乎。”老姐倒是不客气。

立影刚在新办公室坐定。第一个来访的居然是蓝妖：“立影，祝贺高升。你说你该怎么感谢我？”

“我干吗要感谢你？”立影不客气地问。

“姜小白推荐你顶她这职位，还是我出的主意。后来，人事部征求我的意见的时候，我可没少说你的好话。你说你是不是该感谢我？”蓝妖得意地说。

“我还说谁这么缺德，给我找这么个差事。我这人对当官这种事没啥兴趣，就爱当小老百姓，省心。要不你再去跟人事部说说，就说我不合适，把我给撸了得了。谁爱当谁当，我还回我的格子间去，那儿热闹。”立影并不领情。

立影不但不感谢，反而怨起蓝妖。蓝妖也不恼，继续说：“你还矫起情来了。狗咬吕洞宾，不识好人心。我早就说过：你这人拿得起，放得下。敢做敢当，还仗义。有大将风度，可堪大用。只让你当个小会计，太屈才了。以后咱们合作的机会会很多，你可要多关照啊。”

“行了，你也别捧我了。我自己有几斤几两，我知道。留着这些话给爱听的人说去吧。”立影半开玩笑地说。然后又问，“小白现在怎么样了？”

春节前，立影和姜小白就失去联系了，现在还挺想她的。不管怎么样，立影能混成这样，也有姜小白的一份功劳。

“我还正想问你有没有姜小白的消息呢。这个春节，小白去海南度假去了。开头还打个电话，后来说她的手机是漫游，打电话太贵了，就只发短信。这几天连短信也没了。我来就是想问你，你有没有小白的消息？”蓝妖问。

“我都不知道她去海南了，我好长时间没她的消息了。”

立影有些疑惑：姜小白等了五年多，才和蓝妖修成正果。第一个春节怎么会不在一起过。就算不在一起过，怎么会断了联系？打个电话还嫌贵，这可不符合小白的个性。

立影去找杨箐。杨箐是唯一一个对立影的提升无动于衷的人，连祝贺的话都没有一个。立影向她提出她对姜小白的疑问。

杨箐说：“我现在有个感觉，姜小白有什么事瞒着咱们。”

“那会是什么事？”立影问。

“我猜，姜小白可能把蓝妖给涮了。”杨箐说。

“怎么可能？”立影不相信。

杨箐说："我现在不确定。反正，我一直对姜小白纳闷：她明知道蓝妖是在利用她，还坚持和蓝妖和好，并且还为此辞职了，你不觉得有点诡异，不太像姜小白干的事？姜小白可不是愿意吃亏的主。即便她再喜欢蓝妖，也不会迷糊到把自己搭进去的地步。你再等等，我估计再过一阵就会有好戏看了。"

立影也不多问，把话题转到杨箐和何劲的交往上。杨箐告诉她：她和何劲一切都按部就班地进行着。感觉不错，但依然是半地下状态，还没有见双方家长。现在何劲带队到外地集训去了，两人保持着热线联系。

然后，杨箐问立影："你呢，和郭正安到底有戏没戏？"

"不知道。"立影唉声叹气，心里一片茫然。

下班以后，立影按照约定请老姐一家在一家饭馆吃饭。吃过饭，立影和他们一起回到立薇家。立薇让张中看着甜甜，自己把立影拉进卧室，说有事要和她谈。

"什么事？"立影看立薇神神秘秘的，不禁问道。

"你姐夫前几天看到卢天成了，跟卢天成一起吃了一顿饭。卢天成看上去过得很不好，好像余文已经从他家里搬出去了。"立薇说。

余文从卢天成家搬出去的事情，立影已经知道了。为了避免老姐问东问西，立影只能佯装不知，不动声色地问："出什么事了？上次我在温泉见到卢天成时，他还说过得还行，余文恢复得也不错。"

"唉，他家的事情也真是多。卢天成的妈妈不是住在他妹妹家吗？这个冬天，可能她妹妹照顾得不太好，他妈妈的高血压犯了，现在身体状况一天不如一天。卢天成就想把他妈接回自己家。"

"哦。"立影哼了一下。

"余文不想和卢天成的妈妈住在一起，就搬去和余静一起住了。"

"是吗？"立影敷衍了一声。

立薇不满了，说立影："你怎么这种态度啊？我想问你一句话：如果卢天成要和你复婚，你会不会同意？"

立影听立薇这么一问，不禁心一惊，问："卢天成说想复婚了？"

立薇说："他倒是没有明说。不过，话里话外是这个意思，让你姐夫探探你的口气。你们离婚是他提出的，这才几天啊？他哪好意思直接提复婚的事情？但是你姐夫听出，他的确非常后悔和你离婚了。他一直说，和你在一起的那一年，他的日子过得最轻松，也最幸福。事事都顺心顺意。"

"哼，他现在又想过舒坦日子了，不觉得对不起余文了？"立影冷笑一声，说。

立薇说："卢天成这个人啊，的确是个好人，就是善良得有些过了。说好听点他是理想主义，说难听点他是迂腐。他总想着要让所有亲人都过上好日子，谁过得不好他都难过，都想帮助。但是，就是有点自不量力。他和余文在一起的时候，怕他妈妈和妹妹受苦。还没等自己成家立业站稳脚跟，就把他妈妈和妹妹养起来了，结果搞得自己家不成家，妻离子散的。和你刚过了几天好日子，一看余文那惨样，又觉得愧对余文了，不忍心扔下余文，自己过舒心的日子，结果和你离婚去救余文。可是他就不想想光靠他自己，他的日子能过得那么舒坦么？他就不掂量掂量，他那个家，谁都不是省油的灯，他自己有没有那个能力把家里方方面面搞定？现在，他明白了，那个家离了你还就是不行。”

“他就是一个劳碌命，没办法。”立影说。

立薇问：“那我问你一句实话，如果现在卢天成要和你复婚，你会同意吗？”

立影回答：“你说什么呀？当初，你可是第一个支持我和卢天成离婚的。你不是说，要想活得轻松一些，就应该离婚，免得被卢天成那一家人累死。现在你又不怕我累死了？”

立薇反驳道：“现在和当初不一样了。当初，别说是卢天成先提出离婚，就是他不先提，我都会建议你离。那时候，卢天成对余文余情未了，又对余文心存内疚。他们曾经是患难夫妻，余文陪着他吃过不少苦，却没有等到能享受成果的那一天，还把身体搞坏了。卢天成一心一意要补偿余文，要重新给余文一个名分。你那时候如果不同意和他离婚，在卢天成心里，你就是他和余文重归于好的障碍物。你占住了余文的位置，让余文进不了他家的门，享不了他家的福。就算你再辛苦，把卢天成家的老老小小侍候得再周到，他也不会感谢你，反而觉得你是自讨的。你那才叫里外不是人，吃力不讨好呢。虽然有个卢天成老婆的名分，却得不到卢天成的心，他却一心在余文身上。你能受得了这个吗？最后的结局肯定是撕破脸皮，离婚了事。

“可是现在就不一样了。你大方地把位置让出来了，离开了那个麻烦缠身的家，卢天成还感激你，给你一份不少的离婚补偿费，面子里子你都有了。而卢天成呢，家里有老有小。现在又再加个有病的。还俩俩不和，他一个人顾了这个顾不了那个，余文还不买他的账。他是赔了夫人又折兵。所以就想起你的好了，知道那个家没你不行。知道他妈那样的婆婆，除了你，还真没有哪个媳妇能‘侍候’的好。现在，你再回到那个家，你就是他家的救星了。谁会不服你？你的日子不要太好过。真的，我觉得你可以考虑一下。”

立影摇头：“切，他当初要离就离，他现在需要我了，就要复婚。他把我当什么了？我现在过得好好的，干吗要去蹚这趟浑水？”

立薇说：“你呀也是三十岁的人了。到了这个年纪，就别赌气了，凡事好好掂量掂量，看看值不值？别为了争一口气，错过了自己后半辈子的好日子。你别看你现在过得不错，自己一个人轻轻松松，也不用侍候别人。在公司里又提职了，长工资了。可是，长远来看呢？你总不能老一个人单着。女人的事业再成功，总是要成个家的。你也相过亲了，知道现在但凡有点样的男人都有主了。要找到个中意的不容易。即使找到下一个，多半还是要找离婚的。你能保证他前妻不出什么幺蛾子？

“卢天成这人个人条件还是挺好的。你要再找，难得找到像他这样条件的。而且你们俩原来在一起生活得不错，他儿子亲你，他妈妈也服你。你们俩后来不也有了感情，相处得也不错？你们离婚也不是因为两人感情不好。现在卢天成的前妻该折腾已经折腾了。对余文，卢天成能做的也已经做了。他现在也灰心了，以后即使和她有往来，顶多给她点钱。再说余文哪里还有脸再麻烦卢天成啊？折腾这么一气以后，现在卢天成一心一意想的就是过安稳日子，以后怕是也不敢再折腾了。”

“看上去卢天成家的事多。其实一想，也就是他老妈和儿子，跟你原来进他家时差不多。而且，他老妈和你的关系已经顺了，根本不用再操心，翔也跟你亲。一切都是顺理成章的事情。你进门以后直接就当家了，而且，他家现在也有保姆了，家务事有保姆。你就是动动嘴安排一下，都不用你事事动手了。你比当初在他家还要轻松，可以照样上班。所以，我建议你不妨考虑一下复婚的事情。你们复婚，固然是因为卢天成需要你。你呢，也有个安稳的家了，其实也算是双赢。你要是同意复婚的话，我让你姐夫给你和卢天成搭个桥，自然让他恭恭敬敬地把你请回去。”

这就是立影不得不佩服立薇的地方，无论何时何事，立薇总可以保持清醒的头脑，把事情的前前后后，左左右右想得彻底明白。最后做出一个对自己最为有利的决定。说得难听一点是立薇精于算计，说得好听一点是立薇理智冷静。立影知道只要听立薇的，总是吃不了亏的。

可是，立薇不知道立影的心里还装着一件事情，那就是郭正安。若是没有郭正安，听立薇的这一番分析，立影也许还会考虑一下和卢天成复婚的可能性。但是有了郭正安，立影便不那么甘心了。立影不能把这份心思告诉立薇。因为立影自己也无从说起她和郭正安的纠缠到底是不是爱情，而立薇一定会嘲笑她异想天开，要是立薇真的问起立影，为什么要挂念着郭正安？立影自己也说不清楚。可是，立影就是放不下郭正安。

这一边，立影并没有把复婚的事放在心上。但那一边，立影的娘家像中了大奖一样，已经炸开了锅。这几天，老妈一直给立影打电话，要立影千万别再错过卢天成这个“大奖”，赶快答应复婚。立影在电话里含含糊糊地糊弄老妈。

可是老妈已经迫不及待了，干脆和老爹、老哥一起赶到老姐家。

这一天，立影被老姐告之，下班以后去老姐家吃饭。立影知道，吃饭是假，劝解才是真。

那一晚上，立影被老妈絮叨得头脑发胀。老妈本来就喜欢卢天成这个女婿，现在失而复得，更觉得是珍宝。立影死也不松口，只是含含糊糊地敷衍老妈。老妈终于火了，大声斥责立影："你还考虑什么？还以为你是个黄花大闺女，还有媒人踏破门槛给你说亲啊？你也不看看你自己，婚都离了两次，又生不了孩子，有哪个男人还愿意要你这样的？也就卢天成把你当个宝，你别不识相了。"

立薇见老妈说话太难听，怕立影受不了，连忙劝老妈："妈，你别这么说，容立影再想想。"

"想什么想？这事依不得她。你说她从小到大，什么事情让我省过心？她好好的姑娘家不当，跟着阿斌那个流氓鬼混？把自己搞得人不像人鬼不像鬼。这一家老少谁没有为她操过心？她跟着卢天成刚过了几天好日子，就不知道姓什么了，说离婚就离婚。离婚以后，你有本事再找个男人啊？现在人家卢天成回心转意了，她还拿起架子来了。拿什么拿？这事就这么定了，卢天成这个女婿我认定了。张中，你明天告诉天成：这两天有空了，让他到家里来吃饭。"

立影忍无可忍，对老妈说："你想要卢天成当女婿，最好再生一个女儿。要不然，你去认余文当女儿好了，反正我是不会和卢天成复婚的。"

立影说完，冲出了老姐家，浑身还气得发抖。老妈说话口无遮拦，立影是领教过的。立影自己深得老妈真传，但是被老妈如此贬低到尘埃，还是让立影受不了。有的时候，立影很难分辨，老妈的这种焦虑，到底是因为爱她爱的太深，还是一直在记恨她当初的叛逆？

立影晕晕乎乎上了出租车，刚对司机说了自己家的地址，又改变主意，让司机开到市中心去。然后给杨箐打了个电话："出来喝酒吧。"

"你神经了，这时候想喝酒？"杨箐刚骂完，又觉得立影的声音有些不对，忙问："你怎么了？你现在在哪里？"

"来陪我去喝杯酒吧。不然，我的脑袋要炸开了。"立影求道。

杨箐在她们约定的酒吧见到立影时，大吃一惊。平日里生龙活虎的立影，此刻却如霜打的茄子一般，心灰意冷。

"你怎么了？"杨箐问。

立影有气无力地说："被我老妈骂了。看来我要是再不结婚，会把我老妈气死。"

"就为这事啊？我一天都被我老妈骂三回。我老妈照样活得好好的，我也活得好好的。"杨箐不以为然。

"不一样啊。我在我老妈眼里已经是臭狗屎一堆了。只要有个男人把我捡走，她就感恩戴德了。现在卢天成想要复婚。”

“卢天成要复婚？那是好事啊。”杨箐也有些吃惊。

“可是我不甘心。”

“是因为郭正安吗？”

立影点点头：“我和卢天成就是相互间的一种需要。他现在需要我了，就想复婚了。如果他和余文过得很好的话，他会愿意和我复婚吗？我觉得很悲哀，也觉得很无聊。跟卢天成过日子，我可以一眼看到头。那就是，他忙着在外赚钱，我管家里的事情。没有意外的话，我应该不缺钱花，卢天成对我也应该不会太差。可是也就这样了。”

“嗨，现在谁过日子不是这样？能不出意外就不错了。”杨箐说。

“可是，我对郭正安的感觉就不一样。我喜欢他为我着想的感觉。喜欢他的细致周到，关怀备至。我这辈子，还从来没有哪个男人这样关心过我。卢天成也没有这样对待过我。郭正安现在不在，我心里空荡荡的，特别不踏实，老想着他。我原来和卢天成在一起的时候，就没有这种感觉。你是不是觉得我很傻？其实我和郭正安之间什么都没有。没有承诺，没有山盟海誓，顶多是一点点暧昧。可是我就为了这一点点虚无的感觉，居然把自己陷进去了，这不像是个三十岁的女人干的事情。”

“是挺傻的。三十岁了，是该要求安稳的生活了。你要和卢天成复婚，虽然没有什么激情，可是你就安定了。你是那个家里的女王，可以掌控那个家里的一切。而你和郭正安之间，还有很多不确定的因素。你对他没有把握，对他的过去并不完全了解。你和他在一起是一种冒险。如果冒险失败了，你能承担失败的结果吗？”杨箐说。

立影摇头：“不知道，但是就这样放弃，我又不甘心。”

头一天晚，在失望中，立影喝得半醉，回到家里倒头就睡。今天一早，立影被闹钟闹醒，匆匆洗漱完毕，就赶班车来上班。立影刚进办公室，手机就响了，是老姐打来来兴师问罪的。老姐再次劝解立影：不要冲动，要慎重考虑和卢天成复婚的事情，要听家里人的话，家里人是不会害她的。

立影已经很不耐烦了，对着手机吼道：“我都三十了，我自己的事情自己管，你们都省省心吧。”

老姐说：“咱家老妈是省心的人吗？我告诉你，老妈已经说了，不管你同不同意，这个周末，老妈要请卢天成吃饭。卢天成这个女婿，老妈认定了。”

“要不你和张中离婚吧，你嫁给卢天成，来成全老妈的心愿。”立影狠狠地说道，然后掐断手机。这时候，立影觉得全世界都在和她做对，卢天成，老妈，老姐，还有郭正安。想到郭正安，立影就心烦意乱。

46

姜小白真的把蓝妖给涮了。

姜小白埋下了一个定时炸弹，现在爆炸了。虽然麻烦很大，但是也十分精彩。

一个女孩子，模样好，家境好，聪明伶俐。读书的时候学业好，上班以后事业又不错。在家被父母亲娇宠着，在外招人喜欢，身边不乏男人献殷勤，从没有为什么事情烦过心。即使有点什么事，也不缺跑腿帮忙的人。所以，这种女孩心高气傲，有点自负，有点个性，还有点小固执，那是很能让人理解的。

姜小白的成长，就跟宽阔的江面上的一艘快艇似的，顺风顺水，毫无阻拦。一直到蓝妖这儿，才遇到了一片浅滩，差点搁浅了。

姜小白和蓝妖、立影是在同一天进东方公司的。那时候立影的个人生活正处于劫后余生的萧条期，没有任何资本嚣张。所以，在杨箐带着他们三个新进员工介绍公司的时候，她只是缩在后面，诚惶诚恐，基本上可以忽略不计。

但是姜小白就不一样了。她刚刚大学毕业，在大学里学的就是财务管理。东方公司去大学招聘时，她在众多的竞争者中脱颖而出，被东方公司录用。那时候她踌躇满志，信心十足，对未来充满着憧憬，所以在新进的三个员工中表现得最为活跃。

而蓝妖，那时候已经在分公司做了几年销售。因为能力出众，而被选拔到总公司来当销售部经理助理。他那时也是意气风发，前程似锦，再加上外形风流倜傥，俊逸潇洒，比起稚嫩的姜小白，他更有一种成竹在胸，运筹帷幄的洒脱。姜小白一见蓝妖，就被他迷住了，然后就全部沦陷。姜小白不是没有见过世面的女人，在见到蓝妖之前，她视所有追求她的男人为草芥。而唯有蓝妖，套一句网上流行的话来说：蓝妖满足了姜小白对一个男人的全部幻想。

蓝妖那时候有花花姐。花花姐对蓝妖实行紧逼盯人，恨不得一天二十四小时贴身防守。其他女人即使对蓝妖心怀鬼胎，也无从近身。姜小白对蓝妖所有的向往都只能埋在心里。如果真是这样，也就罢了。姜小白顶多在远处遥望蓝妖一阵子以后，便会收拾心情，在其他男人面前继续她的矜持和高傲。

但实际上，蓝妖却给了姜小白某种暗示，或者明示。这样的信号让姜小白不忍心也不甘心放弃蓝妖。尤其是，姜小白知道了蓝妖和花花姐的交往历史后，蓝妖被家庭拖累所构造出的悲剧色彩，更让姜小白迷恋。爱情因为坎坷，才显得珍贵和不凡。姜小白坚信，她就是上天派来拯救蓝妖的。她一定要不负上天的重托，将蓝妖从花花姐的魔爪下拯救出来。用自己的爱情，抚平蓝妖心头的创伤。

任何严密的防守都会有漏洞，何况花花姐的防线上只有她一个人。姜小白和蓝妖在花花姐百密一疏的防守中，见缝插针，进行着他们的难能可贵的地下情。在楼道里不引人注目的相视一笑，在楼梯口的一个不为人知的一次拥抱，还有偶尔的一次共同出差，这是他们爱情的全部，但都足以让姜小白兴奋，从而支撑着她爱情的信念。蓝妖那时对花花姐已经厌烦到极点了，但由于父亲的牵累，又不敢得罪花花姐。他对姜小白许诺，他一定会想办法摆脱花花姐，给姜小白一个名分。姜小白认了。

在外人看来，姜小白暗恋着蓝妖，不能自拔。立影和杨箐一直苦劝姜小白放弃蓝妖，天涯何处无芳草，何必苦守这一蔸？天下歪脖树多得是，何必吊死在这一棵？可是，姜小白哪里会听？在她看来，立影她们都是俗人。她们哪里能了解这若无其事的平静表面下，暗藏着的爱情是多么汹涌澎湃。花花姐虽然是蓝妖公开恋人，但是她只能监控蓝妖的人，却控制不了他的心。蓝妖的心是属于她姜小白的。等到真相大白的那一天，你们一个个都会跌破眼镜。姜小白固守着这个信念，等待着她和蓝妖的爱情大白于天下的那一天。

但是，姜小白等来的却是蓝妖和花花姐结婚的消息。蓝妖对姜小白的解释是：要给花花姐一个交代，否则，在花花姐父母面前过不去。蓝妖保证：在一年内，一定找借口和花花姐离婚。姜小白信了。花花姐跟了蓝妖这么多年，不给个说法，的确说不过去。

后来蓝妖离婚了，离婚理由是蓝妖的那东西不干活，很难听。姜小白以为这下她可以和蓝妖公开地出双入对了。但是蓝妖说：他刚离婚，马上公开他们的关系，很容易让人“误解”姜小白是他和花花姐间的第三者，还是等一阵子再说。其实，姜小白暗恋蓝妖的事情在公司里已经是公开的秘密了。不管他们平时如何装模作样，都只不过是掩耳盗铃罢了。而这时候，姜小白渐渐发现，因为没有花花姐的紧逼盯人，蓝妖的生活越来越丰富多彩了。他现在可以自由地出入各种风月场合，尽情和不同风情的女人打情骂俏。完全不再是那个压抑，拘谨，看上去很深情专一的男人。

蓝妖对姜小白越来越淡，姜小白自然不甘心。近五年的地下情，她也需要一个说法。蓝妖先是搪塞：两人一个公司，如果成了恋人，有一个势必要辞职。现在两人的事业都发展不错，谁辞职了都太可惜了。后来，蓝妖干脆表示：他已经被花花姐控制十几年了，不愿意再被另一个女人控制。他需要自由的生活，姜小白最好是好自为之。

所以，那次从A城出差回来，蓝妖嘴里在夸立影："说离开老卢，就离开了。干脆利落，一点儿都不拖泥带水。男人就喜欢你这样的，拿得起，放得下。你如果那会儿对老卢死缠滥打，估计老卢烦都烦死了。哪里会像现在这样对你恋恋不舍？"实际上是在暗示姜小白：要像立影这样拿得起放得下。人家婚都结了，说离就离。咱们什么都没有，你就别老纠缠了。

立影那会儿虽然不懂这其中奥秘，但也多少感觉出来：蓝妖是在拿自己说事。不管怎样，立影都是要维护自己姐儿们的，所以立影当时就说："卢天成没告诉你，他出了多少血，才把我打发走的？别以为我那么好说话，让他招之即来，挥之即去。我可不是吃素的。卢天成要我走人，他就得付出代价。他给的价码我要是不满意的话，我才不会那么轻易给他自由身的。"

这话让蓝妖当场吃瘪，也给姜小白一个提示。那时，姜小白已经明白了，那一场风花雪月般的地下情，只不过是蓝妖压抑生活中的一种调剂。现在蓝妖的生活自由自在，如饮甘饴。她这个调剂品也多余了，就该自动走人了。

姜小白本来就是一个骄傲的人，一旦明白自己已经被蓝妖嫌弃了，就不会再死皮赖脸地纠缠蓝妖。不过，套用立影的话：别以为我那么好说话，让你招之即来，挥之即去。我可不是吃素的。你要我走人，就得付出代价。

姜小白已经有了主张，等待的是机会。

姜小白的家庭是个大家庭，亲戚多，而且走得近，和小白最要好的是堂姐。堂姐结婚时，小白当的伴娘，认识了堂姐夫的家人，也认识了堂姐夫的姐姐，在通达当地分公司的管销售的高经理高阳。后来小白和堂姐一样，一直管高经理叫大姐。

高阳那时候也有些烦心的事情。通达分公司前一阵来了一个副总经理，姓刘，是总公司某个大股东的小舅子。刘副总本人是个草包，没有什么真才实学。大股东把他放到这里来，也就是给他的闲职，让他领一份丰厚的薪水，免得他再到外面惹是生非。

可这个刘副总不甘寂寞，非要在公司里找点事做。谁都知道，采购部是个肥差。刘经理的眼睛就盯上采购部了。这样，高阳就不可避免地被刘副总三天两头的找茬，大有要被刘副总的亲信取代之势。

高阳混迹职场多年，在采购部干了十几年了，哪能不明白自己的处境？于是，她决定想办法把这个姓刘的赶走。

通达公司一直有自己的进货渠道，和东方公司的业务往来仅限于一些非大众的汽车品牌的零部件。

去年下半年，通达公司里风传，总公司准备对在各地的分公司下放零部件的购买权力。各地分公司可以自行寻找货源。东方公司知道这个消息以后，对这部分业务相当感兴趣。蓝妖便派他的助理经理老陆，直接和通达洽谈。

通达公司这边，高阳对东方公司的主动并不热心，但是刘副总却有意插手。在温泉见面以后，刘副总和东方公司建立了直接关系。

温泉见面以后，通达这边，高阳淡出。刘副总直接主管和东方公司的洽谈。东方公司这边，由于温泉碰面以后，余静和刘副总建立了非常亲密的个人关系，就由余静取代了老陆，担任起和通达联系的重任。谁都知道，这是一个大项目，如果谈成，有关人员都会得到丰厚的回报。

到了年底，双方达成了合作意向。在这场谈判中姜小白功不可没。那时蓝妖已经把小白哄得回头和他重归于好了，并且在公司里公然出双入对。小白对蓝妖的回头表现得欣喜若狂，感激涕零之余，竭尽全力地帮助蓝妖拿下通达这个大客户。因为她的通风报信和出谋划策，蓝妖在这次谈判中占据了很大的优势。蓝妖以为自己已经彻底征服了姜小白，姜小白五年的感情投入如愿以偿，所以才会如此对他尽心尽力。他哪里知道，这一切只不过是高阳和姜小白一起为他和刘副总挖的一个坑。

年前，因为和通达谈判成功，蓝妖做的新一年的销售预算比去年多了两成。这无疑是在公司里放了一个小小的卫星。蓝妖的风头一时无二，成了公司的大红人。

一月份，通达从东方进了第一批货，这是一个良好合作的开端。这次进展十分顺利。春节前，通达又预定了第二批货物。

春节过后，异常的端倪初现。先是通达并没有按预期通知东方公司给他们发出他们预定的第二批货物。货物积压在仓库，物管人员天天催问蓝妖，什么时候给通达公司出货？然后，通达公司一月份的那笔货款，东方公司只付了一小部分，其他的并没有如期结账。财务部每天催促蓝妖去通达要钱。

蓝妖派人去通达打听情况，这才发现不妙。原来一月份通达从东方进的那批货被高阳拒收，原因是货物的数目不对。东方公司给通达的发货单上的货物数量，和发票上的货款有近十万元的差额。所以高阳拒绝在收货单上签字。高阳不签字，货物就没办法办理入库手续。货物不入库，就没办法报账。财务自然就不会给东方结账。

其实做采购这一行的，里面有很深的猫腻。玩猫腻的目的就是要巧妙地提取回扣。但是有一点，这需要供货方和提货方双方默契，账面上必须给摆平，让人抓不到把柄。这一次，高阳和姜小白是决心要玩死刘副总和蓝妖。姜小白亲自做账，在账目上故意露出破绽。余静是新手，并没有发现其中的奥秘。而蓝妖因为对姜小白特别信任，居然没有亲自过问。通达那方，高阳存心捉赃，自然抓个正着。

这事在通达闹得挺大。一来是刘副总不懂得细水长流，这次捞得大了一点。近十万元的差额，很难填平。二来是因为高阳决心把事情闹大，所以一直闹到了总部。总部派人下来调查，从刘副总直到他在采购部的亲信，一个都没跑掉。刘副总他们刚拿到手的回扣被查了出来。刘副总没吃着鱼，还惹身腥。在分公司也待不下去了，灰溜溜地走了。

东方公司这边，因为通达拒绝付账，扬言要退回一月份的那批货。蓝妖，余静都牵扯到其中，自然受到质疑。更重要的是，因为东方公司这边的账单上混乱，通达需要付给东方公司的总货款比实际价格高出百分之二，通达怀疑东方的诚信，要终止双方合作。

蓝妖这才明白，自己被姜小白涮了。如果不是对姜小白过于相信，他不应该犯这种低级错误，最起码会亲自过问账目的处理状况。这时姜小白早已辞职，并且去海南过春节没有回来。蓝妖联系不上她。其实即使联系上了又能怎么样？只不过是让她有一个机会来欣赏自己的狼狈不堪。

蓝妖这会儿已经如坐针毡。库房积压的货物要处理。因为东方公司的货款不到和积压货物，公司的流动资金开始紧张。同时，第一季度的销售额也可能因此不能达到预算目标。蓝妖被公司高层喊去训斥了一番，责令他马上处理好和通达的关系。但是，通达质疑蓝妖的人品，拒绝和他沟通，并且扬言要终止和东方公司的合作。

通达公司要终止合作的消息更是惊动了东方公司的上层。东方公司不甘心失去通达这样的大客户，派出一名副总来专门处理这件事情。虽然经过副总和高阳的重新谈判，公司保住了这个客户。但是，蓝妖本人的信誉和工作能力都受到强烈质疑。这时候，职场的政治斗争显示出了残酷的一面。那些曾经遭蓝妖排挤的对手，被蓝妖打压的下属，以及各色心怀叵测的人们，都不愿失去这个痛打落水狗的机会。蓝妖终于被挤压出总部，被派到一个偏僻的地方筹建新的分公司。

蓝妖离开已经是后话了。蓝妖临走时，立影和杨箐请他吃饭，算是为他饯行。立影对蓝妖依旧是嘴不饶人："你说你，这不是自找吗？ 你以为自己魅力无穷，是个女人都会围着你转。 这下好了，捉鹰的被鹰啄了眼睛，看你以后还玩不玩？ 你好不容易混得人模狗样的，现在又被打回原形了，等于这几年白干了，多可惜啊。"

蓝妖苦笑一声："立影，这个时候，你对我说话的口气一点也没有变，还是跟原来那样刻薄而且很不友好。 大概也只有你了，无论我处于什么样的境地，你对我的态度一直都不变。 我是不是应该为此感到欣慰？ 起码我生活中还有没有改变的事情。 我知道你一直不肯把我当朋友。 我现在这个样子，更没有资格要求你做我的朋友了。 不过，我希望以后有机会成为你的朋友。 我希望你以后一直以这样的语气对我说话，麻利爽快，一针见血，我喜欢。"

立影骂道："你丫现在是不是被姜小白给逼成受虐狂了？"

杨箐劝蓝妖，说："你也别怪小白。 她在你身上耗了五年，女人最美好的五年。 可是你却把她当成一堆狗屎。 谁能咽得下这口气啊？ 搁我，我也得废了你。"

蓝妖说："我不怪她，真的。 我现在承认我落到这个地步是我咎由自取。 我只是后悔，没有早看出来。 她竟然是这样一个冰雪聪明，敢爱敢恨的女人。 我输在她手下，心服口服。"

公司里，姜小白留下了个乱摊子给立影收拾。 立影天天忙着查账，对账，跑银行。这件事在公司里算是一件大事故了。 对公司的影响很坏。 立影边查账，心里边嘀咕：难怪姜小白要辞职。 她闯了这么大的祸，可以说是拿公司的信誉和利益当武器，报复蓝妖，也的确是没有脸再面对公司上上下下了。 其实，姜小白在公司这几年干得不错，本来是有大好前途的。 这一次算是把她一世英名给毁了。 要不是恨极了蓝妖，她怎么会孤注一掷？ 她用了这种"杀敌一千，自损八百"的招术，就是要和蓝妖同归于尽的。

公司上层指示，要千方百计重新建立和通达的关系，这个大客户不能丢。

关于通达的事情现在已经不让蓝妖沾手了，有相同待遇的还有余静。 公司指派一名副总领衔做善后工作。 立影作为有关人员被副总叫去问话。 随后，又和老陆作为两个和通达的人有过直接接触的人，被副总指定协助做好和通达的沟通工作。 老陆没有问题，他本来就是销售部的人，和客户搞好关系是他分内的事情。 而立影自己有财务部的本职工作，现在又被加上了额外负担，你说冤不冤？ 冤也没办法，除非像姜小白那样拍拍屁股走人，否则端人家饭碗，就得受人家差遣。